Printed in the USA

Azerbaijani Language:

88 Azerbaijani Verbs

By Farid Djamshidov

Contents

INTRODUCTION TO AZERBAIJANI VERBS 1

To Accept (Qəbul Etmək) 11

To Answer (Cavab Vermək) 19

To Ask (Sual Etmək) 27

To Be (Olmaq) 33

To Be Able To (Edə Bilmək) 39

To Become (Olmaq) 45

To Begin (Başlamaq) 51

To Breath (Nəfəs Almaq) 57

To Buy (Almaq) 65

To Call (Zəng Etmək) 73

To Can (Edə Bilmək) 79

To Choose (Seçmək) 85

To Close (Bağlamaq) 91

To Come (Gəlmək) 97

To Cook (Xörək Hazırlamaq) 103

To Cry (Ağlamaq) 111

To Die (Vəfat Etmək) 119

To Do (Etmək) 125

To Drink (İçmək) 131

To Drive (Sürmək) 137

To Eat (Yemək) 143

To Enter (Girmək) 149

To Exit (Getmək) 155

To Explain (Açıqlamaq) 161

To Fight (Mübarizə Etmək) 169

To Finish (Xətm Etmək) 175

To Fly (Pərvaz Etmək) 181

To Forget (Fəramuş Etmək) 187

To Get Up (Durmaq) 193

To Give (Vermək) 199

To Go (Getmək) 205

To Happen (Baş Vermək) 211

To Have (Malik Olmaq) 219

To Hear (Qulaq Asmaq) 225

To Help (Kömək Etmək) 233

To Hold (Saxlamaq) 239

To Invite (Dəvət Etmək) 245

To Kill (Həlak Etmək) 251

To Kiss (Öpmək) 257

To Know (Bilmək) 263

To Laugh (Gülmək) 269

To Learn (Öyrənmək) 275

To Lie Down (Yatmaq) 281

To Like (Xoşlamaq) 287

To Listen (Qulaq Asmaq) 293

To Live (Yaşamaq) 301

To Love (Sevmək) 307

To Meet (Görüşmək) 313

To need (Ehtiyac Duymaq) 319

To Notice (Görmək) 327

To Open (Açmaq) 333

To Play (Oynamaq) 339

To Put (Qoymaq) 345

To Read (Oxumaq) 351

To Recieve (Almaq) — 357

To Remember (Xatırlamaq) — 363

To Repeat (Təkrarlamaq) — 369

To Return (Dönmək) — 375

To Run (Qaçmaq) — 381

To Say (Demək) — 387

To Scream (Fəğan Etmək) — 393

To See (Görmək) — 399

To Seem (Görünmək) — 405

To Sell (Satmaq) — 411

To Send (Göndərmək) — 417

To Show (Büruzə Vermək) — 423

To Sing (Oxumaq) — 431

To Sit Down (Oturmaq) — 437

To Sleep (Yatmaq) — 443

To Smile (Gülmək) — 449

To Stand (Durmaq) — 455

To Start (Başlamaq) — 461

To Stay (Qalmaq) — 467

To Take (Almaq) — 473

To Talk (Söhbət Etmək) — 479

To Teach (Ders Vermək) — 485

To Think (Fikir Etmək) — 493

To Touch (Toxunmaq) — 499

To Travel (Səyahət Etmək) — 505

To Understand (Anlamaq) — 511

To Use (İstifadə Etmək) — 517

To Wait (Müntəzir Olmaq) — 523

To Walk (Piyada Gəzmək) — 531

To Watch (Seyr Etmək)   539

To Work (İşləmək)   545

To Win (Qalib Gəlmək)   551

To Want (İstəmək)   557

To Speak (Söhbət Etmək)   563

INTRODUCTION TO AZERBAIJANI VERBS

Azerbaijani language belongs to the south-west group of Turkic languages. The Other name for this group is Oğuz language group which is consist of Azerbaijani, Turkish and Gagauz languages. Azerbaijani language is one of the ancient literal languages. There are many handwritten masterpieces belonging to this language which is being kept in museums and libraries all around the world.

ALPHABETS AND THEIR SOUNDS

Azerbaijani language has 32 letters: **a, b, c, ç, d, e, ə, f, g, ğ, h, x, ı, i, j, k, q, l, m, n, o, ö, p, r, s, ş, t, u, ü, v, y, z.**

We can categorize letters based on their individual characteristics into vowels and consonants

Vowels: **/a/, /e/, /ə/, /i/, /ı/, /o/, /ö/, /u/, /ü/**

Consonants: **/q/, /r/, /t/, /y/, /p/, /ğ/, /s/, /d/, /f/, /g/, /h/, /j/, /k/, /l/, /z/, /x/, /c/, /v/, /b/, /n/, /m/, /ç/, /ş/.**

THE PLACE OF VOWELS IN WORDS

A, ə, i, u, ü vowels can be used in every part of word as in Arif, ana, əl, ələk, əzəz, kitab, iyirmi, igid, tüfəng, tütün, ütü, üzük, xizək, gümüş.

In foreign words they can appear in the beginning, at the middle or at the end of the word. for example: maye, müsyö, tanqo, ev, elm, eyni, ecazkar, oyun, oraq, oğul, oturmaq, ölkə, gözəl, dövlət, dözüm.

/ı/ vowel can be used in every part of a word excpt the beginning of it. For instance: yazıçı, qış, payız, işıq.

In Azerbaijani language we don't use E,o,ö vowels in suffixes. For the creation of suffixes we use a,o,ı,i,u,ü vowels.

For example:

- **lar, -lər** – as in (quşlar, binalar, evlər, dəftərlər);
- **maq, - mək** – as in(durmaq, oxumaq, gəlmək, getmək); .
- **dı,- di,- du,- dü** – as in(oynadı, gəldi, düşdü);
- **lıq, - lik, - luq, - lük** – as in(çınqıllıq, daşlıq, çəmənlik, dostluq, üzümlük).

TWIN VOWELS

In Azeri language in order to express some words sometimes we need to use two vowels beside each other. Their pronunciation generally is different than their spelling.

For example:

Saat /s [a:] t /
Maaş /m [a:] ş/

aeroklub [ayeroklub]
apidiaşkop [epidiyaskop]
divizion [diviziyon]

STRESS

Basically in original Azeri words stress comes in the last syllable and if the word accepts a suffixes the stress should be exerted on the suffix.

For example: oxu - oxuyur, ana – ananın

But some suffixes don't accept stress.

For example: (**-dır, -dir, -dur, -dür**), negation (**-ma, -mə**), some verbal suffixes (**-madan, -mədən. -kən**)

For those words being imported from Russian language stress is same with their original Russian form. (e.g. kafedra, opera, gitara.)

In Azerbaijani language change in the position of the stress generally doesn't change the meaning of the word or the speech but sometimes it is possible to have such a difference in meaning as in a'lın(forehead) – 'alın(buy), gə'lin(bride) – 'gəlin(come), çək'mə(drawer) – 'çəkmə(don't pull)

VERB

Verbs in Azerbaijani can represent an action or a state. Verbs answer questions like what to do? What did he do? What is it? What will you do? Etc. Azeri verbs are so rich in the sense of categories and forms. Here are a list of different categories of verbs in Azeri

1- Negation category (İnkarlıq kateqoriyası)
2- Time category (Zaman kateqoriyası)
3- Person category (Şəxs kateqoriyası)
4- Transitive and Intransitive Verbs (Təsirlilik və təsirsizlik kateqoriyası)
5- Type category (Növ kateqoriyası)
6- Style category (Tərz kateqoriyası)
7- Moods (Felin şəkilləri)
8- Infinitive (Məsdər)
9- Verbal adjective (Feli sifət)
10- Verbial (Feli bağlama)

Different from adjectives and numbers, Verbs don't depend on nouns. They are independent in the sentence and when they accept the time and person suffixes they can express a complete comment. Despite the fact that generally verbs play the role of predicate in a sentence, they can have duties like subject, object and adverbial modifier.

TYPES OF VERBS DEPENFING ON THEIR MEANING (FELIN MƏNA NÖVLƏRI)

Verbs in Azeri has the following denotational types:

1- verbs denoting action (İş bildirən fellər) : qazmaq (to dig), kəsmək(to cut)
2- verbs denoting movement (Hərəkət bildirən fellər) : qaçmaq (to run), getmək(to go)
3- Verbs denoting speech (Nitq bildirən fellər) : danışmaq(to talk), demək (to say)
4- verbs denoting mental activity (Təfəkkür fəaliyyəti bildirən fellər) : düşünmək(to think), xatırlamaq(to remember)
5- verbs denoting state(Hal-vəziyyət bildirən fellər) : gülmək(to laugh), ağlamaq(to cry)

All verbs denote some kind of action but in some of them movement and action and in others state or expression of mental activity is more prominent.

STRUCTURAL TYPES OF VERBS (FELİN QURULUŞCA NÖVLƏRİ)

Structurally verb has three types: simple, compound, complex

- Simple verbs are those verbs which they don't accept any derivational suffixes.

  For example: qaç(maq) [(to) run], get(mək) [(to) go]

- Compound verbs are being made by the addition of the following derivational suffixes on nouns, adjectives, numerals, pronouns and verbs:
  -la, -lə: baş-la(maq) [(to) start] , yağ-la(maq) [(to) oil]
  -lan, -lən: ağıl-lan(maq) [(to) grow wiser]
  -ıl, -il, -ul, -ül: aç-ıl(maq) [(to) be opened, əz-il(mək)[(to) be crushed]
  -ış, -iş, -uş, -üş: yaz-ış(maq)[(to) correspond], vur-uş(maq)[(to) fight]

- Complex verbs can be obtained in three ways:

   a) With the addition of nouns, adjectives or pronouns to the verb
   Fort example: həyat sürmək (to live by), kömək etmək (to help)
   b) With the addition of semi-independent verbs like ol(maq) , et(mək), elə(mək) to other parts of speech.
   For example: yoldaş ol(maq) [become friend], təbrik elə(mək)[to congratulate]
   c) With the addition of a part of body to another verb.
   For Example: qulaq as(maq) [to listen carefully], bel bağla(maq) [To Trust,To rely on]

NEGATION CATEGORY (İNKARLIQ KATEQORIYASI)

Verbs based on their meaning can be divided into two categories, confirming or denying. To express denial we add the suffixes -ma, -mə depending the last vowel of the last syllable.

For example: oxu(read)-oxuma (Don't read) , görəcək(he/she will see)-görməyəcək(he/she won't see)

TRANSITIVE AND INTRANSITIVE VERBS (TƏSIRLILIK VƏ TƏSIRSIZLIK KATEQORIYASI)

Transitive verbs are such verbs that they show the effect of action, done by the subject, over object. In this context they require an object. They need independent objects, answering questions like Such as? What? What? Where?

For example: bağladım (nəyi?) [I closed (what?)], gəzdim (haranı?)[I visited (where?)].

Intransitive verbs don't have a direct object.

For example: qaç (run), döz(tolerate)

Transitive and intransitive verbs can transform into each other.

For example: qaç – qaçırt [Run- abduction], sev-sevdir[Love-make someone love someone or something else]

TENSES IN AZERBAIJANI (TIME CATEGORY)

Action, state or movement occurs within a specific time. It may happen at the time of speech, past or future. In Azerbaijani verbs have three main classifications:

- **Present Tense** (İndiki zaman): In the present tense work, state or movement happens in present time which coincides with the time of speech. Its morphological indicators are these suffixes: - ır, -ir, -ur, -ür, (-yır, -yir, -yur, -yür)
  For Example: alır (he/she buys, he/she is buying), gülür(he/she is laughing, he/she laughs)
- **Past Tense** (Keçmiş zamanın): past tense has two grammatical forms:
  - **Witnessed Past Tense** (şühudi kecmiş zaman): Direct speech show the definite execution or happening of the action, state or movement. It can be populate with the usage of suffixes like -dı, - di, -du, -di
    For example: bağışladı(he/she donated), gördü(he/she saw)
  - **Narrative Past Tense** (nəqli keçmiş zaman): Narrative past tenses talks about an action, state or movement without the speaker witnessing the action. It can be populate with the usage of suffixes like -mış, -miş, -muş, -müş, -ıb, -ib, -ub, -üb
    For example: gəlmiş (he/she has arrived), görmüş(he/she has seen)

- **Futue Tense** (Gələcək zaman): Future tense gives information about the happening of the action in the future time. This tense has two types:

  a) **Definitive Future** (qəti gələcək zaman): Being populated with suffixes **-acaq, -əcək, -yacaq, -yəcək,** Definite Future gives information about definite happening of an action, state or movement in future.

  For example: tikiləcək (it will be constructed), öyrənəcək(he/she will learn)

b) **Indefinite Future** (qeyri-qəti gələcək zaman): Being populated with **-ar, -ər, -yar, -yər** suffixes, Indefinite Future doesn't give information about definite happening of an action, state or movement in future.

For example: gələr (maybe he/she will come), gözəlləşər (maybe he/she will become beautiful)

SEMANTIC GRAMMATICAL TYPES OF VERBS (FELİN QRAMMATIK MƏNA NÖVLƏRI)

The relationship between action, object and subject gives birth to the semantic types of verb. Verb can have five semantic type:

1- **Active voice** (Məlum növ):

   In active voice the subject of the sentence is known. this type doesnt have any suffixes. Active voice can be both transitive and intransitive.

   For example: Mən məktub yazıram (I am writing a letter), Dostum qayıtdı (my friend returned)

2- **Passive voice** (Məchul növ): In passive voice the subject of the sentence is not known. Object of the original sentence plays the role of subject for the passive sentence. Passive voice can be estabilished with the help of **-ıl, -il, -ul, -ül, -ın, -in, -un, -ün** suffixes.

   For example: çadır quruldu (the tent was set up), kitab oxundu (the book was read)

3- **Returning types** (Qayıdış növ): In returning types the action is being done by and over subject itself, which it means that subject and object are the same entity. Returning types can be obtained by the addition of **-ıl, -il, -ul, -ül, -ın, -in, -un, -ün, -lan, -lən, -laş, -ləş, -ıq, -ik, -ux** suffixes to the end of the root of the verb.

   For example: Gül açıldı (the flower was opened (by itself)), Anam yaşlanır (My mom is getting older(by herself))

4- **Equvallant-Mutual type**(Qarşılıq-birgəlik növ): Verbs belonging to this type requires two objects to show the happening of an action, state or movement. This types can be obtained by the addition of **-ış, -iş, -uş, -üş, -aş, -əş, -ş, -laş, -ləş** suffixes to the end of the root of the verb.

   For example: Biz gülüşdük (we laughed (together)), Siz yazışırsımz (you are corresponding(with each other)

5- **Causative Form** (İcbar növ)

In causative types the action is being done by some one else rather than the subject of the sentence. causative forms can be obtained by the addition of **-dır, -dir, -dur, -dür and also –t** suffixes. If the root of the verb ends with a vowel or "R" then to form causative we need to add **–t**.

For example: yazmaq (To write), yaz**dır**maq (To make someone write something), oxumaq(to Read), oxu**t**maq (to make someone read something), gətir(bring), gətir**t**mək (ask or make someone bring something for you)

Person Category (ŞƏXS KATEQORİYASI)

Person category of a verb reveals happening of an action, state or movement in a definite time by a particular person. Suffixes of person category is listed below:

Singular

1ˢᵗ person) - am, -əm; -yam, -yəm, -m, -ım, -im, -um, -üm, -yım, -yim, -yum, -yüm

For example: (qoy) yaz**ım**[(let) me write], (qoy) bil**im** [(let) me know]

2ⁿᵈ Person) -n, -san, -sən

For example: bilir**sən**(you know), işləyir**sən**(You are working)

3ʳᵈ Person) -sın, -sin, -sun, -sün

For example: (qoy) işlə**sin**[(let) her/him/it work], (qoy) gəl**sin** [(Let) her/Him/it come]

Plural

1ˢᵗ person) -ıq, -ik, -uq, - ük, -yıq, -yik, -yük, -ağ, -ək, -q, -k

For example: (qoy) yaz**aq**[(Let) us write], (qoy) bil**ək** [(let) us know]

2ⁿᵈ Person) -sınız, -siniz, -sunuz, -sünüz, -nız, -niz, nüz, -ın, -in, -un, -ün, -yın, -yin, -yun, -yün

For example: bilir**siniz**(you know), görür**sünüz**(You are working)

3ʳᵈ Person) -sınlar, -sinlər, -sunlar, -sünlar –lar -lər

For example: (qoy) yaz**sınlar** [(let) them write], gələ**cəklər** [They will come]

Person category of a verb always comes after time category.

For example:

Mən oxuyuram. (I am reading)
Biz oxuyuruq. (We are reading)
Sən oxuyursan. (You are reading)

Siz oxuyursunuz. (You are reading)

O oxuyur. (She/he/it is reading)

Onlar oxuyurlar. (They are reading)

MOODS OF VERBS

Moods of verbs indicate the attitude of speaker while describing the action, state or movement. In Azerbaijani this is expressed through special suffixes. The difference between suffixes is a modal difference. Verbs can have six moods in Azerbaijani:

1- Imperative Mood (Əmr Şəkli)

Imperative mood expresses an order, request or instruction. It doesn't have any specific suffixes.

For example: oxu (read), yaz(write)

Imperative mood reperesents an action in future and it accepts person category of suffixes

For example:

	Singular	Plural
1st Person:	Mən gəlim(let me come)	Biz gələk (let us come)
2nd Person:	Sən gəl(Come)	Siz gəlin (come)
3rd Person:	O gəlsin(let her/him/it come)	Onlar gəlsin(let them come)

2- Indicative Mood (Xəbər şəkli)

Indicative mood indicates the happening of an action, state or movement in a definite time by a specific person.It doesn't have any specific suffixes but it accepts person category and time category suffixes.

For example:

isləyir(He/She/It wants), istəyirəm(I want), istədi(He/She/it wanted), istədim(I wanted), istəyəcək(He/She/It will want), istəyəcəyəm (I'll want)

3- Optative Mood (Arzu şəkli)

Optative mood indicates a wish, hope or necessecity in the happening of an action.It can be populated with the addition of **-a, -ə, -ya, -yə** suffixes to the root of verbs. It doesn't accepts the time category suffixes and expresses a future action. To emphasize the mood we need to add particles like **«kaş», «kaş ki», «barı», «təki», «bircə», «gərək»** .

For example: **(**kaş) yaza [I wish He/She/It will write]

4- Obligatory Mood (Vacib şəkli)

Obligatory mood indicates the obligation of happening of a future action. This mood doesn't accept time category suffixes. If used with «İdi» and «imiş» particles it refers to a past action.

For example: almalı (He/She/It should buy), almalı idin (you should have bought)

5- Necessity Mood (Lazım şəkli)

Necessity mood expresses the necessity of execution of an action. The simple form of this mood is being populated by the usage of **-ası, -əsi, -yası, -yəsi** suffixes and its compound form has **«idi», «imiş», «isə»** particles. They don't accept time category suffixes. Its simple form describe the happening of an action in future and its compound form expresses a past action. For making it negative we have to use the word "deyil".

For example:

Kristian Fürst Azərbaycana **gələsi olmayıb** (Kristian Fürst **won't come** to Azerbaijan)

gəl-əsi-yəm [I'll come (for sure)]   gəl-əsi deyil-əm [I won't come (for sure)]

6- Conditional Mood (Şərt şəkli)

Conditional mood indicates that the happening of an action, state or movement depends on a condition. We use **-sa, -sə** suffixes to obtain this mood. This mood represents a future action.

For example: atsa (if he/she/it throws), getsəm (If I leave)

Conjugated and unconjugated verb forms

1) Conjugated verb forms:

In conjugated verb forms the subject can affect the verb. Conjugated verbs can change with respect to person, quantity and mood without having any dependency on accepting time suffixes.

2) Unconjugated verb forms:

Unconjugated verbs don't change based on person, quantity, mood and sometimes time. Unconjugated form of verbs have the characteristics of second part of speech as well as features of verb itself. For example in infinitive it represents the features of both verb and noun or in participles it shows signs of verb and adjective.

Infinitive

Being unconjugated form of the verb, Infinitives describe the state of an action or movement. They can be populated with the addition of -maq -mək suffixes to the root of the verb. It gives us answers about questions like "nə etmək?" (What to do?) Infinitives have a number of features that resembles their similarity to the noun:

1) Infinitives can accept possessive suffixes
   For example: oturmağım (my sitting) , oturmağın (your sitting), oturmağı (, oturmağımız, oturmağınız, olurmaqları
2) Particles can be added to infinitive
   For example: yazmaqda (in writing), yazmaqdan (because of writing)
3) It can be used with auxiliary verbs and particles
   For example: əkmək üçün (for planting), yuxulamaq üçün(for sleepning)
4) Infinitives in a sentence can play the role of the subject or they can have complementary role.
   For example: **Danışmaq** (nə?) gümüşdürsə, **susmaq** (nə?) qızıldır [if **talking** is silver, **being quit** is gold]

Verbal adjective (Feli sifət)

Verbal adjectives have both sings of verb and adjective. It gives answers to the questions like what'd he/she do? What does it do? What will you do? What to do? Which one?

Verb related Features of Verbal adjective

1-Denotes action

2-can be used in the affirmative and negative forms
For example: gələn (the one who is coming)-gəlməyən (the one who is not coming)

3- Can be both transitive and intransitive
For example: alan (buyer), yazan (writer)

4- Expresses the concept of time
For example: yazılan (indıki zaman) [written (present tense)], yazdığım (keçmiş zaman) [the one I wrote (past tense)]

5-Accepts type category suffixes
For example: (Ali ilə) görüşən (adam) [(the person) who met (Ali)], bilməli (sən) [(you) need to know]

6-It can change with person category
For example: yazdığım kitab(the book I wrote), yazdığın kitab(the book you wrote)

Adjective related Features of Verbal adjective

1-It represents sign and quality

For example: yazılmış (vərəqlər) [written (papers)], oxunan (kitablar) [readable (books)]

2-It can become noun and it accepts quality, possessive and state suffixes

For example: gələn adam (the person who is coming)

3- It can be employed in defining parts of speech

For example: Oxunan kitab, qədim insanların həyatından xəbər verirdi [the present book (the book that you're reading right now) life of ancient people]

Verbial (Feli bağlama)

Verbials represent features of both verb and adverbs. Suffixes of verbials are as follows:

-ıb, -ib, -ub, -üb: uzaqlaş+ıb, bitir+ib, dur+ub, gör+üb,
-araq, -ərək: yar+araq, dur+araq, gəl+ərək,
-madan, -mədən: yaz+madan, dayan+madan, gəl+mədən,
-mış, -miş, -muş, -müş: al+mış, yüklən+miş, biş+miş, oxu+muş, gör+müş.

-andə, -əndə: al+anda, gəl+əndə, oxu+(y)anda, işlə+(y)əndə,
-dıqda, -dikdə, -duqda, -dükdə: qur+duqda, sarı+dıqda, ö(y)rəş+dikdə,
-ınca, -incə, -unca, -üncə: alışma+yınca, yükləmə+(y)incə, dur+unca, düzəltmə+(y)incə,
-alı, -əli: məhdudlaş+alı, çəkil+əli,
-ar... -maz, -ər...-məz: qaç+ar-qaçmaz, gör+ər-gör+məz,
-andən, -əndən: oyan+andan, yeri+(y)əndən, qalx+andan.

Verb related features of Verbials:

Denotes action

Can be affirmative and negative

It can be transitive and intransitive

It accepts type category suffixes

Adverb related features of Verbials:

It does not accept inflecting affixes

It connects to the verb through meaning

Plays the role of adverb

To Accept (Qəbul Etmək)

Present					
		Active		Passive	
		Negative	Positive	Negative	Positive
Singular	1st	Qəbul etmirəm	Qəbul edirəm	Qəbul edilmirəm	Qəbul edilirəm
	2nd	Qəbul etmirsən	Qəbul edirsən	Qəbul edilmirsən	Qəbul ediıirsən
	3rd	Qəbul etmir	Qəbul edir	Qəbul edilmir	Qəbul edilir
Plural	1st	Qəbul etmirik	Qəbul edirik	Qəbul edilmirik	Qəbul edilirik
	2nd	Qəbul etmirsiniz	Qəbul edirsiniz	Qəbul edilmirsiniz	Qəbul edilisiniz
	3rd	Qəbul etmirlər	Qəbul edirlər	Qəbul edilmirlər	Qəbul edilirlər

Present							
		Returning Type		Equivalent-Mutual Type		Causative	
		Negative	Positive	Negative	Positive	Negative	Positive
Singular	1st	Qəbul edilmirəm	Qəbul edilirəm	-	-	Qəbul etdirmirəm	Qəbul etdirirəm
	2nd	Qəbul edilmirsən	Qəbul ediıirsən	-	-	Qəbul etdirmirsən	Qəbul etdirirsən
	3rd	Qəbul edilmir	Qəbul edilir	-	-	Qəbul etdirmir	Qəbul etdirir
Plural	1st	Qəbul edilmirik	Qəbul edilirik	-	-	Qəbul etdirmirik	Qəbul etdiririk
	2nd	Qəbul edilmirsiniz	Qəbul edilisiniz	-	-	Qəbul etdirmirsiniz	Qəbul etdirirsiniz
	3rd	Qəbul edilmirlər	Qəbul edilirlər	-	-	Qəbul etdirmirlər	Qəbul etdirirlər

Witnessed Past				
		Active		Passive
		Negative	Positive	Negative	Positive

		Negative	Positive	Negative	Positive
Singular	1st	Qəbul etmədim	Qəbul ettim	Qəbul edilmədim	Qəbul edildim
	2nd	Qəbul etmədin	Qəbul ettin	Qəbul edilmədin	Qəbul edildin
	3rd	Qəbul etmədi	Qəbul etti	Qəbul edilmədi	Qəbul edildi
Plural	1st	Qəbul etmədik	Qəbul ettik	Qəbul edilmədik	Qəbul edildik
	2nd	Qəbul etmədiniz	Qəbul ettiniz	Qəbul edilmədiniz	Qəbul edildiniz
	3rd	Qəbul etmədilər	Qəbul ettilər	Qəbul edilmədilər	Qəbul edildilər

Witnessed Past							
		Returning Type		Equivalent-Mutual Type		Causative	
		Negative	Positive	Negative	Positive	Negative	Positive
Singular	1st	Qəbul edilmədim	Qəbul edildim	-	-	Qəbul etdirmədim	Qəbul etdirdim
	2nd	Qəbul edilmədin	Qəbul edildin	-	-	Qəbul etdirmədin	Qəbul etdirdin
	3rd	Qəbul edilmədi	Qəbul edildi	-	-	Qəbul etdirmədi	Qəbu etdirdi
Plural	1st	Qəbul edilmədik	Qəbul edildik	-	-	Qəbul etdirmədik	Qəbul etdirdik
	2nd	Qəbul edilmədiniz	Qəbul edildiniz	-	-	Qəbul etdirmədiniz	Qəbul etdirdiniz
	3rd	Qəbul edilmədilər	Qəbul edildilər	-	-	Qəbul etdirmədilər	Qəbul etdirdilər

Narrative Past				
		Active		Passive	
		Negative	Positive	Negative	Positive
Singular	1st	Qəbul etməmişim	Qəbul etmişim	Qəbul edilməmişim	Qəbul edilmişim
	2nd	Qəbul etməmişsən	Qəbul etmişsən	Qəbul edilməmişsən	Qəbul edilmişsən
	3rd	Qəbul etməmiş	Qəbul etmiş	Qəbul edilməmiş	Qəbul edilmiş
Plural	1st	Qəbul etməmişik	Qənul etmişik	Qəbul edilməmişik	Qəbul edilmişik
	2nd	Qəbul etməmişsiniz	Qəbul etmişsiniz	Qəbul edilməmişsiniz	Qəbul edilmişsiniz
	3rd	Qəbul etməmişlər	Qəbul etmişlər	Qəbul edilməmişlər	Qəbul edilmişlər

		Narrative Past					
		Returning Type		Equivalent-Mutual Type		Causative	
		Negative	Positive	Negative	Positive	Negative	Positive
Singular	1st	Qəbul edilməmişim	Qəbul edilmişim	-	-	Qəbul etdirməmişim	Qəbul etdirmişim
	2nd	Qəbul edilməmişsən	Qəbul edilmişsən	-	-	Qəbul etdirməmişsən	Qəbul etdirmişsən
	3rd	Qəbul edilməmiş	Qəbul edilmiş	-	-	Qəbul etdirməmiş	Qəbul etdirmiş
Plural	1st	Qəbul edilməmişik	Qəbul edilmişik	-	-	Qəbul etdirməmişik	Qəbul etdirmişik
	2nd	Qəbul edilməmişsiniz	Qəbul edilmişsiniz	-	-	Qəbul etdirməmişsiniz	Qəbuletdirmişsiniz
	3rd	Qəbul edilməmişlər	Qəbul edilmişlər	-	-	Qəbul etdirməmişlər	Qəbul etdirmişlər

Definite Future					
		Active		Passive	
		Negative	Positive	Negative	Positive
Singular	1st	Qəbul etməyəcəm	Qəbul edəcəm	Qəbul edilməyəcəm	Qəbul ediləcəm
	2nd	Qəbul etməyəcəksən	Qəbul edəcəksən	Qəbul edilməyəcəksən	Qəbul ediləcəksən
	3rd	Qəbul etməyəcək	Qəbul edəcək	Qəbul edilməyəcək	Qəbul ediləcək
Plural	1st	Qəbul etməyəcəyik	Qəbul edəcəyik	Qəbul edilməyəcəyik	Qəbul ediləcəyik
	2nd	Qəbul etməyəcəksiniz	Qəbul edəcəksiniz	Qəbul edilməyəcəksiniz	Qəbul ediləcəksiniz
	3rd	Qəbul etməyəcəklər	Qəbul edəcəklər	Qəbul edilməyəcəklər	Qəbul ediləcəklər

Definite Future							
		Returning Type		Equivalent-Mutual Type		Causative	
		Negative	Positive	Negative	Positive	Negative	Positive
Singular	1st	Qəbul edilməyəcəm	Qəbul ediləcəm	-	-	Qəbul etdirməyəcəm	Qəbul etdirəcəm
	2nd	Qəbul edilməyəcəksən	Qəbul ediləcəksən	-	-	Qəbul etdirməyəcəksən	Qəbul etdirəcəksən
	3rd	Qəbul edilməyəcək	Qəbul ediləcək	-	-	Qəbul etdirməyəcək	Qəbul etdirəcək
Plural	1st	Qəbul edilməyəcəyik	Qəbul ediləcəyik	-	-	Qəbul etdirməyəcəyik	Qəbul etdirəcəyik
	2nd	Qəbul edilməyəcəksiniz	Qəbul ediləcəksiniz	-	-	Qəbul etdirməyəcəksiniz	Qəbul etdirəcəksiniz
	3rd	Qəbul edilməyəcəklər	Qəbul ediləcəklər	-	-	Qəbul etdirməyəcəklər	Qəbul etdirəcəklər

		Indefinite Future									
		Active		Passive		Returning Type		Equivalent-Mutual Type		Causative	
		Negative	Positive	Negative	Positive	Negative	Positive	Negative	Positive	Negative	Positive
Singular	1st	Qəbul etmərim	Qəbul edərim	-	-	-	-	-	-	-	-
	2nd	Qəbul etməzsəm	Qəbul edərsən	-	-	-	-	-	-	-	-
	3rd	Qəbul etməz	Qəbul edər	-	-	-	-	-	-	-	-
Plural	1st	Qəbul etmərik	Qəbul edərik	-	-	-	-	-	-	-	-
	2nd	Qəbul etməzsiniz	Qəbul edərsiniz	-	-	-	-	-	-	-	-
	3rd	Qəbul etməzlər	Qəbul edərlər	-	-	-	-	-	-	-	-

Conditional Mood						
		Definite Future		Indefinite Future		
		Negative	Positive	Negative	Positive	
Singular	1st	Qəbul etməyəcəksəm	Qəbul edəcəksm	Qəbul etmərimsə	Qəbul edərimsə	
	2nd	Qəbul etməyəcəksənsə	Qəbul edəcəksənsə	Qəbul etməzsəmsə	Qəbul edərsənsə	
	3rd	Qəbul etməyəcəksə	Qəbul edəcəksə	Qəbul etməzsə	Qəbul edərsə	
Plural	1st	Qəbul etməyəcəksək	Qəbul edəcəksək	Qəbul etməriksə	Qəbul edəriksə	
	2nd	Qəbul etməyəcəksinizsə	Qəbul edəcəksinizsə	Qəbul etməzsinizsə	Qəbul edərsinizsə	
	3rd	Qəbul etməyəcəklərsə	Qəbul edəcəklərsə	Qəbul etməzlərsə	Qəbul edərlərsə	

		Conditional Mood					
		Present		Witnessed Past		Narrative Past	
		Negative	Positive	Negative	Positive	Negative	Positive
Singular	1st	Qəbul etmirsəm	Qəbul edirsəm	Qəbul etmədiysəm	Qəbul ettiysəm	Qəbul etməmişsəm	Qəbul etmişsəm
	2nd	Qəbul etmirsənsə	Qəbul edirsənsə	Qəbul etmədiysən	Qəbul ettiysən	Qəbul etməmişsənsə	Qəbul etmişsənsə
	3rd	Qəbul etmirsə	Qəbul edirsə	Qəbul etmədiysə	Qəbul ettiysə	Qəbul etməmişsə	Qəbul etmişsə
Plural	1st	Qəbul etmirsək	Qəbul edirsək	Qəbul etmədiysək	Qəbul ettiysək	Qəbul etməmişsək	Qənul etmişsək
	2nd	Qəbul etmirsinizsə	Qəbul edirsinizsə	Qəbul etmədinizsə	Qəbul ettinizsə	Qəbul etməmişsinizsə	Qəbul etmişsinizsə
	3rd	Qəbul etmirlərsə	Qəbul edirlərsə	Qəbul etmədilərsə	Qəbul ettilərsə	Qəbul etməmişlərsə	Qəbul etmişlərsə

		Other Moods			
		Imparative		Optative	
		Negative	Positive	Negative	Positive
Singular	1st	Qəbul etməyim	Qəbul edim	(Kaş) Qəbul etməyəm	(Kaş) Qəbul edəm
	2nd	Qəbul etmə	Qəbul et	(Kaş) Qəbul etməyəsən	(Kaş) Qəbul edəsən
	3rd	Qəbul etməsin	Qəbul etsin	(Kaş) Qəbul etməyə	(Kaş) Qəbul edə
Plural	1st	Qəbul etməyək	Qəbul edək	(Kaş) Qəbul etməyək	(Kaş) Qəbul edək
	2nd	Qəbul etməyin	Qəbul edin	(Kaş) Qəbul etməyəsiniz	(Kaş) Qəbul edəsiniz
	3rd	Qəbul etməsinlər	Qəbul etsinlər	(Kaş) Qəbul etməyələr	(Kaş) Qəbul edələr

16

| | | Other Moods | | | |
| | | Obligatory | | Necessary | |
		Negative	Positive	Negative	Positive
Singular	1st	Qəbul etməməliyim	Qəbul etməliyim	Qəbul edəsi deyiləm	Qəbul edəsiyəm
	2nd	Qəbul etməməlisən	Qəbul etməlisən	-	-
	3rd	Qəbul etməməli	Qəbul etməli	-	-
Plural	1st	Qəbul etməməliyik	Qəbul etməliyik	Qəbul edəsi deyilik	Qəbul edəsiyik
	2nd	Qəbul etməməlisiniz	Qəbul etməliyisiniz	-	-
	3rd	Qəbul etməməlilər	Qəbul etməlilər	-	-

17

To Answer (Cavab Vermək)

Present					
		Active		Passive	
		Negative	Positive	Negative	Positive
Singular	1st	cavab vermirəm	cavab verirəm	-	-
	2nd	cavab vermirsən	cavab verirsən	-	-
	3rd	cavab vermir	cavab verir	cavab verilmir	cavab verilir
Plural	1st	cavab vermirik	cavab veririk	-	-
	2nd	cavab vermirsiniz	cavab verirsiniz	-	-
	3rd	cavab vermirlər	cavab verirlər	-	-

Present							
		Returning Type		Equivalent-Mutual Type		Causative	
		Negative	Positive	Negative	Positive	Negative	Positive
Singular	1st	-	-	-	-	cavab verdirmirəm	cavab verdirirəm
	2nd	-	-	-	-	cavab verdirmirsən	cavab verdirirsən
	3rd	cavab verilmir	cavab verilir	-	-	cavab verdirmir	cavab verdirir
Plural	1st	-	-	-	-	cavab verdirmirik	cavab verdiririk
	2nd	-	-	-	-	cavab verdirmirsiniz	cavab verdirirsiniz
	3rd	-	-	-	-	cavab verdirmirlər	cavab verdirirlər

Witnessed Past				
		Active		Passive	
		Negative	Positive	Negative	Positive
Singular	1st	cavab vermədim	cavab verdim	-	-
	2nd	cavab vermədin	cavab verdin	-	-
	3rd	cavab vermədi	cavab verdi	cavab verilmədi	cavab verildi
Plural	1st	cavab vermədik	cavab verdik	-	-
	2nd	cavab vermədiniz	cavab verdiniz	-	-
	3rd	cavab vermədilər	cavab verdilər	-	-

Witnessed Past							
		Returning Type		Equivalent-Mutual Type		Causative	
		Negative	Positive	Negative	Positive	Negative	Positive
Singular	1st	-	-	-	-	cavab verdirmədim	cavab verdirdim
	2nd	-	-	-	-	cavab verdirmədin	cavab verdirdin
	3rd	cavab verilmədi	cavab verildi	-	-	cavab verdirmədi	cavab verdirdi
Plural	1st	-	-	-	-	cavab verdirmədik	cavab verdirdik
	2nd	-	-	-	-	cavab verdirmədiniz	cavab verdirdiniz
	3rd	-	-	-	-	cavab verdirmədilər	cavab verdirdilər

Narrative Past				
		Active		Passive	
		Negative	Positive	Negative	Positive
Singular	1st	cavab verməmişim	cavab vermişim	-	-
	2nd	cavab verməmişsən	cavab vermişsən	-	-
	3rd	cavab verməmiş	cavab vermiş	cavab verilməmiş	cavab verilmiş
Plural	1st	cavab verməmişik	cavab vermişik	-	-
	2nd	cavab verməmişsiniz	cavab vermişsiniz	-	-
	3rd	cavab verməmişlər	cavab vermişlər	-	-

Narrative Past						
		Returning Type		Equivalent-Mutual Type		Causative	
		Negative	Positive	Negative	Positive	Negative	Positive
Singular	1st	-	-	-	-	cavab verdirməmişim	Qəbul etdirmişim
	2nd	-	-	-	-	cavab verdirməmişsən	cavab verdirmişsən
	3rd	cavab verilməmiş	cavab verilmiş	-	-	cavab verdirməmiş	cavab verdirmiş
Plural	1st	-	-	-	-	cavab verdirməmişik	cavab verdirmişik
	2nd	-	-	-	-	cavab verdirməmişsiniz	cavab verdirmişsiniz
	3rd	-	-	-	-	cavab verdirməmişlər	cavab verdirmişlər

Definite Future				
		Active		Passive	
		Negative	Positive	Negative	Positive
Singular	1st	cavab verməyəcəm	cavab verəcəm	-	-
	2nd	cavab verməyəcəksən	cavab verəcəksən	-	-
	3rd	cavab verməyəcək	cavab verəcək	cavab verilməyəcək	cavab veriləcək
Plural	1st	cavab verməyəcəyik	cavab verəcəyik	-	-
	2nd	cavab verməyəcəksiniz	cavab verəcəksiniz	-	-
	3rd	cavab verməyəcəklər	cavab verəcəklər	-	-

Definite Future				
		Returning Type		Equivalent-Mutual Type	
		Negative	Positive	Negative	Positive
Singular	1st	-	-	-	-
	2nd	-	-	-	-
	3rd	cavab verilməyəcək	cavab veriləcək	-	-
Plural	1st	-	-	-	-
	2nd	-	-	-	-
	3rd	-	-	-	-

Indefinite Future				
		Causative		
		Negative	Negative	
Singular		cavab verdirməyəcəm	cavab verdirməyəcəm	-
		cavab verdirməyəcəksən	cavab verdirməyəcəksən	-
		cavab verdirməyəcək	cavab verdirməyəcək	cavab veriləcək

Plural	cavab verdirməyəcəyik	cavab verdirməyəcəyik	-
	cavab verdirməyəcəksiniz	cavab verdirməyəcəksiniz	-
	cavab verdirməyəcəklər	cavab verdirməyəcəklər	-

Indefinite Future					
		Active		Passive	
		Negative	Positive	Negative	Positive
Singular	cavab vermərim	cavab verərim	cavab vermərim	cavab verərim	-
	cavab vermǝzsǝn	cavab verərsən	cavab vermǝzsǝn	cavab verərsən	-
	cavab vermǝz	cavab verər	cavab vermǝz	cavab verər	-
Plural	cavab vermǝrik	cavab verərik	cavab vermǝrik	cavab verərik	-
	cavab vermǝzsiniz	cavab verərsiniz	cavab vermǝzsiniz	cavab verərsiniz	-
	cavab vermǝzlər	cavab verərlər	cavab vermǝzlər	cavab verərlər	-

Indefinite Future					
		Returning Type		Equivalent-Mutual Type	
		Negative	Positive	Negative	Positive
Singular	-	-	-	-	-
	-	-	-	-	-
	cavab verilmǝz	cavab verilər	cavab verilmǝz	cavab verilər	-

Plural	-	-	-	-	-
	-	-	-	-	-
	-	-	-	-	-

Indefinite Future				
		Causative		
		Negative	Negative	
Singular	cavab verdirməyəcəm	Negative	Negative Positive	
	cavab verdirməyəcəksən	cavab verdirmərim	Cavab verdirərim	
	cavab verdirməyəcək	cavab verdirməzsən	Cavab verdirərsən	
Plural	cavab verdirməyəcəyik	cavab verdirməz	cavab vrdirər	
	cavab verdirməyəcəksiniz	cavab verdirmərik	Cavab verdirərik	
	cavab verdirməyəcəklər	cavab verdirməzsiniz	Cavab verdirərsiniz	

Conditional Mood					
		Definite Future		Indefinite Future	
		Negative	Positive	Negative	Positive
Singular	1st	cavab verməyəcəksəm	cavab verəcəksm	cavab vermərimsə	cavab verərimsə
	2nd	cavab verməyəcəksənsə	cavab verəcəksənsə	cavab verməzsəmsə	cavab verərsənsə
	3rd	cavab verməyəcəksə	cavab verəcəksə	cavab verməzsə	cavab verərsə
Plural	1st	cavab verməyəcəksək	cavab verəcəksək	cavab verməriksə	cavab verəriksə
	2nd	cavab verməyəcəksinizsə	cavab verəcəksinizsə	cavab verməzsinizsə	cavab verərsinizsə
	3rd	cavab verməyəcəklərsə	cavab verəcəklərsə	cavab verməzlərsə	cavab verərlərsə

		Conditional Mood					
		Present		Witnessed Past		Narrative Past	
		Negative	Positive	Negative	Positive	Negative	Positive
Singular	1st	cavab vermirsəm	cavab verirsəm	cavab vermədiysəm	cavab verdiysəm	cavab verməmişsəm	cavab vermişsəm
	2nd	cavab vermirsənsə	cavab verirsənsə	cavab vermədiysən	cavab verdiysən	cavab verməmişsənsə	cavab vermişsənsə
	3rd	cavab vermirsə	cavab verirsə	cavab vermədiysə	cavab verdiysə	cavab verməmişsə	cavab vermişsə
Plural	1st	cavab vermirsək	cavab verirsək	cavab vermədiysək	cavab verdiysək	cavab verməmişsək	cavab vermişsək
	2nd	cavab vermirsinizsə	cavab verirsinizsə	cavab vermədinizsə	cavab verdinizsə	cavab verməmişsinizsə	cavab vermişsinizsə
	3rd	cavab vermirlərsə	cavab verirlərsə	cavab vermədilərsə	cavab verdilərsə	cavab verməmişlərsə	cavab vermişlərsə

		Other Moods			
		Imparative		Optative	
		Negative	Positive	Negative	Positive
Singular	1st	cavab verməyim	cavab verim	(Kaş) cavab verməyəm	(Kaş) cavab verəm
	2nd	cavab vermə	cavab ver	(Kaş) cavab verməyəsən	(Kaş) cavab verəsən
	3rd	cavab verməsin	cavab versin	(Kaş) cavab verməyə	(Kaş) cavab verə
Plural	1st	cavab verməyək	cavab verək	(Kaş) cavab verməyək	(Kaş) cavab verək
	2nd	cavab verməyin	cavab verin	(Kaş) cavab verməyəsiniz	(Kaş) cavab verəsiniz
	3rd	cavab verməsinlər	cavab versinlər	(Kaş) cavab verməyələr	(Kaş) cavab verələr

		Other Moods			
		Obligatory		necessary	
		Negative	Positive	Negative	Positive
Singular	1st	cavab verməməliyim	cavab verməliyim	cavab verəsi deyiləm	cavab verəsiyəm
	2nd	cavab verməməlisən	cavab verməlisən	-	-
	3rd	cavab verməməli	cavab verməli	-	-
Plural	1st	cavab verməməliyik	cavab verməliyik	cavab verəsi deyilik	cavab verəsiyik
	2nd	cavab verməməlisiniz	cavab verməliyisiniz	-	-
	3rd	cavab verməməlilər	cavab verməlilər	-	-

To Ask (Sual Etmək)

Present				
		Active		Passive	
		Negative	Positive	Negative	Positive
Singular	1st	sual etmirəm	sual edirəm	-	-
	2nd	sual etmirsən	sual edirsən	-	-
	3rd	sual etmir	sual edir	sual edilmir	sual edilir
Plural	1st	sual etmirik	sual edirik	-	-
	2nd	sual etmirsiniz	sual edirsiniz	-	-
	3rd	sual etmirlər	sual edirlər	-	-

Present						
		Returning Type		Equivalent-Mutual Type		Causative	
		Negative	Positive	Negative	Positive	Negative	Positive
Singular	1st	-	-	-	-	sual etdirmirəm	sual etdirirəm
	2nd	-	-	-	-	sual etdirmirsən	sual etdirirsən
	3rd	sual edilmir	sual edilir	-	-	Qəbul etdirmir	Qəbul etdirir
Plural	1st	-	-	-	-	sual etdirmirik	sual etdiririk
	2nd	-	-	-	-	sual etdirmirsiniz	sual etdirirsiniz
	3rd	-	-	-	-	sual etdirmirlər	sual etdirirlər

Witnessed Past				
		Active		Passive	
		Negative	Positive	Negative	Positive
Singular	1st	sual etmədim	sual ettim	-	-
	2nd	sual etmədin	sual ettin	-	-
	3rd	sual etmədi	sual etti	sual edilmədi	sual edildi
Plural	1st	sual etmədik	sual ettik	-	-
	2nd	sual etmədiniz	sual ettiniz	-	-
	3rd	sual etmədilər	sual ettilər	-	-

Witnessed Past							
		Returning Type		Equivalent-Mutual Type		Causative	
		Negative	Positive	Negative	Positive	Negative	Positive
Singular	1st	-	-	-	-	sual etdirmədim	sual etdirdim
	2nd	-	-	-	-	sual etdirmədin	sual etdirdin
	3rd	sual edilmədi	sual edildi	-	-	sual etdirmədi	sual etdirdi
Plural	1st	-	-	-	-	sual etdirmədik	sual etdirdik
	2nd	-	-	-	-	sual etdirmədiniz	sual etdirdiniz
	3rd	-	-	-	-	sual etdirmədilər	sual etdirdilər

Narrative Past					
		Active		Passive	
		Negative	Positive	Negative	Positive
Singular	1st	sual etməmişim	sual etmişim	-	-
	2nd	sual etməmişsən	sual etmişsən	-	-
	3rd	sual etməmiş	sual etmiş	sual edilməmiş	sual edilmiş

Plural	1st	sual etməmişik	sual etmişik	-	-
	2nd	sual etməmişsiniz	sual etmişsiniz	-	-
	3rd	sual etməmişlər	sual etmişlər	-	-

		Narrative Past					
		Returning Type		Equivalent-Mutual Type		Causative	
		Negative	Positive	Negative	Positive	Negative	Positive
Singular	1st	-	-	-	-	sual etdirməmişim	sual etdirmişim
	2nd	-	-	-	-	sual etdirməmişsən	sual etdirmişsən
	3rd	sual edilməmiş	sual edilmiş	-	-	sual etdirməmiş	sual etdirmiş
Plural	1st	-	-	-	-	sual etdirməmişik	sual etdirmişik
	2nd	-	-	-	-	sual etdirməmişsiniz	sual etdirmişsiniz
	3rd	-	-	-	-	sual etdirməmişlər	sual etdirmişlər

		Definite Future			
		Active		Passive	
		Negative	Positive	Negative	Positive
Singular	1st	sual etməyəcəm	sual edəcəm	sual edilməyəcəm	sual ediləcəm
	2nd	sual etməyəcəksən	sual edəcəksən	sual edilməyəcəksən	sual ediləcəksən
	3rd	sual etməyəcək	sual edəcək	sual edilməyəcək	sual ediləcək
Plural	1st	sual etməyəcəyik	sual edəcəyik	sual edilməyəcəyik	sual ediləcəyik
	2nd	sual etməyəcəksiniz	sual edəcəksiniz	sual edilməyəcəksiniz	sual ediləcəksiniz
	3rd	sual etməyəcəklər	sual edəcəklər	sual edilməyəcəklər	sual ediləcəklər

		Definite Future					
		Returning Type		Equivalent-Mutual Type		Causative	
		Negative	Positive	Negative	Positive	Negative	Positive
Singular	1st	-	-	-	-	sual etdirməyəcəm	sual etdirəcəm
	2nd	-	-	-	-	sual etdirməyəcəksən	sual etdirəcəksən
	3rd	sual edilməyəcək	sual ediləcək	-	-	sual etdirməyəcək	sual etdirəcək
Plural	1st	-	-	-	-	sual etdirməyəcəyik	sual etdirəcəyik
	2nd	-	-	-	-	sual etdirməyəcəksiniz	sual etdirəcəksiniz
	3rd	-	-	-	-	sual etdirməyəcəklər	sual etdirəcəklər

		Indefinite Future										
		Active		Passive		Returning Type		Equivalent-Mutual Type		Causative	
		Negative	Positive	Negative	Positive	Negative	Positive	Negative	Positive	Negative	Positive
Singular	1st	sual etmərim	sual edərim	-	-	-	-	-	-	-	-
	2nd	sual etməzsəm	sual edərsən	-	-	-	-	-	-	-	-
	3rd	sual etməz	sual edər	-	-	-	-	-	-	-	-
Plural	1st	sual etmərik	sual edərik	-	-	-	-	-	-	-	-
	2nd	sual etməzsiniz	sual edərsiniz	-	-	-	-	-	-	-	-
	3rd	sual etməzlər	sual edərlər	-	-	-	-	-	-	-	-

Conditional Mood				
		Definite Future		Indefinite Future	
		Negative	Positive	Negative	Positive
Singular	1st	sual etməyəcəksəm	sual edəcəksm	sual etmərimsə	sual edərimsə
	2nd	sual etməyəcəksənsə	sual edəcəksənsə	sual etməzsəmsə	sual edərsənsə
	3rd	sual etməyəcəksə	sual edəcəksə	sual etməzsə	sual edərsə
Plural	1st	sual etməyəcəksək	sual edəcəksək	sual etməriksə	sual edəriksə
	2nd	sual etməyəcəksinizsə	sual edəcəksinizsə	sual etməzsinizsə	sual edərsinizsə
	3rd	sual etməyəcəklərsə	sual edəcəklərsə	sual etməzlərsə	sual edərlərsə

Conditional Mood						
		Present		Witnessed Past		Narrative Past	
		Negative	Positive	Negative	Positive	Negative	Positive
Singular	1st	sual etmirsəm	sual edirsəm	sual etmədiysəm	sual ettiysəm	sual etməmişsəm	sual etmişsəm
	2nd	sual etmirsənsə	sual edirsənsə	sual etmədiysən	sual ettiysən	sual etməmişsənsə	sual etmişsənsə
	3rd	sual etmirsə	sual edirsə	sual etmədiysə	sual ettiysə	sual etməmişsə	sual etmişsə
Plural	1st	sual etmirsək	sual edirsək	sual etmədiysək	sual ettiysək	sual etməmişsək	sual etmişsək
	2nd	sual etmirsinizsə	sual edirsinizsə	sual etmədinizsə	sual ettinizsə	sual etməmişsinizsə	sual etmişsinizsə
	3rd	sual etmirlərsə	sual edirlərsə	sual etmədilərsə	sual ettilərsə	sual etməmişlərsə	sual etmişlərsə

31

		Other Moods			
		Imparative		Optative	
		Negative	Positive	Negative	Positive
Singular	1st	sual etməyim	sual edim	(Kaş) sual etməyəm	(Kaş) sual edəm
	2nd	sual etmə	sual et	(Kaş) sual etməyəsən	(Kaş) sual edəsən
	3rd	sual etməsin	sual etsin	(Kaş) sual etməyə	(Kaş) sual edə
Plural	1st	sual etməyək	sual edək	(Kaş) sual etməyək	(Kaş) sual edək
	2nd	sual etməyin	sual edin	(Kaş) sual etməyəsiniz	(Kaş) sual edəsiniz
	3rd	sual etməsinlər	sual etsinlər	(Kaş) sual etməyələr	(Kaş) sual edələr

		Other Moods			
		Obligatory		necessary	
		Negative	Positive	Negative	Positive
Singular	1st	sual etməməliyim	sual etməliyim	sual edəsi deyiləm	sual edəsiyəm
	2nd	sual etməməlisən	sual etməlisən	-	-
	3rd	sual etməməli	sual etməli	-	-
Plural	1st	sual etməməliyik	sual etməliyik	sual edəsi deyilik	sual edəsiyik
	2nd	sual etməməlisiniz	sual etməliyisiniz	-	-
	3rd	sual etməməlilər	sual etməlilər	-	-

To Be (Olmaq)

Present					
		Active		Passive	
		Negative	Positive	Negative	Positive
Singular	1st	olmuram	oluram	-	-
	2nd	olmursan	olursan	-	-
	3rd	olmur	olur	olunmur	olunur
Plural	1st	olmuruk	oluruk	-	-
	2nd	olmursunuz	olursunuz	-	-
	3rd	olmurlar	olurlar	-	-

Present						
		Returning Type		Equivalent-Mutual Type		Causative	
		Negative	Positive	Negative	Positive	Negative	Positive
Singular	1st	-	-	-	-	oldurmuram	oldururam
	2nd	-	-	-	-	oldurmursan	oldurursan
	3rd	olunmur	olunur	-	-	oldurmur	oldurur
Plural	1st	-	-	-	-	oldurmuruk	oldururuk
	2nd	-	-	-	-	oldurmursunuz	oldurursunuz
	3rd	-	-	-	-	oldurmurlar	oldururlar

Witnessed Past				
		Active		Passive	

		Active		Passive	
		Negative	Positive	Negative	Positive
Singular	1st	olmadım	oldum	-	-
	2nd	olmadın	oldun	-	-
	3rd	olmadı	oldu	olunmadı	olundu
Plural	1st	olmadık	olduk	-	-
	2nd	olmadınız	oldunuz	-	-
	3rd	olmadılar	oldular	-	-

Witnessed Past							
		Returning Type		Equivalent-Mutual Type		Causative	
		Negative	Positive	Negative	Positive	Negative	Positive
Singular	1st	-	-	-	-	oldurmadım	Oldurdum
	2nd	-	-	-	-	oldurmadın	oldurdun
	3rd	olunmadı	olundu	-	-	oldurmadı	oldurdu
Plural	1st	-	-	-	-	oldurmadık	oldurduk
	2nd	-	-	-	-	oldurmadınız	oldurdunuz
	3rd	-	-	-	-	oldurmadılar	oldurdular

Narrative Past					
		Active		Passive	
		Negative	Positive	Negative	Positive
Singular	1st	olmamışam	olmuşam	-	-
	2nd	olmamışsan	olmuşsan	-	-
	3rd	olmamış	olmuş	olunmamış	olunmuş

Plural	1st	olmamışık	olmışık	-	-
	2nd	Olmamışsınız	Olmuşsunuz	-	-
	3rd	olmamışlar	olmuşlar	-	-

		Narrative Past					
		Returning Type		Equivalent-Mutual Type		Causative	
		Negative	Positive	Negative	Positive	Negative	Positive
Singular	1st	-	-	-	-	oldurmamışam	oldurmuşam
	2nd	-	-	-	-	oldurmamışsan	oldurmuşsan
	3rd	olunmamış	olunmuş	-	-	oldurmamış	oldurmuş
Plural	1st	-	-	-	-	oldurmamışık	oldurmışık
	2nd	-	-	-	-	Oldurmamışsınız	Oldurmuşsunuz
	3rd	-	-	-	-	oldurmamışlar	oldurmuşlar

		Definite Future			
		Active		Passive	
		Negative	Positive	Negative	Positive
Singular	1st	olmayacağım	olacağım	-	-
	2nd	olmayacaksan	olacaksan	-	-
	3rd	olmayacak	olacak	olunmayacak	olunacak
Plural	1st	olmayacağız	olacağız	-	-
	2nd	olmayacaksınız	olacaksınız	-	-
	3rd	olmayacaklar	olacaklar	-	-

		Definite Future					
		Returning Type		Equivalent-Mutual Type		Causative	
		Negative	Positive	Negative	Positive	Negative	Positive
Singular	1st	-	-	-	-	oldurmayacağım	olduracağım
	2nd	-	-	-	-	oldurmayacaksan	olduracaksan
	3rd	olunmayacak	olunacak	-	-	oldurmayacak	olduracak
Plural	1st	-	-	-	-	oldurmayacağız	olduracağız
	2nd	-	-	-	-	oldurmayacaksınız	olduracaksınız
	3rd	-	-	-	-	oldurmayacaklar	olduracaklar

		Indefinite Future									
		Active		Passive		Returning Type		Equivalent-Mutual Type		Causative	
		Negative	Positive	Negative	Positive	Negative	Positive	Negative	Positive	Negative	Positive
Singular	1st	olmaram	olaram	-	-	-	-	-	-	-	-
	2nd	olmazsan	olarsan	-	-	-	-	-	-	-	-
	3rd	olmaz	olar	-	-	-	-	-	-	-	-
Plural	1st	olmarık	olarık	-	-	-	-	-	-	-	-
	2nd	olmazsınız	olarsınız	-	-	-	-	-	-	-	-
	3rd	olmazlar	olarlar	-	-	-	-	-	-	-	-

36

Conditional Mood				
		Definite Future		Indefinite Future	
		Negative	Positive	Negative	Positive
Singular	1st	olmayacaksam	olacaksam	olmaramsa	olaramsa
	2nd	olmayacaksansa	olacaksansa	olmazsansa	olarsansa
	3rd	olmayacaksa	olacaksa	olmazsa	olarsa
Plural	1st	olmayacaksak	olacaksak	olmarıksa	olarıka
	2nd	Olmayacaksınızsə	Olacaksınızsə	olmazsınızsa	olarsınızsa
	3rd	olmayacaklarsa	olacaklarsa	olmazlarsa	olarlarsa

Conditional Mood							
		Present		Witnessed Past		Narrative Past	
		Negative	Positive	Negative	Positive	Negative	Positive
Singular	1st	olmursam	olursam	olmadımsa	oldumsa	olmamışsam	olmuşsam
	2nd	olmursansa	olursansa	olmadınsa	oldun	olmamışsansa	olmuşsansa
	3rd	olmursa	olursa	olmadısa	oldusa	olmamışsa	olmuşsa
Plural	1st	olmuruksa	oluruksa	olmadıksa	olduksa	olmamışıksa	olmışıksa
	2nd	olmursunuzsa	olursunuzsa	olmadınızsa	oldunuzsa	Olmamışsınızsa	Olmuşsunuzsa
	3rd	olmurlarsa	olurlarsa	olmadılarsa	oldularsa	olmamışlarsa	olmuşlara

Other Moods				
		Imparative		Optative	
		Negative	Positive	Negative	Positive
Singular	1st	olmayım	olum	(Kaş) olmayam	(Kaş) olam
	2nd	olma	ol	(Kaş) olmayasan	(Kaş) olasan
	3rd	olmasın	olsun	(Kaş) olmaya	(Kaş) ola

Plural	1st	olmayak	olak	(Kaş) olmayak	(Kaş) olak
	2nd	olmayasınız	olasınız	(Kaş) olmayasınız	(Kaş) olasınız
	3rd	olmasınlar	olsunlar	(Kaş) olmayalar	(Kaş) olalar

		Other Moods			
		Obligatory		necessary	
		Negative	Positive	Negative	Positive
Singular	1st	olmamalıyım	olmalıyım	-	-
	2nd	Olmamalısın	Olmalısın	-	-
	3rd	Olmamalı	Olmalı	-	-
Plural	1st	olmamalıyık	olmalıyık	-	-
	2nd	olmamalısınız	olmalısınız	-	-
	3rd	olmamalılar	olmalılar	-	-

To Be Able To (Edə Bilmək)

Present					
		Active		Passive	
		Negative	Positive	Negative	Positive
Singular	1st	Edə bilmirəm	Edə bilirəm	-	-
	2nd	Edə bilmirsən	Edə bilirsən	-	-
	3rd	Edə bilmir	Edə bilir	-	-
Plural	1st	Edə bilmirik	Edə bilirik	-	-
	2nd	Edə bilmirsiniz	Edə bilirsiniz	-	-
	3rd	Edə bilmirlər	Edə bilirlər	-	-

Present						
		Returning Type		Equivalent-Mutual Type		Causative
		Negative	Positive	Negative	Positive	Negative	Positive
Singular	1st	-	-	-	-	Edə bildirmirəm	Edə bildirirəm
	2nd	-	-	-	-	Edə bildirmirsən	Edə bildirirsən
	3rd	-	-	-	-	Edə bildirmir	Edə bildirir
Plural	1st	-	-	-	-	Edə bildirmirik	Edə bildiririk
	2nd	-	-	-	-	Edə bildirmirsiniz	Edə bildirisiniz
	3rd	-	-	-	-	Edə bildirmirlər	Edə bildirirlər

Witnessed Past					
		Active		Passive	
		Negative	Positive	Negative	Positive
Singular	1st	Edə bilmədim	Edə bildim	-	-
	2nd	Edə bilmədin	Edə bildin	-	-
	3rd	Edə bilmədi	Edə bildi	-	-
Plural	1st	Edə bilmədik	Edə bildik	-	-
	2nd	Edə bilmədiniz	Edə bildiniz	-	-
	3rd	Edə bilmədilər	Edə bildilər	-	-

Witnessed Past						
		Returning Type		Equivalent-Mutual Type		Causative
		Negative	Positive	Negative	Positive	Negative	Positive
Singular	1st	-	-	-	-	Edə bildirmədim	Edə bildirdim
	2nd	-	-	-	-	Edə bildirmədin	Edə bildirdin
	3rd	-	-	-	-	Edə bildirmədi	Edə bildirdi
Plural	1st	-	-	-	-	Edə bildirmədik	Edə bildirdik
	2nd	-	-	-	-	Edə bildirmədiniz	Edə bildirdiniz
	3rd	-	-	-	-	Edə bildirmədilər	Edə bildirdilər

Narrative Past					
		Active		Passive	
		Negative	Positive	Negative	Positive
Singular	1st	Edə bilməmişim	Edə bilmişim	-	-
	2nd	Edə bilməmişsən	Edə bilmişsən	-	-
	3rd	Edə bilməmiş	Edə bilmiş	-	-

Plural	1st	Edə bilməmişik	Edə bilmişik	-	-
	2nd	Edə bilməmişsiniz	Edə bilmişsiniz	-	-
	3rd	Edə bilməmişlər	Edə bilmişlər	-	-

		Narrative Past					
		Returning Type		Equivalent-Mutual Type		Causative	
		Negative	Positive	Negative	Positive	Negative	Positive
Singular	1st	-	-	-	-	Edə bildirməmişim	Edə bildirmişim
	2nd	-	-	-	-	Edə bildirməmişsən	Edə bildirmişsən
	3rd	-	-	-	-	Edə bildirməmiş	Edə bildirmiş
Plural	1st	-	-	-	-	Edə bildirməmişik	Edə bildirmişik
	2nd	-	-	-	-	Edə bildirməmişsiniz	Edə bildirmişsiniz
	3rd	-	-	-	-	Edə bildirməmişlər	Edə bildirmişlər

		Definite Future			
		Active		Passive	
		Negative	Positive	Negative	Positive
Singular	1st	Edə bilməyəcəm	Edə biləcəm	-	-
	2nd	Edə bilməyəcəksən	Edə biləcəksən	-	-
	3rd	Edə bilməyəcək	Edə biləcək	-	-
Plural	1st	Edə bilməyəcəyik	Edə biləcəyik	-	-
	2nd	Edə bilməyəcəksiniz	Edə biləcəksiniz	-	-
	3rd	Edə bilməyəcəklər	Edə biləcəklər	-	-

		Definite Future					
		Returning Type		Equivalent-Mutual Type		Causative	
		Negative	Positive	Negative	Positive	Negative	Positive
Singular	1st	-	-	-	-	Edə bildirməyəcəm	Edə bildirəcəm
	2nd	-	-	-	-	Edə bildirməyəcəksən	Edə bildirəcəksən
	3rd	-	-	-	-	Edə bildirməyəcək	Edə bildirəcək
Plural	1st	-	-	-	-	Edə bildirməyəcəyik	Edə bildirəcəyik
	2nd	-	-	-	-	Edə bildirməyəcəksiniz	Edə biltdirəcəksiniz
	3rd	-	-	-	-	Edə bildirməyəcəklər	Edə bildirəcəklər

		Indefinite Future										
		Active		Passive		Returning Type		Equivalent-Mutual Type		Causative	
		Negative	Positive	Negative	Positive	Negative	Positive	Negative	Positive	Negative	Positive
Singular	1st	Edə bilmərim	Edə bilərim	-	-	-	-	-	-	-	-
	2nd	Edə bilməzsəm	Edə bilərsən	-	-	-	-	-	-	-	-
	3rd	Edə bilməz	Edə bilər	-	-	-	-	-	-	-	-
Plural	1st	Edə bilmərik	Edə bilərik	-	-	-	-	-	-	-	-
	2nd	Edə bilməzsiniz	Edə bilərsiniz	-	-	-	-	-	-	-	-
	3rd	Edə bilməzlər	Edə bilərlər	-	-	-	-	-	-	-	-

Conditional Mood				
		Definite Future		Indefinite Future	
		Negative	Positive	Negative	Positive
Singular	1st	Edə bilməyəcəksəm	Edə biləcəksm	Edə bilmərimsə	Edə bilərimsə
	2nd	Edə bilməyəcəksənsə	Edə biləcəksənsə	Edə bilməzsəmsə	Edə bilərsənsə
	3rd	Edə bilməyəcəksə	Edə biləcəksə	Edə bilməzsə	Edə bilərsə
Plural	1st	Edə bilməyəcəksək	Edə biləcəksək	Edə bilməriksə	Edə biləriksə
	2nd	Edə bilməyəcəksinizsə	Edə biləcəksinizsə	Edə bilməzsinizsə	Edə bilərsinizsə
	3rd	Edə bilməyəcəklərsə	Edə biləcəklərsə	Edə bilməzlərsə	Edə bilərlərsə

Conditional Mood							
		Present		Witnessed Past		Narrative Past	
		Negative	Positive	Negative	Positive	Negative	Positive
Singular	1st	Edə bilmirsəm	Edə bilirsəm	Edə bilmədiysəm	Edə bildiysəm	Edə bilməmişsəm	Edə bilmişsəm
	2nd	Edə bilmirsənsə	Edə bilirsənsə	Edə bilmədiysən	Edə bildiysən	Edə bilməmişsənsə	Edə bilmişsənsə
	3rd	Edə bilmirsə	Edə bilirsə	Edə bilmədiysə	Edə bildiysə	Edə bilməmişsə	Edə bilmişsə
Plural	1st	Edə bilmirsək	Edə bilirsək	Edə bilmədiysək	Edə bildiysək	Edə bilməmişsək	Edə bilmişsək
	2nd	Edə bilmirsinizsə	Edə bilirsinizsə	Edə bilmədinizsə	Edə bildinizsə	Edə bilməmişsinizsə	Edə bilmişsinizsə
	3rd	Edə bilmirlərsə	Edə bilirlərsə	Edə bilmədilərsə	Edə bildilərsə	Edə bilməmişlərsə	Edə bilmişlərsə

			Other Moods			
			Imparative		Optative	
			Negative	Positive	Negative	Positive
Singular		1st	Edə bilməyim	Edə bilim	(Kaş) Edə bilməyəm	(Kaş) Edə biləm
		2nd	Edə bilmə	Edə bil	(Kaş) Edə bilməyəsən	(Kaş) Edə biləsən
		3rd	Edə bilməsin	Edə bilsin	(Kaş) Edə bilməyə	(Kaş) Edə bilə
Plural		1st	Edə bilməyək	Edə bilək	(Kaş) Edə bilməyək	(Kaş) Edə bilək
		2nd	Edə bilməyin	Edə bilin	(Kaş) Edə bilməyəsiniz	(Kaş) Edə biləsiniz
		3rd	Edə bilməsinlər	Edə bilsinlər	(Kaş) Edə bilməyələr	(Kaş) Edə bilələr

			Other Moods			
			Obligatory		necessary	
			Negative	Positive	Negative	Positive
Singular		1st	Edə bilməməliyim	Edə bilməliyim	Edə biləsi deyiləm	Edə biləsiyəm
		2nd	Edə bilməməlisən	Edə bilməlisən	-	-
		3rd	Edə bilməməli	Edə bilməli	-	-
Plural		1st	Edə bilməməliyik	Edə bilməliyik	Edə biləsi deyilik	Edə biləsiyik
		2nd	Edə bilməməlisiniz	Edə bilməliyisiniz	-	-
		3rd	Edə bilməməlilər	Edə bilməlilər	-	-

To Become (Olmaq)

Present					
		Active		Passive	
		Negative	Positive	Negative	Positive
Singular	1st	olmuram	oluram	-	-
	2nd	olmursan	olursan	-	-
	3rd	olmur	olur	olunmur	olunur
Plural	1st	olmuruk	oluruk	-	-
	2nd	olmursunuz	olursunuz	-	-
	3rd	olmurlar	olurlar	-	-

Present							
		Returning Type		Equivalent-Mutual Type		Causative	
		Negative	Positive	Negative	Positive	Negative	Positive
Singular	1st	-	-	-	-	oldurmuram	oldururam
	2nd	-	-	-	-	oldurmursan	oldurursan
	3rd	olunmur	olunur	-	-	oldurmur	oldurur
Plural	1st	-	-	-	-	oldurmuruk	oldururuk
	2nd	-	-	-	-	oldurmursunuz	oldurursunuz
	3rd	-	-	-	-	oldurmurlar	oldururlar

45

Witnessed Past				
		Active		Passive	
		Negative	Positive	Negative	Positive
Singular	1st	olmadım	oldum	-	-
	2nd	olmadın	oldun	-	-
	3rd	olmadı	oldu	olunmadı	olundu
Plural	1st	olmadık	olduk	-	-
	2nd	olmadınız	oldunuz	-	-
	3rd	olmadılar	oldular	-	-

Witnessed Past							
		Returning Type		Equivalent-Mutual Type		Causative	
		Negative	Positive	Negative	Positive	Negative	Positive
Singular	1st	-	-	-	-	oldurmadım	Oldurdum
	2nd	-	-	-	-	oldurmadın	oldurdun
	3rd	olunmadı	olundu	-	-	oldurmadı	oldurdu
Plural	1st	-	-	-	-	oldurmadık	oldurduk
	2nd	-	-	-	-	oldurmadınız	oldurdunuz
	3rd	-	-	-	-	oldurmadılar	oldurdular

Narrative Past					
		Active		Passive	
		Negative	Positive	Negative	Positive
Singular	1st	olmamışam	olmuşam	-	-
	2nd	olmamışsan	olmuşsan	-	-
	3rd	olmamış	olmuş	olunmamış	olunmuş

Plural	1st	olmamışıq	olmışıq	-	-
	2nd	Olmamışsınız	Olmuşsunuz	-	-
	3rd	olmamışlar	olmuşlar	-	-

		Narrative Past					
		Returning Type		Equivalent-Mutual Type		Causative	
		Negative	Positive	Negative	Positive	Negative	Positive
Singular	1st	-	-	-	-	oldurmamışam	oldurmuşam
	2nd	-	-	-	-	oldurmamışsan	oldurmuşsan
	3rd	olunmamış	olunmuş	-	-	oldurmamış	oldurmuş
Plural	1st	-	-	-	-	oldurmamışıq	oldurmışıq
	2nd	-	-	-	-	Oldurmamışsınız	Oldurmuşsunuz
	3rd	-	-	-	-	oldurmamışlar	oldurmuşlar

		Definite Future			
		Active		Passive	
		Negative	Positive	Negative	Positive
Singular	1st	olmayacağım	olacağım	-	-
	2nd	olmayacaksan	olacaksan	-	-
	3rd	olmayacak	olacak	olunmayacak	olunacak
Plural	1st	olmayacağız	olacağız	-	-
	2nd	olmayacaksınız	olacaksınız	-	-
	3rd	olmayacaklar	olacaklar	-	-

		Definite Future					
		Returning Type		Equivalent-Mutual Type		Causative	
		Negative	Positive	Negative	Positive	Negative	Positive
Singular	1st	-	-	-	-	oldurmayacağım	olduracağım
	2nd	-	-	-	-	oldurmayacaksan	olduracaksan
	3rd	olunmayacak	olunacak	-	-	oldurmayacak	olduracak
Plural	1st	-	-	-	-	oldurmayacağız	olduracağız
	2nd	-	-	-	-	oldurmayacaksınız	olduracaksınız
	3rd	-	-	-	-	oldurmayacaklar	olduracaklar

		Indefinite Future									
		Active		Passive		Returning Type		Equivalent-Mutual Type		Causative	
		Negative	Positive	Negative	Positive	Negative	Positive	Negative	Positive	Negative	Positive
Singular	1st	olmaram	olaram	-	-	-	-	-	-	-	-
	2nd	olmazsan	olarsan	-	-	-	-	-	-	-	-
	3rd	olmaz	olar	-	-	-	-	-	-	-	-
Plural	1st	olmarık	olarık	-	-	-	-	-	-	-	-
	2nd	olmazsınız	olarsınız	-	-	-	-	-	-	-	-
	3rd	olmazlar	olarlar	-	-	-	-	-	-	-	-

Conditional Mood				
		Definite Future		Indefinite Future	
		Negative	Positive	Negative	Positive
Singular	1st	olmayacaksam	olacaksam	olmaramsa	olaramsa
	2nd	olmayacaksansa	olacaksansa	olmazsansa	olarsansa
	3rd	olmayacaksa	olacaksa	olmazsa	olarsa
Plural	1st	olmayacaksak	olacaksak	olmarıksa	olarıka
	2nd	Olmayacaksınızsə	Olacaksınızsə	olmazsınızsa	olarsınızsa
	3rd	olmayacaklarsa	olacaklarsa	olmazlarsa	olarlarsa

Conditional Mood						
		Present		Witnessed Past		Narrative Past	
		Negative	Positive	Negative	Positive	Negative	Positive
Singular	1st	olmursam	olursam	olmadımsa	oldumsa	olmamışsam	olmuşsam
	2nd	olmursansa	olursansa	olmadınsa	oldun	olmamışsansa	olmuşsansa
	3rd	olmursa	olursa	olmadısa	oldusa	olmamışsa	olmuşsa
Plural	1st	olmuruksa	oluruksa	olmadıksa	olduksa	olmamışıksa	olmışıksa
	2nd	olmursunuzsa	olursunuzsa	olmadınızsa	oldunuzsa	Olmamışsınızsa	Olmuşsunuzsa
	3rd	olmurlarsa	olurlarsa	olmadılarsa	oldularsa	olmamışlarsa	olmuşlara

		Other Moods			
		Imparative		Optative	
		Negative	Positive	Negative	Positive
Singular	1st	olmayım	olum	(Kaş) olmayam	(Kaş) olam
	2nd	olma	ol	(Kaş) olmayasan	(Kaş) olasan
	3rd	olmasın	olsun	(Kaş) olmaya	(Kaş) ola
Plural	1st	olmayak	olak	(Kaş) olmayak	(Kaş) olak
	2nd	olmayasınız	olasınız	(Kaş) olmayasınız	(Kaş) olasınız
	3rd	olmasınlar	olsunlar	(Kaş) olmayalar	(Kaş) olalar

		Other Moods			
		Obligatory		necessary	
		Negative	Positive	Negative	Positive
Singular	1st	olmamalıyım	olmalıyım	-	-
	2nd	Olmamalısın	Olmalısın	-	-
	3rd	Olmamalı	Olmalı	-	-
Plural	1st	olmamalıyık	olmalıyık	-	-
	2nd	olmamalısınız	olmalısınız	-	-
	3rd	olmamalılar	olmalılar	-	-

To Begin (Başlamaq)

Present					
		Active		Passive	
		Negative	Positive	Negative	Positive
Singular	1st	başlamıram	başlayıram	başlanmıram	başlanıram
	2nd	başlamırsan	başlayırsan	başlanmırsan	başlanırsan
	3rd	başlamır	başlayır	Başlanmır	Başlanır
Plural	1st	başlamırık	başlayırık	Başlanmırık	Başlanırık
	2nd	başlamırsınız	başlayırsınız	Başlanmırsınız	Başlanırsınız
	3rd	başlamırlar	başlayırlar	Başlanmırlar	Başlanırlar

Present							
		Returning Type		Equivalent-Mutual Type		Causative	
		Negative	Positive	Negative	Positive	Negative	Positive
Singular	1st	başlanılmıram	başlanılıram	-	-	başlatmıram	başlatıram
	2nd	başlanılmırsan	başlanılırsan	-	-	başlatmırsan	başlatırsan
	3rd	başlanılmır	başlanılır	-	-	başlatmır	başlatır
Plural	1st	başlanılmırık	başlanılırık	-	-	başlatmırık	başlatırık
	2nd	başlanılmırsınız	başlanılırsınız	-	-	başlatmırsınız	başlatırsınız
	3rd	başlanılmırlar	başlanılırlar	-	-	başlatmırlar	başlatırlar

Witnessed Past				
		Active		Passive	
		Negative	Positive	Negative	Positive
Singular	1st	başlamadım	başladım	başlanmadım	başlandım
	2nd	başlamadın	başladın	başlanmadın	başlandın
	3rd	başlamadı	başladı	başlanmadı	başlandı
Plural	1st	başlamadık	başladık	başlanmadık	başlandık
	2nd	başlamadınız	başladınız	başlanmadınız	başlandınız
	3rd	başlamadılar	başladılar	başlanmadılar	başlandılar

Witnessed Past						
		Returning Type		Equivalent-Mutual Type		Causative	
		Negative	Positive	Negative	Positive	Negative	Positive
Singular	1st	başlanılmadım	başlanıldım	-	-	başlatmadım	başlatdım
	2nd	başlanılmadın	başlanıldın	-	-	başlatmadın	başlatdın
	3rd	başlanılmadı	başlanıldı	-	-	başlatmadı	başlatdı
Plural	1st	başlanılmadık	başlanıldık	-	-	başlatmadık	başlatdık
	2nd	başlanılmadınız	başlanıldınız	-	-	başlatmadınız	başlatdınız
	3rd	başlanılmadılar	başlanıldılar	-	-	başlatmadılar	başlatdılar

Narrative Past					
		Active		Passive	
		Negative	Positive	Negative	Positive
Singular	1st	başlamamışam	başlamışam	başlanmamışam	başlanmışam
	2nd	başlamamışsan	başlamışsan	başlanmamışsan	başlanmışsan
	3rd	başlamamış	başlamış	başlanmamış	başlanmış

Plural	1st	başlamamışık	başlamışık	başlanmamışık	başlanmışık
	2nd	başlamamışsınız	başlamışsınız	başlanmamışsınız	başlanmuşsınız
	3rd	başlamamışlar	başlamışlar	başlanmamışlar	başlanmışlar

		Narrative Past					
		Returning Type		Equivalent-Mutual Type		Causative	
		Negative	Positive	Negative	Positive	Negative	Positive
Singular	1st	başlanılmamışam	başlanılmışam	-	-	başlatmamışam	başlatmışam
	2nd	başlanılmamışsan	başlanılmışsan	-	-	başlatmamışsan	başlatmışsan
	3rd	başlanılmamış	başlanılmış	-	-	başlatmamış	başlatmış
Plural	1st	başlanılmamışık	başlanılmışık	-	-	başlatmamışık	başlatmışık
	2nd	başlanılmamışsınız	başlanılmışsınız	-	-	başlatmamışsınız	başlatmışsınız
	3rd	başlanılmamışlar	başlanılmışlar	-	-	başlatmamışlar	başlatmışlar

		Definite Future			
		Active		Passive	
		Negative	Positive	Negative	Positive
Singular	1st	başlamayacağım	başlayacağım	başlanmayacağım	başlanacağım
	2nd	başlamayacaksan	başlayacaksan	başlanmayacaksan	başlanacaksan
	3rd	başlamayacak	başlayacak	başlanmayacak	başlanacak
Plural	1st	başlamayacağız	başlayacağız	başlanmayacağız	başlanacağız
	2nd	başlamayacaksınız	başlayacaksınız	başlanmayacaksınız	başlanacaksınız
	3rd	başlamayacaklar	başlayacaklar	başlanmayacaklar	başlanacaklar

		Definite Future					
		Returning Type		Equivalent-Mutual Type		Causative	
		Negative	Positive	Negative	Positive	Negative	Positive
Singular	1st	başlanılmayacağım	başlanılacağım	-	-	başlatmayacağım	başlatacağım
	2nd	başlanılmayacaksan	başlanılacaksan	-	-	başlatmayacaksan	başlatacaksan
	3rd	başlanılmayacak	başlanılacak	-	-	başlatmayacak	başlatacak
Plural	1st	başlanılmayacağız	başlanılacağız	-	-	başlatmayacağız	başlatacağız
	2nd	başlanılmayacaksınız	başlanılacaksınız	-	-	başlatmayacaksınız	başlatacaksınız
	3rd	başlanılmayacaklar	başlanılacaklar	-	-	başlatmayacaklar	başlatacaklar

		Indefinite Future			
		Active		Passive	
		Negative	Positive	Negative	Positive
Singular	1st	başlamaram	başlayaram	başlanmaram	başlanaram
	2nd	başlamazsan	başlayarsan	başlanmazsan	başlanarsan
	3rd	başlamaz	başlar	başlanmaz	başlanar
Plural	1st	başlamarık	başlayarık	başlanmarık	başlanarık
	2nd	başlamazsınız	başlayarsınız	başlanmazsınız	başlanarsınız
	3rd	başlamazlar	başlayarlar	başlanmazlar	başlanarlar

		Indefinite Future					
		Returning Type		Equivalent-Mutual Type		Causative	
		Negative	Positive	Negative	Positive	Negative	Positive
Singular	1st	başlanılmaram	başlanılaram	-	-	başlatmaram	başlataram
	2nd	başlanılmazsan	başlanılarsan	-	-	başlatmazsan	başlatarsan
	3rd	başlanılmaz	başlanılır	-	-	başlatmaz	başlatır
Plural	1st	başlanılmarık	başlanılarık	-	-	başlatmarık	başlatarık
	2nd	başlanılmazsınız	başlanılarsınız	-	-	başlatmazsınız	başlatarsınız
	3rd	başlanılmazlar	başlanılarlar	-	-	başlatmazlar	başlatarlar

		Conditional Mood			
		Definite Future		Indefinite Future	
		Negative	Positive	Negative	Positive
Singular	1st	başlamayacaksam	başlayacaksam	başlamaramsa	başlayaramsa
	2nd	başlamayacaksansa	başlayacaksansa	başlamazsansa	başlayarsansa
	3rd	başlamayacaksa	başlayacaksa	başlamazsa	başlayarsa
Plural	1st	başlamayacaksak	başlayacaksak	başlamarıksa	başlayarıka
	2nd	başlamayacaksınızsə	başlayacaksınızsə	başlamazsınızsa	başlayarsınızsa
	3rd	başlamayacaklarsa	başlayacaklarsa	başlamazlarsa	başlayarlarsa

		Conditional Mood					
		Present		Witnessed Past		Narrative Past	
		Negative	Positive	Negative	Positive	Negative	Positive
Singular	1st	başlamırsam	başlayırsam	başlamadımsa	başladımsa	başlamamışsam	başlamışsam
	2nd	başlamırsansa	başlayırsansa	başlamadınsa	başladınsa	başlamamışsansa	başlamışsansa

	3rd	başlamırsa	başlayırsa	başlamadısa	başladısa	başlamamışsa	başlamışsa
Plural	1st	başlamırıksa	başlayırıksa	başlamadıksa	başladıksa	başlamamışıksa	başlamışıksa
	2nd	başlamırsınızsa	başlayırsınızsa	başlamadınızsa	başladınızsa	başlamamışsınızsa	başlamışsınızsa
	3rd	başlamırlarsa	başlayırlarsa	başlamadılarsa	başladılarsa	başlamamışlarsa	başlamışlarsa

		Other Moods			
		Imparative		Optative	
		Negative	Positive	Negative	Positive
Singular	1st	başlamayım	başlayım	(Kaş) başlamayam	(Kaş) başlayam
	2nd	başlama	başla	(Kaş) başlamayasan	(Kaş) başlayasan
	3rd	başlamasın	başlasın	(Kaş) başlamaya	(Kaş) başlaya
Plural	1st	başlamayak	başlayak	(Kaş) başlamayak	(Kaş) başlayak
	2nd	başlamayasınız	başlayasınız	(Kaş) başlamayasınız	(Kaş) başlayasınız
	3rd	başlamasınlar	başlaysınlar	(Kaş) başlamayalar	(Kaş) başlayalar

		Other Moods			
		Obligatory		necessary	
		Negative	Positive	Negative	Positive
Singular	1st	başlamamalıyım	başlamalıyım	-	-
	2nd	başlamamalısın	başlamalısın	-	-
	3rd	başlamamalı	başlamalı	-	-
Plural	1st	başlamamalıyık	başlamalıyık	-	-
	2nd	başlamamalısınız	başlamalısınız	-	-
	3rd	başlamamalılar	başlamalılar	-	-

To Breath (Nəfəs Almaq)

Present					
		Active		Passive	
		Negative	Positive	Negative	Positive
Singular	1st	nəfəs almıram	nəfəs alıram	-	-
	2nd	nəfəs almırsan	nəfəs alırsan	-	-
	3rd	nəfəs almır	nəfəs alır	nəfəs alınmır	nəfəs alınır
Plural	1st	nəfəs almırıq	nəfəs alırıq	-	-
	2nd	nəfəs almırsınız	nəfəs alırsınız	-	-
	3rd	nəfəs almırlar	nəfəs alrlar	-	-

Present						
		Returning Type		Equivalent-Mutual Type		Causative
		Negative	Positive	Negative	Positive	Negative	Positive
Singular	1st	-	-	-	-	nəfəs aldırmıram	nəfəs aldırıram
	2nd	-	-	-	-	nəfəs aldırmırsan	nəfəs aldırırsan
	3rd	nəfəs alınılmır	nəfəs alınılır	-	-	nəfəs aldırmır	nəfəs aldırır
Plural	1st	-	-	-	-	nəfəs aldırmırıq	nəfəs aldırırıq
	2nd	-	-	-	-	nəfəs aldırmırsınız	nəfəs aldırırsınız
	3rd	-	-	-	-	nəfəs aldırmırlar	nəfəs aldırırlar

Witnessed Past				
		Active		Passive	
		Negative	Positive	Negative	Positive
Singular	1st	nəfəs almadım	nəfəs aldım	-	-
	2nd	nəfəs almadın	nəfəs aldın	-	-
	3rd	nəfəs almadı	nəfəs aldı	nəfəs alınmadı	nəfəs alındı
Plural	1st	nəfəs almadık	nəfəs aldık	-	-
	2nd	nəfəs almadınız	nəfəs aldınız	-	-
	3rd	nəfəs almadılar	nəfəs aldılar	-	-

Witnessed Past							
		Returning Type		Equivalent-Mutual Type		Causative	
		Negative	Positive	Negative	Positive	Negative	Positive
Singular	1st	-	-	-	-	nəfəs aldırmadım	nəfəs aldırdım
	2nd	-	-	-	-	nəfəs aldırmadın	nəfəs aldırdın
	3rd	nəfəs alınıldı	nəfəs alınıldı	-	-	nəfəs aldırmadı	nəfəs aldırdı
Plural	1st	-	-	-	-	nəfəs aldırmadık	nəfəs aldırdık
	2nd	-	-	-	-	nəfəs aldırmadınız	nəfəs aldırdınız
	3rd	-	-	-	-	nəfəs aldırmadılar	nəfəs aldırdılar

Narrative Past				
		Active		Passive	
		Negative	Positive	Negative	Positive
Singular	1st	nəfəs almamışam	nəfəs almışam	-	-
	2nd	nəfəs almamışsan	nəfəs almışsan	-	-
	3rd	nəfəs almamış	nəfəs almış	nəfəs alınmamış	nəfəs alınmış
Plural	1st	bnəfəs almamışıq	nəfəs almışıq	-	-
	2nd	nəfəs almamışsınız	nəfəs almışsınız	-	-
	3rd	nəfəs almamışlar	nəfəs almışlar	-	-

		Narrative Past					
		Returning Type		Equivalent-Mutual Type		Causative	
		Negative	Positive	Negative	Positive	Negative	Positive
Singular	1st	-	-	-	-	nəfəs aldırmamışam	nəfəs aldırmışam
	2nd	-	-	-	-	nəfəs aldırmamışsan	nəfəs aldırmışsan
	3rd	nəfəs alınılmamış	nəfəs alınılmış	-	-	nəfəs aldırmamış	nəfəs aldırmış
Plural	1st	-	-	-	-	nəfəs aldırmamışıq	nəfəs aldırmışıq
	2nd	-	-	-	-	nəfəs aldırmamışsınız	nəfəs aldırmışsınız
	3rd	-	-	-	-	nəfəs aldırmamışlar	nəfəs aldırmışlar

Definite Future				
		Active		Passive	
		Negative	Positive	Negative	Positive
Singular	1st	nəfəs almayacağım	nəfəs alacağım	-	-
	2nd	nəfəs almayacaksan	nəfəs alacaksan	-	-
	3rd	nəfəs almayacak	nəfəs alacak	nəfəs alınmayacak	nəfəs alınacak
Plural	1st	nəfəs almayacağız	nəfəs alacağız	-	-
	2nd	nəfəs almayacaksınız	nəfəs alacaksınız	-	-
	3rd	nəfəs almayacaklar	nəfəs alacaklar	-	-

Definite Future						
		Returning Type		Equivalent-Mutual Type		Causative	
		Negative	Positive	Negative	Positive	Negative	Positive
Singular	1st	-	-	-	-	nəfəs aldırmayacağım	nəfəs aldıracağım
	2nd	-	-	-	-	nəfəs aldırmayacaksan	nəfəs aldıracaksan
	3rd	nəfəs alınılmayacak	nəfəs alınılacak	-	-	nəfəs aldırmayacak	nəfəs aldıracak
Plural	1st	-	-	-	-	nəfəs aldırmayacağız	nəfəs aldıracağız
	2nd	-	-	-	-	nəfəs aldırmayacaksınız	nəfəs aldıracaksınız
	3rd	-	-	-	-	nəfəs aldırmayacaklar	nəfəs aldıracaklar

60

Definite Future				
		Active		Passive	

		Active		Passive	
		Negative	Positive	Negative	Positive
Singular	1st	nəfəs almaram	nəfəs alaram	-	-
	2nd	nəfəs almazsan	nəfəs alarsan	-	-
	3rd	nəfəs almaz	nəfəs alar	nəfəs alınmaz	nəfəs alınar
Plural	1st	nəfəs almarıq	nəfəs alarıq	-	-
	2nd	nəfəs almazsınız	nəfəs alarsınız	-	-
	3rd	nəfəs almazlar	nəfəs alarlar	-	-

		Indefinite Future					
		Returning Type		Equivalent-Mutual Type		Causative	
		Negative	Positive	Negative	Positive	Negative	Positive
Singular	1st	-	-	-	-	nəfəs aldırmaram	nəfəs aldıraram
	2nd	-	-	-	-	nəfəs aldırmazsan	nəfəs aldırarsan
	3rd	nəfəs alınılmaz	nəfəs alınılır	-	-	nəfəs aldırmaz	nəfəs aldırır
Plural	1st	-	-	-	-	nəfəs aldırmarıq	nəfəs aldırarıq
	2nd	-	-	-	-	nəfəs aldırmazsınız	nəfəs aldırarsınız
	3rd	-	-	-	-	nəfəs aldırmazlar	nəfəs aldırarlar

Conditional Mood				
		Definite Future		Indefinite Future	
		Negative	Positive	Negative	Positive
Singular	1st	nəfəs almayacaksam	nəfəs alacaksam	nəfəs almaramsa	nəfəs alaramsa
	2nd	bnəfəs almayacaksansa	nəfəs alacaksansa	nəfəs almazsansa	nəfəs alarsansa
	3rd	nəfəs almayacaksa	nəfəs alacaksa	nəfəs almazsa	nəfəs alyarsa
Plural	1st	nəfəs almayacaksak	nəfəs alacaksak	nəfəs almarıksa	nəfəs alyarıka
	2nd	nəfəs almayacaksınızsə	nəfəs alacaksınızsə	nəfəs almazsınızsa	nəfəs alarsınızsa
	3rd	nəfəs almayacaklarsa	nəfəs alacaklarsa	nəfəs almazlarsa	nəfəs alarlarsa

Conditional Mood							
		Present		Witnessed Past		Narrative Past	
		Negative	Positive	Negative	Positive	Negative	Positive
Singular	1st	nəfəs almırsam	nəfəs alırsam	nəfəs almadımsa	nəfəs aldımsa	nəfəs almamışsam	nəfəs almışsam
	2nd	nəfəs almırsansa	nəfəs alırsansa	nəfəs almadınsa	nəfəs aldınsa	nəfəs almamışsansa	nəfəs almışsansa
	3rd	nəfəs almırsa	nəfəs alırsa	nəfəs almadısa	nəfəs aldısa	nəfəs almamışsa	nəfəs almışsa
Plural	1st	nəfəs almırıksa	nəfəs alırıksa	nəfəs almadıksa	nəfəs aldıksa	nəfəs almamışıksa	nəfəs almışıksa
	2nd	nəfəs almırsınızsa	nəfəs alırsınızsa	nəfəs almadınızsa	nəfəs aldınızsa	nəfəs almamışsınızsa	nəfəs almışsınızsa
	3rd	nəfəs almırlarsa	nəfəs alırlarsa	nəfəs almadılarsa	nəfəs aldılarsa	nəfəs almamışlarsa	nəfəs almışlarsa

		Other Moods			
		Imparative		Optative	
		Negative	Positive	Negative	Positive
Singular	1st	nəfəs almayım	nəfəs alım	(Kaş) nəfəs almayam	(Kaş) nəfəs alam
	2nd	nəfəs alma	nəfəs al	(Kaş) nəfəs almayasan	(Kaş) nəfəs alasan
	3rd	nəfəs almasın	nəfəs alsın	(Kaş) nəfəs almaya	(Kaş) nəfəs ala
Plural	1st	nəfəs almayak	nəfəs alak	(Kaş) nəfəs almayak	(Kaş) nəfəs alak
	2nd	nəfəs almayasınız	nəfəs alasınız	(Kaş) nəfəs alasınız	(Kaş) nəfəs alasınız
	3rd	nəfəs almasınlar	nəfəs alsınlar	(Kaş) nəfəs almayalar	(Kaş) nəfəs alalar

		Other Moods			
		Obligatory		necessary	
		Negative	Positive	Negative	Positive
Singular	1st	nəfəs almamalıyım	nəfəs almalıyım	-	-
	2nd	nəfəs almamalısın	nəfəs almalısın	-	-
	3rd	nəfəs almamalı	nəfəs almalı	-	-
Plural	1st	nəfəs almamalıyık	nəfəs almalıyık	-	-
	2nd	nəfəs almamalısınız	nəfəs almalısınız	-	-
	3rd	nəfəs almamalılar	nəfəs almalılar	-	-

To Buy (Almaq)

Present					
		Active		Passive	
		Negative	Positive	Negative	Positive
Singular	1st	almıram	alıram	-	-
	2nd	almırsan	alırsan	-	-
	3rd	almır	alır	alınmır	alınır
Plural	1st	almırık	alırık	-	-
	2nd	almırsınız	alırsınız	-	-
	3rd	almırlar	alrlar	-	-

Present							
		Returning Type		Equivalent-Mutual Type		Causative	
		Negative	Positive	Negative	Positive	Negative	Positive
Singular	1st	-	-	-	-	aldırmıram	aldırıram
	2nd	-	-	-	-	aldırmırsan	aldırırsan
	3rd	alınılmır	alınılır	-	-	aldırmır	aldırır
Plural	1st	-	-	-	-	aldırmırık	aldırırık
	2nd	-	-	-	-	aldırmırsınız	aldırırsınız
	3rd	-	-	-	-	aldırmırlar	aldırırlar

Witnessed Past				
		Active		Passive	
		Negative	Positive	Negative	Positive
Singular	1st	almadım	aldım	-	-
	2nd	almadın	aldın	-	-
	3rd	almadı	aldı	alınmadı	alındı
Plural	1st	almadık	aldık	-	-
	2nd	almadınız	aldınız	-	-
	3rd	almadılar	aldılar	-	-

Witnessed Past							
		Returning Type		Equivalent-Mutual Type		Causative	
		Negative	Positive	Negative	Positive	Negative	Positive
Singular	1st	-	-	-	-	aldırmadım	aldırdım
	2nd	-	-	-	-	aldırmadın	aldırdın
	3rd	alınıldı	alınıldı	-	-	aldırmadı	aldırdı
Plural	1st	-	-	-	-	aldırmadık	aldırdık
	2nd	-	-	-	-	aldırmadınız	aldırdınız
	3rd	-	-	-	-	aldırmadılar	aldırdılar

Narrative Past					
		Active		Passive	
		Negative	Positive	Negative	Positive
Singular	1st	almamışam	almışam	-	-
	2nd	almamışsan	almışsan	-	-
	3rd	almamış	almış	alınmamış	alınmış

Plural					
	1st	almamışık	almışık	-	-
	2nd	almamışsınız	almışsınız	-	-
	3rd	almamışlar	almışlar	-	-

		Narrative Past					
		Returning Type		Equivalent-Mutual Type		Causative	
		Negative	Positive	Negative	Positive	Negative	Positive
Singular	1st	-	-	-	-	aldırmamışam	aldırmışam
	2nd	-	-	-	-	aldırmamışsan	aldırmışsan
	3rd	alınılmamış	alınılmış	-	-	aldırmamış	aldırmış
Plural	1st	-	-	*	-	aldırmamışık	aldırmışık
	2nd	-	-	-	-	aldırmamışsınız	aldırmışsınız
	3rd	-	-	-	-	aldırmamışlar	aldırmışlar

		Definite Future			
		Active		Passive	
		Negative	Positive	Negative	Positive
Singular	1st	almayacağım	alacağım	-	-
	2nd	almayacaksan	alacaksan	-	-
	3rd	almayacak	alacak	alınmayacak	alınacak
Plural	1st	almayacağız	alacağız	-	-
	2nd	almayacaksınız	alacaksınız	-	-
	3rd	almayacaklar	alacaklar	-	-

		Definite Future					
		Returning Type		Equivalent-Mutual Type		Causative	
		Negative	Positive	Negative	Positive	Negative	Positive
Singular	1st	-	-	-	-	aldırmayacağım	aldıracağım
	2nd	-	-	-	-	aldırmayacaksan	aldıracaksan
	3rd	alınılmayacak	alınılacak	-	-	aldırmayacak	aldıracak
Plural	1st	-	-	-	-	aldırmayacağız	aldıracağız
	2nd	-	-	-	-	aldırmayacaksınız	aldıracaksınız
	3rd	-	-	-	-	aldırmayacaklar	aldıracaklar

		Indefinite Future			
		Active		Passive	
		Negative	Positive	Negative	Positive
Singular	1st	almaram	alaram	-	-
	2nd	almazsan	alarsan	-	-
	3rd	almaz	alar	alınmaz	alınar
Plural	1st	almarık	alarık	-	-
	2nd	almazsınız	alarsınız	-	-
	3rd	almazlar	alarlar	-	-

		Indefinite Future					
		Returning Type		Equivalent-Mutual Type		Causative	
		Negative	Positive	Negative	Positive	Negative	Positive
Singular	1st	-	-	-	-	aldırmaram	aldıraram
	2nd	-	-	-	-	aldırmazsan	aldırarsan
	3rd	alınılmaz	alınılır	-	-	aldırmaz	aldırır
Plural	1st	-	-	-	-	aldırmarık	aldırarık
	2nd	-	-	-	-	aldırmazsınız	aldırarsınız
	3rd	-	-	-	-	aldırmazlar	aldırarlar

		Conditional Mood			
		Definite Future		Indefinite Future	
		Negative	Positive	Negative	Positive
Singular	1st	almayacaksam	alacaksam	almaramsa	alaramsa
	2nd	almayacaksansa	alacaksansa	almazsansa	alarsansa
	3rd	almayacaksa	alacaksa	almazsa	alyarsa
Plural	1st	almayacaksak	alacaksak	almarıksa	alyarıka
	2nd	almayacaksınızsə	alacaksınızsə	almazsınızsa	alarsınızsa
	3rd	almayacaklarsa	alacaklarsa	almazlarsa	alarlarsa

		Conditional Mood					
		Present		Witnessed Past		Narrative Past	
		Negative	Positive	Negative	Positive	Negative	Positive
Singular	1st	almırsam	alırsam	almadımsa	aldımsa	almamışsam	almışsam
	2nd	almırsansa	alırsansa	almadınsa	aldınsa	almamışsansa	almışsansa
	3rd	almırsa	alırsa	almadısa	aldısa	almamışsa	almışsa
Plural	1st	almırıksa	alırıksa	almadıksa	aldıksa	almamışıksa	almışıksa
	2nd	almırsınızsa	alırsınızsa	almadınızsa	aldınızsa	almamışsınızsa	almışsınızsa
	3rd	almırlarsa	alırlarsa	almadılarsa	aldılarsa	almamışlarsa	almışlarsa

		Other Moods			
		Imparative		Optative	
		Negative	Positive	Negative	Positive
Singular	1st	almayım	alım	(Kaş) almayam	(Kaş) alam
	2nd	alma	al	(Kaş) almayasan	(Kaş) alasan
	3rd	almasın	alsın	(Kaş) almaya	(Kaş) ala
Plural	1st	almayak	alak	(Kaş) almayak	(Kaş) alak
	2nd	almayasınız	alasınız	(Kaş) alasınız	(Kaş) alasınız
	3rd	almasınlar	alsınlar	(Kaş) almayalar	(Kaş) alalar

		Other Moods			
		Obligatory		necessary	
		Negative	Positive	Negative	Positive
Singular	1st	almamalıyım	almalıyım	-	-
	2nd	almamalısın	almalısın	-	-
	3rd	almamalı	almalı	-	-

Plural	1st	almamalıyıq	almalıyıq	-	-
	2nd	almamalısınız	almalısınız	-	-
	3rd	almamalılar	almalılar	-	-

To Call (Zəng Etmək)

Present					
		Active		Passive	
		Negative	Positive	Negative	Positive
Singular	1st	zəng etmirəm	zəng edirəm	zəng edilmirəm	zəng edilirəm
	2nd	zəng etmirsən	zəng edirsən	zəng edilmirsən	zəng ediıirsən
	3rd	zəng etmir	zəng edir	zəng edilmir	zəng edilir
Plural	1st	zəng etmirik	zəng edirik	zəng edilmirik	zəng edilirik
	2nd	zəng etmirsiniz	zəng edirsiniz	zəng edilmirsiniz	zəng edilisiniz
	3rd	zəng etmirlər	zəng edirlər	zəng edilmirlər	zəng edilirlər

Present							
		Returning Type		Equivalent-Mutual Type		Causative	
		Negative	Positive	Negative	Positive	Negative	Positive
Singular	1st	zəng edilmirəm	zəng edilirəm	-	-	zəng etdirmirəm	zəng etdirirəm
	2nd	zəng edilmirsən	zəng ediıirsən	-	-	zəng etdirmirsən	zəng etdirirsən
	3rd	zəng edilmir	zəng edilir	-	-	zəng etdirmir	zəng etdirir
Plural	1st	zəng edilmirik	zəng edilirik	-	-	zəng etdirmirik	zəng etdiririk
	2nd	zəng edilmirsiniz	zəng edilisiniz	-	-	zəng etdirmirsiniz	zəng etdirirsiniz
	3rd	zəng edilmirlər	zəng edilirlər	-	-	zəng etdirmirlər	zəng etdirirlər

Witnessed Past				
		Active		Passive
		Negative	Positive	Negative	Positive
Singular	1st	zəng etmədim	zəng ettim	zəng edilmədim	zəng edildim
	2nd	zəng etmədin	zəng ettin	zəng edilmədin	zəng edildin
	3rd	zəng etmədi	zəng etti	zəng edilmədi	zəng edildi
Plural	1st	zəng etmədik	zəng ettik	zəng edilmədik	zəng edildik
	2nd	zəng etmədiniz	zəng ettiniz	zəng edilmədiniz	zəng edildiniz
	3rd	zəng etmədilər	zəng ettilər	zəng edilmədilər	zəng edildilər

Witnessed Past						
		Returning Type		Equivalent-Mutual Type		Causative
		Negative	Positive	Negative	Positive	Negative	Positive
Singular	1st	zəng edilmədim	zəng edildim	-	-	zəng etdirmədim	zəng etdirdim
	2nd	zəng edilmədin	zəng edildin	-	-	zəng etdirmədin	zəng etdirdin
	3rd	zəng edilmədi	zəng edildi	-	-	zəng etdirmədi	zəng etdirdi
Plural	1st	zəng edilmədik	zəng edildik	-	-	zəng etdirmədik	zəng etdirdik
	2nd	zəng edilmədiniz	zəng edildiniz	-	-	zəng etdirmədiniz	zəng etdirdiniz
	3rd	zəng edilmədilər	zəng edildilər	-	-	zəng etdirmədilər	zəng etdirdilər

Narrative Past					
		Active		Passive	
		Negative	Positive	Negative	Positive
Singular	1st	zəng etməmişim	zəng etmişim	zəng edilməmişim	zəng edilmişim
	2nd	zəng etməmişsən	zəng etmişsən	zəng edilməmişsən	zəng edilmişsən
	3rd	zəng etməmiş	zəng etmiş	zəng edilməmiş	zəng edilmiş

Plural	1st	zəng etməmişik	zəng etmişik	zəng edilməmişik	zəng edilmişik
	2nd	zəng etməmişsiniz	zəng etmişsiniz	zəng edilməmişsiniz	zəng edilmişsiniz
	3rd	zəng etməmişlər	zəng etmişlər	zəng edilməmişlər	zəng edilmişlər

		Narrative Past					
		Returning Type		Equivalent-Mutual Type		Causative	
		Negative	Positive	Negative	Positive	Negative	Positive
Singular	1st	zəng edilməmişim	zəng edilmişim	-	-	zəng etdirməmişim	zəng etdirmişim
	2nd	zəng edilməmişsən	zəng edilmişsən	-	-	zəng etdirməmişsən	zəng etdirmişsən
	3rd	zəng edilməmiş	zəng edilmiş	-	-	zəng etdirməmiş	zəng etdirmiş
Plural	1st	zəng edilməmişik	zəng edilmişik	-	-	zəng etdirməmişik	zəng etdirmişik
	2nd	zəng edilməmişsiniz	zəng edilmişsiniz	-	-	zəng etdirməmişsiniz	zəng etdirmişsiniz
	3rd	zəng edilməmişlər	zəng edilmişlər	-	-	zəng etdirməmişlər	zəng etdirmişlər

		Definite Future			
		Active		Passive	
		Negative	Positive	Negative	Positive
Singular	1st	zəng etməyəcəm	zəng edəcəm	zəng edilməyəcəm	zəng ediləcəm
	2nd	zəng etməyəcəksən	zəng edəcəksən	zəng edilməyəcəksən	zəng ediləcəksən
	3rd	zəng etməyəcək	zəng edəcək	zəng edilməyəcək	zəng ediləcək
Plural	1st	zəng etməyəcəyik	zəng edəcəyik	zəng edilməyəcəyik	zəng ediləcəyik
	2nd	zəng etməyəcəksiniz	zəng edəcəksiniz	zəng edilməyəcəksiniz	zəng ediləcəksiniz
	3rd	zəng etməyəcəklər	zəng edəcəklər	zəng edilməyəcəklər	zəng ediləcəklər

		Definite Future					
		Returning Type		Equivalent-Mutual Type		Causative	
		Negative	Positive	Negative	Positive	Negative	Positive
Singular	1st	zəng edilməyəcəm	zəng ediləcəm	-	-	zəng etdirməyəcəm	zəng etdirəcəm
	2nd	zəng edilməyəcəksən	zəng ediləcəksən	-	-	zəng etdirməyəcəksən	zəng etdirəcəksən
	3rd	zəng edilməyəcək	zəng ediləcək	-	-	zəng etdirməyəcək	zəng etdirəcək
Plural	1st	zəng edilməyəcəyik	zəng ediləcəyik	-	-	zəng etdirməyəcəyik	zəng etdirəcəyik
	2nd	Qə zəng bul edilməyəcəksiniz	zəng ediləcəksiniz	-	-	zəng etdirməyəcəksiniz	zəng etdirəcəksiniz
	3rd	zəng edilməyəcəklər	zəng ediləcəklər	-	-	zəng etdirməyəcəklər	zəng etdirəcəklər

		Indefinite Future									
		Active		Passive		Returning Type		Equivalent-Mutual Type		Causative	
		Negative	Positive	Negative	Positive	Negative	Positive	Negative	Positive	Negative	Positive
Singular	1st	zəng etmərim	zəng edərim	-	-	-	-	-	-	-	-
	2nd	zəng etməzsəm	zəng edərsən	-	-	-	-	-	-	-	-
	3rd	zəng etməz	zəng edər	-	-	-	-	-	-	-	-
Plural	1st	zəng etmərik	zəng edərik	-	-	-	-	-	-	-	-
	2nd	zəng etməzsiniz	zəng edərsiniz	-	-	-	-	-	-	-	-
	3rd	zəng etməzlər	zəng edərlər	-	-	-	-	-	-	-	-

Conditional Mood					
		Definite Future		Indefinite Future	
		Negative	Positive	Negative	Positive
Singular	1st	zəng etməyəcəksəm	zəng edəcəksm	zəng etmərimsə	zəng edərimsə
	2nd	zəng etməyəcəksənsə	zəng edəcəksənsə	zəng etməzsəmsə	zəng edərsənsə
	3rd	zəng etməyəcəksə	zəng edəcəksə	zəng etməzsə	zəng edərsə
Plural	1st	zəng etməyəcəksək	zəng edəcəksək	zəng etməriksə	zəng edəriksə
	2nd	zəng etməyəcəksinizsə	zəng edəcəksinizsə	zəng etməzsinizsə	zəng edərsinizsə
	3rd	zəng etməyəcəklərsə	zəng edəcəklərsə	zəng etməzlərsə	zəng edərlərsə

Conditional Mood							
		Present		Witnessed Past		Narrative Past	
		Negative	Positive	Negative	Positive	Negative	Positive
Singular	1st	zəng etmirsəm	zəng edirsəm	zəng etmədiysəm	zəng ettiysəm	zəng etməmişsəm	zəng etmişsəm
	2nd	zəng etmirsənsə	zəng edirsənsə	zəng etmədiysən	zəng ettiysən	zəng etməmişsənsə	zəng etmişsənsə
	3rd	zəng etmirsə	zəng edirsə	zəng etmədiysə	zəng ettiysə	zəng etməmişsə	zəng etmişsə
Plural	1st	zəng etmirsək	zəng edirsək	zəng etmədiysək	zəng ettiysək	zəng etməmişsək	zəng etmişsək
	2nd	zəng etmirsinizsə	zəng edirsinizsə	zəng etmədinizsə	zəng ettinizsə	zəng etməmişsinizsə	zəng etmişsinizsə
	3rd	zəng etmirlərsə	zəng edirlərsə	zəng etmədilərsə	zəng ettilərsə	zəng etməmişlərsə	zəng etmişlərsə

		Other Moods			
		Imparative		Optative	
		Negative	Positive	Negative	Positive
Singular	1st	zəng etməyim	zəng edim	(Kaş) zəng etməyəm	(Kaş) zəng edəm
	2nd	zəng etmə	zəng et	(Kaş) zəng etməyəsən	(Kaş) zəng edəsən
	3rd	zəng etməsin	zəng etsin	(Kaş) zəng etməyə	(Kaş) zəng edə
Plural	1st	zəng etməyək	zəng edək	(Kaş) zəng etməyək	(Kaş) zəng edək
	2nd	zəng etməyin	zəng edin	(Kaş) zəng etməyəsiniz	(Kaş) zəng edəsiniz
	3rd	zəng etməsinlər	zəng etsinlər	(Kaş) zəng etməyələr	(Kaş) zəng edələr

		Other Moods			
		Obligatory		necessary	
		Negative	Positive	Negative	Positive
Singular	1st	zəng etməməliyim	zəng etməliyim	zəng edəsi deyiləm	zəng edəsiyəm
	2nd	zəng etməməlisən	zəng etməlisən	-	-
	3rd	zəng etməməli	zəng etməli	-	-
Plural	1st	zəng etməməliyik	zəng etməliyik	zəng edəsi deyilik	zəng edəsiyik
	2nd	zəng etməməlisiniz	zəng etməliyisiniz	-	-
	3rd	zəng etməməlilər	zəng etməlilər	-	-

To Can (Edə Bilmək)

Present					
		Active		Passive	
		Negative	Positive	Negative	Positive
Singular	1st	Edə bilmirəm	Edə bilirəm	-	-
	2nd	Edə bilmirsən	Edə bilirsən	-	-
	3rd	Edə bilmir	Edə bilir	-	-
Plural	1st	Edə bilmirik	Edə bilirik	-	-
	2nd	Edə bilmirsiniz	Edə bilirsiniz	-	-
	3rd	Edə bilmirlər	Edə bilirlər	-	-

Present							
		Returning Type		Equivalent-Mutual Type		Causative	
		Negative	Positive	Negative	Positive	Negative	Positive
Singular	1st	-	-	-	-	Edə bildirmirəm	Edə bildirirəm
	2nd	-	-	-	-	Edə bildirmirsən	Edə bildirirsən
	3rd	-	-	-	-	Edə bildirmir	Edə bildirir
Plural	1st	-	-	-	-	Edə bildirmirik	Edə bildiririk
	2nd	-	-	-	-	Edə bildirmirsiniz	Edə bildirisiniz
	3rd	-	-	-	-	Edə bildirmirlər	Edə bildirirlər

Witnessed Past				
		Active		Passive	
		Negative	Positive	Negative	Positive
Singular	1st	Edə bilmədim	Edə bildim	-	-
	2nd	Edə bilmədin	Edə bildin	-	-
	3rd	Edə bilmədi	Edə bildi	-	-
Plural	1st	Edə bilmədik	Edə bildik	-	-
	2nd	Edə bilmədiniz	Edə bildiniz	-	-
	3rd	Edə bilmədilər	Edə bildilər	-	-

Witnessed Past						
		Returning Type		Equivalent-Mutual Type		Causative	
		Negative	Positive	Negative	Positive	Negative	Positive
Singular	1st	-	-	-	-	Edə bildirmədim	Edə bildirdim
	2nd	-	-	-	-	Edə bildirmədin	Edə bildirdin
	3rd	-	-	-	-	Edə bildirmədi	Edə bildirdi
Plural	1st	-	-	-	-	Edə bildirmədik	Edə bildirdik
	2nd	-	-	-	-	Edə bildirmədiniz	Edə bildirdiniz
	3rd	-	-	-	-	Edə bildirmədilər	Edə bildirdilər

Narrative Past					
		Active		Passive	
		Negative	Positive	Negative	Positive
Singular	1st	Edə bilməmişim	Edə bilmişim	-	-
	2nd	Edə bilməmişsən	Edə bilmişsən	-	-
	3rd	Edə bilməmiş	Edə bilmiş	-	-

Plural	1st	Edə bilməmişik	Edə bilmişik	-	-
	2nd	Edə bilməmişsiniz	Edə bilmişsiniz	-	-
	3rd	Edə bilməmişlər	Edə bilmişlər	-	-

		Narrative Past					
		Returning Type		Equivalent-Mutual Type		Causative	
		Negative	Positive	Negative	Positive	Negative	Positive
Singular	1st	-	-	-	-	Edə bildirməmişim	Edə bildirmişim
	2nd	-	-	-	-	Edə bildirməmişsən	Edə bildirmişsən
	3rd	-	-	-	-	Edə bildirməmiş	Edə bildirmiş
Plural	1st	-	-	-	-	Edə bildirməmişik	Edə bildirmişik
	2nd	-	-	-	-	Edə bildirməmişsiniz	Edə bildirmişsiniz
	3rd	-	-	-	-	Edə bildirməmişlər	Edə bildirmişlər

		Definite Future			
		Active		Passive	
		Negative	Positive	Negative	Positive
Singular	1st	Edə bilməyəcəm	Edə biləcəm	-	-
	2nd	Edə bilməyəcəksən	Edə biləcəksən	-	-
	3rd	Edə bilməyəcək	Edə biləcək	-	-
Plural	1st	Edə bilməyəcəyik	Edə biləcəyik	-	-
	2nd	Edə bilməyəcəksiniz	Edə biləcəksiniz	-	-
	3rd	Edə bilməyəcəklər	Edə biləcəklər	-	-

		Definite Future					
		Returning Type		Equivalent-Mutual Type		Causative	
		Negative	Positive	Negative	Positive	Negative	Positive
Singular	1st	-	-	-	-	Edə bildirməyəcəm	Edə bildirəcəm
	2nd	-	-	-	-	Edə bildirməyəcəksən	Edə bildirəcəksən
	3rd	-	-	-	-	Edə bildirməyəcək	Edə bildirəcək
Plural	1st	-	-	-	-	Edə bildirməyəcəyik	Edə bildirəcəyik
	2nd	-	-	-	-	Edə bildirməyəcəksiniz	Edə biltdirəcəksiniz
	3rd	-	-	-	-	Edə bildirməyəcəklər	Edə bildirəcəklər

		Indefinite Future										
		Active		Passive		Returning Type		Equivalent-Mutual Type		Causative	
		Negative	Positive	Negative	Positive	Negative	Positive	Negative	Positive	Negative	Positive
Singular	1st	Edə bilmərim	Edə bilərim	-	-	-	-	-	-	-	-
	2nd	Edə bilməzsəm	Edə bilərsən	-	-	-	-	-	-	-	-
	3rd	Edə bilməz	Edə bilər	-	-	-	-	-	-	-	-
Plural	1st	Edə bilmərik	Edə bilərik	-	-	-	-	-	-	-	-
	2nd	Edə bilməzsiniz	Edə bilərsiniz	-	-	-	-	-	-	-	-
	3rd	Edə bilməzlər	Edə bilərlər	-	-	-	-	-	-	-	-

Conditional Mood				
		Definite Future		Indefinite Future	
		Negative	Positive	Negative	Positive
Singular	1st	Edə bilməyəcəksəm	Edə biləcəksm	Edə bilmərimsə	Edə bilərimsə
	2nd	Edə bilməyəcəksənsə	Edə biləcəksənsə	Edə bilməzsəmsə	Edə bilərsənsə
	3rd	Edə bilməyəcəksə	Edə biləcəksə	Edə bilməzsə	Edə bilərsə
Plural	1st	Edə bilməyəcəksək	Edə biləcəksək	Edə bilməriksə	Edə biləriksə
	2nd	Edə bilməyəcəksinizsə	Edə biləcəksinizsə	Edə bilməzsinizsə	Edə bilərsinizsə
	3rd	Edə bilməyəcəklərsə	Edə biləcəklərsə	Edə bilməzlərsə	Edə bilərlərsə

Conditional Mood							
		Present		Witnessed Past		Narrative Past	
		Negative	Positive	Negative	Positive	Negative	Positive
Singular	1st	Edə bilmirsəm	Edə bilirsəm	Edə bilmədiysəm	Edə bildiysəm	Edə bilməmişsəm	Edə bilmişsəm
	2nd	Edə bilmirsənsə	Edə bilirsənsə	Edə bilmədiysən	Edə bildiysən	Edə bilməmişsənsə	Edə bilmişsənsə
	3rd	Edə bilmirsə	Edə bilirsə	Edə bilmədiysə	Edə bildiysə	Edə bilməmişsə	Edə bilmişsə
Plural	1st	Edə bilmirsək	Edə bilirsək	Edə bilmədiysək	Edə bildiysək	Edə bilməmişsək	Edə bilmişsək
	2nd	Edə bilmirsinizsə	Edə bilirsinizsə	Edə bilmədinizsə	Edə bildinizsə	Edə bilməmişsinizsə	Edə bilmişsinizsə
	3rd	Edə bilmirlərsə	Edə bilirlərsə	Edə bilmədilərsə	Edə bildilərsə	Edə bilməmişlərsə	Edə bilmişlərsə

		Other Moods			
		Imparative		Optative	
		Negative	Positive	Negative	Positive
Singular	1st	Edə bilməyim	Edə bilim	(Kaş) Edə bilməyəm	(Kaş) Edə biləm
	2nd	Edə bilmə	Edə bil	(Kaş) Edə bilməyəsən	(Kaş) Edə biləsən
	3rd	Edə bilməsin	Edə bilsin	(Kaş) Edə bilməyə	(Kaş) Edə bilə
Plural	1st	Edə bilməyək	Edə bilək	(Kaş) Edə bilməyək	(Kaş) Edə bilək
	2nd	Edə bilməyin	Edə bilin	(Kaş) Edə bilməyəsiniz	(Kaş) Edə biləsiniz
	3rd	Edə bilməsinlər	Edə bilsinlər	(Kaş) Edə bilməyələr	(Kaş) Edə bilələr

		Other Moods			
		Obligatory		necessary	
		Negative	Positive	Negative	Positive
Singular	1st	Edə bilməməliyim	Edə bilməliyim	Edə biləsi deyiləm	Edə biləsiyəm
	2nd	Edə bilməməlisən	Edə bilməlisən	-	-
	3rd	Edə bilməməli	Edə bilməli	-	-
Plural	1st	Edə bilməməliyik	Edə bilməliyik	Edə biləsi deyilik	Edə biləsiyik
	2nd	Edə bilməməlisiniz	Edə bilməliyisiniz	-	-
	3rd	Edə bilməməlilər	Edə bilməlilər	-	-

To Choose (Seçmək)

Present					
		Active		Passive	
		Negative	Positive	Negative	Positive
Singular	1st	Seçmirəm	Seçirəm	Seçilmirəm	Seçilirəm
	2nd	Seçmirsən	Seçirsən	Seçilmirsən	Seçiirsən
	3rd	Seçmir	Seçir	Seçilmir	Seçilir
Plural	1st	Seçmirik	Seçirik	Seçilmirik	Seçilirik
	2nd	Seçmirsiniz	Seçirsiniz	Seçilmirsiniz	Seçilisiniz
	3rd	Seçmirlər	Seçirlər	Seçilmirlər	Seçilirlər

Present							
		Returning Type		Equivalent-Mutual Type		Causative	
		Negative	Positive	Negative	Positive	Negative	Positive
Singular	1st	Seçilmirəm	Seçilirəm	-	-	Seçdirmirəm	Seçdirirəm
	2nd	Seçilmirsən	Seçilirsən	-	-	Seçdirmirsən	Seçdirirsən
	3rd	Seçilmir	Seçilir	-	-	Seçdirmir	Seçtdirir
Plural	1st	Seçilmirik	Seçilirik	-	-	Seçdirmirik	Seçdiririk
	2nd	Seçilmirsiniz	Seçilisiniz	-	-	Seçdirmirsiniz	Seçdirirsiniz
	3rd	Seçilmirlər	Seçilirlər	-	-	Seçdirmirlər	Seçdirirlər

Witnessed Past

		Active		Passive	
		Negative	Positive	Negative	Positive
Singular	1st	Seçmədim	Seçtim	Seçilmədim	Seçildim
	2nd	Seçmədin	Seçtin	Seçilmədin	Seçildin
	3rd	Seçmədi	Seçti	Seçilmədi	Seçildi
Plural	1st	Seçmədik	Seçtik	Seçilmədik	Seçildik
	2nd	Seçmədiniz	Seçtiniz	Seçdilmədiniz	Seçildiniz
	3rd	Seçmədilər	Seçtilər	Seçilmədilər	Seçildilər

Witnessed Past

		Returning Type		Equivalent-Mutual Type		Causative	
		Negative	Positive	Negative	Positive	Negative	Positive
Singular	1st	Seçilmədim	Seçildim	-	-	Seçdirmədim	Seçdirdim
	2nd	Seçilmədin	Seçildin	-	-	Seçdirmədin	Seçdirdin
	3rd	Seçilmədi	Seçildi	-	-	Seçdirmədi	Seçdirdi
Plural	1st	Seçilmədik	Seçildik	-	-	Seçdirmədik	Seçdirdik
	2nd	Seçilmədiniz	Seçildiniz	-	-	Seçdirmədiniz	Seçdirdiniz
	3rd	Seçilmədilər	Seçildilər	-	-	Seçdirmədilər	Seçdirdilər

Narrative Past

		Active		Passive	
		Negative	Positive	Negative	Positive
Singular	1st	Seçməmişim	Seçmişim	Seçilməmişim	Seçilmişim
	2nd	Seçməmişsən	Seçmişsən	Seçilməmişsən	Seçilmişsən
	3rd	Seçməmiş	Seçmiş	Seçilməmiş	Seçdilmiş

Plural	1st	Seçməmişik	Seçmişik	Seçilməmişik	Seçilmişik
	2nd	Seçməmişsiniz	Seçmişsiniz	Seçilməmişsiniz	Seçilmişsiniz
	3rd	Seçməmişlər	Seçmişlər	Seçilməmişlər	Seçilmişlər

		Narrative Past					
		Returning Type		Equivalent-Mutual Type		Causative	
		Negative	Positive	Negative	Positive	Negative	Positive
Singular	1st	Seçilməmişim	Seçilmişim	-	-	Seçdirməmişim	Seçdirmişim
	2nd	Seçilməmişsən	Seçilmişsən	-	-	Seçdirməmişsən	Qəbul etdirmişsən
	3rd	Seçilməmiş	Seçilmiş	-	-	Seçdirməmiş	Seçdirmiş
Plural	1st	Seçilməmişik	Seçilmişik	-	-	Seçdirməmişik	Seçdirmişik
	2nd	Seçilməmişsiniz	Seçilmişsiniz	-	-	Seçdirməmişsiniz	Seçdirmişsiniz
	3rd	Seçilməmişlər	Seçilmişlər	-	-	Seçdirməmişlər	Seçdirmişlər

		Definite Future			
		Active		Passive	
		Negative	Positive	Negative	Positive
Singular	1st	Seçməyəcəm	Seçəcəm	Seçilməyəcəm	Seçiləcəm
	2nd	Seçməyəcəksən	Seçəcəksən	Seçilməyəcəksən	Seçiləcəksən
	3rd	Seçməyəcək	Seçəcək	Seçilməyəcək	Seçiləcək
Plural	1st	Seçməyəcəyik	Seçəcəyik	Seçilməyəcəyik	Seçiləcəyik
	2nd	Seçməyəcəksiniz	Seçəcəksiniz	Seçilməyəcəksiniz	Seçiləcəksiniz
	3rd	Seçməyəcəklər	Seçəcəklər	Seçilməyəcəklər	Seçiləcəklər

		Definite Future					
		Returning Type		Equivalent-Mutual Type		Causative	
		Negative	Positive	Negative	Positive	Negative	Positive
Singular	1st	Seçilməyəcəm	Seçiləcəm	-	-	Seçdirməyəcəm	Seçirəcəm
	2nd	Seçilməyəcəksən	Seçiləcəksən	-	-	Seçdirməyəcəksən	Seçirəcəksən
	3rd	Seçilməyəcək	Seçiləcək	-	-	Seçdirməyəcək	Seçirəcək
Plural	1st	Seçilməyəcəyik	Seçiləcəyik	-	-	Seçdirməyəcəyik	Seçirəcəyik
	2nd	Seçilməyəcəksiniz	Seçiləcəksiniz	-	-	Seçdirməyəcəksiniz	Seçirəcəksiniz
	3rd	Seçilməyəcəklər	Seçiləcəklər	-	-	Seçdirməyəcəklər	Seçirəcəklər

		Indefinite Future									
		Active		Passive		Returning Type		Equivalent-Mutual Type		Causative	
		Negative	Positive	Negative	Positive	Negative	Positive	Negative	Positive	Negative	Positive
Singular	1st	Seçmərim	Seçərim	-	-	-	-	-	-	-	-
	2nd	Seçməzsəm	Seçərsən	-	-	-	-	-	-	-	-
	3rd	Seçməz	Seçər	-	-	-	-	-	-	-	-
Plural	1st	Seçmərik	Seçərik	-	-	-	-	-	-	-	-
	2nd	Seçməzsiniz	Seçərsiniz	-	-	-	-	-	-	-	-
	3rd	Seçməzlər	Seçərlər	-	-	-	-	-	-	-	-

Conditional Mood				
		Definite Future		Indefinite Future	
		Negative	Positive	Negative	Positive
Singular	1st	Seçməyəcəksəm	Seçəcəksm	Seçmərimsə	Seçərimsə
	2nd	Seçməyəcəksənsə	Seçəcəksənsə	Seçməzsəmsə	Seçərsənsə
	3rd	Seçməyəcəksə	Seçəcəksə	Seçməzsə	Seçərsə
Plural	1st	Seçməyəcəksək	Seçəcəksək	Seçməriksə	Seçəriksə
	2nd	Seçməyəcəksinizsə	Seçəcəksinizsə	Seçməzsinizsə	Seçərsinizsə
	3rd	Seçməyəcəklərsə	Seçəcəklərsə	Seçməzlərsə	Seçərlərsə

Conditional Mood						
		Present		Witnessed Past		Narrative Past	
		Negative	Positive	Negative	Positive	Negative	Positive
Singular	1st	Seçmirsəm	Seçirsəm	Seçmədiysəm	Seçtiysəm	Seçməmişsəm	Seçmişsəm
	2nd	Seçmirsənsə	Qəbul edirsənsə	Seçmədiysən	Seçtiysən	Seçməmişsənsə	Seçtmişsənsə
	3rd	Seçmirsə	Seçirsə	Seçmədiysə	Seçtiysə	Seçməmişsə	Seçmişsə
Plural	1st	Seçmirsək	Seçirsək	Seçmədiysək	Seçtiysək	Seçməmişsək	Seçmişsək
	2nd	Seçmirsinizsə	Seçirsinizsə	Seçmədinizsə	Seçtinizsə	Seçməmişsinizsə	Seçmişsinizsə
	3rd	Seçmirlərsə	Seçirlərsə	Seçmədilərsə	Seçtilərsə	Seçməmişlərsə	Seçmişlərsə

		Other Moods			
		Imparative		Optative	
		Negative	Positive	Negative	Positive
Singular	1st	Seçməyim	Seçim	(Kaş) Seçməyəm	(Kaş) Seçəm
	2nd	Seçmə	Seç	(Kaş) Seçməyəsən	(Kaş) Seçəsən
	3rd	Seçməsin	Seçsin	(Kaş) Seçməyə	(Kaş) Seçə
Plural	1st	Seçməyək	Seçək	(Kaş) Seçməyək	(Kaş) Seçək
	2nd	Seçməyin	Seçin	(Kaş) Seçməyəsiniz	(Kaş) Seçəsiniz
	3rd	Seçməsinlər	Seçsinlər	(Kaş) Seçməyələr	(Kaş) Seçələr

		Other Moods			
		Obligatory		necessary	
		Negative	Positive	Negative	Positive
Singular	1st	Seçməməliyim	Seçməliyim	Seçəsi deyiləm	Seçəsiyəm
	2nd	Seçməməlisən	Seçməlisən	-	-
	3rd	Seçməməli	Seçməli	-	-
Plural	1st	Seçməməliyik	Seçməliyik	Seçəsi deyilik	Seçəsiyik
	2nd	Seçməməlisiniz	Seçməliyisiniz	-	-
	3rd	Seçməməlilər	Seçməlilər	-	-

To Close (Bağlamaq)

Present				
		Active		Passive	
		Negative	Positive	Negative	Positive
Singular	1st	bağlamıram	bağlayıram	bağlanmıram	bağlanıram
	2nd	bağlamırsan	bağlayırsan	bağlanmırsan	bağlanırsan
	3rd	bağlamır	bağlayır	Bağlanmır	Bağlanır
Plural	1st	bağlamırık	bağlayırık	Bağlanmırık	Bağlanırık
	2nd	bağlamırsınız	bağlayırsınız	Bağlanmırsınız	Bağlanırsınız
	3rd	bağlamırlar	bağlayırlar	Bağlanmırlar	Bağlanırlar

Present							
		Returning Type		Equivalent-Mutual Type		Causative	
		Negative	Positive	Negative	Positive	Negative	Positive
Singular	1st	bağlanılmıram	bağlanılıram	-	-	bağlatmıram	bağlatıram
	2nd	bağlanılmırsan	bağlanılırsan	-	-	bağlatmırsan	bağlatırsan
	3rd	bağlanılmır	bağlanılır	-	-	bağlatmır	bağlatır
Plural	1st	bağlanılmırık	bağlanılırık	-	-	bağlatmırık	bağlatırık
	2nd	bağlanılmırsınız	bağlanılırsınız	-	-	bağlatmırsınız	bağlatırsınız
	3rd	bağlanılmırlar	bağlanılırlar	-	-	bağlatmırlar	bağlatırlar

		Witnessed Past			
		Active		Passive	
		Negative	Positive	Negative	Positive
Singular	1st	bağlamadım	bağladım	bağlanmadım	bağlandım
	2nd	bağlamadın	bağladın	bağlanmadın	bağlandın
	3rd	bağlamadı	bağladı	bağlanmadı	bağlandı
Plural	1st	bağlamadık	bağladık	bağlanmadık	bağlandık
	2nd	bağlamadınız	bağladınız	bağlanmadınız	bağlandınız
	3rd	bağlamadılar	bağladılar	bağlanmadılar	bağlandılar

		Witnessed Past					
		Returning Type		Equivalent-Mutual Type		Causative	
		Negative	Positive	Negative	Positive	Negative	Positive
Singular	1st	bağlanılmadım	bağlanıldım	-	-	bağlatmadım	bağlatdım
	2nd	bağlanılmadın	bağlanıldın	-	-	bağlatmadın	bağlatdın
	3rd	bağlanılmadı	bağlanıldı	-	-	bağlatmadı	bağlatdı
Plural	1st	bağlanılmadık	bağlanıldık	-	-	bağlatmadık	bağlatdık
	2nd	bağlanılmadınız	bağlanıldınız	-	-	bağlatmadınız	bağlatdınız
	3rd	bağlanılmadılar	bağlanıldılar	-	-	bağlatmadılar	bağlatdılar

		Narrative Past			
		Active		Passive	
		Negative	Positive	Negative	Positive
Singular	1st	bağlamamışam	bağlamışam	bağlanmamışam	bağlanmışam
	2nd	bağlamamışsan	bağlamışsan	bağlanmamışsan	bağlanmışsan
	3rd	bağlamamış	bağlamış	bağlanmamış	bağlanmış

Plural	1st	bağlamamışık	bağlamışık	bağlanmamışık	bağlanmışık
	2nd	bağlamamışsınız	bağlamışsınız	bağlanmamışsınız	bağlanmuşsınız
	3rd	bağlamamışlar	bağlamışlar	bağlanmamışlar	bağlanmışlar

		Narrative Past					
		Returning Type		Equivalent-Mutual Type		Causative	
		Negative	Positive	Negative	Positive	Negative	Positive
Singular	1st	bağlanılmamışam	bağlanılmışam	-	-	bağlatmamışam	bağlatmışam
	2nd	bağlanılmamışsan	bağlanılmışsan	-	-	bağlatmamışsan	bağlatmışsan
	3rd	bağlanılmamış	bağlanılmış	-	-	bağlatmamış	bağlatmış
Plural	1st	bağlanılmamışık	bağlanılmışık	-	-	bağlatmamışık	bağlatmışık
	2nd	bağlanılmamışsınız	bağlanılmışsınız	-	-	bağlatmamışsınız	bağlatmışsınız
	3rd	bağlanılmamışlar	bağlanılmışlar	-	-	bağlatmamışlar	bağlatmışlar

		Definite Future			
		Active		Passive	
		Negative	Positive	Negative	Positive
Singular	1st	bağlamayacağım	bağlayacağım	bağlanmayacağım	bağlanacağım
	2nd	bağlamayacaksan	bağlayacaksan	bağlanmayacaksan	bağlanacaksan
	3rd	bağlamayacak	bağlayacak	bağlanmayacak	bağlanacak
Plural	1st	bağlamayacağız	bağlayacağız	bağlanmayacağız	bağlanacağız
	2nd	bağlamayacaksınız	bağlayacaksınız	bağlanmayacaksınız	bağlanacaksınız
	3rd	bağlamayacaklar	bağlayacaklar	bağlanmayacaklar	bağlanacaklar

		Definite Future					
		Returning Type		Equivalent-Mutual Type		Causative	
		Negative	Positive	Negative	Positive	Negative	Positive
Singular	1st	bağlanılmayacağım	bağlanılacağım	-	-	bağlatmayacağım	bağlatacağım
	2nd	bağlanılmayacaksan	bağlanılacaksan	-	-	bağlatmayacaksan	bağlatacaksan
	3rd	bağlanılmayacak	bağlanılacak	-	-	bağlatmayacak	bağlatacak
Plural	1st	bağlanılmayacağız	bağlanılacağız	-	-	bağlatmayacağız	bağlatacağız
	2nd	bağlanılmayacaksınız	bağlanılacaksınız	-	-	bağlatmayacaksınız	bağlatacaksınız
	3rd	bağlanılmayacaklar	bağlanılacaklar	-	-	bağlatmayacaklar	bağlatacaklar

		Indefinite Future			
		Active		Passive	
		Negative	Positive	Negative	Positive
Singular	1st	bağlamaram	bağlayaram	bağlanmaram	bağlanaram
	2nd	bağlamazsan	bağlayarsan	bağlanmazsan	bağlanarsan
	3rd	bağlamaz	bağlar	bağlanmaz	bağlanar
Plural	1st	bağlamarık	bağlayarık	bağlanmarık	bağlanarık
	2nd	bağlamazsınız	bağlayarsınız	bağlanmazsınız	bağlanarsınız
	3rd	bağlamazlar	bağlayarlar	bağlanmazlar	bağlanarlar

		Indefinite Future					
		Returning Type		Equivalent-Mutual Type		Causative	
		Negative	Positive	Negative	Positive	Negative	Positive
Singular	1st	bağlanılmaram	bağlanılaram	-	-	bağlatmaram	bağlataram
	2nd	bağlanılmazsan	bağlanılarsan	-	-	bağlatmazsan	bağlatarsan
	3rd	bağlanılmaz	bağlanılır	-	-	bağlatmaz	bağlatır
Plural	1st	bağlanılmarık	bağlanılarık	-	-	bağlatmarık	bağlatarık
	2nd	bağlanılmazsınız	bağlanılarsınız	-	-	bağlatmazsınız	bağlatarsınız
	3rd	bağlanılmazlar	bağlanılarlar	-	-	bağlatmazlar	bağlatarlar

		Conditional Mood			
		Definite Future		Indefinite Future	
		Negative	Positive	Negative	Positive
Singular	1st	bağlamayacaksam	bağlayacaksam	bağlamaramsa	bağlayaramsa
	2nd	bağlamayacaksansa	bağlayacaksansa	bağlamazsansa	bağlayarsansa
	3rd	bağlamayacaksa	bağlayacaksa	bağlamazsa	bağlayarsa
Plural	1st	bağlamayacaksak	bağlayacaksak	bağlamarıksa	bağlayarıka
	2nd	bağlamayacaksınızsə	bağlayacaksınızsə	bağlamazsınızsa	bağlayarsınızsa
	3rd	bağlamayacaklarsa	bağlayacaklarsa	bağlamazlarsa	bağlayarlarsa

		Conditional Mood					
		Present		Witnessed Past		Narrative Past	
		Negative	Positive	Negative	Positive	Negative	Positive
Singular	1st	bağlamırsam	bağlayırsam	bağlamadımsa	bağladımsa	bağlamamışsam	bağlamışsam
	2nd	bağlamırsansa	bağlayırsansa	bağlamadınsa	bağladınsa	bağlamamışsansa	bağlamışsansa

	3rd	bağlamırsa	bağlayırsa	bağlamadısa	bağladısa	bağlamamışsa	bağlamışsa
Plural	1st	bağlamırıksa	bağlayırıksa	bağlamadıksa	bağladıksa	bağlamamışıksa	bağlamışıksa
	2nd	bağlamırsınızsa	bağlayırsınızsa	bağlamadınızsa	bağladınızsa	bağlamamışsınızsa	bağlamışsınızsa
	3rd	bağlamırlarsa	bağlayırlarsa	bağlamadılarsa	bağladılarsa	bağlamamışlarsa	bağlamışlarsa

		Other Moods			
		Imparative		Optative	
		Negative	Positive	Negative	Positive
Singular	1st	bağlamayım	bağlayım	(Kaş) bağlamayam	(Kaş) bağlayam
	2nd	bağlama	bağla	(Kaş) bağlamayasan	(Kaş) bağlayasan
	3rd	bağlamasın	bağlasın	(Kaş) bağlamaya	(Kaş) bağlaya
Plural	1st	bağlamayak	bağlayak	(Kaş) bağlamayak	(Kaş) bağlayak
	2nd	bağlamayasınız	bağlayasınız	(Kaş) bağlamayasınız	(Kaş) bağlayasınız
	3rd	bağlamasınlar	bağlaysınlar	(Kaş) bağlamayalar	(Kaş) bağlayalar

		Other Moods			
		Obligatory		necessary	
		Negative	Positive	Negative	Positive
Singular	1st	bağlamamalıyım	bağlamalıyım	-	-
	2nd	bağlamamalısın	bağlamalısın	-	-
	3rd	bağlamamalı	bağlamalı	-	-
Plural	1st	bağlamamalıyık	bağlamalıyık	-	-
	2nd	bağlamamalısınız	bağlamalısınız	-	-
	3rd	bağlamamalılar	bağlamalılar	-	-

To Come (Gəlmək)

Present					
		Active		Passive	
		Negative	Positive	Negative	Positive
Singular	1st	Gəlmirəm	Gəlirəm	-	-
	2nd	Gəlmirsən	Gəlirsən	-	-
	3rd	Gəlmir	Gəlir	-	-
Plural	1st	Gəlmirik	Gəlirik	-	-
	2nd	Gəlmirsiniz	Gəlirsiniz	-	-
	3rd	Gəlmirlər	Gəlirlər	-	-

Present							
		Returning Type		Equivalent-Mutual Type		Causative	
		Negative	Positive	Negative	Positive	Negative	Positive
Singular	1st	-	-	-	-	Gəldirmirəm	Gəldirirəm
	2nd	-	-	-	-	Gəldirmirsən	Gəlldirirsən
	3rd	-	-	-	-	Gəldirmir	Gəldirir
Plural	1st	-	-	-	-	Gəldirmirik	Gəldiririk
	2nd	-	-	-	-	Gəldirmirsiniz	Gəldirisiniz
	3rd	-	-	-	-	Gəldirmirlər	Gəldirirlər

Witnessed Past				
		Active		Passive	
		Negative	Positive	Negative	Positive
Singular	1st	Gəlmədim	Gəldim	-	-
	2nd	Gəlmədin	Gəldin	-	-
	3rd	Gəlmədi	Gəldi	-	-
Plural	1st	Gəlmədik	Gəldik	-	-
	2nd	Gəlmədiniz	Gəldiniz	-	-
	3rd	Gəlmədilər	Gəldilər	-	-

Witnessed Past						
		Returning Type		Equivalent-Mutual Type		Causative	
		Negative	Positive	Negative	Positive	Negative	Positive
Singular	1st	-	-	-	-	Gəldirmədim	Gəldirdim
	2nd	-	-	-	-	Gəldirmədin	Gəldirdin
	3rd	-	-	-	-	Gəldirmədi	Gəldirdi
Plural	1st	-	-	-	-	Gəldirmədik	Gəldirdik
	2nd	-	-	-	-	Gəldirmədiniz	Gəldirdiniz
	3rd	-	-	-	-	Gəldirmədilər	Gəldirdilər

Narrative Past					
		Active		Passive	
		Negative	Positive	Negative	Positive
Singular	1st	Gəlməmişim	Gəlmişim	-	-
	2nd	Gəlməmişsən	Gəlmişsən	-	-
	3rd	Gəlməmiş	Gəlmiş	-	-

Plural	1st	Gəlməmişik	Gəlmişik	-	-
	2nd	Gəlməmişsiniz	Gəlmişsiniz	-	-
	3rd	Gəlməmişlər	Gəlmişlər	-	-

		Narrative Past					
		Returning Type		Equivalent-Mutual Type		Causative	
		Negative	Positive	Negative	Positive	Negative	Positive
Singular	1st	-	-	-	-	Gəldirməmişim	Gəldirmişim
	2nd	-	-	-	-	Gəldirməmişsən	Gəldirmişsən
	3rd	-	-	-	-	Gəldirməmiş	Gəldirmiş
Plural	1st	-	-	-	-	Gəldirməmişik	Gəldirmişik
	2nd	-	-	-	-	Gəldirməmişsiniz	Gəldirmişsiniz
	3rd	-	-	-	-	Gəldirməmişlər	Gəldirmişlər

		Definite Future			
		Active		Passive	
		Negative	Positive	Negative	Positive
Singular	1st	Gəlməyəcəm	Gələcəm	-	-
	2nd	Gəlməyəcəksən	Gələcəksən	-	-
	3rd	Gəlməyəcək	Gələcək	-	-
Plural	1st	Gəlməyəcəyik	Gələcəyik	-	-
	2nd	Gəlməyəcəksiniz	Gələcəksiniz	-	-
	3rd	Gəlməyəcəklər	Gələcəklər	-	-

99

		Definite Future					
		Returning Type		Equivalent-Mutual Type		Causative	
		Negative	Positive	Negative	Positive	Negative	Positive
Singular	1st	-	-	-	-	Gəldirməyəcəm	Gəldirəcəm
	2nd	-	-	-	-	Gəldirməyəcəksən	Gəldirəcəksən
	3rd	-	-	-	-	Gəldirməyəcək	Gəldirəcək
Plural	1st	-	-	-	-	Gəldirməyəcəyik	Gəldirəcəyik
	2nd	-	-	-	-	Gəldirməyəcəksiniz	Gəltdirəcəksiniz
	3rd	-	-	-	-	Gəldirməyəcəklər	Gəldirəcəklər

		Indefinite Future									
		Active		Passive		Returning Type		Equivalent-Mutual Type		Causative	
		Negative	Positive	Negative	Positive	Negative	Positive	Negative	Positive	Negative	Positive
Singular	1st	Gəlmərim	Gələrim	-	-	-	-	-	-	-	-
	2nd	Gəlməzsəm	Gələrsən	-	-	-	-	-	-	-	-
	3rd	Gəlməz	Gələr	-	-	-	-	-	-	-	-
Plural	1st	Gəlmərik	Gələrik	-	-	-	-	-	-	-	-
	2nd	Gəlməzsiniz	Gələrsiniz	-	-	-	-	-	-	-	-
	3rd	Gəlməzlər	Gələrlər	-	-	-	-	-	-	-	-

Conditional Mood				
		Definite Future		Indefinite Future	
		Negative	Positive	Negative	Positive
Singular	1st	Gəlməyəcəksəm	Gələcəksm	Gəlmərimsə	Gələrimsə
	2nd	Gəlməyəcəksənsə	Gələcəksənsə	Gəlməzsəmsə	Gələrsənsə
	3rd	Gəlməyəcəksə	Gələcəksə	Gəlməzsə	Gələrsə
Plural	1st	Gəlməyəcəksək	Gələcəksək	Gəlməriksə	Gələriksə
	2nd	Gəlməyəcəksinizsə	Gələcəksinizsə	Gəlməzsinizsə	Gələrsinizsə
	3rd	Gəlməyəcəklərsə	Gələcəklərsə	Gəlməzlərsə	Gələrlərsə

Conditional Mood							
		Present		Witnessed Past		Narrative Past	
		Negative	Positive	Negative	Positive	Negative	Positive
Singular	1st	Gəlmirsəm	Gəlirsəm	Gəlmədiysəm	Gəlldiysəm	Gəlməmişsəm	Gəlmişsəm
	2nd	Gəlmirsənsə	Gəlirsənsə	Gəlmədiysən	Gəldiysən	Gəlməmişsənsə	Gəlmişsənsə
	3rd	Gəlmirsə	Gəlirsə	Gəlmədiysə	Gəldiysə	Gəlməmişsə	Gəlmişsə
Plural	1st	Gəlmirsək	Gəlirsək	Gəlmədiysək	Gəldiysək	Gəlməmişsək	Gəlmişsək
	2nd	Gəlmirsinizsə	Gəlirsinizsə	Gəlmədinizsə	Gəldinizsə	Gəlməmişsinizsə	Gəlmişsinizsə
	3rd	Gəlmirlərsə	Gəlirlərsə	Gəlmədilərsə	Gəldilərsə	Gəlməmişlərsə	Gəlmişlərsə

Other Moods				
		Imparative		Optative	
		Negative	Positive	Negative	Positive
Singular	1st	Gəlməyim	Gəlim	(KaşGəlməyəm	(Kaş) Gələm
	2nd	Gəlmə	Gəl	(Kaş) Gəlməyəsən	(KaşGələsən
	3rd	Gəlməsin	Gəlsin	(KaşGəlməyə	(Kaş) Gələ

Plural	1st	Gəlməyək	Gələk	(Kaş) Gəlməyək	(Kaş) Gələk
	2nd	Gəlməyin	Gəlin	(Kaş) Gəlməyəsiniz	(Kaş) Gələsiniz
	3rd	Gəlməsinlər	Gəlsinlər	(Kaş) Gəlməyələr	(Kaş) Gələlər

		Other Moods			
		Obligatory		necessary	
		Negative	Positive	Negative	Positive
Singular	1st	Gəlməməliyim	Gəlməliyim	Gələsi deyiləm	Gələsiyəm
	2nd	Gəlməməlisən	Gəlməlisən	-	-
	3rd	Gəlməməli	Gəlməli	-	-
Plural	1st	Gəlməməliyik	Gəlməliyik	Gələsi deyilik	Gələsiyik
	2nd	Gəlməməlisiniz	Gəlməliyisiniz	-	-
	3rd	Gəlməməlilər	Gəlməlilər	-	-

To Cook (Xörək Hazırlamaq)

Witnessed Past						
		Returning Type		Equivalent-Mutual Type		Causative	
		Negative	Positive	Negative	Positive	Negative	Positive
Singular	1st	-	-	-	-	xörək hazırlatmadım	xörək hazırlatdım
	2nd	-	-	-	-	xörək hazırlatmadın	xörək hazırlatdın
	3rd	xörək hazırlanılmadı	xörək hazırlanıldı	-	-	xörək hazırlatmadı	xörək hazırlatdı
Plural	1st	-	-	-	-	xörək hazırlatmadık	xörək hazırlatdık
	2nd	-	-	-	-	xörək hazırlatmadınız	xörək hazırlatdınız
	3rd	-	-	-	-	xörək hazırlatmadılar	xörək hazırlatdılar

Narrative Past					
		Active		Passive	
		Negative	Positive	Negative	Positive
Singular	1st	xörək hazırlamamışam	xörək hazırlamışam	-	-
	2nd	xörək hazırlamamışsan	xörək hazırlamışsan	-	-
	3rd	xörək hazırlamamış	xörək hazırlamış	xörək hazırlanmamış	xörək hazırlanmış
Plural	1st	xörək hazırlamamışıq	xörək hazırlamışıq	-	-
	2nd	xörək hazırlamamışsınız	xörək hazırlamışsınız	-	-
	3rd	xörək hazırlamamışlar	xörək hazırlamışlar	-	-

103

Present				
		Active		Passive
		Negative	Positive	Negative	Positive
Singular	1st	xörək hazırlamıram	xörək hazırlayıram	-	-
	2nd	xörək hazırlamırsan	xörək hazırlayırsan	-	-
	3rd	xörək hazırlamır	xörək hazırlayır	Xörək hazırlanmır	Xörək hazırlanır
Plural	1st	xörək hazırlamırıq	xörək hazırlayırıq	-	-
	2nd	xörək hazırlamırsınız	xörək hazırlayırsınız	-	-
	3rd	xörək hazırlamırlar	xörək hazırlayırlar	-	-

Present							
		Returning Type		Equivalent-Mutual Type		Causative	
		Negative	Positive	Negative	Positive	Negative	Positive
Singular	1st	-	-	-	-	xörək hazırlatmıram	xörək hazırlatıram
	2nd	-	-	-	-	xörək hazırlatmırsan	xörək hazırlatırsan
	3rd	xörək hazırlanılmır	xörək hazırlanılır	-	-	xörək hazırlatmır	xörək hazırlatır
Plural	1st	-	-	-	-	xörək hazırlatmırıq	xörək hazırlatırıq
	2nd	-	-	-	-	xörək hazırlatmırsınız	xörək hazırlatırsınız
	3rd	-	-	-	-	xörək hazırlatmırlar	xörək hazırlatırlar

Witnessed Past					
		Active		Passive	
		Negative	Positive	Negative	Positive
Singular	1st	xörək hazırlamadım	xörək hazırladım	-	-
	2nd	xörək hazırlamadın	xörək hazırladın	-	-
	3rd	xörək hazırlamadı	xörək hazırladı	xörək hazırlanmadı	xörək hazırlandı
Plural	1st	xörək hazırlamadık	xörək hazırladık	-	-
	2nd	xörək hazırlamadınız	xörək hazırladınız	-	-
	3rd	xörək hazırlamadılar	xörək hazırladılar	-	-

Narrative Past						
		Returning Type		Equivalent-Mutual Type		Causative	
		Negative	Positive	Negative	Positive	Negative	Positive
Singular	1st	-	-	-	-	xörək hazırlatmamışam	xörək hazırlatmışam
	2nd	-	-	-	-	xörək hazırlatmamışsan	xörək hazırlatmışsan
	3rd	xörək hazırlanılmamış	xörək hazırlanılmış	-	-	xörək hazırlatmamış	xörək hazırlatmış
Plural	1st	-	-	-	-	xörək hazırlatmamışık	xörək hazırlatmışık
	2nd	-	-	-	-	xörək hazırlatmamışsınız	xörək hazırlatmışsınız
	3rd	-	-	-	-	xörək hazırlatmamışlar	xörək hazırlatmışlar

Definite Future				
		Active		Passive
		Negative	Positive	Negative	Positive

		Negative	Positive	Negative	Positive
Singular	1st	xörək hazırlamayacağım	xörək hazırlayacağım	-	-
	2nd	xörək hazırlamayacaksan	xörək hazırlayacaksan	-	-
	3rd	xörək hazırlamayacak	xörək hazırlayacak	xörək hazırlanmayacak	xörək hazırlanacak
Plural	1st	xörək hazırlamayacağız	xörək hazırlayacağız	-	-
	2nd	xörək hazırlamayacaksınız	xörək hazırlayacaksınız	-	-
	3rd	xörək hazırlamayacaklar	xörək hazırlayacaklar	-	-

		Definite Future					
		Returning Type		Equivalent-Mutual Type		Causative	
		Negative	Positive	Negative	Positive	Negative	Positive
Singular	1st	-	-	-	-	xörək hazırlatmayacağım	xörək hazırlatacağım
	2nd	-	-	-	-	xörək hazırlatmayacaksan	xörək hazırlatacaksan
	3rd	xörək hazırlanılmayacak	xörək hazırlanılacak	-	-	xörək hazırlatmayacak	xörək hazırlatacak
Plural	1st	-	-	-	-	xörək hazırlatmayacağız	xörək hazırlatacağız
	2nd	-	-	-	-	xörək hazırlatmayacaksınız	xörək hazırlatacaksınız
	3rd	-	-	-	-	xörək hazırlatmayacaklar	xörək hazırlatacaklar

Indefinite Future					
		Active		Passive	
		Negative	Positive	Negative	Positive
Singular	1st	xörək hazırlamaram	xörək hazırlayaram	-	-
	2nd	xörək hazırlamazsan	xörək hazırlayarsan	-	-
	3rd	xörək hazırlamaz	xörək hazırlar	xörək hazırlanmaz	xörək hazırlanar
Plural	1st	xörək hazırlamarık	xörək hazırlayarık	-	-
	2nd	xörək hazırlamazsınız	xörək hazırlayarsınız	-	-
	3rd	xörək hazırlamazlar	xörək hazırlayarlar	-	-

Indefinite Future							
		Returning Type		Equivalent-Mutual Type		Returning Type	
		Negative	Positive	Negative	Positive	Negative	Positive
Singular	1st	-	-	-	-	xörək hazırlatmaram	xörək hazırlataram
	2nd	-	-	-	-	xörək hazırlatmazsan	xörək hazırlatarsan
	3rd	xörək hazırlanılmaz	xörək hazırlanılır	-	-	xörək hazırlatmaz	xörək hazırlatır
Plural	1st	-	-	-	-	xörək hazırlatmarık	xörək hazırlatarık
	2nd	-	-	-	-	xörək hazırlatmazsınız	xörək hazırlatarsınız
	3rd	-	-	-	-	xörək hazırlatmazlar	xörək hazırlatarlar

Conditional Mood				
		Definite Future		Indefinite Future	
		Negative	Positive	Negative	Positive
Singular	1st	xörək hazırlamayacaksam	xörək hazırlayacaksam	xörək hazırlamaramsa	xörək hazırlayaramsa
	2nd	xörək hazırlamayacaksansa	xörək hazırlayacaksansa	xörək hazırlamazsansa	xörək hazırlayarsansa
	3rd	xörək hazırlamayacaksa	xörək hazırlayacaksa	xörək hazırlamazsa	xörək hazırlayarsa
Plural	1st	xörək hazırlamayacaksak	xörək hazırlayacaksak	xörək hazırlamarıksa	xörək hazırlayarıka
	2nd	xörək hazırlamayacaksınızsə	xörək hazırlayacaksınızsə	xörək hazırlamazsınızsa	xörək hazırlayarsınızsa
	3rd	xörək hazırlamayacaklarsa	xörək hazırlayacaklarsa	xörək hazırlamazlarsa	xörək hazırlayarlarsa

Conditional Mood							
		Present		Witnessed Past		Narrative Past	
		Negative	Positive	Negative	Positive	Negative	Positive
Singular	1st	xörək hazırlamırsam	xörək hazırlayırsam	xörək hazırlamadımsa	xörək hazırladımsa	xörək hazırlamamışsam	xörək hazırlamışsam
	2nd	xörək hazırlamırsansa	xörək hazırlayırsansa	xörək hazırlamadınsa	xörək hazırladınsa	xörək hazırlamamışsansa	xörək hazırlamışsansa
	3rd	xörək hazırlamırsa	xörək hazırlayırsa	xörək hazırlamadısa	xörək hazırladısa	xörək hazırlamamışsa	xörək hazırlamışsa
Plural	1st	xörək hazırlamırıksa	xörək hazırlayırıksa	xörək hazırlamadıksa	xörək hazırladıksa	xörək hazırlamamışıksa	xörək hazırlamışıksa
	2nd	xörək hazırlamırsınızsa	xörək hazırlayırsınızsa	xörək hazırlamadınızsa	xörək hazırladınızsa	xörək hazırlamamışsınızsa	xörək hazırlamışsınızsa
	3rd	xörək hazırlamırlarsa	xörək hazırlayırlarsa	xörək hazırlamadılarsa	xörək hazırladılarsa	xörək hazırlamamışlarsa	xörək hazırlamışlarsa

Other Moods				
		Imparative		Optative	
		Negative	Positive	Negative	Positive
Singular	1st	xörək hazırlamayım	xörək hazırlayım	(Kaş) xörək hazırlamayam	(Kaş) xörək hazırlayam
	2nd	xörək hazırlama	xörək hazırla	(Kaş) xörək hazırlamayasan	(Kaş) xörək hazırlayasan
	3rd	xörək hazırlamasın	xörək hazırlasın	(Kaş) xörək hazırlamaya	(Kaş) xörək hazırlaya
Plural	1st	xörək hazırlamayak	xörək hazırlayak	(Kaş) xörək hazırlamayak	(Kaş) xörək hazırlayak
	2nd	xörək hazırlamayasınız	xörək hazırlayasınız	(Kaş) xörək hazırlamayasınız	(Kaş) xörək hazırlayasınız
	3rd	xörək hazırlamasınlar	xörək hazırlaysınlar	(Kaş) xörək hazırlamayalar	(Kaş) xörək hazırlayalar

Other Moods				
		Obligatory		necessary	
		Negative	Positive	Negative	Positive
Singular	1st	xörək hazırlamamalıyım	xörək hazırlamalıyım	-	-
	2nd	xörək hazırlamamalısın	xörək hazırlamalısın	-	-
	3rd	xörək hazırlamamalı	xörək hazırlamalı	-	-
Plural	1st	xörək hazırlamamalıyık	xörək hazırlamalıyık	-	-
	2nd	xörək hazırlamamalısınız	xörək hazırlamalısınız	-	-
	3rd	xörək hazırlamamalılar	xörək hazırlamalılar	-	-

To Cry (Ağlamaq)

		Present			
		Active		Passive	
		Negative	Positive	Negative	Positive
Singular	1st	Ağlamıram	Ağlayıram	Ağlanmıram	Ağlanıram
	2nd	Ağlamırsan	Ağlayırsan	Ağlanmırsan	Ağlanırsan
	3rd	Ağlamır	Ağlayır	Ağlanmır	Ağlanır
Plural	1st	Ağlamırık	Ağlayırık	Ağlanmırık	Ağlanırık
	2nd	Ağlamırsınız	Ağlayırsınız	Ağlanmırsınız	Ağlanırsınız
	3rd	Ağlamırlar	Ağlayırlar	Ağlanmırlar	Ağlanırlar

		Present					
		Returning Type		Equivalent-Mutual Type		Causative	
		Negative	Positive	Negative	Positive	Negative	Positive
Singular	1st	Ağlanılmıram	Ağlanılıram	-	-	Ağlatmıram	Ağlatıram
	2nd	Ağlanılmırsan	Ağlanılırsan	-	-	Ağlatmırsan	Ağlatırsan
	3rd	Ağlanılmır	Ağlanılır	-	-	Ağlatmır	Ağlatır
Plural	1st	Ağlanılmırık	Ağlanılırık	-	-	Ağlatmırık	Ağlatırık
	2nd	Ağlanılmırsınız	Ağlanılırsınız	-	-	Ağlatmırsınız	Ağlatırsınız
	3rd	Ağlanılmırlar	Ağlanılırlar	-	-	Ağlatmırlar	Ağlatırlar

Witnessed Past				
		Active		Passive	
		Negative	Positive	Negative	Positive
Singular	1st	Ağlamadım	Ağladım	Ağlanmadım	Ağlandım
	2nd	Ağlamadın	Ağladın	Ağlanmadın	Ağlandın
	3rd	Ağlamadı	Ağladı	Ağlanmadı	Ağlandı
Plural	1st	Ağlamadık	Ağladık	Ağlanmadık	Ağlandık
	2nd	Ağlamadınız	Ağladınız	Ağlanmadınız	Ağlandınız
	3rd	Ağlamadılar	Ağladılar	Ağlanmadılar	Ağlandılar

Witnessed Past						
		Returning Type		Equivalent-Mutual Type		Causative	
		Negative	Positive	Negative	Positive	Negative	Positive
Singular	1st	Ağlanılmadım	Ağlanıldım	-	-	Ağlatmadım	Ağlatdım
	2nd	Ağlanılmadın	Ağlanıldın	-	-	Ağlatmadın	Ağlatdın
	3rd	Ağlanılmadı	Ağlanıldı	-	-	Ağlatmadı	Ağlatdı
Plural	1st	Ağlanılmadık	Ağlanıldık	-	-	Ağlatmadık	Ağlatdık
	2nd	Ağlanılmadınız	Ağlanıldınız	-	-	Ağlatmadınız	Ağlatdınız
	3rd	Ağlanılmadılar	Ağlanıldılar	-	-	Ağlatmadılar	Ağlatdılar

Narrative Past				
		Active		Passive	
		Negative	Positive	Negative	Positive
Singular	1st	Ağlamamışam	Ağlamışam	Ağlanmamışam	Ağlanmışam
	2nd	Ağlamamışsan	Ağlamışsan	Ağlanmamışsan	Ağlanmışsan
	3rd	Ağlamamış	Ağlamış	Ağlanmamış	Ağlanmış

Plural	1st	Ağlamamışık	Ağlamışık	Ağlanmamışık	Ağlanmışık
	2nd	Ağlamamışsınız	Ağlamışsınız	Ağlanmamışsınız	Ağlanmuşsınız
	3rd	Ağlamamışlar	Ağlamışlar	Ağlanmamışlar	Ağlanmışlar

		Narrative Past					
		Returning Type		Equivalent-Mutual Type		Causative	
		Negative	Positive	Negative	Positive	Negative	Positive
Singular	1st	Ağlanılmamışam	Ağlanılmışam	-	-	Ağlatmamışam	Ağlatmışam
	2nd	Ağlanılmamışsan	Ağlanılmışsan	-	-	Ağlatmamışsan	Ağlatmışsan
	3rd	Ağlanılmamış	Ağlanılmış	-	-	Ağlatmamış	Ağlatmış
Plural	1st	Ağlanılmamışık	Ağlanılmışık	-	-	Ağlatmamışık	Ağlatmışık
	2nd	Ağlanılmamışsınız	Ağlanılmışsınız	-	-	Ağlatmamışsınız	Ağlatmışsınız
	3rd	Ağlanılmamışlar	Ağlanılmışlar	-	-	Ağlatmamışlar	Ağlatmışlar

		Definite Future			
		Active		Passive	
		Negative	Positive	Negative	Positive
Singular	1st	Ağlamayacağım	Ağlayacağım	Ağlanmayacağım	Ağlanacağım
	2nd	Ağlamayacaksan	Ağlayacaksan	Ağlanmayacaksan	Ağlanacaksan
	3rd	Ağlamayacak	Ağlayacak	Ağlanmayacak	Ağlanacak
Plural	1st	Ağlamayacağız	Ağlayacağız	Ağlanmayacağız	Ağlanacağız
	2nd	Ağlamayacaksınız	Ağlayacaksınız	Ağlanmayacaksınız	Ağlanacaksınız
	3rd	Ağlamayacaklar	Ağlayacaklar	Ağlanmayacaklar	Ağlanacaklar

		Definite Future					
		Returning Type		Equivalent-Mutual Type		Causative	
		Negative	Positive	Negative	Positive	Negative	Positive
Singular	1st	Ağlanılmayacağım	Ağlanılacağım	-	-	Ağlatmayacağım	Ağlatacağım
	2nd	Ağlanılmayacaksan	Ağlanılacaksan	-	-	Ağlatmayacaksan	Ağlatacaksan
	3rd	Ağlanılmayacak	Ağlanılacak	-	-	Ağlatmayacak	Ağlatacak
Plural	1st	Ağlanılmayacağız	Ağlanılacağız	-	-	Ağlatmayacağız	Ağlatacağız
	2nd	Ağlanılmayacaksınız	Ağlanılacaksınız	-	-	Ağlatmayacaksınız	Ağlatacaksınız
	3rd	Ağlanılmayacaklar	Ağlanılacaklar	-	-	Ağlatmayacaklar	Ağlatacaklar

		Indefinite Future			
		Active		Passive	
		Negative	Positive	Negative	Positive
Singular	1st	Ağlamaram	Ağlayaram	Ağlanmaram	Ağlanaram
	2nd	Ağlamazsan	Ağlayarsan	Ağlanmazsan	Ağlanarsan
	3rd	Ağlamaz	Ağlar	Ağlanmaz	Ağlanar
Plural	1st	Ağlamarık	Ağlayarık	Ağlanmarık	Ağlanarık
	2nd	Ağlamazsınız	Ağlayarsınız	Ağlanmazsınız	Ağlanarsınız
	3rd	Ağlamazlar	Ağlayarlar	Ağlanmazlar	Ağlanarlar

		Indefinite Future					
		Returning Type		Equivalent-Mutual Type		Causative	
		Negative	Positive	Negative	Positive	Negative	Positive
Singular	1st	Ağlanılmaram	Ağlanılaram	-	-	Ağlatmaram	Ağlataram
	2nd	Ağlanılmazsan	Ağlanılarsan	-	-	Ağlatmazsan	Ağlatarsan
	3rd	Ağlanılmaz	Ağlanılır	-	-	Ağlatmaz	Ağlatır
Plural	1st	Ağlanılmarık	Ağlanılarık	-	-	Ağlatmarık	Ağlatarık
	2nd	Ağlanılmazsınız	Ağlanılarsınız	-	-	Ağlatmazsınız	Ağlatarsınız
	3rd	Ağlanılmazlar	Ağlanılarlar	-	-	Ağlatmazlar	Ağlatarlar

		Conditional Mood			
		Definite Future		Indefinite Future	
		Negative	Positive	Negative	Positive
Singular	1st	Ağlamayacaksam	Ağlayacaksam	Ağlamaramsa	Ağlayaramsa
	2nd	Ağlamayacaksansa	Ağlayacaksansa	Ağlamazsansa	Ağlayarsansa
	3rd	Ağlamayacaksa	Ağlayacaksa	Ağlamazsa	Ağlayarsa
Plural	1st	Ağlamayacaksak	Ağlayacaksak	Ağlamarıksa	Ağlayarıka
	2nd	Ağlamayacaksınızsə	Ağlayacaksınızsə	Ağlamazsınızsa	Ağlayarsınızsa
	3rd	Ağlamayacaklarsa	Ağlayacaklarsa	Ağlamazlarsa	Ağlayarlarsa

		Conditional Mood					
		Present		Witnessed Past		Narrative Past	
		Negative	Positive	Negative	Positive	Negative	Positive
Singular	1st	Ağlamırsam	Ağlayırsam	Ağlamadımsa	Ağladımsa	Ağlamamışsam	Ağlamışsam
	2nd	Ağlamırsansa	Ağlayırsansa	Ağlamadınsa	Ağladınsa	Ağlamamışsansa	Ağlamışsansa
	3rd	Ağlamırsa	Ağlayırsa	Ağlamadısa	Ağladısa	Ağlamamışsa	Ağlamışsa
Plural	1st	Ağlamırıksa	Ağlayırıksa	Ağlamadıksa	Ağladıksa	Ağlamamışıksa	Ağlamışıksa
	2nd	Ağlamırsınızsa	Ağlayırsınızsa	Ağlamadınızsa	Ağladınızsa	Ağlamamışsınızsa	Ağlamışsınızsa
	3rd	Ağlamırlarsa	Ağlayırlarsa	Ağlamadılarsa	Ağladılarsa	Ağlamamışlarsa	Ağlamışlarsa

		Other Moods			
		Imparative		Optative	
		Negative	Positive	Negative	Positive
Singular	1st	Ağlamayım	Ağlayım	(Kaş) Ağlamayam	(Kaş) Ağlayam
	2nd	Ağlama	Ağla	(Kaş) Ağlamayasan	(Kaş) Ağlayasan
	3rd	Ağlamasın	Ağlasın	(Kaş) Ağlamaya	(Kaş) Ağlaya
Plural	1st	Ağlamayak	Ağlayak	(Kaş) Ağlamayak	(Kaş) Ağlayak
	2nd	Ağlamayasınız	Ağlayasınız	(Kaş) Ağlamayasınız	(Kaş) Ağlayasınız
	3rd	Ağlamasınlar	Ağlaysınlar	(Kaş) Ağlamayalar	(Kaş) Ağlayalar

		Other Moods			
		Obligatory		necessary	
		Negative	Positive	Negative	Positive
Singular	1st	Ağlamamalıyım	Ağlamalıyım	-	-
	2nd	Ağlamamalısın	Ağlamalısın	-	-
	3rd	Ağlamamalı	Ağlamalı	-	-

Plural	1st	Ağlamamalıyıq	Ağlamalıyıq	-	-
	2nd	Ağlamamalısınız	Ağlamalısınız	-	-
	3rd	Ağlamamalılar	Ağlamalılar	-	-

To Die (Vəfat Etmək)

Present					
		Active		Passive	
		Negative	Positive	Negative	Positive
Singular	1st	Vəfat etmirəm	Vəfat edirəm	-	-
	2nd	Vəfat etmirsən	Vəfat edirsən	-	-
	3rd	Vəfat etmir	Vəfat edir	-	-
Plural	1st	Vəfat etmirik	Vəfat edirik	-	-
	2nd	Vəfat etmirsiniz	Vəfat edirsiniz	-	-
	3rd	Vəfat etmirlər	Vəfat edirlər	-	-

Present							
		Returning Type		Equivalent-Mutual Type		Causative	
		Negative	Positive	Negative	Positive	Negative	Positive
Singular	1st	-	-	-	-	-	-
	2nd	-	-	-	-	-	-
	3rd	-	-	-	-	-	-
Plural	1st	-	-	-	-	-	-
	2nd	-	-	-	-	-	-
	3rd	-	-	-	-	-	-

Witnessed Past				
		Active		Passive	
		Negative	Positive	Negative	Positive
Singular	1st	Vəfat etmədim	Vəfat ettim	-	-
	2nd	Vəfat etmədin	Vəfat ettin	-	-
	3rd	Vəfat etmədi	Vəfat etti	-	-
Plural	1st	Vəfat etmədik	Vəfat ettik	-	-
	2nd	Vəfat etmədiniz	Vəfat ettiniz	-	-
	3rd	Vəfat etmədilər	Vəfat ettilər	-	-

Witnessed Past						
		Returning Type		Equivalent-Mutual Type		Causative	
		Negative	Positive	Negative	Positive	Negative	Positive
Singular	1st	-	-	-	-	-	-
	2nd	-	-	-	-	-	-
	3rd	-	-	-	-	-	-
Plural	1st	-	-	-	-	-	-
	2nd	-	-	-	-	-	-
	3rd	-	-	-	-	-	-

Narrative Past					
		Active		Passive	
		Negative	Positive	Negative	Positive
Singular	1st	Vəfat etməmişim	Vəfat etmişim	-	-
	2nd	Vəfat etməmişsən	Vəfat etmişsən	-	-
	3rd	Vəfat etməmiş	Vəfat etmiş	-	-

Plural	1st	Vəfat etməmişik	Vəfat etmişik	-	-
	2nd	Vəfat etməmişsiniz	Vəfat etmişsiniz	-	-
	3rd	Vəfat etməmişlər	Vəfat etmişlər	-	-

		Narrative Past					
		Returning Type		Equivalent-Mutual Type		Causative	
		Negative	Positive	Negative	Positive	Negative	Positive
Singular	1st	-	-	-	-	-	-
	2nd	-	-	-	-	-	-
	3rd	-	-	-	-	-	-
Plural	1st	-	-	-	-	-	-
	2nd	-	-	-	-	-	-
	3rd	-	-	-	-	-	-

		Definite Future			
		Active		Passive	
		Negative	Positive	Negative	Positive
Singular	1st	Vəfat etməyəcəm	Vəfat edəcəm	-	-
	2nd	Vəfat etməyəcəksən	Vəfat edəcəksən	-	-
	3rd	Vəfat etməyəcək	Vəfat edəcək	-	-
Plural	1st	Vəfat etməyəcəyik	Vəfat edəcəyik	-	-
	2nd	Vəfat etməyəcəksiniz	Vəfat edəcəksiniz	-	-
	3rd	Vəfat etməyəcəklər	Vəfat edəcəklər	-	-

		Definite Future					
		Returning Type		Equivalent-Mutual Type		Causative	
		Negative	Positive	Negative	Positive	Negative	Positive
Singular	1st	-	-	-	-	-	-
	2nd	-	-	-	-	-	-
	3rd	-	-	-	-	-	-
Plural	1st	-	-	-	-	-	-
	2nd	-	-	-	-	-	-
	3rd	-	-	-	-	-	-

		Indefinite Future									
		Active		Passive		Returning Type		Equivalent-Mutual Type		Causative	
		Negative	Positive	Negative	Positive	Negative	Positive	Negative	Positive	Negative	Positive
Singular	1st	Vəfat etmərim	Vəfat edərim	-	-	-	-	-	-	-	-
	2nd	Vəfat etməzsəm	Vəfat edərsən	-	-	-	-	-	-	-	-
	3rd	Vəfat etməz	Vəfat edər	-	-	-	-	-	-	-	-
Plural	1st	Vəfat etmərik	Vəfat edərik	-	-	-	-	-	-	-	-
	2nd	Vəfat etməzsiniz	Vəfat edərsiniz	-	-	-	-	-	-	-	-
	3rd	Vəfat etməzlər	Vəfat edərlər	-	-	-	-	-	-	-	-

		Conditional Mood			
		Definite Future		Indefinite Future	
		Negative	Positive	Negative	Positive
Singular	1st	Vəfat etməyəcəksəm	Vəfat edəcəksm	Vəfat etmərimsə	Vəfat edərimsə
	2nd	Vəfat etməyəcəksənsə	Vəfat edəcəksənsə	Vəfat etməzsəmsə	Vəfat edərsənsə
	3rd	Vəfat etməyəcəksə	Vəfat edəcəksə	Vəfat etməzsə	Vəfat edərsə
Plural	1st	Vəfat etməyəcəksək	Vəfat edəcəksək	Vəfat etməriksə	Vəfat edəriksə
	2nd	Vəfat etməyəcəksinizsə	Vəfat edəcəksinizsə	Vəfat etməzsinizsə	Vəfat edərsinizsə
	3rd	Vəfat etməyəcəklərsə	Vəfat edəcəklərsə	Vəfat etməzlərsə	Vəfat edərlərsə

		Conditional Mood					
		Present		Witnessed Past		Narrative Past	
		Negative	Positive	Negative	Positive	Negative	Positive
Singular	1st	Vəfat etmirsəm	Vəfat edirsəm	Vəfat etmədiysəm	Vəfat ettiysəm	Vəfat etməmişsəm	Vəfat etmişsəm
	2nd	Vəfat etmirsənsə	Vəfat edirsənsə	Vəfat etmədiysən	Vəfat ettiysən	Vəfat etməmişsənsə	Vəfat etmişsənsə
	3rd	Vəfat etmirsə	Vəfat edirsə	Vəfat etmədiysə	Vəfat ettiysə	Vəfat etməmişsə	Vəfat etmişsə
Plural	1st	Vəfat etmirsək	Vəfat edirsək	Vəfat etmədiysək	Vəfat ettiysək	Vəfat etməmişsək	Vəfat etmişsək
	2nd	Vəfat etmirsinizsə	Vəfat edirsinizsə	Vəfat etmədinizsə	Vəfat ettinizsə	Vəfat etməmişsinizsə	Vəfat etmişsinizsə
	3rd	Vəfat etmirlərsə	Vəfat edirlərsə	Vəfat etmədilərsə	Vəfat ettilərsə	Vəfat etməmişlərsə	Vəfat etmişlərsə

To Do (Etmək)

Present					
		Active		Passive	
		Negative	Positive	Negative	Positive
Singular	1st	etmirəm	edirəm	edilmirəm	edilirəm
	2nd	etmirsən	edirsən	edilmirsən	ediıirsən
	3rd	etmir	edir	edilmir	edilir
Plural	1st	etmirik	edirik	edilmirik	edilirik
	2nd	etmirsiniz	edirsiniz	edilmirsiniz	edilisiniz
	3rd	etmirlər	edirlər	edilmirlər	edilirlər

Present							
		Returning Type		Equivalent-Mutual Type		Causative	
		Negative	Positive	Negative	Positive	Negative	Positive
Singular	1st	edilmirəm	edilirəm	-	-	etdirmirəm	etdirirəm
	2nd	edilmirsən	ediıirsən	-	-	etdirmirsən	etdirirsən
	3rd	edilmir	edilir	-	-	etdirmir	etdirir
Plural	1st	edilmirik	edilirik	-	-	etdirmirik	etdiririk
	2nd	edilmirsiniz	edilisiniz	-	-	etdirmirsiniz	etdirirsiniz
	3rd	edilmirlər	edilirlər	-	-	etdirmirlər	etdirirlər

125

Witnessed Past				
		Active		Passive	
		Negative	Positive	Negative	Positive
Singular	1st	etmədim	ettim	edilmədim	edildim
	2nd	etmədin	ettin	edilmədin	edildin
	3rd	etmədi	etti	edilmədi	edildi
Plural	1st	etmədik	ettik	edilmədik	edildik
	2nd	etmədiniz	ettiniz	edilmədiniz	edildiniz
	3rd	etmədilər	ettilər	edilmədilər	edildilər

Witnessed Past						
		Returning Type		Equivalent-Mutual Type		Causative	
		Negative	Positive	Negative	Positive	Negative	Positive
Singular	1st	edilmədim	edildim	-	-	etdirmədim	etdirdim
	2nd	edilmədin	edildin	-	-	etdirmədin	etdirdin
	3rd	edilmədi	edildi	-	-	etdirmədi	etdirdi
Plural	1st	edilmədik	edildik	-	-	etdirmədik	etdirdik
	2nd	edilmədiniz	edildiniz	-	-	etdirmədiniz	etdirdiniz
	3rd	edilmədilər	edildilər	-	-	etdirmədilər	etdirdilər

Narrative Past				
		Active		Passive	
		Negative	Positive	Negative	Positive
Singular	1st	etməmişim	etmişim	edilməmişim	edilmişim
	2nd	etməmişsən	etmişsən	edilməmişsən	edilmişsən
	3rd	etməmiş	etmiş	edilməmiş	edilmiş

Plural	1st	etməmişik	etmişik	edilməmişik	edilmişik
	2nd	etməmişsiniz	etmişsiniz	edilməmişsiniz	edilmişsiniz
	3rd	etməmişlər	etmişlər	edilməmişlər	edilmişlər

		Narrative Past					
		Returning Type		Equivalent-Mutual Type		Causative	
		Negative	Positive	Negative	Positive	Negative	Positive
Singular	1st	edilməmişim	edilmişim	-	-	etdirməmişim	etdirmişim
	2nd	edilməmişsən	edilmişsən	-	-	etdirməmişsən	etdirmişsən
	3rd	edilməmiş	edilmiş	-	-	etdirməmiş	etdirmiş
Plural	1st	edilməmişik	edilmişik	-	-	etdirməmişik	etdirmişik
	2nd	edilməmişsiniz	edilmişsiniz	-	-	etdirməmişsiniz	etdirmişsiniz
	3rd	edilməmişlər	edilmişlər	-	-	etdirməmişlər	etdirmişlər

		Definite Future			
		Active		Passive	
		Negative	Positive	Negative	Positive
Singular	1st	etməyəcəm	edəcəm	edilməyəcəm	ediləcəm
	2nd	etməyəcəksən	edəcəksən	edilməyəcəksən	ediləcəksən
	3rd	etməyəcək	edəcək	edilməyəcək	ediləcək
Plural	1st	etməyəcəyik	edəcəyik	edilməyəcəyik	ediləcəyik
	2nd	etməyəcəksiniz	edəcəksiniz	edilməyəcəksiniz	ediləcəksiniz
	3rd	etməyəcəklər	edəcəklər	edilməyəcəklər	ediləcəklər

		Definite Future					
		Returning Type		Equivalent-Mutual Type		Causative	
		Negative	Positive	Negative	Positive	Negative	Positive
Singular	1st	edilməyəcəm	ediləcəm	-	-	etdirməyəcəm	etdirəcəm
	2nd	edilməyəcəksən	ediləcəksən	-	-	etdirməyəcəksən	etdirəcəksən
	3rd	edilməyəcək	ediləcək	-	-	etdirməyəcək	etdirəcək
Plural	1st	edilməyəcəyik	ediləcəyik	-	-	etdirməyəcəyik	etdirəcəyik
	2nd	Qə bul edilməyəcəksiniz	ediləcəksiniz	-	-	etdirməyəcəksiniz	etdirəcəksiniz
	3rd	edilməyəcəklər	ediləcəklər	-	-	etdirməyəcəklər	etdirəcəklər

		Indefinite Future									
		Active		Passive		Returning Type		Equivalent-Mutual Type		Causative	
		Negative	Positive	Negative	Positive	Negative	Positive	Negative	Positive	Negative	Positive
Singular	1st	etmərim	edərim	-	-	-	-	-	-	-	-
	2nd	etməzsəm	edərsən	-	-	-	-	-	-	-	-
	3rd	etməz	edər	-	-	-	-	-	-	-	-
Plural	1st	etmərik	edərik	-	-	-	-	-	-	-	-
	2nd	etməzsiniz	edərsiniz	-	-	-	-	-	-	-	-
	3rd	etməzlər	edərlər	-	-	-	-	-	-	-	-

Conditional Mood				
	Definite Future		Indefinite Future	
	Negative	Positive	Negative	Positive
Singular 1st	etməyəcəksəm	edəcəksm	etmərimsə	edərimsə
Singular 2nd	etməyəcəksənsə	edəcəksənsə	etməzsəmsə	edərsənsə
Singular 3rd	etməyəcəksə	edəcəksə	etməzsə	edərsə
Plural 1st	etməyəcəksək	edəcəksək	etməriksə	edəriksə
Plural 2nd	etməyəcəksinizsə	edəcəksinizsə	etməzsinizsə	edərsinizsə
Plural 3rd	etməyəcəklərsə	edəcəklərsə	etməzlərsə	edərlərsə

Conditional Mood					
	Present		Witnessed Past		Narrative Past
	Negative	Positive	Negative	Positive	Negative	Positive
Singular 1st	etmirsəm	edirsəm	etmədiysəm	ettiysəm	etməmişsəm	etmişsəm
Singular 2nd	etmirsənsə	edirsənsə	etmədiysən	ettiysən	etməmişsənsə	etmişsənsə
Singular 3rd	etmirsə	edirsə	etmədiysə	ettiysə	etməmişsə	etmişsə
Plural 1st	etmirsək	edirsək	etmədiysək	ettiysək	etməmişsək	etmişsək
Plural 2nd	etmirsinizsə	edirsinizsə	etmədinizsə	ettinizsə	etməmişsinizsə	etmişsinizsə
Plural 3rd	etmirlərsə	edirlərsə	etmədilərsə	ettilərsə	etməmişlərsə	etmişlərsə

To Drink (İçmək)

Present				
		Active		Passive	
		Negative	Positive	Negative	Positive
Singular	1st	İçmirəm	İçirəm	İçilmirəm	İçilirəm
	2nd	İçmirsən	İçirsən	İçilmirsən	İçiirsən
	3rd	İçmir	İçir	İçilmir	İçilir
Plural	1st	İçmirik	İçirik	İçilmirik	İçilirik
	2nd	İçmirsiniz	İçirsiniz	İçilmirsiniz	İçilisiniz
	3rd	İçmirlər	İçirlər	İçilmirlər	İçilirlər

Present						
		Returning Type		Equivalent-Mutual Type		Causative
		Negative	Positive	Negative	Positive	Negative	Positive
Singular	1st	İçilmirəm	İçilirəm	-	-	İçdirmirəm	İçdirirəm
	2nd	İçilmirsən	İçilirsən	-	-	İçdirmirsən	İçdirirsən
	3rd	İçilmir	İçilir	-	-	İçdirmir	İçtdirir
Plural	1st	İçilmirik	İçilirik	-	-	İçdirmirik	İçdiririk
	2nd	İçilmirsiniz	İçilisiniz	-	-	İçdirmirsiniz	İçdirirsiniz
	3rd	İçilmirlər	İçilirlər	-	-	İçdirmirlər	İçdirirlər

131

Witnessed Past					
		Active		Passive	
		Negative	Positive	Negative	Positive
Singular	1st	İçmədim	İçtim	İçilmədim	İçildim
	2nd	İçmədin	İçtin	İçilmədin	İçildin
	3rd	İçmədi	İçti	İçilmədi	İçildi
Plural	1st	İçmədik	İçtik	İçilmədik	İçildik
	2nd	İçmədiniz	İçtiniz	İçdilmədiniz	İçildiniz
	3rd	İçmədilər	İçtilər	İçilmədilər	İçildilər

Witnessed Past						
		Returning Type		Equivalent-Mutual Type		Causative
		Negative	Positive	Negative	Positive	Negative	Positive
Singular	1st	İçilmədim	İçildim	-	-	İçdirmədim	İçdirdim
	2nd	İçilmədin	İçildin	-	-	İçdirmədin	İçdirdin
	3rd	İçilmədi	İçildi	-	-	İçdirmədi	İçdirdi
Plural	1st	İçilmədik	İçildik	-	-	İçdirmədik	İçdirdik
	2nd	İçilmədiniz	İçildiniz	-	-	İçdirmədiniz	İçdirdiniz
	3rd	İçilmədilər	İçildilər	-	-	İçdirmədilər	İçdirdilər

Narrative Past					
		Active		Passive	
		Negative	Positive	Negative	Positive
Singular	1st	İçməmişim	İçmişim	İçilməmişim	İçilmişim
	2nd	İçməmişsən	İçmişsən	İçilməmişsən	İçilmişsən
	3rd	İçməmiş	İçmiş	İçilməmiş	İçdilmiş

Plural	1st	İçməmişik	İçmişik	İçilməmişik	İçilmişik
	2nd	İçməmişsiniz	İçmişsiniz	İçilməmişsiniz	İçilmişsiniz
	3rd	İçməmişlər	İçmişlər	İçilməmişlər	İçilmişlər

| | | Narrative Past | | | | | |
| | | Returning Type | | Equivalent-Mutual Type | | Causative | |
		Negative	Positive	Negative	Positive	Negative	Positive
Singular	1st	İçilməmişim	İçilmişim	-	-	İçdirməmişim	İçdirmişim
	2nd	İçilməmişsən	İçilmişsən	-	-	İçdirməmişsən	Qəbul etdirmişsən
	3rd	İçilməmiş	İçilmiş	-	-	İçdirməmiş	İçdirmiş
Plural	1st	İçilməmişik	İçilmişik	-	-	İçdirməmişik	İçdirmişik
	2nd	İçilməmişsiniz	İçilmişsiniz	-	-	İçdirməmişsiniz	İçdirmişsiniz
	3rd	İçilməmişlər	İçilmişlər	-	-	İçdirməmişlər	İçdirmişlər

| | | Definite Future | | | |
| | | Active | | Passive | |
		Negative	Positive	Negative	Positive
Singular	1st	İçməyəcəm	İçəcəm	İçilməyəcəm	İçiləcəm
	2nd	İçməyəcəksən	İçəcəksən	İçilməyəcəksən	İçiləcəksən
	3rd	İçməyəcək	İçəcək	İçilməyəcək	İçiləcək
Plural	1st	İçməyəcəyik	İçəcəyik	İçilməyəcəyik	İçiləcəyik
	2nd	İçməyəcəksiniz	İçəcəksiniz	İçilməyəcəksiniz	İçiləcəksiniz
	3rd	İçməyəcəklər	İçəcəklər	İçilməyəcəklər	İçiləcəklər

		Definite Future					
		Returning Type		Equivalent-Mutual Type		Causative	
		Negative	Positive	Negative	Positive	Negative	Positive
Singular	1st	İçilməyəcəm	İçiləcəm	-	-	İçdirməyəcəm	İçdirəcəm
	2nd	İçilməyəcəksən	İçiləcəksən	-	-	İçdirməyəcəksən	İçdirəcəksən
	3rd	İçilməyəcək	İçiləcək	-	-	İçdirməyəcək	İçdirəcək
Plural	1st	İçilməyəcəyik	İçiləcəyik	-	-	İçdirməyəcəyik	İçdirəcəyik
	2nd	İçilməyəcəksiniz	İçiləcəksiniz	-	-	İçdirməyəcəksiniz	İçdirəcəksiniz
	3rd	İçilməyəcəklər	İçiləcəklər	-	-	İçdirməyəcəklər	İçdirəcəklər

		Indefinite Future									
		Active		Passive		Returning Type		Equivalent-Mutual Type		Causative	
		Negative	Positive	Negative	Positive	Negative	Positive	Negative	Positive	Negative	Positive
Singular	1st	İçmərim	İçərim	-	-	-	-	-	-	-	-
	2nd	İçməzsəm	İçərsən	-	-	-	-	-	-	-	-
	3rd	İçməz	İçər	-	-	-	-	-	-	-	-
Plural	1st	İçmərik	İçərik	-	-	-	-	-	-	-	-
	2nd	İçməzsiniz	İçərsiniz	-	-	-	-	-	-	-	-
	3rd	İçməzlər	İçərlər	-	-	-	-	-	-	-	-

Conditional Mood				
		Definite Future		Indefinite Future	
		Negative	Positive	Negative	Positive
Singular	1st	İçməyəcəksəm	İçəcəksəm	İçmərimsə	İçərimsə
	2nd	İçməyəcəksənsə	İçəcəksənsə	İçməzsəmsə	İçərsənsə
	3rd	İçməyəcəksə	İçəcəksə	İçməzsə	İçərsə
Plural	1st	İçməyəcəksək	İçəcəksək	İçməriksə	İçəriksə
	2nd	İçməyəcəksinizsə	İçəcəksinizsə	İçməzsinizsə	İçərsinizsə
	3rd	İçməyəcəklərsə	İçəcəklərsə	İçməzlərsə	İçərlərsə

Conditional Mood						
		Present		Witnessed Past		Narrative Past	
		Negative	Positive	Negative	Positive	Negative	Positive
Singular	1st	İçmirsəm	İçirsəm	İçmədiysəm	İçtiysəm	İçməmişsəm	İçmişsəm
	2nd	İçmirsənsə	Qəbul edirsənsə	İçmədiysən	İçtiysən	İçməmişsənsə	İçtmişsənsə
	3rd	İçmirsə	İçirsə	İçmədiysə	İçtiysə	İçməmişsə	İçmişsə
Plural	1st	İçmirsək	İçirsək	İçmədiysək	İçtiysək	İçməmişsək	İçmişsək
	2nd	İçmirsinizsə	İçirsinizsə	İçmədinizsə	İçtinizsə	İçməmişsinizsə	İçmişsinizsə
	3rd	İçmirlərsə	İçirlərsə	İçmədilərsə	İçtilərsə	İçməmişlərsə	İçmişlərsə

135

To Drive (Sürmək)

Present					
		Active		Passive	
		Negative	Positive	Negative	Positive
Singular	1st	Sürmürəm	Sürürəm	Sürülmürəm	Sürülürəm
	2nd	Sürmürsən	Sürürsən	Sürülmürsən	Sürülürsən
	3rd	Sürmür	Sürür	Sürülmür	Sürülür
Plural	1st	Sürmürük	Sürürük	Sürülmürük	Sürülürük
	2nd	Sürmürsünüz	Sürürsünüz	Sürülmürsünüz	Sürülüsünüz
	3rd	Sürmürlər	Sürürlər	Sürülmürlər	Sürülürlər

Present							
		Returning Type		Equivalent-Mutual Type		Causative	
		Negative	Positive	Negative	Positive	Negative	Positive
Singular	1st	Sürülmürəm	Sürülürəm	-	-	Sürdürmürəm	Sürdürürəm
	2nd	Sürülmürsən	Sürülürsən	-	-	Sürdürmürsən	Sürdürürsən
	3rd	Sürülmür	Sürülür	-	-	Sürdürmür	Sürdürür
Plural	1st	Sürülmürük	Sürülürük	-	-	Sürdürmürük	Sürdürürük
	2nd	Sürülmürsünüz	Sürülüsünüz	-	-	Sürdürmürsünüz	Sürdürürsünüz
	3rd	Sürülmürlər	Sürülürlər	-	-	Sürdürmürlər	Sürdürürlər

Witnessed Past				
		Active		Passive
		Negative	Positive	Negative	Positive
Singular	1st	Sürmədim	Sürdüm	Sürülmədim	Sürüldüm
	2nd	Sürmədin	Sürdün	Sürülmədin	Sürüldün
	3rd	Sürmədi	Sürdü	Sürülmədi	Sürüldü
Plural	1st	Sürmədik	Sürdük	Sürülmədik	Sürüldük
	2nd	Sürmədiniz	Sürdünüz	Sürülmədiniz	Sürüldünüz
	3rd	Sürmədilər	Sürdülər	Sürülmədilər	Sürüldülər

Witnessed Past						
		Returning Type		Equivalent-Mutual Type		Causative
		Negative	Positive	Negative	Positive	Negative	Positive
Singular	1st	Sürülmədim	Sürüldüm	-	-	Sürdürmədim	Sürdürdüm
	2nd	Sürülmədin	Sürüldün	-	-	Sürdürmədin	Sürdürdün
	3rd	Sürülmədi	Sürüldü	-	-	Sürdürmədi	Sürdürdü
Plural	1st	Sürülmədik	Sürüldük	-	-	Sürdürmədik	Sürdürdük
	2nd	Sürülmədiniz	Sürüldünüz	-	-	Sürdürmədiniz	Sürdürdünüz
	3rd	Sürülmədilər	Sürüldülər	-	-	Sürdürmədilər	Sürdürdülər

Narrative Past				
		Active		Passive
		Negative	Positive	Negative	Positive
Singular	1st	Sürməmişim	Sürmüşüm	Sürülməmişim	Sürülmüşüm
	2nd	Sürməmişsən	Sürmüşsən	Sürülməmişsən	Sürülmüşsən
	3rd	Sürməmiş	Sürmüş	Sürülməmiş	Sürdülmüş

Plural	1st	Sürməmişik	Sürmüşük	Sürülməmişik	Sürülmüşük
	2nd	Sürməmişsiniz	Sürmüşsünüz	Sürülməmişsiniz	Sürülmüşsünüz
	3rd	Sürməmişlər	Sürmüşlər	Sürülməmişlər	Sürülmüşlər

		Narrative Past					
		Returning Type		Equivalent-Mutual Type		Causative	
		Negative	Positive	Negative	Positive	Negative	Positive
Singular	1st	Sürülməmişim	Sürülmüşüm	-	-	Sürdürməmişim	Sürdürmüşüm
	2nd	Sürülməmişsən	Sürülmüşsən	-	-	Sürdürməmişsən	Sürdürmüşsən
	3rd	Sürülməmiş	Sürülmüş	-	-	Sürdürməmiş	Sürdürmüş
Plural	1st	Sürülməmişik	Sürülmüşük	-	-	Sürdürməmişik	Sürdürmüşük
	2nd	Sürülməmişsiniz	Sürülmüşsünüz	-	-	Sürdürməmişsiniz	Sürdürmüşsünüz
	3rd	Sürülməmişlər	Sürülmüşlər	-	-	Sürdürməmişlər	Sürdürmüşlər

		Definite Future			
		Active		Passive	
		Negative	Positive	Negative	Positive
Singular	1st	Sürməyəcəm	Sürəcəm	Sürülməyəcəm	Sürüləcəm
	2nd	Sürməyəcəksən	Sürəcəksən	Sürülməyəcəksən	Sürüləcəksən
	3rd	Sürməyəcək	Sürəcək	Sürülməyəcək	Sürüləcək
Plural	1st	Sürməyəcəyik	Sürəcəyik	Sürülməyəcəyik	Sürüləcəyik
	2nd	Sürməyəcəksiniz	Sürəcəksiniz	Sürülməyəcəksiniz	Sürüləcəksiniz
	3rd	Sürməyəcəklər	Sürəcəklər	Sürülməyəcəklər	Sürüləcəklər

		Definite Future					
		Returning Type		Equivalent-Mutual Type		Causative	
		Negative	Positive	Negative	Positive	Negative	Positive
Singular	1st	Sürülməyəcəm	Sürüləcəm	-	-	Sürdürməyəcəm	Sürdürəcəm
	2nd	Sürülməyəcəksən	Sürüləcəksən	-	-	Sürdürməyəcəksən	Sürdürəcəksən
	3rd	Sürülməyəcək	Sürüləcək	-	-	Sürdürməyəcək	Sürdürəcək
Plural	1st	Sürülməyəcəyik	Sürüləcəyik	-	-	Sürdürməyəcəyik	Sürdürəcəyik
	2nd	Sürülməyəcəksiniz	Sürüləcəksiniz	-	-	Sürdürməyəcəksiniz	Sürdürəcəksiniz
	3rd	Sürülməyəcəklər	Sürüləcəklər	-	-	Sürdürməyəcəklər	Sürdürəcəklər

		Indefinite Future										
		Active		Passive		Returning Type		Equivalent-Mutual Type		Causative	
		Negative	Positive	Negative	Positive	Negative	Positive	Negative	Positive	Negative	Positive
Singular	1st	Sürmərim	Sürərim	-	-	-	-	-	-	-	-
	2nd	Sürməzsəm	Sürərsən	-	-	-	-	-	-	-	-
	3rd	Sürməz	Sürər	-	-	-	-	-	-	-	-
Plural	1st	Sürmərik	Sürərik	-	-	-	-	-	-	-	-
	2nd	Sürməzsiniz	Sürərsiniz	-	-	-	-	-	-	-	-
	3rd	Sürməzlər	Sürərlər	-	-	-	-	-	-	-	-

140

Conditional Mood				
	Definite Future		Indefinite Future	
	Negative	Positive	Negative	Positive
Singular 1st	Sürməyəcəksəm	Sürəcəksm	Sürmərimsə	Sürərimsə
Singular 2nd	Sürməyəcəksənsə	Sürəcəksənsə	Sürməzsəmsə	Sürərsənsə
Singular 3rd	Sürməyəcəksə	Sürəcəksə	Sürməzsə	Sürərsə
Plural 1st	Sürməyəcəksək	Sürəcəksək	Sürməriksə	Sürəriksə
Plural 2nd	Sürməyəcəksinizsə	Sürəcəksinizsə	Sürməzsinizsə	Sürərsinizsə
Plural 3rd	Sürməyəcəklərsə	Sürəcəklərsə	Sürməzlərsə	Sürərlərsə

Conditional Mood						
	Present		Witnessed Past		Narrative Past	
	Negative	Positive	Negative	Positive	Negative	Positive
Singular 1st	Sürmürsəm	Sürürsəm	Sürmədiysəm	Sürdüysəm	Sürməmişsəm	Sürmüşsəm
Singular 2nd	Sürmürsənsə	Sürürsənsə	Sürmədiysən	Sürdüysən	Sürməmişsənsə	Sürtmüşsənsə
Singular 3rd	Sürmürsə	Sürürsə	Sürmədiysə	Sürdüysə	Sürməmişsə	Sürmüşsə
Plural 1st	Sürmürsək	Sürürsək	Sürmədiysək	Sürdüysək	Sürməmişsək	Sürmüşsək
Plural 2nd	Sürmürsinizsə	Sürürsinizsə	Sürmədinizsə	Sürdünüzsə	Sürməmişsinizsə	Sürmüşsünüzsə
Plural 3rd	Sürmürlərsə	Sürürlərsə	Sürmədilərsə	Sürdülərsə	Sürməmişlərsə	Sürmüşlərsə

To Eat (Yemək)

Present					
		Active		Passive	
		Negative	Positive	Negative	Positive
Singular	1st	Yemirəm	Yeyirəm	Yeilmirəm	Yeyilirəm
	2nd	Yemirsən	Yeyirsən	Yeilmirsən	Yeyiirsən
	3rd	Yemir	Yeyir	Yeilmir	Yeyilir
Plural	1st	Yemirik	Yeyirik	Yeilmirik	Yeyilirik
	2nd	Yemirsiniz	Yeyirsiniz	Yeilmirsiniz	Yeyilisiniz
	3rd	Yemirlər	Yeyirlər	Yeilmirlər	Yeyilirlər

Present							
		Returning Type		Equivalent-Mutual Type		Causative	
		Negative	Positive	Negative	Positive	Negative	Positive
Singular	1st	Yeilmirəm	Yeyilirəm	-	-	Yedirmirəm	Yedirirəm
	2nd	Yeilmirsən	Yeyilirsən	-	-	Yedirmirsən	Yedirirsən
	3rd	Yeilmir	Yeyilir	-	-	Yedirmir	Yetdirir
Plural	1st	Yeilmirik	Yeyilirik	-	-	Yedirmirik	Yediririk
	2nd	Yeilmirsiniz	Yeyilisiniz	-	-	Yedirmirsiniz	Yedirirsiniz
	3rd	Yeilmirlər	Yeyilirlər	-	-	Yedirmirlər	Yedirirlər

Witnessed Past				
		Active		Passive	
		Negative	Positive	Negative	Positive
Singular	1st	Yemədim	Yedim	Yeyilmədim	Yeyildim
	2nd	Yemədin	Yedin	Yeyilmədin	Yeyildin
	3rd	Yemədi	Yedi	Yeyilmədi	Yeyildi
Plural	1st	Yemədik	Yedik	Yeyilmədik	Yeyildik
	2nd	Yemədiniz	Yediniz	Yeyilmədiniz	Yeyildiniz
	3rd	Yemədilər	Yedilər	Yeylmədilər	Yeyildilər

Witnessed Past						
		Returning Type		Equivalent-Mutual Type		Causative	
		Negative	Positive	Negative	Positive	Negative	Positive
Singular	1st	Yeilmədim	Yeyildim	-	-	Yedirmədim	Yedirdim
	2nd	Yeilmədin	Yeyildin	-	-	Yedirmədin	Yedirdin
	3rd	Yeilmədi	Yeyildi	-	-	Yedirmədi	Yedirdi
Plural	1st	Yeilmədik	Yeyildik	-	-	Yedirmədik	Yedirdik
	2nd	Yeilmədiniz	Yeyildiniz	-	-	Yedirmədiniz	Yedirdiniz
	3rd	Yeilmədilər	Yeyildilər	-	-	Yedirmədilər	Yedirdilər

Narrative Past					
		Active		Passive	
		Negative	Positive	Negative	Positive
Singular	1st	Yeməmişim	Yemişim	Yeyilməmişim	Yeilmişim
	2nd	Yeməmişsən	Yemişsən	Yeyilməmişsən	Yeilmişsən
	3rd	Yeməmiş	Yemiş	Yeyilməmiş	Yedilmiş

Plural	1st	Yeməmişik	Yemişik	Yeyilməmişik	Yeilmişik
	2nd	Yeməmişsiniz	Yemişsiniz	Yeyilməmişsiniz	Yeilmişsiniz
	3rd	Yeməmişlər	Yemişlər	Yeyilməmişlər	Yeilmişlər

		Narrative Past					
		Returning Type		Equivalent-Mutual Type		Causative	
		Negative	Positive	Negative	Positive	Negative	Positive
Singular	1st	Yeyilməmişim	Yeyilmişim	-	-	Yedirməmişim	Yedirmişim
	2nd	Yeyilməmişsən	Yeyilmişsən	-	-	Yedirməmişsən	Qəbul etdirmişsən
	3rd	Yeyilməmiş	Yeyilmiş	-	-	Yedirməmiş	Yedirmiş
Plural	1st	Yeyilməmişik	Yeyilmişik	-	-	Yedirməmişik	Yedirmişik
	2nd	Yeyilməmişsiniz	Yeyilmişsiniz	-	-	Yedirməmişsiniz	Yedirmişsiniz
	3rd	Yeyilməmişlər	Yeyilmişlər	-	-	Yedirməmişlər	Yedirmişlər

		Definite Future			
		Active		Passive	
		Negative	Positive	Negative	Positive
Singular	1st	Yeməyəcəm	Yeyəcəm	Yeyilməyəcəm	Yeyiləcəm
	2nd	Yeməyəcəksən	Yeyəcəksən	Yeylməyəcəksən	Yeyiləcəksən
	3rd	Yeməyəcək	Yeyəcək	Yeyilməyəcək	Yeyiləcək
Plural	1st	Yeməyəcəyik	Yeyəcəyik	Yeyilməyəcəyik	Yeyiləcəyik
	2nd	Yeməyəcəksiniz	Yeyəcəksiniz	Yeyilməyəcəksiniz	Yeyiləcəksiniz
	3rd	Yeməyəcəklər	Yeyəcəklər	Yeyilməyəcəklər	Yeyiləcəklər

145

		Definite Future					
		Returning Type		Equivalent-Mutual Type		Causative	
		Negative	Positive	Negative	Positive	Negative	Positive
Singular	1st	Yeyilməyəcəm	Yeyiləcəm	-	-	Yedirməyəcəm	Yedirəcəm
	2nd	Yeyilməyəcəksən	Yeyiləcəksən	-	-	Yedirməyəcəksən	Yedirəcəksən
	3rd	Yeyilməyəcək	Yeyiləcək	-	-	Yedirməyəcək	Yedirəcək
Plural	1st	Yeyilməyəcəyik	Yeyiləcəyik	-	-	Yedirməyəcəyik	Yedirəcəyik
	2nd	Yeyilməyəcəksiniz	Yeyiləcəksiniz	-	-	Yedirməyəcəksiniz	Yedirəcəksiniz
	3rd	Yeyilməyəcəklər	Yeyiləcəklər	-	-	Yedirməyəcəklər	Yedirəcəklər

		Indefinite Future									
		Active		Passive		Returning Type		Equivalent-Mutual Type		Causative	
		Negative	Positive	Negative	Positive	Negative	Positive	Negative	Positive	Negative	Positive
Singular	1st	Yemərim	Yeyərim	-	-	-	-	-	-	-	-
	2nd	Yeməzsəm	Yeyərsən	-	-	-	-	-	-	-	-
	3rd	Yeməz	Yeyər	-	-	-	-	-	-	-	-
Plural	1st	Yemərik	Yeyərik	-	-	-	-	-	-	-	-
	2nd	Yeməzsiniz	Yeyərsiniz	-	-	-	-	-	-	-	-
	3rd	Yeməzlər	Yeyərlər	-	-	-	-	-	-	-	-

146

Conditional Mood					
		Definite Future		Indefinite Future	
		Negative	Positive	Negative	Positive
Singular	1st	Yeməyəcəksəm	Yeyəcəksəm	Yemərimsə	Yeyərimsə
	2nd	Yeməyəcəksənsə	Yeyəcəksənsə	Yeməzsəmsə	Yeyərsənsə
	3rd	Yeməyəcəksə	Yeyəcəksə	Yeməzsə	Yeyərsə
Plural	1st	Yeməyəcəksək	Yeyəcəksək	Yeməriksə	Yeyəriksə
	2nd	Yeməyəcəksinizsə	Yeyəcəksinizsə	Yeməzsinizsə	Yeyərsinizsə
	3rd	Yeməyəcəklərsə	Yeyəcəklərsə	Yeməzlərsə	Yeyərlərsə

Conditional Mood							
		Present		Witnessed Past		Narrative Past	
		Negative	Positive	Negative	Positive	Negative	Positive
Singular	1st	Yemirsəm	Yeirsəm	Yemədiysəm	Yetiysəm	Yeməmişsəm	Yemişsəm
	2nd	Yemirsənsə	Qəbul edirsənsə	Yemədiysən	Yetiysən	Yeməmişsənsə	Yetmişsənsə
	3rd	Yemirsə	Yeirsə	Yemədiysə	Yetiysə	Yeməmişsə	Yemişsə
Plural	1st	Yemirsək	Yeirsək	Yemədiysək	Yetiysək	Yeməmişsək	Yemişsək
	2nd	Yemirsinizsə	Yeirsinizsə	Yemədinizsə	Yetinizsə	Yeməmişsinizsə	Yemişsinizsə
	3rd	Yemirlərsə	Yeirlərsə	Yemədilərsə	Yetilərsə	Yeməmişlərsə	Yemişlərsə

147

To Enter (Girmək)

Present				
		Active		Passive	
		Negative	Positive	Negative	Positive
Singular	1st	Girmirəm	Girirəm	Girilmirəm	Girilirəm
	2nd	Girmirsən	Girirsən	Girilmirsən	Giriıirsən
	3rd	Girmir	Girir	Girilmir	Girilir
Plural	1st	Girmirik	Giririk	Girilmirik	Girilirik
	2nd	Girmirsiniz	Girirsiniz	Girilmirsiniz	Girilisiniz
	3rd	Girmirlər	Girirlər	Girilmirlər	Girilirlər

Present							
		Returning Type		Equivalent-Mutual Type		Causative	
		Negative	Positive	Negative	Positive	Negative	Positive
Singular	1st	Girilmirəm	Girilirəm	-	-	Girdirmirəm	Girdirirəm
	2nd	Girilmirsən	Girilirsən	-	-	Girdirmirsən	Girdirirsən
	3rd	Girilmir	Girilir	-	-	Girdirmir	Girtdirir
Plural	1st	Girilmirik	Girilirik	-	-	Girdirmirik	Girdiririk
	2nd	Girilmirsiniz	Girilisiniz	-	-	Girdirmirsiniz	Girdirirsiniz
	3rd	Girilmirlər	Girilirlər	-	-	Girdirmirlər	Girdirirlər

Witnessed Past				
		Active		Passive	
		Negative	Positive	Negative	Positive
Singular	1st	Girmədim	Girdim	Girilmədim	Girildim
	2nd	Girmədin	Girdin	Girilmədin	Girildin
	3rd	Girmədi	Girdi	Girilmədi	Girildi
Plural	1st	Girmədik	Girdik	Girilmədik	Girildik
	2nd	Girmədiniz	Girdiniz	Girdilmədiniz	Girildiniz
	3rd	Girmədilər	Girdilər	Girilmədilər	Girildilər

Witnessed Past						
		Returning Type		Equivalent-Mutual Type		Causative
		Negative	Positive	Negative	Positive	Negative	Positive
Singular	1st	Girilmədim	Girildim	-	-	Girdirmədim	Girdirdim
	2nd	Girilmədin	Girildin	-	-	Girdirmədin	Girdirdin
	3rd	Girilmədi	Girildi	-	-	Girdirmədi	Girdirdi
Plural	1st	Girilmədik	Girildik	-	-	Girdirmədik	Girdirdik
	2nd	Girilmədiniz	Girildiniz	-	-	Girdirmədiniz	Girdirdiniz
	3rd	Girilmədilər	Girildilər	-	-	Girdirmədilər	Girdirdilər

Narrative Past					
		Active		Passive	
		Negative	Positive	Negative	Positive
Singular	1st	Girməmişim	Girmişim	Girilməmişim	Girilmişim
	2nd	Girməmişsən	Girmişsən	Girilməmişsən	Girilmişsən
	3rd	Girməmiş	Girmiş	Girilməmiş	Girdilmiş

Plural	1st	Girməmişik	Girmişik	Girilməmişik	Girilmişik
	2nd	Girməmişsiniz	Girmişsiniz	Girilməmişsiniz	Girilmişsiniz
	3rd	Girməmişlər	Girmişlər	Girilməmişlər	Girilmişlər

		Narrative Past					
		Returning Type		Equivalent-Mutual Type		Causative	
		Negative	Positive	Negative	Positive	Negative	Positive
Singular	1st	Girilməmişim	Girilmişim	-	-	Girdirməmişim	Girdirmişim
	2nd	Girilməmişsən	Girilmişsən	-	-	Girdirməmişsən	Qəbul etdirmişsən
	3rd	Girilməmiş	Girilmiş	-	-	Girdirməmiş	Girdirmiş
Plural	1st	Girilməmişik	Girilmişik	-	-	Girdirməmişik	Girdirmişik
	2nd	Girilməmişsiniz	Girilmişsiniz	-	-	Girdirməmişsiniz	Girdirmişsiniz
	3rd	Girilməmişlər	Girilmişlər	-	-	Girdirməmişlər	Girdirmişlər

		Definite Future			
		Active		Passive	
		Negative	Positive	Negative	Positive
Singular	1st	Girməyəcəm	Girəcəm	Girilməyəcəm	Giriləcəm
	2nd	Girməyəcəksən	Girəcəksən	Girilməyəcəksən	Giriləcəksən
	3rd	Girməyəcək	Girəcək	Girilməyəcək	Giriləcək
Plural	1st	Girməyəcəyik	Girəcəyik	Girilməyəcəyik	Giriləcəyik
	2nd	Girməyəcəksiniz	Girəcəksiniz	Girilməyəcəksiniz	Giriləcəksiniz
	3rd	Girməyəcəklər	Girəcəklər	Girilməyəcəklər	Giriləcəklər

		Definite Future					
		Returning Type		Equivalent-Mutual Type		Causative	
		Negative	Positive	Negative	Positive	Negative	Positive
Singular	1st	Girilməyəcəm	Griləcəm	-	-	Girdirməyəcəm	Girdirəcəm
	2nd	Girilməyəcəksən	Griləcəksən	-	-	Girdirməyəcəksən	Girdirəcəksən
	3rd	Girilməyəcək	Griləcək	-	-	Girdirməyəcək	Girdirəcək
Plural	1st	Girilməyəcəyik	Griləcəyik	-	-	Girdirməyəcəyik	Girdirəcəyik
	2nd	Girilməyəcəksiniz	Griləcəksiniz	-	-	Girdirməyəcəksiniz	Girdirəcəksiniz
	3rd	Girilməyəcəklər	Griləcəklər	-	-	Girdirməyəcəklər	Girdirəcəklər

		Indefinite Future									
		Active		Passive		Returning Type		Equivalent-Mutual Type		Causative	
		Negative	Positive	Negative	Positive	Negative	Positive	Negative	Positive	Negative	Positive
Singular	1st	Girmərim	Girərim	-	-	-	-	-	-	-	-
	2nd	Girməzsəm	Girərsən	-	-	-	-	-	-	-	-
	3rd	Girməz	Girər	-	-	-	-	-	-	-	-
Plural	1st	Girmərik	Girərik	-	-	-	-	-	-	-	-
	2nd	Girməzsiniz	Girərsiniz	-	-	-	-	-	-	-	-
	3rd	Girməzlər	Girərlər	-	-	-	-	-	-	-	-

Conditional Mood				
		Definite Future		Indefinite Future	
		Negative	Positive	Negative	Positive
Singular	1st	Girməyəcəksəm	Girəcəksm	Girmərimsə	Girərimsə
	2nd	Girməyəcəksənsə	Girəcəksənsə	Girməzsəmsə	Girərsənsə
	3rd	Girməyəcəksə	Girəcəksə	Girməzsə	Girərsə
Plural	1st	Girməyəcəksək	Girəcəksək	Girməriksə	Girəriksə
	2nd	Girməyəcəksinizsə	Girəcəksinizsə	Girməzsinizsə	Girərsinizsə
	3rd	Girməyəcəklərsə	Girəcəklərsə	Girməzlərsə	Girərlərsə

Conditional Mood						
		Present		Witnessed Past		Narrative Past	
		Negative	Positive	Negative	Positive	Negative	Positive
Singular	1st	Girmirsəm	Girirsəm	Girmədiysəm	Girtiysəm	Girməmişsəm	Girmişsəm
	2nd	Girmirsənsə	Qəbul edirsənsə	Girmədiysən	Girtiysən	Girməmişsənsə	Girtmişsənsə
	3rd	Girmirsə	Girirsə	Girmədiysə	Girtiysə	Girməmişsə	Girmişsə
Plural	1st	Girmirsək	Girirsək	Girmədiysək	Girtiysək	Girməmişsək	Girmişsək
	2nd	Girmirsinizsə	Girirsinizsə	Girmədinizsə	Girtinizsə	Girməmişsinizsə	Girmişsinizsə
	3rd	Girmirlərsə	Girirlərsə	Girmədilərsə	Girtilərsə	Girməmişlərsə	Girmişlərsə

		Other Moods			
		Imparative		Optative	
		Negative	Positive	Negative	Positive
Singular	1st	Girməyim	Girim	(Kaş) Girməyəm	(Kaş) Girəm
	2nd	Girmə	Gir	(Kaş) Girməyəsən	(Kaş) Girəsən
	3rd	Girməsin	Girsin	(Kaş) Girməyə	(Kaş) Girə
Plural	1st	Girməyək	Girək	(Kaş) Girməyək	(Kaş) Girək
	2nd	Girməyin	Girin	(Kaş) Girməyəsiniz	(Kaş) Girəsiniz
	3rd	Girməsinlər	Girsinlər	(Kaş) Girməyələr	(Kaş) Girələr

		Other Moods			
		Obligatory		necessary	
		Negative	Positive	Negative	Positive
Singular	1st	Girməməliyim	Girməliyim	Girəsi deyiləm	Girəsiyəm
	2nd	Girməməlisən	Girməlisən	-	-
	3rd	Girməməli	Girməli	-	-
Plural	1st	Girməməliyik	Girməliyik	Girəsi deyilik	Girəsiyik
	2nd	Girməməlisiniz	Girməliyisiniz	-	-
	3rd	Girməməlilər	Girməlilər	-	-

To Exit (Getmək)

Present				
		Active		Passive	
		Negative	Positive	Negative	Positive
Singular	1st	Getmirəm	Gedirəm	-	-
	2nd	Getmirsən	Gedirsən	-	-
	3rd	Getmir	Gedir	Gedilmir	Gedilir
Plural	1st	Getmirik	Gedirik	-	-
	2nd	Getmirsiniz	Gedirsiniz	-	-
	3rd	Getmirlər	Gedirlər	-	-

Present						
		RGeturning type		Equivalent-Mutual Type		Causative	
		Negative	Positive	Negative	Positive	Negative	Positive
Singular	1st	-	-	-	-	Getdirmirəm	Getdirirəm
	2nd	-	-	-	-	Getdirmirsən	Getdirirsən
	3rd	Gedilmir	Gedilir	-	-	Getdirmir	Getdirir
Plural	1st	-	-	-	-	Getdirmirik	Getdiririk
	2nd	-	-	-	-	Getdirmirsiniz	Getdirirsiniz
	3rd	-	-	-	-	Getdirmirlər	Getdirirlər

WitnessGed past					
		Active		Passive	
		Negative	Positive	Negative	Positive
Singular	1st	Getmədim	Getdim	-	-
	2nd	Getmədin	Getdin	-	-
	3rd	Getmədi	Getdi	Gedilmədi	Gedildi
Plural	1st	Getmədik	Getdik	-	-
	2nd	Getmədiniz	Getdiniz	-	-
	3rd	Getmədilər	Getdilər	-	-

WitnessGed past							
		RGeturning type		Equivalent-Mutual Type		Causative	
		Negative	Positive	Negative	Positive	Negative	Positive
Singular	1st	-	-	-	-	Getdirmədim	Getdirdim
	2nd	-	-	-	-	Getdirmədin	Getdirdin
	3rd	Gedilmədi	Gedildi	-	-	Getdirmədi	Getdirdi
Plural	1st	-	-	-	-	Getdirmədik	Getdirdik
	2nd	-	-	-	-	Getdirmədiniz	Getdirdiniz
	3rd	-	-	-	-	Getdirmədilər	Getdirdilər

Narrative Past					
		Active		Passive	
		Negative	Positive	Negative	Positive
Singular	1st	Getməmişim	Getmişim	-	-
	2nd	Getməmişsən	Getmişsən	-	-
	3rd	Getməmiş	Getmiş	Gedilməmiş	Gedilmiş

Plural	1st	Getməmişik	Getmişik	-	-
	2nd	Getməmişsiniz	Getmişsiniz	-	-
	3rd	Getməmişlər	Getmişlər	-	-

		Narrative Past					
		RGeturning type		Equivalent-Mutual Type		Causative	
		Negative	Positive	Negative	Positive	Negative	Positive
Singular	1st	-	-	-	-	Getdirməmişim	Getdirmişim
	2nd	-	-	-	-	Getdirməmişsən	Getdirmişsən
	3rd	Gedilməmiş	Gedilmiş	-	-	Getdirməmiş	Getdirmiş
Plural	1st	-	-	-	-	Getdirməmişik	Getdirmişik
	2nd	-	-	-	-	Getdirməmişsiniz	Getdirmişsiniz
	3rd	-	-	-	-	Getdirməmişlər	Getdirmişlər

		Definite Future			
		Active		Passive	
		Negative	Positive	Negative	Positive
Singular	1st	Getməyəcəm	Gedəcəm	-	-
	2nd	Getməyəcəksən	Gedəcəksən	-	-
	3rd	Getməyəcək	Gedəcək	Gedilməyəcək	Gediləcək
Plural	1st	Getməyəcəyik	Gedəcəyik	-	-
	2nd	Getməyəcəksiniz	Gedəcəksiniz	-	-
	3rd	Getməyəcəklər	Gedəcəklər	-	-

		Definite Future					
		RGeturning type		Equivalent-Mutual Type		Causative	
		Negative	Positive	Negative	Positive	Negative	Positive
Singular	1st	-	-	-	-	Getdirməyəcəm	Getdirəcəm
	2nd	-	-	-	-	Getdirməyəcəksən	Getdirəcəksən
	3rd	Gedilməyəcək	Gediləcək	-	-	Getdirməyəcək	Getdirəcək
Plural	1st	-	-	-	-	Getdirməyəcəyik	Getdirəcəyik
	2nd	-	-	-	-	Getdirməyəcəksiniz	Getdirəcəksiniz
	3rd	-	-	-	-	Getdirməyəcəklər	Getdirəcəklər

		Indefinite Future									
		Active		Passive		RGeturning type		Equivalent-Mutual Type		Causative	
		Negative	Positive	Negative	Positive	Negative	Positive	Negative	Positive	Negative	Positive
Singular	1st	Getmərim	Gedərim	-	-	-	-	-	-	-	-
	2nd	Getməzsəm	Gedərsən	-	-	-	-	-	-	-	-
	3rd	Getməz	Gedər	-	-	-	-	-	-	-	-
Plural	1st	Getmərik	Gedərik	-	-	-	-	-	-	-	-
	2nd	Getməzsiniz	Gedərsiniz	-	-	-	-	-	-	-	-
	3rd	Getməzlər	Gedərlər	-	-	-	-	-	-	-	-

Conditional Mood					
		Definite Future		Indefinite Future	
		Negative	Positive	Negative	Positive
Singular	1st	Getməyəcəksəm	Gedəcəksm	Getmərimsə	Gedərimsə
	2nd	Getməyəcəksənsə	Gedəcəksənsə	Getməzsəmsə	Gedərsənsə
	3rd	Getməyəcəksə	Gedəcəksə	Getməzsə	Gedərsə
Plural	1st	Getməyəcəksək	Gedəcəksək	Getməriksə	Gedəriksə
	2nd	Getməyəcəksinizsə	Gedəcəksinizsə	Getməzsinizsə	Gedərsinizsə
	3rd	Getməyəcəklərsə	Gedəcəklərsə	Getməzlərsə	Gedərlərsə

Conditional Mood							
		Present		WitnessGed past		Narrative Past	
		Negative	Positive	Negative	Positive	Negative	Positive
Singular	1st	Getmirsəm	Gedirsəm	Getmədiysəm	Gettiysəm	Getməmişsəm	Getmişsəm
	2nd	Getmirsənsə	Gedirsənsə	Getmədiysən	Gettiysən	Getməmişsənsə	Getmişsənsə
	3rd	Getmirsə	Gedirsə	Getmədiysə	Gettiysə	Getməmişsə	Getmişsə
Plural	1st	Getmirsək	Gedirsək	Getmədiysək	Gettiysək	Getməmişsək	Getmişsək
	2nd	Getmirsinizsə	Gedirsinizsə	Getmədinizsə	Gettinizsə	Getməmişsinizsə	Getmişsinizsə
	3rd	Getmirlərsə	Gedirlərsə	Getmədilərsə	Gettilərsə	Getməmişlərsə	Getmişlərsə

To Explain (Açıqlamaq)

Present				
		Active		Passive
		Negative	Positive	Negative	Positive

		Active Negative	Active Positive	Passive Negative	Passive Positive
Singular	1st	Açıqlamıram	Açıqlayıram	Açıqlanmıram	Açıqlanıram
	2nd	Açıqlamırsan	Açıqlayırsan	Açıqlanmırsan	Açıqlanırsan
	3rd	Açıqlamır	Açıqlayır	Açıqlanmır	Açıqlanır
Plural	1st	Açıqlamırık	Açıqlayırık	Açıqlanmırık	Açıqlanırık
	2nd	Açıqlamırsınız	Açıqlayırsınız	Açıqlanmırsınız	Açıqlanırsınız
	3rd	Açıqlamırlar	Açıqlayırlar	Açıqlanmırlar	Açıqlanırlar

Present							
		Returning Type		Equivalent-Mutual Type		Causative	
		Negative	Positive	Negative	Positive	Negative	Positive
Singular	1st	Açıqlanılmıram	Açıqlanılıram	-	-	Açıqlatmıram	Açıqlatıram
	2nd	Açıqlanılmırsan	Açıqlanılırsan	-	-	Açıqlatmırsan	Açıqlatırsan
	3rd	Açıqlanılmır	Açıqlanılır	-	-	Açıqlatmır	Açıqlatır
Plural	1st	Açıqlanılmırık	Açıqlanılırık	-	-	Açıqlatmırık	Açıqlatırık
	2nd	Açıqlanılmırsınız	Açıqlanılırsınız	-	-	Açıqlatmırsınız	Açıqlatırsınız
	3rd	Açıqlanılmırlar	Açıqlanılırlar	-	-	Açıqlatmırlar	Açıqlatırlar

Witnessed Past

		Active		Passive	
		Negative	Positive	Negative	Positive
Singular	1st	Açıqlamadım	Açıqladım	Açıqlanmadım	Açıqlandım
	2nd	Açıqlamadın	Açıqladın	Açıqlanmadın	Açıqlandın
	3rd	Açıqlamadı	Açıqladı	Açıqlanmadı	Açıqlandı
Plural	1st	Açıqlamadık	Açıqladık	Açıqlanmadık	Açıqlandık
	2nd	Açıqlamadınız	Açıqladınız	Açıqlanmadınız	Açıqlandınız
	3rd	Açıqlamadılar	Açıqladılar	Açıqlanmadılar	Açıqlandılar

Witnessed Past

		Returning Type		Equivalent-Mutual Type		Causative	
		Negative	Positive	Negative	Positive	Negative	Positive
Singular	1st	Açıqlanılmadım	Açıqlanıldım	-	-	Açıqlatmadım	Açıqlatdım
	2nd	Açıqlanılmadın	Açıqlanıldın	-	-	Açıqlatmadın	Açıqlatdın
	3rd	Açıqlanılmadı	Açıqlanıldı	-	-	Açıqlatmadı	Açıqlatdı
Plural	1st	Açıqlanılmadık	Açıqlanıldık	-	-	Açıqlatmadık	Açıqlatdık
	2nd	Açıqlanılmadınız	Açıqlanıldınız	-	-	Açıqlatmadınız	Açıqlatdınız
	3rd	Açıqlanılmadılar	Açıqlanıldılar	-	-	Açıqlatmadılar	Açıqlatdılar

Narrative Past

		Active		Passive	
		Negative	Positive	Negative	Positive
Singular	1st	Açıqlamamışam	Açıqlamışam	Açıqlanmamışam	Açıqlanmışam
	2nd	Açıqlamamışsan	Açıqlamışsan	Açıqlanmamışsan	Açıqlanmışsan
	3rd	Açıqlamamış	Açıqlamış	Açıqlanmamış	Açıqlanmış

Plural	1st	Açıqlamamışık	Açıqlamışık	Açıqlanmamışık	Açıqlanmışık
	2nd	Açıqlamamışsınız	Açıqlamışsınız	Açıqlanmamışsınız	Açıqlanmuşsınız
	3rd	Açıqlamamışlar	Açıqlamışlar	Açıqlanmamışlar	Açıqlanmışlar

		Narrative Past					
		Returning Type		Equivalent-Mutual Type		Causative	
		Negative	Positive	Negative	Positive	Negative	Positive
Singular	1st	Açıqlanılmamışam	Açıqlanılmışam	-	-	Açıqlatmamışam	Açıqlatmışam
	2nd	Açıqlanılmamışsan	Açıqlanılmışsan	-	-	Açıqlatmamışsan	Açıqlatmışsan
	3rd	Açıqlanılmamış	Açıqlanılmış	-	-	Açıqlatmamış	Açıqlatmış
Plural	1st	Açıqlanılmamışık	Açıqlanılmışık	-	-	Açıqlatmamışık	Açıqlatmışık
	2nd	Açıqlanılmamışsınız	Açıqlanılmışsınız	-	-	Açıqlatmamışsınız	Açıqlatmışsınız
	3rd	Açıqlanılmamışlar	Açıqlanılmışlar	-	-	Açıqlatmamışlar	Açıqlatmışlar

		Definite Future			
		Active		Passive	
		Negative	Positive	Negative	Positive
Singular	1st	Açıqlamayacağım	Açıqlayacağım	Açıqlanmayacağım	Açıqlanacağım
	2nd	Açıqlamayacaksan	Açıqlayacaksan	Açıqlanmayacaksan	Açıqlanacaksan
	3rd	Açıqlamayacak	Açıqlayacak	Açıqlanmayacak	Açıqlanacak
Plural	1st	Açıqlamayacağız	Açıqlayacağız	Açıqlanmayacağız	Açıqlanacağız
	2nd	Açıqlamayacaksınız	Açıqlayacaksınız	Açıqlanmayacaksınız	Açıqlanacaksınız
	3rd	Açıqlamayacaklar	Açıqlayacaklar	Açıqlanmayacaklar	Açıqlanacaklar

		Definite Future					
		Returning Type		Equivalent-Mutual Type		Causative	
		Negative	Positive	Negative	Positive	Negative	Positive
Singular	1st	Açıqlanılmayacağım	Açıqlanılacağım	-	-	Açıqlatmayacağım	Açıqlatacağım
	2nd	Açıqlanılmayacaksan	Açıqlanılacaksan	-	-	Açıqlatmayacaksan	Açıqlatacaksan
	3rd	Açıqlanılmayacak	Açıqlanılacak	-	-	Açıqlatmayacak	Açıqlatacak
Plural	1st	Açıqlanılmayacağız	Açıqlanılacağız	-	-	Açıqlatmayacağız	Açıqlatacağız
	2nd	Açıqlanılmayacaksınız	Açıqlanılacaksınız	-	-	Açıqlatmayacaksınız	Açıqlatacaksınız
	3rd	Açıqlanılmayacaklar	Açıqlanılacaklar	-	-	Açıqlatmayacaklar	Açıqlatacaklar

		Definite Future			
		Active		Passive	
		Negative	Positive	Negative	Positive
Singular	1st	Açıqlamaram	Açıqlayaram	Açıqlanmaram	Açıqlanaram
	2nd	Açıqlamazsan	Açıqlayarsan	Açıqlanmazsan	Açıqlanarsan
	3rd	Açıqlamaz	Açıqlar	Açıqlanmaz	Açıqlanar
Plural	1st	Açıqlamarık	Açıqlayarık	Açıqlanmarık	Açıqlanarık
	2nd	Açıqlamazsınız	Açıqlayarsınız	Açıqlanmazsınız	Açıqlanarsınız
	3rd	Açıqlamazlar	Açıqlayarlar	Açıqlanmazlar	Açıqlanarlar

		Indefinite Future					
		Returning Type		Equivalent-Mutual Type		Causative	
		Negative	Positive	Negative	Positive	Negative	Positive
Singular	1st	Açıqlanılmaram	Açıqlanılaram	-	-	Açıqlatmaram	Açıqlataram
	2nd	Açıqlanılmazsan	Açıqlanılarsan	-	-	Açıqlatmazsan	Açıqlatarsan
	3rd	Açıqlanılmaz	Açıqlanılır	-	-	Açıqlatmaz	Açıqlatır
Plural	1st	Açıqlanılmarık	Açıqlanılarık	-	-	Açıqlatmarık	Açıqlatarık
	2nd	Açıqlanılmazsınız	Açıqlanılarsınız	-	-	Açıqlatmazsınız	Açıqlatarsınız
	3rd	Açıqlanılmazlar	Açıqlanılarlar	-	-	Açıqlatmazlar	Açıqlatarlar

		Conditional Mood			
		Definite Future		Indefinite Future	
		Negative	Positive	Negative	Positive
Singular	1st	Açıqlamayacaksam	Açıqlayacaksam	Açıqlamaramsa	Açıqlayaramsa
	2nd	Açıqlamayacaksansa	Açıqlayacaksansa	Açıqlamazsansa	Açıqlayarsansa
	3rd	Açıqlamayacaksa	Açıqlayacaksa	Açıqlamazsa	Açıqlayarsa
Plural	1st	Açıqlamayacaksak	Açıqlayacaksak	Açıqlamarıksa	Açıqlayarıka
	2nd	Açıqlamayacaksınızsə	Açıqlayacaksınızsə	Açıqlamazsınızsa	Açıqlayarsınızsa
	3rd	Açıqlamayacaklarsa	Açıqlayacaklarsa	Açıqlamazlarsa	Açıqlayarlarsa

		Conditional Mood					
		Present		Witnessed Past		Narrative Past	
		Negative	Positive	Negative	Positive	Negative	Positive
Singular	1st	Açıqlamırsam	Açıqlayırsam	Açıqlamadımsa	Açıqladımsa	Açıqlamamışsam	Açıqlamışsam
	2nd	Açıqlamırsansa	Açıqlayırsansa	Açıqlamadınsa	Açıqladınsa	Açıqlamamışsansa	Açıqlamışsansa
	3rd	Açıqlamırsa	Açıqlayırsa	Açıqlamadısa	Açıqladısa	Açıqlamamışsa	Açıqlamışsa
Plural	1st	Açıqlamırıksa	Açıqlayırıksa	Açıqlamadıksa	Açıqladıksa	Açıqlamamışıksa	Açıqlamışıksa
	2nd	Açıqlamırsınızsa	Açıqlayırsınızsa	Açıqlamadınızsa	Açıqladınızsa	Açıqlamamışsınızsa	Açıqlamışsınızsa
	3rd	Açıqlamırlarsa	Açıqlayırlarsa	Açıqlamadılarsa	Açıqladılarsa	Açıqlamamışlarsa	Açıqlamışlarsa

		Other Moods			
		Imparative		Optative	
		Negative	Positive	Negative	Positive
Singular	1st	Açıqlamayım	Açıqlayım	(Kaş) Açıqlamayam	(Kaş) Açıqlayam
	2nd	Açıqlama	Açıqla	(Kaş) Açıqlamayasan	(Kaş) Açıqlayasan
	3rd	Açıqlamasın	Açıqlasın	(Kaş) Açıqlamaya	(Kaş) Açıqlaya
Plural	1st	Açıqlamayak	Açıqlayak	(Kaş) Açıqlamayak	(Kaş) Açıqlayak
	2nd	Açıqlamayasınız	Açıqlayasınız	(Kaş) Açıqlamayasınız	(Kaş) Açıqlayasınız
	3rd	Açıqlamasınlar	Açıqlaysınlar	(Kaş) Açıqlamayalar	(Kaş) Açıqlayalar

		Other Moods			
		Obligatory		necessary	
		Negative	Positive	Negative	Positive
Singular	1st	Açıqlamamalıyım	Açıqlamalıyım	-	-
	2nd	Açıqlamamalısın	Açıqlamalısın	-	-
	3rd	Açıqlamamalı	Açıqlamalı	-	-

Plural	1st	Açıqlamamalıyık	Açıqlamalıyık	-	-
	2nd	Açıqlamamalısınız	Açıqlamalısınız	-	-
	3rd	Açıqlamamalılar	Açıqlamalılar	-	-

To Fight (Mübarizə Etmək)

Present					
		Active		Passive	
		Negative	Positive	Negative	Positive
Singular	1st	mübarizə etmirəm	mübarizə edirəm	mübarizə edilmirəm	mübarizə edilirəm
	2nd	mübarizə etmirsən	mübarizə edirsən	mübarizə edilmirsən	mübarizə ediıirsən
	3rd	mübarizə etmir	mübarizə edir	mübarizə edilmir	mübarizə edilir
Plural	1st	mübarizə etmirik	mübarizə edirik	mübarizə edilmirik	mübarizə edilirik
	2nd	mübarizə etmirsiniz	mübarizə edirsiniz	mübarizə edilmirsiniz	mübarizə edilisiniz
	3rd	mübarizə etmirlər	mübarizə edirlər	mübarizə edilmirlər	mübarizə edilirlər

Present							
		Returning Type		Equivalent-Mutual Type		Causative	
		Negative	Positive	Negative	Positive	Negative	Positive
Singular	1st	mübarizə edilmirəm	mübarizə edilirəm	-	-	mübarizə etdirmirəm	mübarizə etdirirəm
	2nd	mübarizə edilmirsən	mübarizə ediıirsən	-	-	mübarizə etdirmirsən	mübarizə etdirirsən
	3rd	mübarizə edilmir	mübarizə edilir	-	-	mübarizə etdirmir	mübarizə etdirir
Plural	1st	mübarizə edilmirik	mübarizə edilirik	-	-	mübarizə etdirmirik	mübarizə etdiririk
	2nd	mübarizə edilmirsiniz	mübarizə edilisiniz	-	-	mübarizə etdirmirsiniz	mübarizə etdirirsiniz
	3rd	mübarizə edilmirlər	mübarizə edilirlər	-	-	mübarizə etdirmirlər	mübarizə etdirirlər

169

Witnessmübarizə ed past				
		Active		Passive	
		Negative	Positive	Negative	Positive
Singular	1st	mübarizə etmədim	mübarizə ettim	mübarizə edilmədim	mübarizə edildim
	2nd	mübarizə etmədin	mübarizə ettin	mübarizə edilmədin	mübarizə edildin
	3rd	mübarizə etmədi	mübarizə etti	mübarizə edilmədi	mübarizə edildi
Plural	1st	mübarizə etmədik	mübarizə ettik	mübarizə edilmədik	mübarizə edildik
	2nd	mübarizə etmədiniz	mübarizə ettiniz	mübarizə edilmədiniz	mübarizə edildiniz
	3rd	mübarizə etmədilər	mübarizə ettilər	mübarizə edilmədilər	mübarizə edildilər

Witnessed Past							
		Returning Type		Equivalent-Mutual Type		Causative	
		Negative	Positive	Negative	Positive	Negative	Positive
Singular	1st	mübarizə edilmədim	mübarizə edildim	-	-	mübarizə etdirmədim	mübarizə etdirdim
	2nd	mübarizə edilmədin	mübarizə edildin	-	-	mübarizə etdirmədin	mübarizə etdirdin
	3rd	mübarizə edilmədi	mübarizə edildi	-	-	mübarizə etdirmədi	mübarizə etdirdi
Plural	1st	mübarizə edilmədik	mübarizə edildik	-	-	mübarizə etdirmədik	mübarizə etdirdik
	2nd	mübarizə edilmədiniz	mübarizə edildiniz	-	-	mübarizə etdirmədiniz	mübarizə etdirdiniz
	3rd	mübarizə edilmədilər	mübarizə edildilər	-	-	mübarizə etdirmədilər	mübarizə etdirdilər

Narrative Past				
		Active		Passive	
		Negative	Positive	Negative	Positive
Singular	1st	mübarizə etməmişim	mübarizə etmişim	mübarizə edilməmişim	mübarizə edilmişim
	2nd	mübarizə etməmişsən	mübarizə etmişsən	mübarizə edilməmişsən	mübarizə edilmişsən
	3rd	mübarizə etməmiş	mübarizə etmiş	mübarizə edilməmiş	mübarizə edilmiş
Plural	1st	mübarizə etməmişik	mübarizə etmişik	mübarizə edilməmişik	mübarizə edilmişik
	2nd	mübarizə etməmişsiniz	mübarizə etmişsiniz	mübarizə edilməmişsiniz	mübarizə edilmişsiniz
	3rd	mübarizə etməmişlər	mübarizə etmişlər	mübarizə edilməmişlər	mübarizə edilmişlər

Narrative Past							
		Returning Type		Equivalent-Mutual Type		Causative	
		Negative	Positive	Negative	Positive	Negative	Positive
Singular	1st	mübarizə edilməmişim	mübarizə edilmişim	-	-	mübarizə etdirməmişim	mübarizə etdirmişim
	2nd	mübarizə edilməmişsən	mübarizə edilmişsən	-	-	mübarizə etdirməmişsən	mübarizə etdirmişsən
	3rd	mübarizə edilməmiş	mübarizə edilmiş	-	-	mübarizə etdirməmiş	mübarizə etdirmiş
Plural	1st	mübarizə edilməmişik	mübarizə edilmişik	-	-	mübarizə etdirməmişik	mübarizə etdirmişik
	2nd	mübarizə edilməmişsiniz	mübarizə edilmişsiniz	-	-	mübarizə etdirməmişsiniz	mübarizə etdirmişsiniz
	3rd	mübarizə edilməmişlər	mübarizə edilmişlər	-	-	mübarizə etdirməmişlər	mübarizə etdirmişlər

Definite Future				
		Active		Passive	
		Negative	Positive	Negative	Positive
Singular	1st	mübarizə etməyəcəm	mübarizə edəcəm	mübarizə edilməyəcəm	mübarizə ediləcəm
	2nd	mübarizə etməyəcəksən	mübarizə edəcəksən	mübarizə edilməyəcəksən	mübarizə ediləcəksən
	3rd	mübarizə etməyəcək	mübarizə edəcək	mübarizə edilməyəcək	mübarizə ediləcək
Plural	1st	mübarizə etməyəcəyik	mübarizə edəcəyik	mübarizə edilməyəcəyik	mübarizə ediləcəyik
	2nd	mübarizə etməyəcəksiniz	mübarizə edəcəksiniz	mübarizə edilməyəcəksiniz	mübarizə ediləcəksiniz
	3rd	mübarizə etməyəcəklər	mübarizə edəcəklər	mübarizə edilməyəcəklər	mübarizə ediləcəklər

Definite Future							
		Rmübarizə eturning type		Equivalent-Mutual Type		Causative	
		Negative	Positive	Negative	Positive	Negative	Positive
Singular	1st	mübarizə edilməyəcəm	mübarizə ediləcəm	-	-	mübarizə etdirməyəcəm	mübarizə etdirəcəm
	2nd	mübarizə edilməyəcəksən	mübarizə ediləcəksən	-	-	mübarizə etdirməyəcəksən	mübarizə etdirəcəksən
	3rd	mübarizə edilməyəcək	mübarizə ediləcək	-	-	mübarizə etdirməyəcək	mübarizə etdirəcək
Plural	1st	mübarizə edilməyəcəyik	mübarizə ediləcəyik	-	-	mübarizə etdirməyəcəyik	mübarizə etdirəcəyik
	2nd	mübarizə edilməyəcəksiniz	mübarizə ediləcəksiniz	-	-	mübarizə etdirməyəcəksiniz	mübarizə etdirəcəksiniz
	3rd	mübarizə edilməyəcəklər	mübarizə ediləcəklər	-	-	mübarizə etdirməyəcəklər	mübarizə etdirəcəklər

172

		Indefinite Future									
		Active		Passive		Rmübarizə eturning type		Equivalent-Mutual Type		Causative	
		Negative	Positive	Negative	Positive	Negative	Positive	Negative	Positive	Negative	Positive
Singular	1st	mübarizə etmərim	mübarizə edərim	-	-	-	-	-	-	-	-
	2nd	mübarizə etməzsəm	mübarizə edərsən	-	-	-	-	-	-	-	-
	3rd	mübarizə etməz	mübarizə edər	-	-	-	-	-	-	-	-
Plural	1st	mübarizə etmərik	mübarizə edərik	-	-	-	-	-	-	-	-
	2nd	mübarizə etməzsiniz	mübarizə edərsiniz	-	-	-	-	-	-	-	-
	3rd	mübarizə etməzlər	mübarizə edərlər	-	-	-	-	-	-	-	-

		Conditional Mood			
		Definite Future		Indefinite Future	
		Negative	Positive	Negative	Positive
Singular	1st	mübarizə etməyəcəksəm	mübarizə edəcəksm	mübarizə etmərimsə	mübarizə edərimsə
	2nd	mübarizə etməyəcəksənsə	mübarizə edəcəksənsə	mübarizə etməzsəmsə	mübarizə edərsənsə
	3rd	mübarizə etməyəcəksə	mübarizə edəcəksə	mübarizə etməzsə	mübarizə edərsə
Plural	1st	mübarizə etməyəcəksək	mübarizə edəcəksək	mübarizə etməriksə	mübarizə edəriksə
	2nd	mübarizə etməyəcəksinizsə	mübarizə edəcəksinizsə	mübarizə etməzsinizsə	mübarizə edərsinizsə
	3rd	mübarizə etməyəcəklərsə	mübarizə edəcəklərsə	mübarizə etməzlərsə	mübarizə edərlərsə

		Conditional Mood					
		Present		Witnessmübarizə ed past		Narrative Past	
		Negative	Positive	Negative	Positive	Negative	Positive
Singular	1st	mübarizə etmirsəm	mübarizə edirsəm	mübarizə etmədiysəm	mübarizə ettiysəm	mübarizə etməmişsəm	mübarizə etmişsəm
	2nd	mübarizə etmirsənsə	mübarizə edirsənsə	mübarizə etmədiysən	mübarizə ettiysən	mübarizə etməmişsənsə	mübarizə etmişsənsə
	3rd	mübarizə etmirsə	mübarizə edirsə	mübarizə etmədiysə	mübarizə ettiysə	mübarizə etməmişsə	mübarizə etmişsə
Plural	1st	mübarizə etmirsək	mübarizə edirsək	mübarizə etmədiysək	mübarizə ettiysək	mübarizə etməmişsək	mübarizə etmişsək
	2nd	mübarizə etmirsinizsə	mübarizə edirsinizsə	mübarizə etmədinizsə	mübarizə ettinizsə	mübarizə etməmişsinizsə	mübarizə etmişsinizsə
	3rd	mübarizə etmirlərsə	mübarizə edirlərsə	mübarizə etmədilərsə	mübarizə ettilərsə	mübarizə etməmişlərsə	mübarizə etmişlərsə

To Finish (Xətm Etmək)

Present					
		Active		Passive	
		Negative	Positive	Negative	Positive
Singular	1st	xətm etmirəm	xətm edirəm	xətm edilmirəm	xətm edilirəm
	2nd	xətm etmirsən	xətm edirsən	xətm edilmirsən	xətm ediiirsən
	3rd	xətm etmir	xətm edir	xətm edilmir	xətm edilir
Plural	1st	xətm etmirik	xətm edirik	xətm edilmirik	xətm edilirik
	2nd	xətm etmirsiniz	xətm edirsiniz	xətm edilmirsiniz	xətm edilisiniz
	3rd	xətm etmirlər	xətm edirlər	xətm edilmirlər	xətm edilirlər

Present							
		Returning Type		Equivalent-Mutual Type		Causative	
		Negative	Positive	Negative	Positive	Negative	Positive
Singular	1st	xətm edilmirəm	xətm edilirəm	-	-	xətm etdirmirəm	xətm etdirirəm
	2nd	xətm edilmirsən	xətm ediiirsən	-	-	xətm etdirmirsən	xətm etdirirsən
	3rd	xətm edilmir	xətm edilir	-	-	xətm etdirmir	xətm etdirir
Plural	1st	xətm edilmirik	xətm edilirik	-	-	xətm etdirmirik	xətm etdiririk
	2nd	xətm edilmirsiniz	xətm edilisiniz	-	-	xətm etdirmirsiniz	xətm etdirirsiniz
	3rd	xətm edilmirlər	xətm edilirlər	-	-	xətm etdirmirlər	xətm etdirirlər

Witnessed Past					
		Active		Passive	
		Negative	Positive	Negative	Positive
Singular	1st	xətm etmədim	xətm ettim	xətm edilmədim	xətm edildim
	2nd	xətm etmədin	xətm ettin	xətm edilmədin	xətm edildin
	3rd	xətm etmədi	xətm etti	xətm edilmədi	xətm edildi
Plural	1st	xətm etmədik	xətm ettik	xətm edilmədik	xətm edildik
	2nd	xətm etmədiniz	xətm ettiniz	xətm edilmədiniz	xətm edildiniz
	3rd	xətm etmədilər	xətm ettilər	xətm edilmədilər	xətm edildilər

Witnessed Past							
		Returning Type		Equivalent-Mutual Type		Causative	
		Negative	Positive	Negative	Positive	Negative	Positive
Singular	1st	xətm edilmədim	xətm edildim	-	-	xətm etdirmədim	xətm etdirdim
	2nd	xətm edilmədin	xətm edildin	-	-	xətm etdirmədin	xətm etdirdin
	3rd	xətm edilmədi	xətm edildi	-	-	xətm etdirmədi	xətm etdirdi
Plural	1st	xətm edilmədik	xətm edildik	-	-	xətm etdirmədik	xətm etdirdik
	2nd	xətm edilmədiniz	xətm edildiniz	-	-	xətm etdirmədiniz	xətm etdirdiniz
	3rd	xətm edilmədilər	xətm edildilər	-	-	xətm etdirmədilər	xətm etdirdilər

Narrative Past				
		Active		Passive	
		Negative	Positive	Negative	Positive
Singular	1st	xətm etməmişim	xətm etmişim	xətm edilməmişim	xətm edilmişim
	2nd	xətm etməmişsən	xətm etmişsən	xətm edilməmişsən	xətm edilmişsən
	3rd	xətm etməmiş	xətm etmiş	xətm edilməmiş	xətm edilmiş
Plural	1st	xətm etməmişik	xətm etmişik	xətm edilməmişik	xətm edilmişik
	2nd	xətm etməmişsiniz	xətm etmişsiniz	xətm edilməmişsiniz	xətm edilmişsiniz
	3rd	xətm etməmişlər	xətm etmişlər	xətm edilməmişlər	xətm edilmişlər

Narrative Past							
		Returning Type		Equivalent-Mutual Type		Causative	
		Negative	Positive	Negative	Positive	Negative	Positive
Singular	1st	xətm edilməmişim	xətm edilmişim	-	-	xətm etdirməmişim	xətm etdirmişim
	2nd	xətm edilməmişsən	xətm edilmişsən	-	-	xətm etdirməmişsən	xətm etdirmişsən
	3rd	xətm edilməmiş	xətm edilmiş	-	-	xətm etdirməmiş	xətm etdirmiş
Plural	1st	xətm edilməmişik	xətm edilmişik	-	-	xətm etdirməmişik	xətm etdirmişik
	2nd	xətm edilməmişsiniz	xətm edilmişsiniz	-	-	xətm etdirməmişsiniz	xətm etdirmişsiniz
	3rd	xətm edilməmişlər	xətm edilmişlər	-	-	xətm etdirməmişlər	xətm etdirmişlər

Definite Future				
		Active		Passive	
		Negative	Positive	Negative	Positive
Singular	1st	xətm etməyəcəm	xətm edəcəm	xətm edilməyəcəm	xətm ediləcəm
	2nd	xətm etməyəcəksən	xətm edəcəksən	xətm edilməyəcəksən	xətm ediləcəksən
	3rd	xətm etməyəcək	xətm edəcək	xətm edilməyəcək	xətm ediləcək
Plural	1st	xətm etməyəcəyik	xətm edəcəyik	xətm edilməyəcəyik	xətm ediləcəyik
	2nd	xətm etməyəcəksiniz	xətm edəcəksiniz	xətm edilməyəcəksiniz	xətm ediləcəksiniz
	3rd	xətm etməyəcəklər	xətm edəcəklər	xətm edilməyəcəklər	xətm ediləcəklər

Definite Future						
		Returning Type		Equivalent-Mutual Type		Causative	
		Negative	Positive	Negative	Positive	Negative	Positive
Singular	1st	xətm edilməyəcəm	xətm ediləcəm	-	-	xətm etdirməyəcəm	xətm etdirəcəm
	2nd	xətm edilməyəcəksən	xətm ediləcəksən	-	-	xətm etdirməyəcəksən	xətm etdirəcəksən
	3rd	xətm edilməyəcək	xətm ediləcək	-	-	xətm etdirməyəcək	xətm etdirəcək
Plural	1st	xətm edilməyəcəyik	xətm ediləcəyik	-	-	xətm etdirməyəcəyik	xətm etdirəcəyik
	2nd	xətm edilməyəcəksiniz	xətm ediləcəksiniz	-	-	xətm etdirməyəcəksiniz	xətm etdirəcəksiniz
	3rd	xətm edilməyəcəklər	xətm ediləcəklər	-	-	xətm etdirməyəcəklər	xətm etdirəcəklər

		Indefinite Future									
		Active		Passive		Returning Type		Equivalent-Mutual Type		Causative	
		Negative	Positive	Negative	Positive	Negative	Positive	Negative	Positive	Negative	Positive
Singular	1st	xətm etmərim	xətm edərim	-	-	-	-	-	-	-	-
	2nd	xətm etməzsəm	xətm edərsən	-	-	-	-	-	-	-	-
	3rd	xətm etməz	xətm edər	-	-	-	-	-	-	-	-
Plural	1st	xətm etmərik	xətm edərik	-	-	-	-	-	-	-	-
	2nd	xətm etməzsiniz	xətm edərsiniz	-	-	-	-	-	-	-	-
	3rd	xətm etməzlər	xətm edərlər	-	-	-	-	-	-	-	-

		Conditional Mood			
		Definite Future		Indefinite Future	
		Negative	Positive	Negative	Positive
Singular	1st	xətm etməyəcəksəm	xətm edəcəksm	xətm etmərimsə	xətm edərimsə
	2nd	xətm etməyəcəksənsə	xətm edəcəksənsə	xətm etməzsəmsə	xətm edərsənsə
	3rd	xətm etməyəcəksə	xətm edəcəksə	xətm etməzsə	xətm edərsə
Plural	1st	xətm etməyəcəksək	xətm edəcəksək	xətm etməriksə	xətm edəriksə
	2nd	xətm etməyəcəksinizsə	xətm edəcəksinizsə	xətm etməzsinizsə	xətm edərsinizsə
	3rd	xətm etməyəcəklərsə	xətm edəcəklərsə	xətm etməzlərsə	xətm edərlərsə

		Conditional Mood					
		Present		Witnessed Past		Narrative Past	
		Negative	Positive	Negative	Positive	Negative	Positive
Singular	1st	xətm etmirsəm	xətm edirsəm	xətm etmədiysəm	xətm ettiysəm	xətm etməmişsəm	xətm etmişsəm
	2nd	xətm etmirsənsə	xətm edirsənsə	xətm etmədiysən	xətm ettiysən	xətm etməmişsənsə	xətm etmişsənsə
	3rd	xətm etmirsə	xətm edirsə	xətm etmədiysə	xətm ettiysə	xətm etməmişsə	xətm etmişsə
Plural	1st	xətm etmirsək	xətm edirsək	xətm etmədiysək	xətm ettiysək	xətm etməmişsək	xətm etmişsək
	2nd	xətm etmirsinizsə	xətm edirsinizsə	xətm etmədinizsə	xətm ettinizsə	xətm etməmişsinizsə	xətm etmişsinizsə
	3rd	xətm etmirlərsə	xətm edirlərsə	xətm etmədilərsə	xətm ettilərsə	xətm etməmişlərsə	xətm etmişlərsə

180

To Fly (Pərvaz Etmək)

Present				
		Active		Passive
		Negative	Positive	Negative	Positive

		Active Negative	Active Positive	Passive Negative	Passive Positive
Singular	1st	Pərvaz etmirəm	Pərvaz edirəm	Pərvaz edilmirəm	Pərvaz edilirəm
	2nd	Pərvaz etmirsən	Pərvaz edirsən	Pərvaz edilmirsən	Pərvaz ediıirsən
	3rd	Pərvaz etmir	Pərvaz edir	Pərvaz edilmir	Pərvaz edilir
Plural	1st	Pərvaz etmirik	Pərvaz edirik	Pərvaz edilmirik	Pərvaz edilirik
	2nd	Pərvaz etmirsiniz	Pərvaz edirsiniz	Pərvaz edilmirsiniz	Pərvaz edilisiniz
	3rd	Pərvaz etmirlər	Pərvaz edirlər	Pərvaz edilmirlər	Pərvaz edilirlər

Present							
		RPərvaz eturning type		Equivalent-Mutual Type		Causative	
		Negative	Positive	Negative	Positive	Negative	Positive
Singular	1st	Pərvaz edilmirəm	Pərvaz edilirəm	-	-	Pərvaz etdirmirəm	Pərvaz etdirirəm
	2nd	Pərvaz edilmirsən	Pərvaz ediıirsən	-	-	Pərvaz etdirmirsən	Pərvaz etdirirsən
	3rd	Pərvaz edilmir	Pərvaz edilir	-	-	Pərvaz etdirmir	Pərvaz etdirir
Plural	1st	Pərvaz edilmirik	Pərvaz edilirik	-	-	Pərvaz etdirmirik	Pərvaz etdiririk
	2nd	Pərvaz edilmirsiniz	Pərvaz edilisiniz	-	-	Pərvaz etdirmirsiniz	Pərvaz etdirirsiniz
	3rd	Pərvaz edilmirlər	Pərvaz edilirlər	-	-	Pərvaz etdirmirlər	Pərvaz etdirirlər

WitnessPərvaz ed past					
		Active		Passive	
		Negative	Positive	Negative	Positive
Singular	1st	Pərvaz etmədim	Pərvaz ettim	Pərvaz edilmədim	Pərvaz edildim
	2nd	Pərvaz etmədin	Pərvaz ettin	Pərvaz edilmədin	Pərvaz edildin
	3rd	Pərvaz etmədi	Pərvaz etti	Pərvaz edilmədi	Pərvaz edildi
Plural	1st	Pərvaz etmədik	Pərvaz ettik	Pərvaz edilmədik	Pərvaz edildik
	2nd	Pərvaz etmədiniz	Pərvaz ettiniz	Pərvaz edilmədiniz	Pərvaz edildiniz
	3rd	Pərvaz etmədilər	Pərvaz ettilər	Pərvaz edilmədilər	Pərvaz edildilər

WitnessPərvaz ed past							
		RPərvaz eturning type		Equivalent-Mutual Type		Causative	
		Negative	Positive	Negative	Positive	Negative	Positive
Singular	1st	Pərvaz edilmədim	Pərvaz edildim	-	-	Pərvaz etdirmədim	Pərvaz etdirdim
	2nd	Pərvaz edilmədin	Pərvaz edildin	-	-	Pərvaz etdirmədin	Pərvaz etdirdin
	3rd	Pərvaz edilmədi	Pərvaz edildi	-	-	Pərvaz etdirmədi	Pərvaz etdirdi
Plural	1st	Pərvaz edilmədik	Pərvaz edildik	-	-	Pərvaz etdirmədik	Pərvaz etdirdik
	2nd	Pərvaz edilmədiniz	Pərvaz edildiniz	-	-	Pərvaz etdirmədiniz	Pərvaz etdirdiniz
	3rd	Pərvaz edilmədilər	Pərvaz edildilər	-	-	Pərvaz etdirmədilər	Pərvaz etdirdilər

Narrative Past				
		Active		Passive	
		Negative	Positive	Negative	Positive
Singular	1st	Pərvaz etməmişim	Pərvaz etmişim	Pərvaz edilməmişim	Pərvaz edilmişim
	2nd	Pərvaz etməmişsən	Pərvaz etmişsən	Pərvaz edilməmişsən	Pərvaz edilmişsən
	3rd	Pərvaz etməmiş	Pərvaz etmiş	Pərvaz edilməmiş	Pərvaz edilmiş
Plural	1st	Pərvaz etməmişik	Pərvaz etmişik	Pərvaz edilməmişik	Pərvaz edilmişik
	2nd	Pərvaz etməmişsiniz	Pərvaz etmişsiniz	Pərvaz edilməmişsiniz	Pərvaz edilmişsiniz
	3rd	Pərvaz etməmişlər	Pərvaz etmişlər	Pərvaz edilməmişlər	Pərvaz edilmişlər

Narrative Past							
		Returning Type		Equivalent-Mutual Type		Causative	
		Negative	Positive	Negative	Positive	Negative	Positive
Singular	1st	Pərvaz edilməmişim	Pərvaz edilmişim	-	-	Pərvaz etdirməmişim	Pərvaz etdirmişim
	2nd	Pərvaz edilməmişsən	Pərvaz edilmişsən	-	-	Pərvaz etdirməmişsən	Pərvaz etdirmişsən
	3rd	Pərvaz edilməmiş	Pərvaz edilmiş	-	-	Pərvaz etdirməmiş	Pərvaz etdirmiş
Plural	1st	Pərvaz edilməmişik	Pərvaz edilmişik	-	-	Pərvaz etdirməmişik	Pərvaz etdirmişik
	2nd	Pərvaz edilməmişsiniz	Pərvaz edilmişsiniz	-	-	Pərvaz etdirməmişsiniz	Pərvaz etdirmişsiniz
	3rd	Pərvaz edilməmişlər	Pərvaz edilmişlər	-	-	Pərvaz etdirməmişlər	Pərvaz etdirmişlər

Definite Future				
		Active		Passive	
		Negative	Positive	Negative	Positive
Singular	1st	Pərvaz etməyəcəm	Pərvaz edəcəm	Pərvaz edilməyəcəm	Pərvaz ediləcəm
	2nd	Pərvaz etməyəcəksən	Pərvaz edəcəksən	Pərvaz edilməyəcəksən	Pərvaz ediləcəksən
	3rd	Pərvaz etməyəcək	Pərvaz edəcək	Pərvaz edilməyəcək	Pərvaz ediləcək
Plural	1st	Pərvaz etməyəcəyik	Pərvaz edəcəyik	Pərvaz edilməyəcəyik	Pərvaz ediləcəyik
	2nd	Pərvaz etməyəcəksiniz	Pərvaz edəcəksiniz	Pərvaz edilməyəcəksiniz	Pərvaz ediləcəksiniz
	3rd	Pərvaz etməyəcəklər	Pərvaz edəcəklər	Pərvaz edilməyəcəklər	Pərvaz ediləcəklər

Definite Future							
		Returning Type		Equivalent-Mutual Type		Causative	
		Negative	Positive	Negative	Positive	Negative	Positive
Singular	1st	Pərvaz edilməyəcəm	Pərvaz ediləcəm	-	-	Pərvaz etdirməyəcəm	Pərvaz etdirəcəm
	2nd	Pərvaz edilməyəcəksən	Pərvaz ediləcəksən	-	-	Pərvaz etdirməyəcəksən	Pərvaz etdirəcəksən
	3rd	Pərvaz edilməyəcək	Pərvaz ediləcək	-	-	Pərvaz etdirməyəcək	Pərvaz etdirəcək
Plural	1st	Pərvaz edilməyəcəyik	Pərvaz ediləcəyik	-	-	Pərvaz etdirməyəcəyik	Pərvaz etdirəcəyik
	2nd	Qə bul Pərvaz edilməyəcəksiniz	Pərvaz ediləcəksiniz	-	-	Pərvaz etdirməyəcəksiniz	Pərvaz etdirəcəksiniz
	3rd	Pərvaz edilməyəcəklər	Pərvaz ediləcəklər	-	-	Pərvaz etdirməyəcəklər	Pərvaz etdirəcəklər

		Indefinite Future									
		Active		Passive		Returning Type		Equivalent-Mutual Type		Causative	
		Negative	Positive	Negative	Positive	Negative	Positive	Negative	Positive	Negative	Positive
Singular	1st	Pərvaz etmərim	Pərvaz edərim	-	-	-	-	-	-	-	-
	2nd	Pərvaz etməzsəm	Pərvaz edərsən	-	-	-	-	-	-	-	-
	3rd	Pərvaz etməz	Pərvaz edər	-	-	-	-	-	-	-	-
Plural	1st	Pərvaz etmərik	Pərvaz edərik	-	-	-	-	-	-	-	-
	2nd	Pərvaz etməzsiniz	Pərvaz edərsiniz	-	-	-	-	-	-	-	-
	3rd	Pərvaz etməzlər	Pərvaz edərlər	-	-	-	-	-	-	-	-

		Conditional Mood			
		Definite Future		Indefinite Future	
		Negative	Positive	Negative	Positive
Singular	1st	Pərvaz etməyəcəksəm	Pərvaz edəcəksm	Pərvaz etmərimsə	Pərvaz edərimsə
	2nd	Pərvaz etməyəcəksənsə	Pərvaz edəcəksənsə	Pərvaz etməzsəmsə	Pərvaz edərsənsə
	3rd	Pərvaz etməyəcəksə	Pərvaz edəcəksə	Pərvaz etməzsə	Pərvaz edərsə
Plural	1st	Pərvaz etməyəcəksək	Pərvaz edəcəksək	Pərvaz etməriksə	Pərvaz edəriksə
	2nd	Pərvaz etməyəcəksinizsə	Pərvaz edəcəksinizsə	Pərvaz etməzsinizsə	Pərvaz edərsinizsə
	3rd	Pərvaz etməyəcəklərsə	Pərvaz edəcəklərsə	Pərvaz etməzlərsə	Pərvaz edərlərsə

		Conditional Mood					
		Present		Witnessed Past		Narrative Past	
		Negative	Positive	Negative	Positive	Negative	Positive
Singular	1st	Pərvaz etmirsəm	Pərvaz edirsəm	Pərvaz etmədiysəm	Pərvaz ettiysəm	Pərvaz etməmişsəm	Pərvaz etmişsəm
	2nd	Pərvaz etmirsənsə	Pərvaz edirsənsə	Pərvaz etmədiysən	Pərvaz ettiysən	Pərvaz etməmişsənsə	Pərvaz etmişsənsə
	3rd	Pərvaz etmirsə	Pərvaz edirsə	Pərvaz etmədiysə	Pərvaz ettiysə	Pərvaz etməmişsə	Pərvaz etmişsə
Plural	1st	Pərvaz etmirsək	Pərvaz edirsək	Pərvaz etmədiysək	Pərvaz ettiysək	Pərvaz etməmişsək	Pərvaz etmişsək
	2nd	Pərvaz etmirsinizsə	Pərvaz edirsinizsə	Pərvaz etmədinizsə	Pərvaz ettinizsə	Pərvaz etməmişsinizsə	Pərvaz etmişsinizsə
	3rd	Pərvaz etmirlərsə	Pərvaz edirlərsə	Pərvaz etmədilərsə	Pərvaz ettilərsə	Pərvaz etməmişlərsə	Pərvaz etmişlərsə

To Forget (Fəramuş Etmək)

Present					
		Active		Passive	
		Negative	Positive	Negative	Positive
Singular	1st	Fəramuş etmirəm	Fəramuş edirəm	Fəramuş edilmirəm	Fəramuş edilirəm
	2nd	Fəramuş etmirsən	Fəramuş edirsən	Fəramuş edilmirsən	Fəramuş ediirsən
	3rd	Fəramuş etmir	Fəramuş edir	Fəramuş edilmir	Fəramuş edilir
Plural	1st	Fəramuş etmirik	Fəramuş edirik	Fəramuş edilmirik	Fəramuş edilirik
	2nd	Fəramuş etmirsiniz	Fəramuş edirsiniz	Fəramuş edilmirsiniz	Fəramuş edilisiniz
	3rd	Fəramuş etmirlər	Fəramuş edirlər	Fəramuş edilmirlər	Fəramuş edilirlər

Present							
		Returning Type		Equivalent-Mutual Type		Causative	
		Negative	Positive	Negative	Positive	Negative	Positive
Singular	1st	Fəramuş edilmirəm	Fəramuş edilirəm	-	-	Fəramuş etdirmirəm	Fəramuş etdirirəm
	2nd	Fəramuş edilmirsən	Fəramuş ediirsən	-	-	Fəramuş etdirmirsən	Fəramuş etdirirsən
	3rd	Fəramuş edilmir	Fəramuş edilir	-	-	Fəramuş etdirmir	Fəramuş etdirir
Plural	1st	Fəramuş edilmirik	Fəramuş edilirik	-	-	Fəramuş etdirmirik	Fəramuş etdiririk
	2nd	Fəramuş edilmirsiniz	Fəramuş edilisiniz	-	-	Fəramuş etdirmirsiniz	Fəramuş etdirirsiniz
	3rd	Fəramuş edilmirlər	Fəramuş edilirlər	-	-	Fəramuş etdirmirlər	Fəramuş etdirirlər

Witnessed Past				
		Active		Passive	
		Negative	Positive	Negative	Positive
Singular	1st	Fəramuş etmədim	Fəramuş ettim	Fəramuş edilmədim	Fəramuş edildim
	2nd	Fəramuş etmədin	Fəramuş ettin	Fəramuş edilmədin	Fəramuş edildin
	3rd	Fəramuş etmədi	Fəramuş etti	Fəramuş edilmədi	Fəramuş edildi
Plural	1st	Fəramuş etmədik	Fəramuş ettik	Fəramuş edilmədik	Fəramuş edildik
	2nd	Fəramuş etmədiniz	Fəramuş ettiniz	Fəramuş edilmədiniz	Fəramuş edildiniz
	3rd	Fəramuş etmədilər	Fəramuş ettilər	Fəramuş edilmədilər	Fəramuş edildilər

Witnessed Past						
		Returning Type		Equivalent-Mutual Type		Causative	
		Negative	Positive	Negative	Positive	Negative	Positive
Singular	1st	Fəramuş edilmədim	Fəramuş edildim	-	-	Fəramuş etdirmədim	Fəramuş etdirdim
	2nd	Fəramuş edilmədin	Fəramuş edildin	-	-	Fəramuş etdirmədin	Fəramuş etdirdin
	3rd	Fəramuş edilmədi	Fəramuş edildi	-	-	Fəramuş etdirmədi	Fəramuş etdirdi
Plural	1st	Fəramuş edilmədik	Fəramuş edildik	-	-	Fəramuş etdirmədik	Fəramuş etdirdik
	2nd	Fəramuş edilmədiniz	Fəramuş edildiniz	-	-	Fəramuş etdirmədiniz	Fəramuş etdirdiniz
	3rd	Fəramuş edilmədilər	Fəramuş edildilər	-	-	Fəramuş etdirmədilər	Fəramuş etdirdilər

Narrative Past				
		Active		Passive	
		Negative	Positive	Negative	Positive
Singular	1st	Fəramuş etməmişim	Fəramuş etmişim	Fəramuş edilməmişim	Fəramuş edilmişim
	2nd	Fəramuş etməmişsən	Fəramuş etmişsən	Fəramuş edilməmişsən	Fəramuş edilmişsən
	3rd	Fəramuş etməmiş	Fəramuş etmiş	Fəramuş edilməmiş	Fəramuş edilmiş
Plural	1st	Fəramuş etməmişik	Fəramuş etmişik	Fəramuş edilməmişik	Fəramuş edilmişik
	2nd	Fəramuş etməmişsiniz	Fəramuş etmişsiniz	Fəramuş edilməmişsiniz	Fəramuş edilmişsiniz
	3rd	Fəramuş etməmişlər	Fəramuş etmişlər	Fəramuş edilməmişlər	Fəramuş edilmişlər

Narrative Past							
		Returning Type		Equivalent-Mutual Type		Causative	
		Negative	Positive	Negative	Positive	Negative	Positive
Singular	1st	Fəramuş edilməmişim	Fəramuş edilmişim	-	-	Fəramuş etdirməmişim	Fəramuş etdirmişim
	2nd	Fəramuş edilməmişsən	Fəramuş edilmişsən	-	-	Fəramuş etdirməmişsən	Fəramuş etdirmişsən
	3rd	Fəramuş edilməmiş	Fəramuş edilmiş	-	-	Fəramuş etdirməmiş	Fəramuş etdirmiş
Plural	1st	Fəramuş edilməmişik	Fəramuş edilmişik	-	-	Fəramuş etdirməmişik	Fəramuş etdirmişik
	2nd	Fəramuş edilməmişsiniz	Fəramuş edilmişsiniz	-	-	Fəramuş etdirməmişsiniz	Fəramuş etdirmişsiniz
	3rd	Fəramuş edilməmişlər	Fəramuş edilmişlər	-	-	Fəramuş etdirməmişlər	Fəramuş etdirmişlər

Definite Future				
		Active		Passive	
		Negative	Positive	Negative	Positive
Singular	1st	Fəramuş etməyəcəm	Fəramuş edəcəm	Fəramuş edilməyəcəm	Fəramuş ediləcəm
	2nd	Fəramuş etməyəcəksən	Fəramuş edəcəksən	Fəramuş edilməyəcəksən	Fəramuş ediləcəksən
	3rd	Fəramuş etməyəcək	Fəramuş edəcək	Fəramuş edilməyəcək	Fəramuş ediləcək
Plural	1st	Fəramuş etməyəcəyik	Fəramuş edəcəyik	Fəramuş edilməyəcəyik	Fəramuş ediləcəyik
	2nd	Fəramuş etməyəcəksiniz	Fəramuş edəcəksiniz	Fəramuş edilməyəcəksiniz	Fəramuş ediləcəksiniz
	3rd	Fəramuş etməyəcəklər	Fəramuş edəcəklər	Fəramuş edilməyəcəklər	Fəramuş ediləcəklər

		Definite Future					
		RFəramuş eturning type		Equivalent-Mutual Type		Causative	
		Negative	Positive	Negative	Positive	Negative	Positive
Singular	1st	Fəramuş edilməyəcəm	Fəramuş ediləcəm	-	-	Fəramuş etdirməyəcəm	Fəramuş etdirəcəm
	2nd	Fəramuş edilməyəcəksən	Fəramuş ediləcəksən	-	-	Fəramuş etdirməyəcəksən	Fəramuş etdirəcəksən
	3rd	Fəramuş edilməyəcək	Fəramuş ediləcək	-	-	Fəramuş etdirməyəcək	Fəramuş etdirəcək
Plural	1st	Fəramuş edilməyəcəyik	Fəramuş ediləcəyik	-	-	Fəramuş etdirməyəcəyik	Fəramuş etdirəcəyik
	2nd	Qə bul Fəramuş edilməyəcəksiniz	Fəramuş ediləcəksiniz	-	-	Fəramuş etdirməyəcəksiniz	Fəramuş etdirəcəksiniz
	3rd	Fəramuş edilməyəcəklər	Fəramuş ediləcəklər	-	-	Fəramuş etdirməyəcəklər	Fəramuş etdirəcəklər

		Indefinite Future									
		Active		Passive		Returning Type		Equivalent-Mutual Type		Causative	
		Negative	Positive	Negative	Positive	Negative	Positive	Negative	Positive	Negative	Positive
Singular	1st	Fəramuş etmərim	Fəramuş edərim	-	-	-	-	-	-	-	-
	2nd	Fəramuş etməzsəm	Fəramuş edərsən	-	-	-	-	-	-	-	-
	3rd	Fəramuş etməz	Fəramuş edər	-	-	-	-	-	-	-	-
Plural	1st	Fəramuş etmərik	Fəramuş edərik	-	-	-	-	-	-	-	-
	2nd	Fəramuş etməzsiniz	Fəramuş edərsiniz	-	-	-	-	-	-	-	-
	3rd	Fəramuş etməzlər	Fəramuş edərlər	-	-	-	-	-	-	-	-

Conditional Mood					
		Definite Future		Indefinite Future	
		Negative	Positive	Negative	Positive
Singular	1st	Fəramuş etməyəcəksəm	Fəramuş edəcəksm	Fəramuş etmərimsə	Fəramuş edərimsə
	2nd	Fəramuş etməyəcəksənsə	Fəramuş edəcəksənsə	Fəramuş etməzsəmsə	Fəramuş edərsənsə
	3rd	Fəramuş etməyəcəksə	Fəramuş edəcəksə	Fəramuş etməzsə	Fəramuş edərsə
Plural	1st	Fəramuş etməyəcəksək	Fəramuş edəcəksək	Fəramuş etməriksə	Fəramuş edəriksə
	2nd	Fəramuş etməyəcəksinizsə	Fəramuş edəcəksinizsə	Fəramuş etməzsinizsə	Fəramuş edərsinizsə
	3rd	Fəramuş etməyəcəklərsə	Fəramuş edəcəklərsə	Fəramuş etməzlərsə	Fəramuş edərlərsə

		Conditional Mood					
		Present		Witnessed Past		Narrative Past	
		Negative	Positive	Negative	Positive	Negative	Positive
Singular	1st	Fəramuş etmirsəm	Fəramuş edirsəm	Fəramuş etmədiysəm	Fəramuş ettiysəm	Fəramuş etməmişsəm	Fəramuş etmişsəm
	2nd	Fəramuş etmirsənsə	Fəramuş edirsənsə	Fəramuş etmədiysən	Fəramuş ettiysən	Fəramuş etməmişsənsə	Fəramuş etmişsənsə
	3rd	Fəramuş etmirsə	Fəramuş edirsə	Fəramuş etmədiysə	Fəramuş ettiysə	Fəramuş etməmişsə	Fəramuş etmişsə
Plural	1st	Fəramuş etmirsək	Fəramuş edirsək	Fəramuş etmədiysək	Fəramuş ettiysək	Fəramuş etməmişsək	Fəramuş etmişsək
	2nd	Fəramuş etmirsinizsə	Fəramuş edirsinizsə	Fəramuş etmədinizsə	Fəramuş ettinizsə	Fəramuş etməmişsinizsə	Fəramuş etmişsinizsə
	3rd	Fəramuş etmirlərsə	Fəramuş edirlərsə	Fəramuş etmədilərsə	Fəramuş ettilərsə	Fəramuş etməmişlərsə	Fəramuş etmişlərsə

To Get Up (Durmaq)

Present					
		Active		Passive	
		Negative	Positive	Negative	Positive
Singular	1st	durmuram	dururam	-	-
	2nd	durmursan	durursan	-	-
	3rd	durmur	durur	-	-
Plural	1st	durmuruk	dururuk	-	-
	2nd	durmursunuz	durursunuz	-	-
	3rd	durmurlar	dururlar	-	-

Present						
		Returning Type		Equivalent-Mutual Type		Causative
		Negative	Positive	Negative	Positive	Negative	Positive
Singular	1st	-	-	-	-	durdurmuram	durdururam
	2nd	-	-	-	-	durdurmursan	durdurursan
	3rd	-	-	-	-	durdurmur	durdurur
Plural	1st	-	-	-	-	durdurmuruk	durdururuk
	2nd	-	-	-	-	durdurmursunuz	durdurursunuz
	3rd	-	-	-	-	durdurmurlar	durdururlar

Witnessed Past					
		Active		Passive	
		Negative	Positive	Negative	Positive
Singular	1st	durmadım	durdum	-	-
	2nd	durmadın	durdun	-	-
	3rd	durmadı	durdu	-	-
Plural	1st	durmadık	durduk	-	-
	2nd	durmadınız	durdunuz	-	-
	3rd	durmadılar	durdular	-	-

Witnessed Past						
		Returning Type		Equivalent-Mutual Type		Causative
		Negative	Positive	Negative	Positive	Negative	Positive
Singular	1st	-	-	-	-	durdurmadım	Durdurdum
	2nd	-	-	-	-	durdurmadın	durdurdun
	3rd	-	-	-	-	durdurmadı	durdurdu
Plural	1st	-	-	-	-	durdurmadık	durdurduk
	2nd	-	-	-	-	durdurmadınız	durdurdunuz
	3rd	-	-	-	-	durdurmadılar	durdurdular

Narrative Past					
		Active		Passive	
		Negative	Positive	Negative	Positive
Singular	1st	durmamışam	durmuşam	-	-
	2nd	durmamışsan	durmuşsan	-	-
	3rd	durmamış	durmuş	-	-

Plural	1st	durmamışık	durmışık	-	-
	2nd	Durmamışsınız	Durmuşsunuz	-	-
	3rd	durmamışlar	durmuşlar	-	-

		Narrative Past					
		Returning Type		Equivalent-Mutual Type		Causative	
		Negative	Positive	Negative	Positive	Negative	Positive
Singular	1st	-	-	-	-	durdurmamışam	durdurmuşam
	2nd	-	-	-	-	durdurmamışsan	durdurmuşsan
	3rd	-	-	-	-	durdurmamış	durdurmuş
Plural	1st	-	-	-	-	durdurmamışık	durdurmuşuk
	2nd	-	-	-	-	Durdurmamışsınız	Durdurmuşsunuz
	3rd	-	-	-	-	durdurmamışlar	durdurmuşlar

		Definite Future			
		Active		Passive	
		Negative	Positive	Negative	Positive
Singular	1st	durmayacağım	duracağım	-	-
	2nd	durmayacaksan	duracaksan	-	-
	3rd	durmayacak	duracak	-	-
Plural	1st	durmayacağız	duracağız	-	-
	2nd	durmayacaksınız	duracaksınız	-	-
	3rd	durmayacaklar	duracaklar	-	-

		Definite Future					
		Returning Type		Equivalent-Mutual Type		Causative	
		Negative	Positive	Negative	Positive	Negative	Positive
Singular	1st	-	-	-	-	durdurmayacağım	durduracağım
	2nd	-	-	-	-	durdurmayacaksan	durduracaksan
	3rd	-	-	-	-	durdurmayacak	durduracak
Plural	1st	-	-	-	-	durdurmayacağız	durduracağız
	2nd	-	-	-	-	durdurmayacaksınız	durduracaksınız
	3rd	-	-	-	-	durdurmayacaklar	durduracaklar

		Indefinite Future									
		Active		Passive		Returning Type		Equivalent-Mutual Type		Causative	
		Negative	Positive	Negative	Positive	Negative	Positive	Negative	Positive	Negative	Positive
Singular	1st	durmaram	duraram	-	-	-	-	-	-	-	-
	2nd	durmazsan	durarsan	-	-	-	-	-	-	-	-
	3rd	durmaz	durar	-	-	-	-	-	-	-	-
Plural	1st	durmarık	durarık	-	-	-	-	-	-	-	-
	2nd	durmazsınız	durarsınız	-	-	-	-	-	-	-	-
	3rd	durmazlar	durarlar	-	-	-	-	-	-	-	-

Conditional Mood					
		Definite Future		Indefinite Future	
		Negative	Positive	Negative	Positive
Singular	1st	durmayacaksam	duracaksam	durmaramsa	duraramsa
	2nd	durmayacaksansa	duracaksansa	durmazsansa	durarsansa
	3rd	durmayacaksa	duracaksa	durmazsa	durarsa
Plural	1st	durmayacaksak	duracaksak	durmarıksa	durarıka
	2nd	Durmayacaksınızsə	Duracaksınızsə	durmazsınızsa	durarsınızsa
	3rd	durmayacaklarsa	duracaklarsa	durmazlarsa	durarlarsa

Conditional Mood							
		Present		Witnessed Past		Narrative Past	
		Negative	Positive	Negative	Positive	Negative	Positive
Singular	1st	durmursam	durursam	durmadımsa	durdumsa	durmamışsam	durmuşsam
	2nd	durmursansa	durursansa	durmadınsa	durdun	durmamışsansa	durmuşsansa
	3rd	durmursa	durursa	durmadısa	durdusa	durmamışsa	durmuşsa
Plural	1st	durmuruksa	dururuksa	durmadıksa	durduksa	durmamışıksa	durmışıksa
	2nd	durmursunuzsa	durursunuzsa	durmadınızsa	durdunuzsa	Durmamışsınızsa	Durmuşsunuzsa
	3rd	durmurlarsa	dururlarsa	durmadılarsa	durdularsa	durmamışlarsa	durmuşlara

Other Moods					
		Imparative		Optative	
		Negative	Positive	Negative	Positive
Singular	1st	durmayım	durum	(Kaş) durmayam	(Kaş) duram
	2nd	durma	dur	(Kaş) durmayasan	(Kaş) durasan
	3rd	durmasın	dursun	(Kaş) durmaya	(Kaş) dura

Plural	1st	durmayak	durak	(Kaş) durmayak	(Kaş) durak
	2nd	durmayasınız	durasınız	(Kaş) durmayasınız	(Kaş) durasınız
	3rd	durmasınlar	dursunlar	(Kaş) durmayalar	(Kaş) duralar

		Other Moods			
		Obligatory		necessary	
		Negative	Positive	Negative	Positive
Singular	1st	durmamalıyım	durmalıyım	-	-
	2nd	Durmamalısın	Durmalısın	-	-
	3rd	Durmamalı	Durmalı	-	-
Plural	1st	durmamalıyık	durmalıyık	-	-
	2nd	durmamalısınız	durmalısınız	-	-
	3rd	durmamalılar	durmalılar	-	-

To Give (Vermək)

Present				
		Active		Passive	
		Negative	Positive	Negative	Positive
Singular	1st	vermirəm	verirəm	-	-
	2nd	vermirsən	verirsən	-	-
	3rd	vermir	verir	verilmir	verilir
Plural	1st	vermirik	veririk	-	-
	2nd	vermirsiniz	verirsiniz	-	-
	3rd	vermirlər	verirlər	-	-

Present							
		Returning Type		Equivalent-Mutual Type		Causative	
		Negative	Positive	Negative	Positive	Negative	Positive
Singular	1st	-	-	-	-	verdirmirəm	verdirirəm
	2nd	-	-	-	-	verdirmirsən	verdirirsən
	3rd	verilmir	verilir	-	-	verdirmir	verdirir
Plural	1st	-	-	-	-	verdirmirik	verdiririk
	2nd	-	-	-	-	verdirmirsiniz	verdirirsiniz
	3rd	-	-	-	-	verdirmirlər	verdirirlər

Witnessed Past					
		Active		Passive	
		Negative	Positive	Negative	Positive
Singular	1st	vermədim	verdim	-	-
	2nd	vermədin	verdin	-	-
	3rd	vermədi	verdi	verilmədi	verildi
Plural	1st	vermədik	verdik	-	-
	2nd	vermədiniz	verdiniz	-	-
	3rd	vermədilər	verdilər	-	-

Witnessed Past							
		Returning Type		Equivalent-Mutual Type		Causative	
		Negative	Positive	Negative	Positive	Negative	Positive
Singular	1st	-	-	-	-	verdirmədim	verdirdim
	2nd	-	-	-	-	verdirmədin	verdirdin
	3rd	verilmədi	verildi	-	-	verdirmədi	verdirdi
Plural	1st	-	-	-	-	verdirmədik	verdirdik
	2nd	-	-	-	-	verdirmədiniz	verdirdiniz
	3rd	-	-	-	-	verdirmədilər	verdirdilər

Narrative Past					
		Active		Passive	
		Negative	Positive	Negative	Positive
Singular	1st	verməmişim	vermişim	-	-
	2nd	verməmişsən	vermişsən	-	-
	3rd	verməmiş	vermiş	verilməmiş	verilmiş

Plural	1st	verməmişik	vermişik	-	-
	2nd	verməmişsiniz	vermişsiniz	-	-
	3rd	verməmişlər	vermişlər	-	-

		Narrative Past					
		Returning Type		Equivalent-Mutual Type		Causative	
		Negative	Positive	Negative	Positive	Negative	Positive
Singular	1st	-	-	-	-	verdirməmişim	Qəbul etdirmişim
	2nd	-	-	-	-	verdirməmişsən	verdirmişsən
	3rd	verilməmiş	verilmiş	-	-	verdirməmiş	verdirmiş
Plural	1st	-	-	-	-	verdirməmişik	verdirmişik
	2nd	-	-	-	-	verdirməmişsiniz	verdirmişsiniz
	3rd	-	-	-	-	verdirməmişlər	verdirmişlər

		Definite Future			
		Active		Passive	
		Negative	Positive	Negative	Positive
Singular	1st	verməyəcəm	verəcəm	-	-
	2nd	verməyəcəksən	verəcəksən	-	-
	3rd	verməyəcək	verəcək	verilməyəcək	veriləcək
Plural	1st	verməyəcəyik	verəcəyik	-	-
	2nd	verməyəcəksiniz	verəcəksiniz	-	-
	3rd	verməyəcəklər	verəcəklər	-	-

		Definite Future					
		Returning Type		Equivalent-Mutual Type		Causative	
		Negative	Positive	Negative	Positive	Negative	Positive
Singular	1st	-	-	-	-	verdirməyəcəm	verdirəcəm
	2nd	-	-	-	-	verdirməyəcəksən	verdirəcəksən
	3rd	verilməyəcək	veriləcək	-	-	verdirməyəcək	verdirəcək
Plural	1st	-	-	-	-	verdirməyəcəyik	verdirəcəyik
	2nd	-	-	-	-	verdirməyəcəksiniz	verdirəcəksiniz
	3rd	-	-	-	-	verdirməyəcəklər	verdirəcəklər

		Indefinite Future			
		Active		Passive	
		Negative	Positive	Negative	Positive
Singular	1st	vermərim	verərim	-	-
	2nd	verməzsən	verərsən	-	-
	3rd	verməz	verər	verilməz	verilər
Plural	1st	vermərik	verərik	-	-
	2nd	verməzsiniz	verərsiniz	-	-
	3rd	verməzlər	verərlər	-	-

		Indefinite Future					
		Returning Type		Equivalent-Mutual Type		Causative	
		Negative	Positive	Negative	Positive	Negative	Positive
Singular	1st	-	-			verdirmərim	verdirərim
	2nd	-	-	-	-	verdirməzsən	verdirərsən
	3rd	verilməz	verilər	-	-	verdirməz	vrdirər

Plural	1st	-	-	-	-	verdirmərik	verdirərik
	2nd	-	-	-	-	verdirməzsiniz	verdirərsiniz
	3rd	-	-	-	-	verdirməzlər	verdirərlər

Conditional Mood				
		Definite Future		Indefinite Future
		Negative	Positive	Negative	Positive

		Definite Future Negative	Definite Future Positive	Indefinite Future Negative	Indefinite Future Positive
Singular	1st	verməyəcəksəm	verəcəksm	vermərimsə	verərimsə
	2nd	verməyəcəksənsə	verəcəksənsə	verməzsəmsə	verərsənsə
	3rd	verməyəcəksə	verəcəksə	verməzsə	verərsə
Plural	1st	verməyəcəksək	verəcəksək	vermәriksə	verəriksə
	2nd	verməyəcəksinizsə	verəcəksinizsə	verməzsinizsə	verərsinizsə
	3rd	verməyəcəklərsə	verəcəklərsə	verməzlərsə	verərlərsə

Conditional Mood					
	Present		Witnessed Past		Narrative Past

		Present Negative	Present Positive	Witnessed Past Negative	Witnessed Past Positive	Narrative Past Negative	Narrative Past Positive
Singular	1st	vermirsəm	verirsəm	vermədiysəm	verdiysəm	verməmişsəm	vermişsəm
	2nd	vermirsənsə	verirsənsə	vermədiysən	verdiysən	verməmişsənsə	vermişsənsə
	3rd	vermirsə	verirsə	vermədiysə	verdiysə	verməmişsə	vermişsə
Plural	1st	vermirsək	verirsək	vermədiysək	verdiysək	verməmişsək	vermişsək
	2nd	vermirsinizsə	verirsinizsə	vermədinizsə	verdinizsə	verməmişsinizsə	vermişsinizsə
	3rd	vermirlərsə	verirlərsə	vermədilərsə	verdilərsə	verməmişlərsə	vermişlərsə

		Other Moods			
		Imparative		Optative	
		Negative	Positive	Negative	Positive
Singular	1st	verməyim	verim	(Kaş) verməyəm	(Kaş) verəm
	2nd	vermə	ver	(Kaş) verməyəsən	(Kaş) verəsən
	3rd	verməsin	versin	(Kaş) verməyə	(Kaş) verə
Plural	1st	verməyək	verək	(Kaş) verməyək	(Kaş) verək
	2nd	verməyin	verin	(Kaş) verməyəsiniz	(Kaş) verəsiniz
	3rd	verməsinlər	versinlər	(Kaş) verməyələr	(Kaş) verələr

		Other Moods			
		Obligatory		necessary	
		Negative	Positive	Negative	Positive
Singular	1st	verməməliyim	verməliyim	verəsi deyiləm	verəsiyəm
	2nd	verməməlisən	verməlisən	-	-
	3rd	verməməli	verməli	-	-
Plural	1st	verməməliyik	verməliyik	verəsi deyilik	verəsiyik
	2nd	verməməlisiniz	verməliyisiniz	-	-
	3rd	verməməlilər	verməlilər	-	-

To Go (Getmək)

Present				
		Active		Passive
		Negative	Positive	Negative	Positive

		Active		Passive	
		Negative	Positive	Negative	Positive
Singular	1st	Getmirəm	Gedirəm	-	-
	2nd	Getmirsən	Gedirsən	-	-
	3rd	Getmir	Gedir	Gedilmir	Gedilir
Plural	1st	Getmirik	Gedirik	-	-
	2nd	Getmirsiniz	Gedirsiniz	-	-
	3rd	Getmirlər	Gedirlər	-	-

Present						
		RGeturning type		Equivalent-Mutual Type		Causative
		Negative	Positive	Negative	Positive	Negative	Positive

		RGeturning type		Equivalent-Mutual Type		Causative	
		Negative	Positive	Negative	Positive	Negative	Positive
Singular	1st	-	-	-	-	Getdirmirəm	Getdirirəm
	2nd	-	-	-	-	Getdirmirsən	Getdirirsən
	3rd	Gedilmir	Gedilir	-	-	Getdirmir	Getdirir
Plural	1st	-	-	-	-	Getdirmirik	Getdiririk
	2nd	-	-	-	-	Getdirmirsiniz	Getdirirsiniz
	3rd	-	-	-	-	Getdirmirlər	Getdirirlər

WitnessGed past					
		Active		Passive	
		Negative	Positive	Negative	Positive
Singular	1st	Getmədim	Getdim	-	-
	2nd	Getmədin	Getdin	-	-
	3rd	Getmədi	Getdi	Gedilmədi	Gedildi
Plural	1st	Getmədik	Getdik	-	-
	2nd	Getmədiniz	Getdiniz	-	-
	3rd	Getmədilər	Getdilər	-	-

Witnessed Past						
		Returning Type		Equivalent-Mutual Type		Causative
		Negative	Positive	Negative	Positive	Negative	Positive
Singular	1st	-	-	-	-	Getdirmədim	Getdirdim
	2nd	-	-	-	-	Getdirmədin	Getdirdin
	3rd	Gedilmədi	Gedildi	-	-	Getdirmədi	Getdirdi
Plural	1st	-	-	-	-	Getdirmədik	Getdirdik
	2nd	-	-	-	-	Getdirmədiniz	Getdirdiniz
	3rd	-	-	-	-	Getdirmədilər	Getdirdilər

Narrative Past					
		Active		Passive	
		Negative	Positive	Negative	Positive
Singular	1st	Getməmişim	Getmişim	-	-
	2nd	Getməmişsən	Getmişsən	-	-
	3rd	Getməmiş	Getmiş	Gedilməmiş	Gedilmiş

206

Plural	1st	Getməmişik	Getmişik	-	-
	2nd	Getməmişsiniz	Getmişsiniz	-	-
	3rd	Getməmişlər	Getmişlər	-	-

		Narrative Past					
		Returning Type		Equivalent-Mutual Type		Causative	
		Negative	Positive	Negative	Positive	Negative	Positive
Singular	1st	-	-	-	-	Getdirməmişim	Getdirmişim
	2nd	-	-	-	-	Getdirməmişsən	Getdirmişsən
	3rd	Gedilməmiş	Gedilmiş	-	-	Getdirməmiş	Getdirmiş
Plural	1st	-	-	-	-	Getdirməmişik	Getdirmişik
	2nd	-	-	-	-	Getdirməmişsiniz	Getdirmişsiniz
	3rd	-	-	-	-	Getdirməmişlər	Getdirmişlər

		Definite Future			
		Active		Passive	
		Negative	Positive	Negative	Positive
Singular	1st	Getməyəcəm	Gedəcəm	-	-
	2nd	Getməyəcəksən	Gedəcəksən	-	-
	3rd	Getməyəcək	Gedəcək	Gedilməyəcək	Gediləcək
Plural	1st	Getməyəcəyik	Gedəcəyik	-	-
	2nd	Getməyəcəksiniz	Gedəcəksiniz	-	-
	3rd	Getməyəcəklər	Gedəcəklər	-	-

207

		Definite Future					
		Returning Type		Equivalent-Mutual Type		Causative	
		Negative	Positive	Negative	Positive	Negative	Positive
Singular	1st	-	-	-	-	Getdirməyəcəm	Getdirəcəm
	2nd	-	-	-	-	Getdirməyəcəksən	Getdirəcəksən
	3rd	Gedilməyəcək	Gediləcək	-	-	Getdirməyəcək	Getdirəcək
Plural	1st	-	-	-	-	Getdirməyəcəyik	Getdirəcəyik
	2nd	-	-	-	-	Getdirməyəcəksiniz	Getdirəcəksiniz
	3rd	-	-	-	-	Getdirməyəcəklər	Getdirəcəklər

		Indefinite Future									
		Active		Passive		Returning Type		Equivalent-Mutual Type		Causative	
		Negative	Positive	Negative	Positive	Negative	Positive	Negative	Positive	Negative	Positive
Singular	1st	Getmərim	Gedərim	-	-	-	-	-	-	-	-
	2nd	Getməzsəm	Gedərsən	-	-	-	-	-	-	-	-
	3rd	Getməz	Gedər	-	-	-	-	-	-	-	-
Plural	1st	Getmərik	Gedərik	-	-	-	-	-	-	-	-
	2nd	Getməzsiniz	Gedərsiniz	-	-	-	-	-	-	-	-
	3rd	Getməzlər	Gedərlər	-	-	-	-	-	-	-	-

208

Conditional Mood					
		Definite Future		Indefinite Future	
		Negative	Positive	Negative	Positive
Singular	1st	Getməyəcəksəm	Gedəcəksm	Getmərimsə	Gedərimsə
	2nd	Getməyəcəksənsə	Gedəcəksənsə	Getməzsəmsə	Gedərsənsə
	3rd	Getməyəcəksə	Gedəcəksə	Getməzsə	Gedərsə
Plural	1st	Getməyəcəksək	Gedəcəksək	Getməriksə	Gedəriksə
	2nd	Getməyəcəksinizsə	Gedəcəksinizsə	Getməzsinizsə	Gedərsinizsə
	3rd	Getməyəcəklərsə	Gedəcəklərsə	Getməzlərsə	Gedərlərsə

Conditional Mood							
		Present		Witnessed Past		Narrative Past	
		Negative	Positive	Negative	Positive	Negative	Positive
Singular	1st	Getmirsəm	Gedirsəm	Getmədiysəm	Gettiysəm	Getməmişsəm	Getmişsəm
	2nd	Getmirsənsə	Gedirsənsə	Getmədiysən	Gettiysən	Getməmişsənsə	Getmişsənsə
	3rd	Getmirsə	Gedirsə	Getmədiysə	Gettiysə	Getməmişsə	Getmişsə
Plural	1st	Getmirsək	Gedirsək	Getmədiysək	Gettiysək	Getməmişsək	Getmişsək
	2nd	Getmirsinizsə	Gedirsinizsə	Getmədinizsə	Gettinizsə	Getməmişsinizsə	Getmişsinizsə
	3rd	Getmirlərsə	Gedirlərsə	Getmədilərsə	Gettilərsə	Getməmişlərsə	Getmişlərsə

To Happen (Baş Vermək)

Present					
		Active		Passive	
		Negative	Positive	Negative	Positive
Singular	1st	Baş vermirəm	Baş verirəm	-	-
	2nd	Baş vermirsən	Baş verirsən	-	-
	3rd	Baş vermir	Baş verir	Baş verilmir	Baş verilir
Plural	1st	Baş vermirik	Baş veririk	-	-
	2nd	Baş vermirsiniz	Baş verirsiniz	-	-
	3rd	Baş vermirlər	Baş verirlər	-	-

Present							
		Returning Type		Equivalent-Mutual Type		Causative	
		Negative	Positive	Negative	Positive	Negative	Positive
Singular	1st	-	-	-	-	Baş verdirmirəm	Baş verdirirəm
	2nd	-	-	-	-	Baş verdirmirsən	Baş verdirirsən
	3rd	Baş verilmir	Baş verilir	-	-	Baş verdirmir	Baş verdirir
Plural	1st	-	-	-	-	Baş verdirmirik	Baş verdiririk
	2nd	-	-	-	-	Baş verdirmirsiniz	Baş verdirirsiniz
	3rd	-	-	-	-	Baş verdirmirlər	Baş verdirirlər

211

Witnessed Past					
		Active		Passive	
		Negative	Positive	Negative	Positive
Singular	1st	Baş vermədim	Baş verdim	-	-
	2nd	Baş vermədin	Baş verdin	-	-
	3rd	Baş vermədi	Baş verdi	Baş verilmədi	Baş verildi
Plural	1st	Baş vermədik	Baş verdik	-	-
	2nd	Baş vermədiniz	Baş verdiniz	-	-
	3rd	Baş vermədilər	Baş verdilər	-	-

Witnessed Past							
		Returning Type		Equivalent-Mutual Type		Causative	
		Negative	Positive	Negative	Positive	Negative	Positive
Singular	1st	-	-	-	-	Baş verdirmədim	Baş verdirdim
	2nd	-	-	-	-	Baş verdirmədin	Baş verdirdin
	3rd	Baş verilmədi	Baş verildi	-	-	Baş verdirmədi	Baş verdirdi
Plural	1st	-	-	-	-	Baş verdirmədik	Baş verdirdik
	2nd	-	-	-	-	Baş verdirmədiniz	Baş verdirdiniz
	3rd	-	-	-	-	Baş verdirmədilər	Baş verdirdilər

212

Narrative Past				
		Active		Passive	
		Negative	Positive	Negative	Positive
Singular	1st	Baş verməmişim	Baş vermişim	-	-
	2nd	Baş verməmişsən	Baş vermişsən	-	-
	3rd	Baş verməmiş	Baş vermiş	Baş verilməmiş	Baş verilmiş
Plural	1st	Baş verməmişik	Baş vermişik	-	-
	2nd	Baş verməmişsiniz	Baş vermişsiniz	-	-
	3rd	Baş verməmişlər	Baş vermişlər	-	-

		Narrative Past					
		Returning Type		Equivalent-Mutual Type		Causative	
		Negative	Positive	Negative	Positive	Negative	Positive
Singular	1st	-	-	-	-	Baş verdirməmişim	Qəbul etdirmişim
	2nd	-	-	-	-	Baş verdirməmişsən	Baş verdirmişsən
	3rd	Baş verilməmiş	Baş verilmiş	-	-	Baş verdirməmiş	Baş verdirmiş
Plural	1st	-	-	-	-	Baş verdirməmişik	Baş verdirmişik
	2nd	-	-	-	-	Baş verdirməmişsiniz	Baş verdirmişsiniz
	3rd	-	-	-	-	Baş verdirməmişlər	Baş verdirmişlər

Definite Future				
		Active		Passive	
		Negative	Positive	Negative	Positive
Singular	1st	Baş verməyəcəm	Baş verəcəm	-	-
	2nd	Baş verməyəcəksən	Baş verəcəksən	-	-
	3rd	Baş verməyəcək	Baş verəcək	Baş verilməyəcək	Baş veriləcək
Plural	1st	Baş verməyəcəyik	Baş verəcəyik	-	-
	2nd	Baş verməyəcəksiniz	Baş verəcəksiniz	-	-
	3rd	Baş verməyəcəklər	Baş verəcəklər	-	-

		Definite Future					
		Returning Type		Equivalent-Mutual Type		Causative	
		Negative	Positive	Negative	Positive	Negative	Positive
Singular	1st	-	-	-	-	Baş verdirməyəcəm	Baş verdirəcəm
	2nd	-	-	-	-	Baş verdirməyəcəksən	Baş verdirəcəksən
	3rd	Baş verilməyəcək	Baş veriləcək	-	-	Baş verdirməyəcək	Baş verdirəcək
Plural	1st	-	-	-	-	Baş verdirməyəcəyik	Baş verdirəcəyik
	2nd	-	-	-	-	Baş verdirməyəcəksiniz	Baş verdirəcəksiniz
	3rd	-	-	-	-	Baş verdirməyəcəklər	Baş verdirəcəklər

214

Indefinite Future				
		Active		Passive	
		Negative	Positive	Negative	Positive
Singular	1st	Baş vermərim	Baş verərim	-	-
	2nd	Baş verməzsən	Baş verərsən	-	-
	3rd	Baş verməz	Baş verər	Baş verilməz	Baş verilər
Plural	1st	Baş vermərik	Baş verərik	-	-
	2nd	Baş verməzsiniz	Baş verərsiniz	-	-
	3rd	Baş verməzlər	Baş verərlər	-	-

Indefinite Future						
		Returning Type		Equivalent-Mutual Type		Causative
		Negative	Positive	Negative	Positive	Negative	Positive
Singular	1st	-	-			Baş verdirmərim	Baş verdirərim
	2nd	-	-	-	-	Baş verdirməzsən	Baş verdirərsən
	3rd	Baş verilməz	Baş verilər	-	-	Baş verdirməz	vrdirər
Plural	1st	-	-	-	-	Baş verdirmərik	Baş verdirərik
	2nd	-	-	-	-	Baş verdirməzsiniz	Baş verdirərsiniz
	3rd	-	-	-	-	Baş verdirməzlər	Baş verdirərlər

Conditional Mood					
		Definite Future		Indefinite Future	
		Negative	Positive	Negative	Positive
Singular	1st	Baş verməyəcəksəm	Baş verəcəksm	Baş vermərimsə	Baş verərimsə
	2nd	Baş verməyəcəksənsə	Baş verəcəksənsə	Baş verməzsəmsə	Baş verərsənsə
	3rd	Baş verməyəcəksə	Baş verəcəksə	Baş verməzsə	Baş verərsə

Plural	1st	Baş verməyəcəksək	Baş verəcəksək	Baş verməriksə	Baş verəriksə
	2nd	Baş verməyəcəksinizsə	Baş verəcəksinizsə	Baş verməzsinizsə	Baş verərsinizsə
	3rd	Baş verməyəcəklərsə	Baş verəcəklərsə	Baş verməzlərsə	Baş verərlərsə

		Conditional Mood					
		Present		Witnessed Past		Narrative Past	
		Negative	Positive	Negative	Positive	Negative	Positive
Singular	1st	Baş vermirsəm	Baş verirsəm	Baş vermədiysəm	Baş verdiysəm	Baş verməmişsəm	Baş vermişsəm
	2nd	Baş vermirsənsə	Baş verirsənsə	Baş vermədiysən	Baş verdiysən	Baş verməmişsənsə	Baş vermişsənsə
	3rd	Baş vermirsə	Baş verirsə	Baş vermədiysə	Baş verdiysə	Baş verməmişsə	Baş vermişsə
Plural	1st	Baş vermirsək	Baş verirsək	Baş vermədiysək	Baş verdiysək	Baş verməmişsək	Baş vermişsək
	2nd	Baş vermirsinizsə	Baş verirsinizsə	Baş vermədinizsə	Baş verdinizsə	Baş verməmişsinizsə	Baş vermişsinizsə
	3rd	Baş vermirlərsə	Baş verirlərsə	Baş vermədilərsə	Baş verdilərsə	Baş verməmişlərsə	Baş vermişlərsə

		Other Moods			
		Imparative		Optative	
		Negative	Positive	Negative	Positive
Singular	1st	Baş verməyim	Baş verim	(Kaş) Baş verməyəm	(Kaş) Baş verəm
	2nd	Baş vermə	Baş ver	(Kaş) Baş verməyəsən	(Kaş) Baş verəsən
	3rd	Baş verməsin	Baş versin	(Kaş) Baş verməyə	(Kaş) Baş verə

Plural	1st	Baş verməyək	Baş verək	(Kaş) Baş verməyək	(Kaş) Baş verək
	2nd	Baş verməyin	Baş verin	(Kaş) Baş verməyəsiniz	(Kaş) Baş verəsiniz
	3rd	Baş verməsinlər	Baş versinlər	(Kaş) Baş verməyələr	(Kaş) Baş verələr

		Other Moods			
		Obligatory		necessary	
		Negative	Positive	Negative	Positive
Singular	1st	Baş verməməliyim	Baş verməliyim	Baş verəsi deyiləm	Baş verəsiyəm
	2nd	Baş verməməlisən	Baş verməlisən	-	-
	3rd	Baş verməməli	Baş verməli	-	-
Plural	1st	Baş verməməliyik	Baş verməliyik	Baş verəsi deyilik	Baş verəsiyik
	2nd	Baş verməməlisiniz	Baş verməliyisiniz	-	-
	3rd	Baş verməməlilər	Baş verməlilər	-	-

217

To Have (Malik Olmaq)

Present					
		Active		Passive	
		Negative	Positive	Negative	Positive
Singular	1st	Malik olmuram	Malik oluram	-	-
	2nd	Malik olmursan	Malik olursan	-	-
	3rd	Malik olmur	Malik olur	Malik olunmur	Malik olunur
Plural	1st	Malik olmuruk	Malik oluruk	-	-
	2nd	Malik olmursunuz	Malik olursunuz	-	-
	3rd	Malik olmurlar	Malik olurlar	-	-

Present						
		Returning Type		Equivalent-Mutual Type		Causative
		Negative	Positive	Negative	Positive	Negative	Positive
Singular	1st	-	-	-	-	-	-
	2nd	-	-	-	-	-	-
	3rd	Malik olunmur	Malik olunur	-	-	Malik oldurmur	Malik oldurur
Plural	1st	-	-	-	-	-	-
	2nd	-	-	-	-	-	-
	3rd	-	-	-	-	-	-

Witnessed Past					
		Active		Passive	
		Negative	Positive	Negative	Positive
Singular	1st	Malik olmadım	Malik oldum	-	-
	2nd	Malik olmadın	Malik oldun	-	-
	3rd	Malik olmadı	Malik oldu	Malik olunmadı	Malik olundu
Plural	1st	Malik olmadık	Malik olduk	-	-
	2nd	Malik olmadınız	Malik oldunuz	-	-
	3rd	Malik olmadılar	Malik oldular	-	-

Narrative Past							
		Returning Type		Equivalent-Mutual Type		Causative	
		Negative	Positive	Negative	Positive	Negative	Positive
Singular	1st	-	-	-	-	-	-
	2nd	-	-	-	-	-	-
	3rd	Malik olunmamış	Malik olunmuş	-	-	Malik oldurmamış	Malik oldurmuş
Plural	1st	-	-	-	-	-	-
	2nd	-	-	-	-	-	-
	3rd	-	-	-	-	-	-

Witnessed Past						
		Returning Type		Equivalent-Mutual Type		Causative	
		Negative	Positive	Negative	Positive	Negative	Positive
Singular	1st	-	-	-	-	-	-
	2nd	-	-	-	-	-	-
	3rd	Malik olunmadı	Malik olundu	-	-	Malik oldurmadı	Malik oldurdu
Plural	1st	-	-	-	-	-	-
	2nd	-	-	-	-	-	-
	3rd	-	-	-	-	-	-

Narrative Past					
		Active		Passive	
		Negative	Positive	Negative	Positive
Singular	1st	Malik olmamışam	Malik olmuşam	-	-
	2nd	Malik olmamışsan	Malik olmuşsan	-	-
	3rd	Malik olmamış	Malik olmuş	Malik olunmamış	Malik olunmuş
Plural	1st	Malik olmamışık	Malik olmışık	-	-
	2nd	Malik olmamışsınız	Malik olmuşsunuz	-	-
	3rd	Malik olmamışlar	Malik olmuşlar	-	-

Definite Future					
		Active		Passive	
		Negative	Positive	Negative	Positive
Singular	1st	Malik olmayacağım	Malik olacağım	Malik oldurmayacağım	Malik olduracağım
	2nd	Malik olmayacaksan	Malik olacaksan	Malik oldurmayacaksan	Malik olduracaksan
	3rd	Malik olmayacak	Malik olacak	Malik oldurmayacak	Malik olduracak

Plural	1st	Malik olmayacağız	Malik olacağız	Malik oldurmayacağız	Malik olduracağız
	2nd	Malik olmayacaksınız	Malik olacaksınız	Malik oldurmayacaksınız	Malik olduracaksınız
	3rd	Malik olmayacaklar	Malik olacaklar	Malik oldurmayacaklar	Malik olduracaklar

		Definite Future					
		Returning Type		Equivalent-Mutual Type		Causative	
		Negative	Positive	Negative	Positive	Negative	Positive
Singular	1st	-	-	-	-	-	-
	2nd	-	-	-	-	-	-
	3rd	-	-	-	-	-	-
Plural	1st	-	-	-	-	-	-
	2nd	-	-	-	-	-	-
	3rd	-	-	-	-	-	-

		Indefinite Future									
		Active		Passive		Returning Type		Equivalent-Mutual Type		Causative	
		Negative	Positive	Negative	Positive	Negative	Positive	Negative	Positive	Negative	Positive
Singular	1st	Malik olmaram	Malik olaram	-	-	-	-	-	-	-	-
	2nd	Malik olmazsan	Malik olarsan	-	-	-	-	-	-	-	-
	3rd	Malik olmaz	Malik olar	-	-	-	-	-	-	-	-

Plural	1st	Malik olmarık	Malik olarık	-	-	-	-	-	-	-	-
	2nd	Malik olmazsınız	Malik olarsınız	-	-	-	-	-	-	-	-
	3rd	Malik olmazlar	Malik olarlar	-	-	-	-	-	-	-	-

Conditional Mood					
		Definite Future		Indefinite Future	
		Negative	Positive	Negative	Positive
Singular	1st	Malik olmayacaksam	Malik olacaksam	Malik olmaramsa	Malik olaramsa
	2nd	Malik olmayacaksansa	Malik olacaksansa	Malik olmazsansa	Malik olarsansa
	3rd	Malik olmayacaksa	Malik olacaksa	Malik olmazsa	Malik olarsa
Plural	1st	Malik olmayacaksak	Malik olacaksak	Malik olmarıksa	Malik olarıka
	2nd	Malik olmayacaksınızsə	Malik olacaksınızsə	Malik olmazsınızsa	Malik olarsınızsa
	3rd	Malik olmayacaklarsa	Malik olacaklarsa	Malik olmazlarsa	Malik olarlarsa

Conditional Mood							
		Present		Witnessed Past		Narrative Past	
		Negative	Positive	Negative	Positive	Negative	Positive
Singular	1st	Malik olmursam	Malik olursam	Malik olmadımsa	Malik oldumsa	Malik olmamışsam	Malik olmuşsam
	2nd	Malik olmursansa	Malik olursansa	Malik olmadınsa	Malik oldun	Malik olmamışsansa	Malik olmuşsansa
	3rd	Malik olmursa	Malik olursa	Malik olmadısa	Malik oldusa	Malik olmamışsa	Malik olmuşsa

223

Plural	1st	Malik olmuruksa	Malik oluruksa	Malik olmadıksa	Malik olduksa	Malik olmamışıksa	Malik olmışıksa
	2nd	Malik olmursunuzsa	Malik olursunuzsa	Malik olmadınızsa	Malik oldunuzsa	Malik olmamışsınızsa	Malik olmuşsunuzsa
	3rd	Malik olmurlarsa	Malik olurlarsa	Malik olmadılarsa	Malik oldularsa	Malik olmamışlarsa	Malik olmuşlara

		Other Moods			
		Imparative		Optative	
		Negative	Positive	Negative	Positive
Singular	1st	Malik olmayım	Malik olum	(Kaş) Malik olmayam	(Kaş) Malik olam
	2nd	Malik olma	Malik ol	(Kaş) Malik olmayasan	(Kaş) Malik olasan
	3rd	Malik olmasın	Malik olsun	(Kaş) Malik olmaya	(Kaş) Malik ola
Plural	1st	Malik olmayak	Malik olak	(Kaş) Malik olmayak	(Kaş) Malik olak
	2nd	Malik olmayasınız	Malik olasınız	(Kaş) Malik olmayasınız	(Kaş) Malik olasınız
	3rd	Malik olmasınlar	Malik olsunlar	(Kaş) Malik olmayalar	(Kaş) Malik olalar

		Other Moods			
		Obligatory		necessary	
		Negative	Positive	Negative	Positive
Singular	1st	Malik olmamalıyım	Malik olmalıyım	-	-
	2nd	Malik olmamalısın	Malik olmalısın	-	-
	3rd	Malik olmamalı	Malik olmalı	-	-
Plural	1st	Malik olmamalıyık	Malik olmalıyık	-	-
	2nd	Malik olmamalısınız	Malik olmalısınız	-	-
	3rd	Malik olmamalılar	Malik olmalılar	-	-

To Hear (Qulaq Asmaq)

Present					
		Active		Passive	
		Negative	Positive	Negative	Positive
Singular	1st	qulaq asmıram	qulaq asıram	-	-
	2nd	qulaq asmırsan	qulaq asırsan	-	-
	3rd	qulaq asmır	qulaq asır	qulaq asılmır	qulaq asılır
Plurqulaq as	1st	qulaq asmırık	qulaq asırık	-	-
	2nd	qulaq asmırsınız	qulaq asırsınız	-	-
	3rd	qulaq asmırlar	qulaq asrlar	-	-

Present							
		Returning Type		Equvqulaq aslant-Mutqulaq as Type		Causative	
		Negative	Positive	Negative	Positive	Negative	Positive
Singular	1st	-	-	-	-	qulaq asdırmıram	qulaq asdırıram
	2nd	-	-	-	-	qulaq asdırmırsan	qulaq asdırırsan
	3rd	qulaq asılmır	qulaq asılır	-	-	qulaq asdırmır	qulaq asdırır
Plurqulaq as	1st	-	-	-	-	qulaq asdırmırık	qulaq asdırırık
	2nd	-	-	-	-	qulaq asdırmırsınız	qulaq asdırırsınız
	3rd	-	-	-	-	qulaq asdırmırlar	qulaq asdırırlar

Witnessed Past				
		Active		Passive	
		Negative	Positive	Negative	Positive
Singular	1st	qulaq asmadım	qulaq asdım	-	-
	2nd	qulaq asmadın	qulaq asdın	-	-
	3rd	qulaq asmadı	qulaq asdı	qulaq asılmadı	qulaq asıldı
Plurqulaq as	1st	qulaq asmadık	qulaq asdık	-	-
	2nd	qulaq asmadınız	qulaq asdınız	-	-
	3rd	qulaq asmadılar	qulaq asdılar	-	-

Narrative Past						
		Returning Type		Equvqulaq aslant-Mutqulaq as Type		Causative	
		Negative	Positive	Negative	Positive	Negative	Positive
Singular	1st	-	-	-	-	qulaq asdırmamışam	qulaq asdırmışam
	2nd	-	-	-	-	qulaq asdırmamışsan	qulaq asdırmışsan
	3rd	-	-	-	-	qulaq asdırmamış	qulaq asdırmış
Plurqulaq as	1st	-	-	-	-	qulaq asdırmamışık	qulaq asdırmışık
	2nd	-	-	-	-	qulaq asdırmamışsınız	qulaq asdırmışsınız
	3rd	-	-	-	-	qulaq asdırmamışlar	qulaq asdırmışlar

Witnessed Past						
		Returning Type		Equvqulaq aslant-Mutqulaq as Type		Causative	
		Negative	Positive	Negative	Positive	Negative	Positive
Singular	1st	-	-	-	-	qulaq asdırmadım	qulaq asdırdım
	2nd	-	-	-	-	qulaq asdırmadın	qulaq asdırdın
	3rd	qulaq asılıldı	qulaq asılıldı	-	-	qulaq asdırmadı	qulaq asdırdı
Plurqulaq as	1st	-	-	-	-	qulaq asdırmadık	qulaq asdırdık
	2nd	-	-	-	-	qulaq asdırmadınız	qulaq asdırdınız
	3rd	-	-	-	-	qulaq asdırmadılar	qulaq asdırdılar

Narrative Past					
		Active		Passive	
		Negative	Positive	Negative	Positive
Singular	1st	qulaq asmamışam	qulaq asmışam	-	-
	2nd	qulaq asmamışsan	qulaq asmışsan	-	-
	3rd	qulaq asmamış	qulaq asmış	qulaq asılmamış	qulaq asılmış
Plurqulaq as	1st	qulaq asmamışık	qulaq asmışık	-	-
	2nd	qulaq asmamışsınız	qulaq asmışsınız	-	-
	3rd	qulaq asmamışlar	qulaq asmışlar	-	-

Definite Future				
		Active		Passive	
		Negative	Positive	Negative	Positive
Singular	1st	qulaq asmayacağım	qulaq asacağım	-	-
	2nd	qulaq asmayacaksan	qulaq asacaksan	-	-
	3rd	qulaq asmayacak	qulaq asacak	qulaq asılmayacak	qulaq asılacak
Plurqulaq as	1st	qulaq asmayacağız	qulaq asacağız	-	-
	2nd	qulaq asmayacaksınız	qulaq asacaksınız	-	-
	3rd	qulaq asmayacaklar	qulaq asacaklar	-	-

Definite Future						
		Returning Type		Equvqulaq aslant-Mutqulaq as Type		Causative	
		Negative	Positive	Negative	Positive	Negative	Positive
Singular	1st	-	-	-	-	qulaq asdırmayacağım	qulaq asdıracağım
	2nd	-	-	-	-	qulaq asdırmayacaksan	qulaq asdıracaksan
	3rd	qulaq asınılmayacak	qulaq asınılacak	-	-	qulaq asdırmayacak	qulaq asdıracak
Plurqulaq as	1st	-	-	-	-	qulaq asdırmayacağız	qulaq asdıracağız
	2nd	-	-	-	-	qulaq asdırmayacaksınız	qulaq asdıracaksınız
	3rd	-	-	-	-	qulaq asdırmayacaklar	qulaq asdıracaklar

228

Definite Future				
		Active		Passive	
		Negative	Positive	Negative	Positive
Singular	1st	qulaq asmaram	qulaq asaram	-	-
	2nd	qulaq asmazsan	qulaq asarsan	-	-
	3rd	qulaq asmaz	qulaq asar	qulaq asınmaz	qulaq asınar
Plurqulaq as	1st	qulaq asmarık	qulaq asarık	-	-
	2nd	qulaq asmazsınız	qulaq asarsınız	-	-
	3rd	qulaq asmazlar	qulaq asarlar	-	-

		Conditionqulaq as Mood					
		Present		Witnessed Past		Narrative Past	
		Negative	Positive	Negative	Positive	Negative	Positive
Singular	1st	qulaq asmırsam	qulaq asırsam	qulaq asmadımsa	qulaq asdımsa	qulaq asmamışsam	qulaq asmışsam
	2nd	qulaq asmırsansa	qulaq asırsansa	qulaq asmadınsa	qulaq asdınsa	qulaq asmamışsansa	qulaq asmışsansa
	3rd	qulaq asmırsa	qulaq asırsa	qulaq asmadısa	qulaq asdısa	qulaq asmamışsa	qulaq asmışsa
Plurqulaq as	1st	qulaq asmırıksa	qulaq asırıksa	qulaq asmadıksa	qulaq asdıksa	qulaq asmamışıksa	qulaq asmışıksa
	2nd	qulaq asmırsınızsa	qulaq asırsınızsa	qulaq asmadınızsa	qulaq asdınızsa	qulaq asmamışsınızsa	qulaq asmışsınızsa
	3rd	qulaq asmırlarsa	qulaq asırlarsa	qulaq asmadılarsa	qulaq asdılarsa	qulaq asmamışlarsa	qulaq asmışlarsa

		Indefinite Future					
		Returning Type		Equvqulaq aslant-Mutqulaq as Type		Causative	
		Negative	Positive	Negative	Positive	Negative	Positive
Singular	1st	-	-	-	-	qulaq asdırmaram	qulaq asdıraram
	2nd	-	-	-	-	qulaq asdırmazsan	qulaq asdırarsan
	3rd	qulaq asınılmaz	qulaq asınılır	-	-	qulaq asdırmaz	qulaq asdırır
Plurqulaq as	1st	-	-	-	-	qulaq asdırmarık	qulaq asdırarık
	2nd	-	-	-	-	qulaq asdırmazsınız	qulaq asdırarsınız
	3rd	-	-	-	-	qulaq asdırmazlar	qulaq asdırarlar

		Conditionqulaq as Mood			
		Definite Future		Indefinite Future	
		Negative	Positive	Negative	Positive
Singular	1st	qulaq asmayacaksam	qulaq asacaksam	qulaq asmaramsa	qulaq asaramsa
	2nd	qulaq asmayacaksansa	qulaq asacaksansa	qulaq asmazsansa	qulaq asarsansa
	3rd	qulaq asmayacaksa	qulaq asacaksa	qulaq asmazsa	qulaq asyarsa
Plurqulaq as	1st	qulaq asmayacaksak	qulaq asacaksak	qulaq asmarıksa	qulaq asyarıka
	2nd	qulaq asmayacaksınızsə	qulaq asacaksınızsə	qulaq asmazsınızsa	qulaq asarsınızsa
	3rd	qulaq asmayacaklarsa	qulaq asacaklarsa	qulaq asmazlarsa	qulaq asarlarsa

		Other Moods			
		Imparative		Optative	
		Negative	Positive	Negative	Positive
Singular	1st	qulaq asmayım	qulaq asım	(Kaş) qulaq asmayam	(Kaş) qulaq asam
	2nd	qulaq asma	qulaq as	(Kaş) qulaq asmayasan	(Kaş) qulaq asasan
	3rd	qulaq asmasın	qulaq assın	(Kaş) qulaq asmaya	(Kaş) qulaq asa
Plurqulaq as	1st	qulaq asmayak	qulaq asak	(Kaş) qulaq asmayak	(Kaş) qulaq asak
	2nd	qulaq asmayasınız	qulaq asasınız	(Kaş) qulaq asasınız	(Kaş) qulaq asasınız
	3rd	qulaq asmasınlar	qulaq assınlar	(Kaş) qulaq asmayqulaq asar	(Kaş) qulaq asqulaq asar

		Other Moods			
		Obligatory		necessary	
		Negative	Positive	Negative	Positive
Singular	1st	qulaq asmamqulaq asıyım	qulaq asmqulaq asıyım	-	-
	2nd	qulaq asmamqulaq asısın	qulaq asmqulaq asısın	-	-
	3rd	qulaq asmamqulaq ası	qulaq asmqulaq ası	-	-
Plurqulaq as	1st	qulaq asmamqulaq asıyık	qulaq asmqulaq asıyık	-	-
	2nd	qulaq asmamqulaq asısınız	qulaq asmqulaq asısınız	-	-
	3rd	qulaq asmamqulaq asılar	qulaq asmqulaq asılar	-	-

To Help (Kömək Etmək)

Present					
		Active		Passive	
		Negative	Positive	Negative	Positive
Singular	1st	Kömək etmirəm	Kömək edirəm	-	-
	2nd	Kömək etmirsən	Kömək edirsən	-	-
	3rd	Kömək etmir	Kömək edir	Kömək edilmir	Kömək edilir
Plural	1st	Kömək etmirik	Kömək edirik	-	-
	2nd	Kömək etmirsiniz	Kömək edirsiniz	-	-
	3rd	Kömək etmirlər	Kömək edirlər	-	-

		Definite Future					
		Returning Type		Equivalent-Mutual Type		Causative	
		Negative	Positive	Negative	Positive	Negative	Positive
Singular	1st	-	-	-	-	Kömək etdirməyəcəm	Kömək etdirəcəm
	2nd	-	-	-	-	Kömək etdirməyəcəksən	Kömək etdirəcəksən
	3rd	Kömək edilməyəcək	Kömək ediləcək	-	-	Kömək etdirməyəcək	Kömək etdirəcək
Plural	1st	-	-	-	-	Kömək etdirməyəcəyik	Kömək etdirəcəyik
	2nd	-	-	-	-	Kömək etdirməyəcəksiniz	Kömək etdirəcəksiniz
	3rd	-	-	-	-	Kömək etdirməyəcəklər	Kömək etdirəcəklər

233

Present						
		Returning Type		Equivalent-Mutual Type		Causative	
		Negative	Positive	Negative	Positive	Negative	Positive
Singular	1st	-	-	-	-	Kömək etdirmirəm	Kömək etdirirəm
	2nd	-	-	-	-	Kömək etdirmirsən	Kömək etdirirsən
	3rd	Kömək edilmir	Kömək edilir	-	-	Kömək etdirmir	Kömək etdirir
Plural	1st	-	-	-	-	Kömək etdirmirik	Kömək etdiririk
	2nd	-	-	-	-	Kömək etdirmirsiniz	Kömək etdirirsiniz
	3rd	-	-	-	-	Kömək etdirmirlər	Kömək etdirirlər

Witnessed Past					
		Active		Passive	
		Negative	Positive	Negative	Positive
Singular	1st	Kömək etmədim	Kömək etdim	-	-
	2nd	Kömək etmədin	Kömək etdin	-	-
	3rd	Kömək etmədi	Kömək etdi	Kömək edilmədi	Kömək edildi
Plural	1st	Kömək etmədik	Kömək etdik	-	-
	2nd	Kömək etmədiniz	Kömək etdiniz	-	-
	3rd	Kömək etmədilər	Kömək etdilər	-	-

Witnessed Past						
		Returning Type		Equivalent-Mutual Type		Causative	
		Negative	Positive	Negative	Positive	Negative	Positive
Singular	1st	-	-	-	-	Kömək etdirmədim	Kömək etdirdim
	2nd	-	-	-	-	Kömək etdirmədin	Kömək etdirdin
	3rd	Kömək edilmədi	Kömək edildi	-	-	Kömək etdirmədi	Kömək etdirdi
Plural	1st	-	-	-	-	Kömək etdirmədik	Kömək etdirdik
	2nd	-	-	-	-	Kömək etdirmədiniz	Kömək etdirdiniz
	3rd	-	-	-	-	Kömək etdirmədilər	Kömək etdirdilər

Narrative Past					
		Active		Passive	
		Negative	Positive	Negative	Positive
Singular	1st	Kömək etməmişim	Kömək etmişim	-	-
	2nd	Kömək etməmişsən	Kömək etmişsən	-	-
	3rd	Kömək etməmiş	Kömək etmiş	Kömək edilməmiş	Kömək edilmiş
Plural	1st	Kömək etməmişik	Kömək etmişik	-	-
	2nd	Kömək etməmişsiniz	Kömək etmişsiniz	-	-
	3rd	Kömək etməmişlər	Kömək etmişlər	-	-

		Narrative Past					
		Returning Type		Equivalent-Mutual Type		Causative	
		Negative	Positive	Negative	Positive	Negative	Positive
Singular	1st	-	-	-	-	Kömək etdirməmişim	Kömək etdirmişim
	2nd	-	-	-	-	Kömək etdirməmişsən	Kömək etdirmişsən
	3rd	Kömək edilməmiş	Kömək edilmiş	-	-	Kömək etdirməmiş	Kömək etdirmiş
Plural	1st	-	-	-	-	Kömək etdirməmişik	Kömək etdirmişik
	2nd	-	-	-	-	Kömək etdirməmişsiniz	Kömək etdirmişsiniz
	3rd	-	-	-	-	Kömək etdirməmişlər	Kömək etdirmişlər

		Definite Future			
		Active		Passive	
		Negative	Positive	Negative	Positive
Singular	1st	Kömək etməyəcəm	Kömək edəcəm	-	-
	2nd	Kömək etməyəcəksən	Kömək edəcəksən	-	-
	3rd	Kömək etməyəcək	Kömək edəcək	Kömək edilməyəcək	Kömək ediləcək
Plural	1st	Kömək etməyəcəyik	Kömək edəcəyik	-	-
	2nd	Kömək etməyəcəksiniz	Kömək edəcəksiniz	-	-
	3rd	Kömək etməyəcəklər	Kömək edəcəklər	-	-

		Indefinite Future									
		Active		Passive		Returning Type		Equivalent-Mutual Type		Causative	
		Negative	Positive	Negative	Positive	Negative	Positive	Negative	Positive	Negative	Positive
Singular	1st	Kömək etmərim	Kömək edərim	-	-	-	-	-	-	-	-
	2nd	Kömək etməzsəm	Kömək edərsən	-	-	-	-	-	-	-	-
	3rd	Kömək etməz	Kömək edər	-	-	-	-	-	-	-	-
Plural	1st	Kömək etmərik	Kömək edərik	-	-	-	-	-	-	-	-
	2nd	Kömək etməzsiniz	Kömək edərsiniz	-	-	-	-	-	-	-	-
	3rd	Kömək etməzlər	Kömək edərlər	-	-	-	-	-	-	-	-

		Conditional Mood			
		Definite Future		Indefinite Future	
		Negative	Positive	Negative	Positive
Singular	1st	Kömək etməyəcəksəm	Kömək edəcəksm	Kömək etmərimsə	Kömək edərimsə
	2nd	Kömək etməyəcəksənsə	Kömək edəcəksənsə	Kömək etməzsəmsə	Kömək edərsənsə
	3rd	Kömək etməyəcəksə	Kömək edəcəksə	Kömək etməzsə	Kömək edərsə
Plural	1st	Kömək etməyəcəksək	Kömək edəcəksək	Kömək etməriksə	Kömək edəriksə
	2nd	Kömək etməyəcəksinizsə	Kömək edəcəksinizsə	Kömək etməzsinizsə	Kömək edərsinizsə
	3rd	Kömək etməyəcəklərsə	Kömək edəcəklərsə	Kömək etməzlərsə	Kömək edərlərsə

| | | Conditional Mood | | | | | |
| | | Present | | Witnessed Past | | Narrative Past | |
		Negative	Positive	Negative	Positive	Negative	Positive
Singular	1st	Kömək etmirsəm	Kömək edirsəm	Kömək etmədiysəm	Kömək ettiysəm	Kömək etməmişsəm	Kömək etmişsəm
	2nd	Kömək etmirsənsə	Kömək edirsənsə	Kömək etmədiysən	Kömək ettiysən	Kömək etməmişsənsə	Kömək etmişsənsə
	3rd	Kömək etmirsə	Kömək edirsə	Kömək etmədiysə	Kömək ettiysə	Kömək etməmişsə	Kömək etmişsə
Plural	1st	Kömək etmirsək	Kömək edirsək	Kömək etmədiysək	Kömək ettiysək	Kömək etməmişsək	Kömək etmişsək
	2nd	Kömək etmirsinizsə	Kömək edirsinizsə	Kömək etmədinizsə	Kömək ettinizsə	Kömək etməmişsinizsə	Kömək etmişsinizsə
	3rd	Kömək etmirlərsə	Kömək edirlərsə	Kömək etmədilərsə	Kömək ettilərsə	Kömək etməmişlərsə	Kömək etmişlərsə

To Hold (Saxlamaq)

Present					
		Active		Passive	
		Negative	Positive	Negative	Positive
Singular	1st	saxlamıram	saxlayıram	saxlanmıram	saxlanıram
	2nd	saxlamırsan	saxlayırsan	saxlanmırsan	saxlanırsan
	3rd	saxlamır	saxlayır	Saxlanmır	Saxlanır
Plural	1st	saxlamırık	saxlayırık	Saxlanmırık	Saxlanırık
	2nd	saxlamırsınız	saxlayırsınız	Saxlanmırsınız	Saxlanırsınız
	3rd	saxlamırlar	saxlayırlar	Saxlanmırlar	Saxlanırlar

Present							
		Returning Type		Equivalent-Mutual Type		Causative	
		Negative	Positive	Negative	Positive	Negative	Positive
Singular	1st	saxlanılmıram	saxlanılıram	-	-	saxlatmıram	saxlatıram
	2nd	saxlanılmırsan	saxlanılırsan	-	-	saxlatmırsan	saxlatırsan
	3rd	saxlanılmır	saxlanılır	-	-	saxlatmır	saxlatır
Plural	1st	saxlanılmırık	saxlanılırık	-	-	saxlatmırık	saxlatırık
	2nd	saxlanılmırsınız	saxlanılırsınız	-	-	saxlatmırsınız	saxlatırsınız
	3rd	saxlanılmırlar	saxlanılırlar	-	-	saxlatmırlar	saxlatırlar

Witnessed Past					
		Active		Passive	
		Negative	Positive	Negative	Positive
Singular	1st	saxlamadım	saxladım	saxlanmadım	saxlandım
	2nd	saxlamadın	saxladın	saxlanmadın	saxlandın
	3rd	saxlamadı	saxladı	saxlanmadı	saxlandı
Plural	1st	saxlamadık	saxladık	saxlanmadık	saxlandık
	2nd	saxlamadınız	saxladınız	saxlanmadınız	saxlandınız
	3rd	saxlamadılar	saxladılar	saxlanmadılar	saxlandılar

Narrative Past							
		Returning Type		Equivalent-Mutual Type		Causative	
		Negative	Positive	Negative	Positive	Negative	Positive
Singular	1st	saxlanılmamışam	saxlanılmışam	-	-	saxlatmamışam	saxlatmışam
	2nd	saxlanılmamışsan	saxlanılmışsan	-	-	saxlatmamışsan	saxlatmışsan
	3rd	saxlanılmamış	saxlanılmış	-	-	saxlatmamış	saxlatmış
Plural	1st	saxlanılmamışıq	saxlanılmışıq	-	-	saxlatmamışıq	saxlatmışıq
	2nd	saxlanılmamışsınız	saxlanılmışsınız	-	-	saxlatmamışsınız	saxlatmışsınız
	3rd	saxlanılmamışlar	saxlanılmışlar	-	-	saxlatmamışlar	saxlatmışlar

Witnessed Past							
		Returning Type		Equivalent-Mutual Type		Causative	
		Negative	Positive	Negative	Positive	Negative	Positive
Singular	1st	saxlanılmadım	saxlanıldım	-	-	saxlatmadım	saxlatdım
	2nd	saxlanılmadın	saxlanıldın	-	-	saxlatmadın	saxlatdın
	3rd	saxlanılmadı	saxlanıldı	-	-	saxlatmadı	saxlatdı

Plural	1st	saxlanılmadık	saxlanıldık	-	-	saxlatmadık	saxlatdık
	2nd	saxlanılmadınız	saxlanıldınız	-	-	saxlatmadınız	saxlatdınız
	3rd	saxlanılmadılar	saxlanıldılar	-	-	saxlatmadılar	saxlatdılar

Narrative Past					
		Active		Passive	
		Negative	Positive	Negative	Positive
Singular	1st	saxlamamışam	saxlamışam	saxlanmamışam	saxlanmışam
	2nd	saxlamamışsan	saxlamışsan	saxlanmamışsan	saxlanmışsan
	3rd	saxlamamış	saxlamış	saxlanmamış	saxlanmış
Plural	1st	saxlamamışık	saxlamışık	saxlanmamışık	saxlanmışık
	2nd	saxlamamışsınız	saxlamışsınız	saxlanmamışsınız	saxlanmuşsınız
	3rd	saxlamamışlar	saxlamışlar	saxlanmamışlar	saxlanmışlar

Definite Future					
		Active		Passive	
		Negative	Positive	Negative	Positive
Singular	1st	saxlamayacağım	saxlayacağım	saxlanmayacağım	saxlanacağım
	2nd	saxlamayacaksan	saxlayacaksan	saxlanmayacaksan	saxlanacaksan
	3rd	saxlamayacak	saxlayacak	saxlanmayacak	saxlanacak
Plural	1st	saxlamayacağız	saxlayacağız	saxlanmayacağız	saxlanacağız
	2nd	saxlamayacaksınız	saxlayacaksınız	saxlanmayacaksınız	saxlanacaksınız
	3rd	saxlamayacaklar	saxlayacaklar	saxlanmayacaklar	saxlanacaklar

		Definite Future					
		Returning Type		Equivalent-Mutual Type		Causative	
		Negative	Positive	Negative	Positive	Negative	Positive
Singular	1st	saxlanılmayacağım	saxlanılacağım	-	-	saxlatmayacağım	saxlatacağım
	2nd	saxlanılmayacaksan	saxlanılacaksan	-	-	saxlatmayacaksan	saxlatacaksan
	3rd	saxlanılmayacak	saxlanılacak	-	-	saxlatmayacak	saxlatacak
Plural	1st	saxlanılmayacağız	saxlanılacağız	-	-	saxlatmayacağız	saxlatacağız
	2nd	saxlanılmayacaksınız	saxlanılacaksınız	-	-	saxlatmayacaksınız	saxlatacaksınız
	3rd	saxlanılmayacaklar	saxlanılacaklar	-	-	saxlatmayacaklar	saxlatacaklar

		Indefinite Future			
		Active		Passive	
		Negative	Positive	Negative	Positive
Singular	1st	saxlamaram	saxlayaram	saxlanmaram	saxlanaram
	2nd	saxlamazsan	saxlayarsan	saxlanmazsan	saxlanarsan
	3rd	saxlamaz	saxlar	saxlanmaz	saxlanar
Plural	1st	saxlamarık	saxlayarık	saxlanmarık	saxlanarık
	2nd	saxlamazsınız	saxlayarsınız	saxlanmazsınız	saxlanarsınız
	3rd	saxlamazlar	saxlayarlar	saxlanmazlar	saxlanarlar

242

		Indefinite Future					
		Returning Type		Equivalent-Mutual Type		Causative	
		Negative	Positive	Negative	Positive	Negative	Positive
Singular	1st	saxlanılmaram	saxlanılaram	-	-	saxlatmaram	saxlataram
	2nd	saxlanılmazsan	saxlanılarsan	-	-	saxlatmazsan	saxlatarsan
	3rd	saxlanılmaz	saxlanılır	-	-	saxlatmaz	saxlatır
Plural	1st	saxlanılmarık	saxlanılarık	-	-	saxlatmarık	saxlatarık
	2nd	saxlanılmazsınız	saxlanılarsınız	-	-	saxlatmazsınız	saxlatarsınız
	3rd	saxlanılmazlar	saxlanılarlar	-	-	saxlatmazlar	saxlatarlar

		Conditional Mood			
		Definite Future		Indefinite Future	
		Negative	Positive	Negative	Positive
Singular	1st	saxlamayacaksam	saxlayacaksam	saxlamaramsa	saxlayaramsa
	2nd	saxlamayacaksansa	saxlayacaksansa	saxlamazsansa	saxlayarsansa
	3rd	saxlamayacaksa	saxlayacaksa	saxlamazsa	saxlayarsa
Plural	1st	saxlamayacaksak	saxlayacaksak	saxlamarıksa	saxlayarıka
	2nd	saxlamayacaksınızsə	saxlayacaksınızsə	saxlamazsınızsa	saxlayarsınızsa
	3rd	saxlamayacaklarsa	saxlayacaklarsa	saxlamazlarsa	saxlayarlarsa

		Conditional Mood					
		Present		Witnessed Past		Narrative Past	
		Negative	Positive	Negative	Positive	Negative	Positive
Singular	1st	saxlamırsam	saxlayırsam	saxlamadımsa	saxladımsa	saxlamamışsam	saxlamışsam
	2nd	saxlamırsansa	saxlayırsansa	saxlamadınsa	saxladınsa	saxlamamışsansa	saxlamışsansa

	3rd	saxlamırsa	saxlayırsa	saxlamadısa	saxladısa	saxlamamışsa	saxlamışsa
Plural	1st	saxlamırıksa	saxlayırıksa	saxlamadıksa	saxladıksa	saxlamamışıksa	saxlamışıksa
	2nd	saxlamırsınızsa	saxlayırsınızsa	saxlamadınızsa	saxladınızsa	saxlamamışsınızsa	saxlamışsınızsa
	3rd	saxlamırlarsa	saxlayırlarsa	saxlamadılarsa	saxladılarsa	saxlamamışlarsa	saxlamışlarsa

		Other Moods			
		Imparative		Optative	
		Negative	Positive	Negative	Positive
Singular	1st	saxlamayım	saxlayım	(Kaş) saxlamayam	(Kaş) saxlayam
	2nd	saxlama	saxla	(Kaş) saxlamayasan	(Kaş) saxlayasan
	3rd	saxlamasın	saxlasın	(Kaş) saxlamaya	(Kaş) saxlaya
Plural	1st	saxlamayak	saxlayak	(Kaş) saxlamayak	(Kaş) saxlayak
	2nd	saxlamayasınız	saxlayasınız	(Kaş) saxlamayasınız	(Kaş) saxlayasınız
	3rd	saxlamasınlar	saxlaysınlar	(Kaş) saxlamayalar	(Kaş) saxlayalar

		Other Moods			
		Obligatory		necessary	
		Negative	Positive	Negative	Positive
Singular	1st	saxlamamalıyım	saxlamalıyım	-	-
	2nd	saxlamamalısın	saxlamalısın	-	-
	3rd	saxlamamalı	saxlamalı	-	-
Plural	1st	saxlamamalıyık	saxlamalıyık	-	-
	2nd	saxlamamalısınız	saxlamalısınız	-	-
	3rd	saxlamamalılar	saxlamalılar	-	-

To Invite (Dəvət Etmək)

Present					
		Active		Passive	
		Negative	Positive	Negative	Positive
Singular	1st	Dəvət etmirəm	Dəvət edirəm	-	-
	2nd	Dəvət etmirsən	Dəvət edirsən	-	-
	3rd	Dəvət etmir	Dəvət edir	Dəvət edilmir	Dəvət edilir
Plural	1st	Dəvət etmirik	Dəvət edirik	-	-
	2nd	Dəvət etmirsiniz	Dəvət edirsiniz	-	-
	3rd	Dəvət etmirlər	Dəvət edirlər	-	-

Definite Future							
		Returning Type		Equivalent-Mutual Type		Causative	
		Negative	Positive	Negative	Positive	Negative	Positive
Singular	1st	-	-	-	-	Dəvət etdirməyəcəm	Dəvət etdirəcəm
	2nd	-	-	-	-	Dəvət etdirməyəcəksən	Dəvət etdirəcəksən
	3rd	Dəvət edilməyəcək	Dəvət ediləcək	-	-	Dəvət etdirməyəcək	Dəvət etdirəcək
Plural	1st	-	-	-	-	Dəvət etdirməyəcəyik	Dəvət etdirəcəyik
	2nd	-	-	-	-	Dəvət etdirməyəcəksiniz	Dəvət etdirəcəksiniz
	3rd	-	-	-	-	Dəvət etdirməyəcəklər	Dəvət etdirəcəklər

245

Present						
		Returning Type		Equivalent-Mutual Type		Causative	
		Negative	Positive	Negative	Positive	Negative	Positive
Singular	1st	-	-	-	-	Dəvət etdirmirəm	Dəvət etdirirəm
	2nd	-	-	-	-	Dəvət etdirmirsən	Dəvət etdirirsən
	3rd	Dəvət edilmir	Dəvət edilir	-	-	Dəvət etdirmir	Dəvət etdirir
Plural	1st	-	-	-	-	Dəvət etdirmirik	Dəvət etdiririk
	2nd	-	-	-	-	Dəvət etdirmirsiniz	Dəvət etdirirsiniz
	3rd	-	-	-	-	Dəvət etdirmirlər	Dəvət etdirirlər

Witnessed Past					
		Active		Passive	
		Negative	Positive	Negative	Positive
Singular	1st	Dəvət etmədim	Dəvət etdim	-	-
	2nd	Dəvət etmədin	Dəvət etdin	-	-
	3rd	Dəvət etmədi	Dəvət etdi	Dəvət edilmədi	Dəvət edildi
Plural	1st	Dəvət etmədik	Dəvət etdik	-	-
	2nd	Dəvət etmədiniz	Dəvət etdiniz	-	-
	3rd	Dəvət etmədilər	Dəvət etdilər	-	-

Witnessed Past						
		Returning Type		Equivalent-Mutual Type		Causative	
		Negative	Positive	Negative	Positive	Negative	Positive
Singular	1st	-	-	-	-	Dəvət etdirmədim	Dəvət etdirdim
	2nd	-	-	-	-	Dəvət etdirmədin	Dəvət etdirdin
	3rd	Dəvət edilmədi	Dəvət edildi	-	-	Dəvət etdirmədi	Dəvət etdirdi
Plural	1st	-	-	-	-	Dəvət etdirmədik	Dəvət etdirdik
	2nd	-	-	-	-	Dəvət etdirmədiniz	Dəvət etdirdiniz
	3rd	-	-	-	-	Dəvət etdirmədilər	Dəvət etdirdilər

Narrative Past					
		Active		Passive	
		Negative	Positive	Negative	Positive
Singular	1st	Dəvət etməmişim	Dəvət etmişim	-	-
	2nd	Dəvət etməmişsən	Dəvət etmişsən	-	-
	3rd	Dəvət etməmiş	Dəvət etmiş	Dəvət edilməmiş	Dəvət edilmiş
Plural	1st	Dəvət etməmişik	Dəvət etmişik	-	-
	2nd	Dəvət etməmişsiniz	Dəvət etmişsiniz	-	-
	3rd	Dəvət etməmişlər	Dəvət etmişlər	-	-

247

		Narrative Past					
		Returning Type		Equivalent-Mutual Type		Causative	
		Negative	Positive	Negative	Positive	Negative	Positive
Singular	1st	-	-	-	-	Dəvət etdirməmişim	Dəvət etdirmişim
	2nd	-	-	-	-	Dəvət etdirməmişsən	Dəvət etdirmişsən
	3rd	Dəvət edilməmiş	Dəvət edilmiş	-	-	Dəvət etdirməmiş	Dəvət etdirmiş
Plural	1st	-	-	-	-	Dəvət etdirməmişik	Dəvət etdirmişik
	2nd	-	-	-	-	Dəvət etdirməmişsiniz	Dəvət etdirmişsiniz
	3rd	-	-	-	-	Dəvət etdirməmişlər	Dəvət etdirmişlər

		Definite Future			
		Active		Passive	
		Negative	Positive	Negative	Positive
Singular	1st	Dəvət etməyəcəm	Dəvət edəcəm	-	-
	2nd	Dəvət etməyəcəksən	Dəvət edəcəksən	-	-
	3rd	Dəvət etməyəcək	Dəvət edəcək	Dəvət edilməyəcək	Dəvət ediləcək
Plural	1st	Dəvət etməyəcəyik	Dəvət edəcəyik	-	-
	2nd	Dəvət etməyəcəksiniz	Dəvət edəcəksiniz	-	-
	3rd	Dəvət etməyəcəklər	Dəvət edəcəklər	-	-

Conditional Mood					
		Definite Future		Indefinite Future	
		Negative	Positive	Negative	Positive
Singular	1st	Dəvət etməyəcəksəm	Dəvət edəcəksəm	Dəvət etmərimsə	Dəvət edərimsə
	2nd	Dəvət etməyəcəksənsə	Dəvət edəcəksənsə	Dəvət etməzsəmsə	Dəvət edərsənsə
	3rd	Dəvət etməyəcəksə	Dəvət edəcəksə	Dəvət etməzsə	Dəvət edərsə
Plural	1st	Dəvət etməyəcəksək	Dəvət edəcəksək	Dəvət etməriksə	Dəvət edəriksə
	2nd	Dəvət etməyəcəksinizsə	Dəvət edəcəksinizsə	Dəvət etməzsinizsə	Dəvət edərsinizsə
	3rd	Dəvət etməyəcəklərsə	Dəvət edəcəklərsə	Dəvət etməzlərsə	Dəvət edərlərsə

Conditional Mood							
		Present		Witnessed Past		Narrative Past	
		Negative	Positive	Negative	Positive	Negative	Positive
Singular	1st	Dəvət etmirsəm	Dəvət edirsəm	Dəvət etmədiysəm	Dəvət ettiysəm	Dəvət etməmişsəm	Dəvət etmişsəm
	2nd	Dəvət etmirsənsə	Dəvət edirsənsə	Dəvət etmədiysən	Dəvət ettiysən	Dəvət etməmişsənsə	Dəvət etmişsənsə
	3rd	Dəvət etmirsə	Dəvət edirsə	Dəvət etmədiysə	Dəvət ettiysə	Dəvət etməmişsə	Dəvət etmişsə
Plural	1st	Dəvət etmirsək	Dəvət edirsək	Dəvət etmədiysək	Dəvət ettiysək	Dəvət etməmişsək	Dəvət etmişsək
	2nd	Dəvət etmirsinizsə	Dəvət edirsinizsə	Dəvət etmədinizsə	Dəvət ettinizsə	Dəvət etməmişsinizsə	Dəvət etmişsinizsə
	3rd	Dəvət etmirlərsə	Dəvət edirlərsə	Dəvət etmədilərsə	Dəvət ettilərsə	Dəvət etməmişlərsə	Dəvət etmişlərsə

		Indefinite Future									
		Active		Passive		RDəvət eturning type		Equivalent-Mutual Type		Causative	
		Negative	Positive	Negative	Positive	Negative	Positive	Negative	Positive	Negative	Positive
Singular	1st	Dəvət etmərim	Dəvət edərim	-	-	-	-	-	-	-	-
	2nd	Dəvət etməzsəm	Dəvət edərsən	-	-	-	-	-	-	-	-
	3rd	Dəvət etməz	Dəvət edər	-	-	-	-	-	-	-	-
Plural	1st	Dəvət etmərik	Dəvət edərik	-	-	-	-	-	-	-	-
	2nd	Dəvət etməzsiniz	Dəvət edərsiniz	-	-	-	-	-	-	-	-
	3rd	Dəvət etməzlər	Dəvət edərlər	-	-	-	-	-	-	-	-

To Kill (Həlak Etmək)

Present				
		Active		Passive
		Negative	Positive	Negative	Positive
Singular	1st	Həlak etmirəm	Həlak edirəm	-	-
	2nd	Həlak etmirsən	Həlak edirsən	-	-
	3rd	Həlak etmir	Həlak edir	Həlak edilmir	Həlak edilir
Plural	1st	Həlak etmirik	Həlak edirik	-	-
	2nd	Həlak etmirsiniz	Həlak edirsiniz	-	-
	3rd	Həlak etmirlər	Həlak edirlər	-	-

Definite Future							
		Returning Type		Equivalent-Mutual Type		Causative	
		Negative	Positive	Negative	Positive	Negative	Positive
Singular	1st	-	-	-	-	Həlak etdirməyəcəm	Həlak etdirəcəm
	2nd	-	-	-	-	Həlak etdirməyəcəksən	Həlak etdirəcəksən
	3rd	Həlak edilməyəcək	Həlak ediləcək	-	-	Həlak etdirməyəcək	Həlak etdirəcək
Plural	1st	-	-	-	-	Həlak etdirməyəcəyik	Həlak etdirəcəyik
	2nd	-	-	-	-	Həlak etdirməyəcəksiniz	Həlak etdirəcəksiniz
	3rd	-	-	-	-	Həlak etdirməyəcəklər	Həlak etdirəcəklər

Present						
		Returning Type		Equivalent-Mutual Type		Causative
		Negative	Positive	Negative	Positive	Negative	Positive
Singular	1st	-	-	-	-	Həlak etdirmirəm	Həlak etdirirəm
	2nd	-	-	-	-	Həlak etdirmirsən	Həlak etdirirsən
	3rd	Həlak edilmir	Həlak edilir	-	-	Həlak etdirmir	Həlak etdirir
Plural	1st	-	-	-	-	Həlak etdirmirik	Həlak etdiririk
	2nd	-	-	-	-	Həlak etdirmirsiniz	Həlak etdirirsiniz
	3rd	-	-	-	-	Həlak etdirmirlər	Həlak etdirirlər

Witnessed Past					
		Active		Passive	
		Negative	Positive	Negative	Positive
Singular	1st	Həlak etmədim	Həlak etdim	-	-
	2nd	Həlak etmədin	Həlak etdin	-	-
	3rd	Həlak etmədi	Həlak etdi	Həlak edilmədi	Həlak edildi
Plural	1st	Həlak etmədik	Həlak etdik	-	-
	2nd	Həlak etmədiniz	Həlak etdiniz	-	-
	3rd	Həlak etmədilər	Həlak etdilər	-	-

		Witnessed Past					
		Returning Type		Equivalent-Mutual Type		Causative	
		Negative	Positive	Negative	Positive	Negative	Positive
Singular	1st	-	-	-	-	Həlak etdirmədim	Həlak etdirdim
	2nd	-	-	-	-	Həlak etdirmədin	Həlak etdirdin
	3rd	Həlak edilmədi	Həlak edildi	-	-	Həlak etdirmədi	Həlak etdirdi
Plural	1st	-	-	-	-	Həlak etdirmədik	Həlak etdirdik
	2nd	-	-	-	-	Həlak etdirmədiniz	Həlak etdirdiniz
	3rd	-	-	-	-	Həlak etdirmədilər	Həlak etdirdilər

		Narrative Past			
		Active		Passive	
		Negative	Positive	Negative	Positive
Singular	1st	Həlak etməmişim	Həlak etmişim	-	-
	2nd	Həlak etməmişsən	Həlak etmişsən	-	-
	3rd	Həlak etməmiş	Həlak etmiş	Həlak edilməmiş	Həlak edilmiş
Plural	1st	Həlak etməmişik	Həlak etmişik	-	-
	2nd	Həlak etməmişsiniz	Həlak etmişsiniz	-	-
	3rd	Həlak etməmişlər	Həlak etmişlər	-	-

		Narrative Past					
		Returning Type		Equivalent-Mutual Type		Causative	
		Negative	Positive	Negative	Positive	Negative	Positive
Singular	1st	-	-	-	-	Həlak etdirməmişim	Həlak etdirmişim
	2nd	-	-	-	-	Həlak etdirməmişsən	Həlak etdirmişsən
	3rd	Həlak edilməmiş	Həlak edilmiş	-	-	Həlak etdirməmiş	Həlak etdirmiş
Plural	1st	-	-	-	-	Həlak etdirməmişik	Həlak etdirmişik
	2nd	-	-	-	-	Həlak etdirməmişsiniz	Həlak etdirmişsiniz
	3rd	-	-	-	-	Həlak etdirməmişlər	Həlak etdirmişlər

		Definite Future			
		Active		Passive	
		Negative	Positive	Negative	Positive
Singular	1st	Həlak etməyəcəm	Həlak edəcəm	-	-
	2nd	Həlak etməyəcəksən	Həlak edəcəksən	-	-
	3rd	Həlak etməyəcək	Həlak edəcək	Həlak edilməyəcək	Həlak ediləcək
Plural	1st	Həlak etməyəcəyik	Həlak edəcəyik	-	-
	2nd	Həlak etməyəcəksiniz	Həlak edəcəksiniz	-	-
	3rd	Həlak etməyəcəklər	Həlak edəcəklər	-	-

Conditional Mood				
		Definite Future		Indefinite Future	
		Negative	Positive	Negative	Positive
Singular	1st	Həlak etməyəcəksəm	Həlak edəcəksəm	Həlak etmərimsə	Həlak edərimsə
	2nd	Həlak etməyəcəksənsə	Həlak edəcəksənsə	Həlak etməzsəmsə	Həlak edərsənsə
	3rd	Həlak etməyəcəksə	Həlak edəcəksə	Həlak etməzsə	Həlak edərsə
Plural	1st	Həlak etməyəcəksək	Həlak edəcəksək	Həlak etməriksə	Həlak edəriksə
	2nd	Həlak etməyəcəksinizsə	Həlak edəcəksinizsə	Həlak etməzsinizsə	Həlak edərsinizsə
	3rd	Həlak etməyəcəklərsə	Həlak edəcəklərsə	Həlak etməzlərsə	Həlak edərlərsə

Conditional Mood						
		Present		Witnessed Past		Narrative Past	
		Negative	Positive	Negative	Positive	Negative	Positive
Singular	1st	Həlak etmirsəm	Həlak edirsəm	Həlak etmədiysəm	Həlak ettiysəm	Həlak etməmişsəm	Həlak etmişsəm
	2nd	Həlak etmirsənsə	Həlak edirsənsə	Həlak etmədiysən	Həlak ettiysən	Həlak etməmişsənsə	Həlak etmişsənsə
	3rd	Həlak etmirsə	Həlak edirsə	Həlak etmədiysə	Həlak ettiysə	Həlak etməmişsə	Həlak etmişsə
Plural	1st	Həlak etmirsək	Həlak edirsək	Həlak etmədiysək	Həlak ettiysək	Həlak etməmişsək	Həlak etmişsək
	2nd	Həlak etmirsinizsə	Həlak edirsinizsə	Həlak etmədinizsə	Həlak ettinizsə	Həlak etməmişsinizsə	Həlak etmişsinizsə
	3rd	Həlak etmirlərsə	Həlak edirlərsə	Həlak etmədilərsə	Həlak ettilərsə	Həlak etməmişlərsə	Həlak etmişlərsə

		Indefinite Future									
		Active		Passive		RHəlak eturning type		Equivalent-Mutual Type		Causative	
		Negative	Positive	Negative	Positive	Negative	Positive	Negative	Positive	Negative	Positive
Singular	1st	Həlak etmərim	Həlak edərim	-	-	-	-	-	-	-	-
	2nd	Həlak etməzsəm	Həlak edərsən	-	-	-	-	-	-	-	-
	3rd	Həlak etməz	Həlak edər	-	-	-	-	-	-	-	-
Plural	1st	Həlak etmərik	Həlak edərik	-	-	-	-	-	-	-	-
	2nd	Həlak etməzsiniz	Həlak edərsiniz	-	-	-	-	-	-	-	-
	3rd	Həlak etməzlər	Həlak edərlər	-	-	-	-	-	-	-	-

To Kiss (Öpmək)

Present				
		Active		Passive	
		Negative	Positive	Negative	Positive
Singular	1st	Öpmürəm	Öpürəm	Öpülmürəm	Öpülürəm
	2nd	Öpmürsən	Öpürsən	Öpülmürsən	Öpülürsən
	3rd	Öpmür	Öpür	Öpülmür	Öpülür
Plural	1st	Öpmürük	Öpürük	Öpülmürük	Öpülürük
	2nd	Öpmürsünüz	Öpürsünüz	Öpülmürsünüz	Öpülüsünüz
	3rd	Öpmürlər	Öpürlər	Öpülmürlər	Öpülürlər

Present							
		Returning Type		Equivalent-Mutual Type		Causative	
		Negative	Positive	Negative	Positive	Negative	Positive
Singular	1st	Öpülmürəm	Öpülürəm	-	-	Öpdürmürəm	Öpdürürəm
	2nd	Öpülmürsən	Öpülürsən	-	-	Öpdürmürsən	Öpdürürsən
	3rd	Öpülmür	Öpülür	-	-	Öpdürmür	Öpdürür
Plural	1st	Öpülmürük	Öpülürük	-	-	Öpdürmürük	Öpdürürük
	2nd	Öpülmürsünüz	Öpülüsünüz	-	-	Öpdürmürsünüz	Öpdürürsünüz
	3rd	Öpülmürlər	Öpülürlər	-	-	Öpdürmürlər	Öpdürürlər

Witnessed Past				
		Active		Passive	
		Negative	Positive	Negative	Positive
Singular	1st	Öpmədim	Öpdüm	Öpülmədim	Öpüldüm
	2nd	Öpmədin	Öpdün	Öpülmədin	Öpüldün
	3rd	Öpmədi	Öpdü	Öpülmədi	Öpüldü
Plural	1st	Öpmədik	Öpdük	Öpülmədik	Öpüldük
	2nd	Öpmədiniz	Öpdünüz	Öpülmədiniz	Öpüldünüz
	3rd	Öpmədilər	Öpdülər	Öpülmədilər	Öpüldülər

Narrative Past						
		Returning Type		Equivalent-Mutual Type		Causative	
		Negative	Positive	Negative	Positive	Negative	Positive
Singular	1st	Öpülməmişim	Öpülmüşüm	-	-	Öpdürməmişim	Öpdürmüşüm
	2nd	Öpülməmişsən	Öpülmüşsən	-	-	Öpdürməmişsən	Öpdürmüşsən
	3rd	Öpülməmiş	Öpülmüş	-	-	Öpdürməmiş	Öpdürmüş
Plural	1st	Öpülməmişik	Öpülmüşük	-	-	Öpdürməmişik	Öpdürmüşük
	2nd	Öpülməmişsiniz	Öpülmüşsünüz	-	-	Öpdürməmişsiniz	Öpdürmüşsünüz
	3rd	Öpülməmişlər	Öpülmüşlər	-	-	Öpdürməmişlər	Öpdürmüşlər

Witnessed Past						
		Returning Type		Equivalent-Mutual Type		Causative	
		Negative	Positive	Negative	Positive	Negative	Positive
Singular	1st	Öpülmədim	Öpüldüm	-	-	Öpdürmədim	Öpdürdüm
	2nd	Öpülmədin	Öpüldün	-	-	Öpdürmədin	Öpdürdün
	3rd	Öpülmədi	Öpüldü	-	-	Öpdürmədi	Öpdürdü

Plural	1st	Öpülmədik	Öpüldük	-	-	Öpdürmədik	Öpdürdük
	2nd	Öpülmədiniz	Öpüldünüz	-	-	Öpdürmədiniz	Öpdürdünüz
	3rd	Öpülmədilər	Öpüldülər	-	-	Öpdürmədilər	Öpdürdülər

Narrative Past					
		Active		Passive	
		Negative	Positive	Negative	Positive
Singular	1st	Öpməmişim	Öpmüşüm	Öpülməmişim	Öpülmüşüm
	2nd	Öpməmişsən	Öpmüşsən	Öpülməmişsən	Öpülmüşsən
	3rd	Öpməmiş	Öpmüş	Öpülməmiş	Öpdülmüş
Plural	1st	Öpməmişik	Öpmüşük	Öpülməmişik	Öpülmüşük
	2nd	Öpməmişsiniz	Öpmüşsünüz	Öpülməmişsiniz	Öpülmüşsünüz
	3rd	Öpməmişlər	Öpmüşlər	Öpülməmişlər	Öpülmüşlər

Definite Future					
		Active		Passive	
		Negative	Positive	Negative	Positive
Singular	1st	Öpməyəcəm	Öpəcəm	Öpülməyəcəm	Öpüləcəm
	2nd	Öpməyəcəksən	Öpəcəksən	Öpülməyəcəksən	Öpüləcəksən
	3rd	Öpməyəcək	Öpəcək	Öpülməyəcək	Öpüləcək
Plural	1st	Öpməyəcəyik	Öpəcəyik	Öpülməyəcəyik	Öpüləcəyik
	2nd	Öpməyəcəksiniz	Öpəcəksiniz	Öpülməyəcəksiniz	Öpüləcəksiniz
	3rd	Öpməyəcəklər	Öpəcəklər	Öpülməyəcəklər	Öpüləcəklər

259

		Definite Future					
		Returning Type		Equivalent-Mutual Type		Causative	
		Negative	Positive	Negative	Positive	Negative	Positive
Singular	1st	Öpülməyəcəm	Öpüləcəm	-	-	Öpdürməyəcəm	Öpdürəcəm
	2nd	Öpülməyəcəksən	Öpüləcəksən	-	-	Öpdürməyəcəksən	Öpdürəcəksən
	3rd	Öpülməyəcək	Öpüləcək	-	-	Öpdürməyəcək	Öpdürəcək
Plural	1st	Öpülməyəcəyik	Öpüləcəyik	-	-	Öpdürməyəcəyik	Öpdürəcəyik
	2nd	Öpülməyəcəksiniz	Öpüləcəksiniz	-	-	Öpdürməyəcəksiniz	Öpdürəcəksiniz
	3rd	Öpülməyəcəklər	Öpüləcəklər	-	-	Öpdürməyəcəklər	Öpdürəcəklər

		Indefinite Future									
		Active		Passive		Returning Type		Equivalent-Mutual Type		Causative	
		Negative	Positive	Negative	Positive	Negative	Positive	Negative	Positive	Negative	Positive
Singular	1st	Öpmərim	Öpərim	-	-	-	-	-	-	-	-
	2nd	Öpməzsəm	Öpərsən	-	-	-	-	-	-	-	-
	3rd	Öpməz	Öpər	-	-	-	-	-	-	-	-
Plural	1st	Öpmərik	Öpərik	-	-	-	-	-	-	-	-
	2nd	Öpməzsiniz	Öpərsiniz	-	-	-	-	-	-	-	-
	3rd	Öpməzlər	Öpərlər	-	-	-	-	-	-	-	-

Conditional Mood				
		Definite Future		Indefinite Future	
		Negative	Positive	Negative	Positive
Singular	1st	Öpməyəcəksəm	Öpəcəksm	Öpmərimsə	Öpərimsə
	2nd	Öpməyəcəksənsə	Öpəcəksənsə	Öpməzsəmsə	Öpərsənsə
	3rd	Öpməyəcəksə	Öpəcəksə	Öpməzsə	Öpərsə
Plural	1st	Öpməyəcəksək	Öpəcəksək	Öpməriksə	Öpəriksə
	2nd	Öpməyəcəksinizsə	Öpəcəksinizsə	Öpməzsinizsə	Öpərsinizsə
	3rd	Öpməyəcəklərsə	Öpəcəklərsə	Öpməzlərsə	Öpərlərsə

		Conditional Mood					
		Present		Witnessed Past		Narrative Past	
		Negative	Positive	Negative	Positive	Negative	Positive
Singular	1st	Öpmürsəm	Öpürsəm	Öpmədiysəm	Öpdüysəm	Öpməmişsəm	Öpmüşsəm
	2nd	Öpmürsənsə	Öpürsənsə	Öpmədiysən	Öpdüysən	Öpməmişsənsə	Öptmüşsənsə
	3rd	Öpmürsə	Öpürsə	Öpmədiysə	Öpdüysə	Öpməmişsə	Öpmüşsə
Plural	1st	Öpmürsək	Öpürsək	Öpmədiysək	Öpdüysək	Öpməmişsək	Öpmüşsək
	2nd	Öpmürsinizsə	Öpürsinizsə	Öpmədinizsə	Öpdünüzsə	Öpməmişsinizsə	Öpmüşsünüzsə
	3rd	Öpmürlərsə	Öpürlərsə	Öpmədilərsə	Öpdülərsə	Öpməmişlərsə	Öpmüşlərsə

To Know (Bilmək)

Present				
		Active		Passive	
		Negative	Positive	Negative	Positive
Singular	1st	bilmirəm	bilirəm	bilinmirəm	bilinirəm
	2nd	bilmirsən	bilirsən	bilinmirsən	bilinirsən
	3rd	bilmir	bilir	bilinmir	bilinir
Plural	1st	bilmirik	bilirik	bilinmirik	bilinirik
	2nd	bilmirsiniz	bilirsiniz	bilinmirsiniz	bilinirsiniz
	3rd	bilmirlər	bilirlər	bilinmirlər	bilinirlər

Present							
		Returning Type		Equivalent-Mutual Type		Causative	
		Negative	Positive	Negative	Positive	Negative	Positive
Singular	1st	bilinmirəm	bilinirəm	-	-	bildirmirəm	bildirirəm
	2nd	bilinmirsən	bilinirsən	-	-	bildirmirsən	bildirirsən
	3rd	bilinmir	bilinir	-	-	bildirmir	bildirir
Plural	1st	bilinmirik	bilinirik	-	-	bildirmirik	bildiririk
	2nd	bilinmirsiniz	bilinirsiniz	-	-	bildirmirsiniz	bildirisiniz
	3rd	bilinmirlər	bilinirlər	-	-	bildirmirlər	bildirirlər

Witnessed Past					
		Active		Passive	
		Negative	Positive	Negative	Positive
Singular	1st	bilmədim	bildim	bilinmədim	bilindim
	2nd	bilmədin	bildin	bilinmədin	bilindin
	3rd	bilmədi	bildi	bilinmədi	bilindi
Plural	1st	bilmədik	bildik	bilinmədik	bilindik
	2nd	bilmədiniz	bildiniz	bilinmədiniz	bilindiniz
	3rd	bilmədilər	bildilər	bilinmədilər	bilindilər

Narrative Past							
		Returning Type		Equivalent-Mutual Type		Causative	
		Negative	Positive	Negative	Positive	Negative	Positive
Singular	1st	bilinməmişim	bilinmişim	-	-	bildirməmişim	bildirmişim
	2nd	bilinməmişsən	bilinmişsən	-	-	bildirməmişsən	bildirmişsən
	3rd	bilinməmiş	bilinmiş	-	-	bildirməmiş	bildirmiş
Plural	1st	bilinməmişik	bilinmişik	-	-	bildirməmişik	bildirmişik
	2nd	bilinməmişsiniz	bilinmişsiniz	-	-	bildirməmişsiniz	bildirmişsiniz
	3rd	bilinməmişlər	bilinmişlər	-	-	bildirməmişlər	bildirmişlər

Witnessed Past							
		Returning Type		Equivalent-Mutual Type		Causative	
		Negative	Positive	Negative	Positive	Negative	Positive
Singular	1st	bilinmədim	bilindim	-	-	bildirmədim	bildirdim
	2nd	bilinmədin	bilindin	-	-	bildirmədin	bildirdin
	3rd	bilinmədi	bilindi	-	-	bildirmədi	bildirdi

Plural	1st	bilinmədik	bilindik	-	-	bildirmədik	bildirdik
	2nd	bilinmədiniz	bilindiniz	-	-	bildirmədiniz	bildirdiniz
	3rd	bilinmədilər	bilindilər	-	-	bildirmədilər	bildirdilər

Narrative Past					
		Active		Passive	
		Negative	Positive	Negative	Positive
Singular	1st	bilməmişim	bilmişim	bilinməmişim	bilinmişim
	2nd	bilməmişsən	bilmişsən	bilinməmişsən	bilinmişsən
	3rd	bilməmiş	bilmiş	bilinməmiş	bilinmiş
Plural	1st	bilməmişik	bilmişik	bilinməmişik	bilinmişik
	2nd	bilməmişsiniz	bilmişsiniz	bilinməmişsiniz	bilinmişsiniz
	3rd	bilməmişlər	bilmişlər	bilinməmişlər	bilinmişlər

Definite Future					
		Active		Passive	
		Negative	Positive	Negative	Positive
Singular	1st	bilməyəcəm	biləcəm	bilinməyəcəm	bilinəcəm
	2nd	bilməyəcəksən	biləcəksən	bilinməyəcəksən	bilinəcəksən
	3rd	bilməyəcək	biləcək	bilinməyəcək	bilinəcək
Plural	1st	bilməyəcəyik	biləcəyik	bilinməyəcəyik	bilinəcəyik
	2nd	bilməyəcəksiniz	biləcəksiniz	bilinməyəcəksiniz	bilinəcəksiniz
	3rd	bilməyəcəklər	biləcəklər	bilinməyəcəklər	bilinəcəklər

		Definite Future					
		Returning Type		Equivalent-Mutual Type		Causative	
		Negative	Positive	Negative	Positive	Negative	Positive
Singular	1st	bilinməyəcəm	bilinəcəm	-	-	bildirməyəcəm	bildirəcəm
	2nd	bilinməyəcəksən	bilinəcəksən	-	-	bildirməyəcəksən	bildirəcəksən
	3rd	bilinməyəcək	bilinəcək	-	-	bildirməyəcək	bildirəcək
Plural	1st	bilinməyəcəyik	bilinəcəyik	-	-	bildirməyəcəyik	bildirəcəyik
	2nd	bilinməyəcəksiniz	bilinəcəksiniz	-	-	bildirməyəcəksiniz	biltdirəcəksiniz
	3rd	bilinməyəcəklər	bilinəcəklər	-	-	bildirməyəcəklər	bildirəcəklər

		Indefinite Future									
		Active		Passive		Returning Type		Equivalent-Mutual Type		Causative	
		Negative	Positive	Negative	Positive	Negative	Positive	Negative	Positive	Negative	Positive
Singular	1st	bilmərim	bilərim	-	-	-	-	-	-	-	-
	2nd	bilməzsəm	bilərsən	-	-	-	-	-	-	-	-
	3rd	bilməz	bilər	-	-	-	-	-	-	-	-
Plural	1st	bilmərik	bilərik	-	-	-	-	-	-	-	-
	2nd	bilməzsiniz	bilərsiniz	-	-	-	-	-	-	-	-
	3rd	bilməzlər	bilərlər	-	-	-	-	-	-	-	-

Conditional Mood				
		Definite Future		Indefinite Future	
		Negative	Positive	Negative	Positive
Singular	1st	bilməyəcəksəm	biləcəksm	bilmərimsə	bilərimsə
	2nd	bilməyəcəksənsə	biləcəksənsə	bilməzsəmsə	bilərsənsə
	3rd	bilməyəcəksə	biləcəksə	bilməzsə	bilərsə
Plural	1st	bilməyəcəksək	biləcəksək	bilməriksə	biləriksə
	2nd	bilməyəcəksinizsə	biləcəksinizsə	bilməzsinizsə	bilərsinizsə
	3rd	bilməyəcəklərsə	biləcəklərsə	bilməzlərsə	bilərlərsə

Conditional Mood							
		Present		Witnessed Past		Narrative Past	
		Negative	Positive	Negative	Positive	Negative	Positive
Singular	1st	bilmirsəm	bilirsəm	bilmədiysəm	bildiysəm	bilməmişsəm	bilmişsəm
	2nd	bilmirsənsə	bilirsənsə	bilmədiysən	bildiysən	bilməmişsənsə	bilmişsənsə
	3rd	bilmirsə	bilirsə	bilmədiysə	bildiysə	bilməmişsə	bilmişsə
Plural	1st	bilmirsək	bilirsək	bilmədiysək	bildiysək	bilməmişsək	bilmişsək
	2nd	bilmirsinizsə	bilirsinizsə	bilmədinizsə	bildinizsə	bilməmişsinizsə	bilmişsinizsə
	3rd	bilmirlərsə	bilirlərsə	bilmədilərsə	bildilərsə	bilməmişlərsə	bilmişlərsə

Other Moods				
		Imparative		Optative	
		Negative	Positive	Negative	Positive
Singular	1st	bilməyim	bilim	(Kaş) bilməyəm	(Kaş) biləm
	2nd	bilmə	bil	(Kaş) bilməyəsən	(Kaş) biləsən

267

	3rd	bilməsin	bilsin	(Kaş) bilməyə	(Kaş) bilə
	1st	bilməyək	bilək	(Kaş) bilməyək	(Kaş) bilək
Plural	2nd	bilməyin	bilin	(Kaş) bilməyəsiniz	(Kaş) biləsiniz
	3rd	bilməsinlər	bilsinlər	(Kaş) bilməyələr	(Kaş) bilələr

		Other Moods			
		Obligatory		necessary	
		Negative	Positive	Negative	Positive
Singular	1st	bilməməliyim	bilməliyim	biləsi deyiləm	biləsiyəm
	2nd	bilməməlisən	bilməlisən	-	-
	3rd	bilməməli	bilməli	-	-
Plural	1st	bilməməliyik	bilməliyik	biləsi deyilik	biləsiyik
	2nd	bilməməlisiniz	bilməliyisiniz	-	-
	3rd	bilməməlilər	bilməlilər	-	-

To Laugh (Gülmək)

Present					
		Active		Passive	
		Negative	Positive	Negative	Positive
Singular	1st	Gülmürəm	Gülürəm	-	-
	2nd	Gülmürsən	Gülürsən	-	-
	3rd	Gülmür	Gülür	Gülünmür	Gülünür
Plural	1st	Gülmürük	Gülürük	-	-
	2nd	Gülmürsünüz	Gülürsünüz	-	-
	3rd	Gülmürlər	Gülürlər	-	-

Present							
		Returning Type		Equivalent-Mutual Type		Causative	
		Negative	Positive	Negative	Positive	Negative	Positive
Singular	1st	-	-	-	-	Güldürmürəm	Güldürürəm
	2nd	-	-	-	-	Güldürmürsən	Güldürürsən
	3rd	Gülünmür	Gülünür	-	-	Güldürmür	Güldürür
Plural	1st	-	-	-	-	Güldürmürük	Güldürürük
	2nd	-	-	-	-	Güldürmürsünüz	Güldürürsünüz
	3rd	-	-	-	-	Güldürmürlər	Güldürürlər

Witnessed Past				
		Active		Passive	
		Negative	Positive	Negative	Positive
Singular	1st	Gülmədim	Güldüm	-	-
	2nd	Gülmədin	Güldün	-	-
	3rd	Gülmədi	Güldü	Gülünmədi	Gülündü
Plural	1st	Gülmədik	Güldük	-	-
	2nd	Gülmədiniz	Güldünüz	-	-
	3rd	Gülmədilər	Güldülər	-	-

Narrative Past							
		Returning Type		Equivalent-Mutual Type		Causative	
		Negative	Positive	Negative	Positive	Negative	Positive
Singular	1st	-	-	-	-	Güldürməmişim	Güldürmüşüm
	2nd	-	-	-	-	Güldürməmişsən	Güldürmüşsən
	3rd	Gülünməmiş	Gülünmüş	-	-	Güldürməmiş	Güldürmüş
Plural	1st	-	-	-	-	Güldürməmişik	Güldürmüşük
	2nd	-	-	-	-	Güldürməmişsiniz	Güldürmüşsünüz
	3rd	-	-	-	-	Güldürməmişlər	Güldürmüşlər

Witnessed Past							
		Returning Type		Equivalent-Mutual Type		Causative	
		Negative	Positive	Negative	Positive	Negative	Positive
Singular	1st	-	-	-	-	Güldürmədim	Güldürdüm
	2nd	-	-	-	-	Güldürmədin	Güldürdün
	3rd	Gülünmədi	Gülündü	-	-	Güldürmədi	Güldürdü

270

Plural	1st	-	-	-	-	Güldürmədik	Güldürdük
	2nd	-	-	-	-	Güldürmədiniz	Güldürdünüz
	3rd	-	-	-	-	Güldürmədilər	Güldürdülər

Narrative Past					
		Active		Passive	
		Negative	Positive	Negative	Positive
Singular	1st	Gülməmişim	Gülmüşüm	-	-
	2nd	Gülməmişsən	Gülmüşsən	-	-
	3rd	Gülməmiş	Gülmüş	Gülünməmiş	Gülünmüş
Plural	1st	Gülməmişik	Gülmüşük	-	-
	2nd	Gülməmişsiniz	Gülmüşsünüz	-	-
	3rd	Gülməmişlər	Gülmüşlər	-	-

Definite Future					
		Active		Passive	
		Negative	Positive	Negative	Positive
Singular	1st	Gülməyəcəm	Güləcəm	-	-
	2nd	Gülməyəcəksən	Güləcəksən	-	-
	3rd	Gülməyəcək	Güləcək	Gülünməyəcək	Gülünəcək
Plural	1st	Gülməyəcəyik	Güləcəyik	-	-
	2nd	Gülməyəcəksiniz	Güləcəksiniz	-	-
	3rd	Gülməyəcəklər	Güləcəklər	-	-

		Definite Future					
		Returning Type		Equivalent-Mutual Type		Causative	
		Negative	Positive	Negative	Positive	Negative	Positive
Singular	1st	-	-	-	-	Güldürməyəcəm	Güldürəcəm
	2nd	-	-	-	-	Güldürməyəcəksən	Güldürəcəksən
	3rd	Gülünməyəcək	Gülünəcək	-	-	Güldürməyəcək	Güldürəcək
Plural	1st	-	-	-	-	Güldürməyəcəyik	Güldürəcəyik
	2nd	-	-	-	-	Güldürməyəcəksiniz	Güldürəcəksiniz
	3rd	-	-	-	-	Güldürməyəcəklər	Güldürəcəklər

		Indefinite Future									
		Active		Passive		Returning Type		Equivalent-Mutual Type		Causative	
		Negative	Positive	Negative	Positive	Negative	Positive	Negative	Positive	Negative	Positive
Singular	1st	Gülmərim	Gülərim	-	-	-	-	-	-	-	-
	2nd	Gülməzsəm	Gülərsən	-	-	-	-	-	-	-	-
	3rd	Gülməz	Gülər	-	-	-	-	-	-	-	-
Plural	1st	Gülmərik	Gülərik	-	-	-	-	-	-	-	-
	2nd	Gülməzsiniz	Gülərsiniz	-	-	-	-	-	-	-	-
	3rd	Gülməzlər	Gülərlər	-	-	-	-	-	-	-	-

		Conditional Mood			
		Definite Future		Indefinite Future	
		Negative	Positive	Negative	Positive
Singular	1st	Gülməyəcəksəm	Güləcəksm	Gülmərimsə	Gülərimsə
	2nd	Gülməyəcəksənsə	Güləcəksənsə	Gülməzsəmsə	Gülərsənsə
	3rd	Gülməyəcəksə	Güləcəksə	Gülməzsə	Gülərsə
Plural	1st	Gülməyəcəksək	Güləcəksək	Gülməriksə	Güləriksə
	2nd	Gülməyəcəksinizsə	Güləcəksinizsə	Gülməzsinizsə	Gülərsinizsə
	3rd	Gülməyəcəklərsə	Güləcəklərsə	Gülməzlərsə	Gülərlərsə

		Conditional Mood					
		Present		Witnessed Past		Narrative Past	
		Negative	Positive	Negative	Positive	Negative	Positive
Singular	1st	Gülmürsəm	Gülürsəm	Gülmədiysəm	Güldüysəm	Gülməmişsəm	Gülmüşsəm
	2nd	Gülmürsənsə	Gülürsənsə	Gülmədiysən	Güldüysən	Gülməmişsənsə	Gültmüşsənsə
	3rd	Gülmürsə	Gülürsə	Gülmədiysə	Güldüysə	Gülməmişsə	Gülmüşsə
Plural	1st	Gülmürsək	Gülürsək	Gülmədiysək	Güldüysək	Gülməmişsək	Gülmüşsək
	2nd	Gülmürsinizsə	Gülürsinizsə	Gülmədinizsə	Güldünüzsə	Gülməmişsinizsə	Gülmüşsünüzsə
	3rd	Gülmürlərsə	Gülürlərsə	Gülmədilərsə	Güldülərsə	Gülməmişlərsə	Gülmüşlərsə

To Learn (Öyrənmək)

		Present			
		Active		Passive	
		Negative	Positive	Negative	Positive
Singular	1st	öyrənmirəm	öyrənirəm	-	-
	2nd	öyrənmirsən	öyrənirsən	-	-
	3rd	öyrənmir	öyrənir	öyrəlinmir	öyrənilir
Plural	1st	öyrənmirik	öyrənirik	-	-
	2nd	öyrənmirsiniz	öyrənirsiniz	-	-
	3rd	öyrənmirlər	öyrənirlər	-	-

		Present					
		Returning Type		Equivalent-Mutual Type		Causative	
		Negative	Positive	Negative	Positive	Negative	Positive
Singular	1st	-	-	-	-	öyrəndirmirəm	öyrəndirirəm
	2nd	-	-	-	-	öyrəndirmirsən	öyrəndirirsən
	3rd	öyrəlinmir	öyrənilir	-	-	öyrəndirmir	öyrəndirir
Plural	1st	-	-	-	-	öyrəndirmirik	öyrəndiririk
	2nd	-	-	-	-	öyrəndirmirsiniz	öyrəndirisiniz
	3rd	-	-	-	-	öyrəndirmirlər	öyrəndirirlər

Witnessed Past				
		Active		Passive	
		Negative	Positive	Negative	Positive
Singular	1st	öyrənmədim	öyrəndim	-	-
	2nd	öyrənmədin	öyrəndin	-	-
	3rd	öyrənmədi	öyrəndi	öyrənilmədi	öyrənildi
Plural	1st	öyrənmədik	öyrəndik	-	-
	2nd	öyrənmədiniz	öyrəndiniz	-	-
	3rd	öyrənmədilər	öyrəndilər	-	-

Narrative Past							
		Returning Type		Equivalent-Mutual Type		Causative	
		Negative	Positive	Negative	Positive	Negative	Positive
Singular	1st	-	-	-	-	öyrəndirməmişim	öyrəndirmişim
	2nd	-	-	-	-	öyrəndirməmişsən	öyrəndirmişsən
	3rd	öyrənilməmiş	öyrənilmiş	-	-	öyrəndirməmiş	öyrəndirmiş
Plural	1st	-	-	-	-	öyrəndirməmişik	öyrəndirmişik
	2nd	-	-	-	-	öyrəndirməmişsiniz	öyrəndirmişsiniz
	3rd	-	-	-	-	öyrəndirməmişlər	öyrəndirmişlər

Witnessed Past							
		Returning Type		Equivalent-Mutual Type		Causative	
		Negative	Positive	Negative	Positive	Negative	Positive
Singular	1st	-	-	-	-	öyrəndirmədim	öyrəndirdim
	2nd	-	-	-	-	öyrəndirmədin	öyrəndirdin
	3rd	öyrənilmədi	öyrənildi	-	-	öyrəndirmədi	öyrəndirdi

Plural	1st	-	-	-	-	öyrəndirmədik	öyrəndirdik
	2nd	-	-	-	-	öyrəndirmədiniz	öyrəndirdiniz
	3rd	-	-	-	-	öyrəndirmədilər	öyrəndirdilər

Narrative Past					
		Active		Passive	
		Negative	Positive	Negative	Positive
Singular	1st	öyrənməmişim	öyrənmişim	-	-
	2nd	öyrənməmişsən	öyrənmişsən	-	-
	3rd	öyrənməmiş	öyrənmiş	öyrənilməmiş	öyrənilmiş
Plural	1st	öyrənməmişik	öyrənmişik	-	-
	2nd	öyrənməmişsiniz	öyrənmişsiniz	-	-
	3rd	öyrənməmişlər	öyrənmişlər	-	-

Definite Future					
		Active		Passive	
		Negative	Positive	Negative	Positive
Singular	1st	öyrənməyəcəm	öyrənəcəm	-	-
	2nd	öyrənməyəcəksən	öyrənəcəksən	-	-
	3rd	öyrənməyəcək	öyrənəcək	öyrənilməyəcək	öyrəniləcək
Plural	1st	öyrənməyəcəyik	öyrənəcəyik	-	-
	2nd	öyrənməyəcəksiniz	öyrənəcəksiniz	-	-
	3rd	öyrənməyəcəklər	öyrənəcəklər	-	-

		Definite Future					
		Returning Type		Equivalent-Mutual Type		Causative	
		Negative	Positive	Negative	Positive	Negative	Positive
Singular	1st	-	-	-	-	öyrəndirməyəcəm	öyrəndirəcəm
	2nd	-	-	-	-	öyrəndirməyəcəksən	öyrəndirəcəksən
	3rd	öyrənilməyəcək	öyrəniləcək	-	-	öyrəndirməyəcək	öyrəndirəcək
Plural	1st	-	-	-	-	öyrəndirməyəcəyik	öyrəndirəcəyik
	2nd	-	-	-	-	öyrəndirməyəcəksiniz	öyrəntdirəcəksiniz
	3rd	-	-	-	-	öyrəndirməyəcəklər	öyrəndirəcəklər

		Indefinite Future					
		Returning Type		Equivalent-Mutual Type		Causative	
		Negative	Positive	Negative	Positive	Negative	Positive
Singular	1st	-	-	-	-	-	-
	2nd	-	-	-	-	-	-
	3rd	-	-	-	-	-	-
Plural	1st	-	-	-	-	-	-
	2nd	-	-	-	-	-	-
	3rd	-	-	-	-	-	-

Indefinite Future				
		Active		Passive	
		Negative	Positive	Negative	Positive
Singular	1st	öyrənmərim	öyrənərim	öyrənmərim	öyrənərim
	2nd	öyrənməzsəm	öyrənərsən	öyrənməzsəm	öyrənərsən
	3rd	öyrənməz	öyrənər	öyrənməz	öyrənər
Plural	1st	öyrənmərik	öyrənərik	öyrənmərik	öyrənərik
	2nd	öyrənməzsiniz	öyrənərsiniz	öyrənməzsiniz	öyrənərsiniz
	3rd	öyrənməzlər	öyrənərlər	öyrənməzlər	öyrənərlər

Conditional Mood					
		Definite Future		Indefinite Future	
		Negative	Positive	Negative	Positive
Singular	1st	öyrənməyəcəksəm	öyrənəcəksm	öyrənmərimsə	öyrənərimsə
	2nd	öyrənməyəcəksənsə	öyrənəcəksənsə	öyrənməzsəmsə	öyrənərsənsə
	3rd	öyrənməyəcəksə	öyrənəcəksə	öyrənməzsə	öyrənərsə
Plural	1st	öyrənməyəcəksək	öyrənəcəksək	öyrənməriksə	öyrənəriksə
	2nd	öyrənməyəcəksinizsə	öyrənəcəksinizsə	öyrənməzsinizsə	öyrənərsinizsə
	3rd	öyrənməyəcəklərsə	öyrənəcəklərsə	öyrənməzlərsə	öyrənərlərsə

Conditional Mood							
		Present		Witnessed Past		Narrative Past	
		Negative	Positive	Negative	Positive	Negative	Positive
Singular	1st	öyrənmirsəm	öyrənirsəm	öyrənmədiysəm	öyrəndiysəm	öyrənməmişsəm	öyrənmişsəm
	2nd	öyrənmirsənsə	öyrənirsənsə	öyrənmədiysən	öyrəndiysən	öyrənməmişsənsə	öyrənmişsənsə
	3rd	öyrənmirsə	öyrənirsə	öyrənmədiysə	öyrəndiysə	öyrənməmişsə	öyrənmişsə

279

Plural	1st	öyrənmirsək	öyrənirsək	öyrənmədiysək	öyrəndiysək	öyrənməmişsək	öyrənmişsək
	2nd	öyrənmirsinizsə	öyrənirsinizsə	öyrənmədinizsə / öyrəndinizsə		öyrənməmişsinizsə / öyrənmişsinizsə	
	3rd	öyrənmirlərsə	öyrənirlərsə	öyrənmədilərsə	öyrəndilərsə	öyrənməmişlərsə	öyrənmişlərsə

		Other Moods			
		Imparative		Optative	
		Negative	Positive	Negative	Positive
Singular	1st	öyrənməyim	öyrənim	(Kaş) öyrənməyəm	(Kaş) öyrənəm
	2nd	öyrənmə	öyrən	(Kaş) öyrənməyəsən	(Kaş) öyrənəsən
	3rd	öyrənməsin	öyrənsin	(Kaş) öyrənməyə	(Kaş) öyrənə
Plural	1st	öyrənməyək	öyrənək	(Kaş) öyrənməyək	(Kaş) öyrənək
	2nd	öyrənməyin	öyrənin	(Kaş) öyrənməyəsiniz	(Kaş) öyrənəsiniz
	3rd	öyrənməsinlər	öyrənsinlər	(Kaş) öyrənməyələr	(Kaş) öyrənələr

		Other Moods			
		Obligatory		necessary	
		Negative	Positive	Negative	Positive
Singular	1st	öyrənməməliyim	öyrənməliyim	öyrənəsi deyiləm	öyrənəsiyəm
	2nd	öyrənməməlisən	öyrənməlisən	-	-
	3rd	öyrənməməli	öyrənməli	-	-
Plural	1st	öyrənməməliyik	öyrənməliyik	öyrənəsi deyilik	öyrənəsiyik
	2nd	öyrənməməlisiniz	öyrənməliyisiniz	-	-
	3rd	öyrənməməlilər	öyrənməlilər	-	-

To Lie Down (Yatmaq)

Present					
		Active		Passive	
		Negative	Positive	Negative	Positive
Singular	1st	yatmıram	yatıram	-	-
	2nd	yatmırsan	yatırsan	-	-
	3rd	yatmır	yatır	yatılmır	yatılır
Pluryat	1st	yatmırık	yatırık	-	-
	2nd	yatmırsınız	yatırsınız	-	-
	3rd	yatmırlar	yatrlar	-	-

Present						
		Returning Type		Equvyatlant-Mutyat Type		Causative
		Negative	Positive	Negative	Positive	Negative	Positive
Singular	1st	-	-	-	-	yatdırmıram	yatdırıram
	2nd	-	-	-	-	yatdırmırsan	yatdırırsan
	3rd	yatılmır	yatılır	-	-	yatdırmır	yatdırır
Pluryat	1st	-	-	-	-	yatdırmırık	yatdırırık
	2nd	-	-	-	-	yatdırmırsınız	yatdırırsınız
	3rd	-	-	-	-	yatdırmırlar	yatdırırlar

Witnessed Past				
		Active		Passive	
		Negative	Positive	Negative	Positive
Singular	1st	yatmadım	yatdım	-	-
	2nd	yatmadın	yatdın	-	-
	3rd	yatmadı	yatdı	yatılmadı	yatıldı
Pluryat	1st	yatmadık	yatdık	-	-
	2nd	yatmadınız	yatdınız	-	-
	3rd	yatmadılar	yatdılar	-	-

Narrative Past						
		Returning Type		Equvyatlant-Mutyat Type		Causative	
		Negative	Positive	Negative	Positive	Negative	Positive
Singular	1st	-	-	-	-	yatdırmamışam	yatdırmışam
	2nd	-	-	-	-	yatdırmamışsan	yatdırmışsan
	3rd	-	-	-	-	yatdırmamış	yatdırmış
Pluryat	1st	-	-	-	-	yatdırmamışık	yatdırmışık
	2nd	-	-	-	-	yatdırmamışsınız	yatdırmışsınız
	3rd	-	-	-	-	yatdırmamışlar	yatdırmışlar

Witnessed Past						
		Returning Type		Equvyatlant-Mutyat Type		Causative	
		Negative	Positive	Negative	Positive	Negative	Positive
Singular	1st	-	-	-	-	yatdırmadım	yatdırdım
	2nd	-	-	-	-	yatdırmadın	yatdırdın
	3rd	yatılıldı	yatılıldı	-	-	yatdırmadı	yatdırdı

Pluryat	1st	-	-	-	-	yatdırmadık	yatdırdık
	2nd	-	-	-	-	yatdırmadınız	yatdırdınız
	3rd	-	-	-	-	yatdırmadılar	yatdırdılar

Narrative Past					
		Active		Passive	
		Negative	Positive	Negative	Positive
Singular	1st	yatmamışam	yatmışam	-	-
	2nd	yatmamışsan	yatmışsan	-	-
	3rd	yatmamış	yatmış	yatılmamış	yatılmış
Pluryat	1st	yatmamışık	yatmışık	-	-
	2nd	yatmamışsınız	yatmışsınız	-	-
	3rd	yatmamışlar	yatmışlar	-	-

Definite Future					
		Active		Passive	
		Negative	Positive	Negative	Positive
Singular	1st	yatmayacağım	yatacağım	-	-
	2nd	yatmayacaksan	yatacaksan	-	-
	3rd	yatmayacak	yatacak	yatılmayacak	yatılacak
Pluryat	1st	yatmayacağız	yatacağız	-	-
	2nd	yatmayacaksınız	yatacaksınız	-	-
	3rd	yatmayacaklar	yatacaklar	-	-

		Definite Future					
		Returning Type		Equvyatlant-Mutyat Type		Causative	
		Negative	Positive	Negative	Positive	Negative	Positive
Singular	1st	-	-	-	-	yatdırmayacağım	yatdıracağım
	2nd	-	-	-	-	yatdırmayacaksan	yatdıracaksan
	3rd	yatınılmayacak	yatınılacak	-	-	yatdırmayacak	yatdıracak
Pluryat	1st	-	-	-	-	yatdırmayacağız	yatdıracağız
	2nd	-	-	-	-	yatdırmayacaksınız	yatdıracaksınız
	3rd	-	-	-	-	yatdırmayacaklar	yatdıracaklar

		Indefinite Future			
		Active		Passive	
		Negative	Positive	Negative	Positive
Singular	1st	yatmaram	yataram	-	-
	2nd	yatmazsan	yatarsan	-	-
	3rd	yatmaz	yatar	yatınmaz	yatınar
Pluryat	1st	yatmarık	yatarık	-	-
	2nd	yatmazsınız	yatarsınız	-	-
	3rd	yatmazlar	yatarlar	-	-

		Conditionyat Mood					
		Present		Witnessed Past		Narrative Past	
		Negative	Positive	Negative	Positive	Negative	Positive
Singular	1st	yatmırsam	yatırsam	yatmadımsa	yatdımsa	yatmamışsam	yatmışsam
	2nd	yatmırsansa	yatırsansa	yatmadınsa	yatdınsa	yatmamışsansa	yatmışsansa
	3rd	yatmırsa	yatırsa	yatmadısa	yatdısa	yatmamışsa	yatmışsa
Pluryat	1st	yatmırıksa	yatırıksa	yatmadıksa	yatdıksa	yatmamışıksa	yatmışıksa
	2nd	yatmırsınızsa	yatırsınızsa	yatmadınızsa	yatdınızsa	yatmamışsınızsa	yatmışsınızsa
	3rd	yatmırlarsa	yatırlarsa	yatmadılarsa	yatdılarsa	yatmamışlarsa	yatmışlarsa

		Indefinite Future					
		Returning Type		Equvyatlant-Mutyat Type		Causative	
		Negative	Positive	Negative	Positive	Negative	Positive
Singular	1st	-	-	-	-	yatdırmaram	yatdıraram
	2nd	-	-	-	-	yatdırmazsan	yatdırarsan
	3rd	yatınılmaz	yatınılır	-	-	yatdırmaz	yatdırır
Pluryat	1st	-	-	-	-	yatdırmarık	yatdırarık
	2nd	-	-	-	-	yatdırmazsınız	yatdırarsınız
	3rd	-	-	-	-	yatdırmazlar	yatdırarlar

		Conditionyat Mood			
		Definite Future		Indefinite Future	
		Negative	Positive	Negative	Positive
Singular	1st	yatmayacaksam	yatacaksam	yatmaramsa	yataramsa
	2nd	yatmayacaksansa	yatacaksansa	yatmazsansa	yatarsansa

	3rd	yatmayacaksa	yatacaksa	yatmazsa	yatyarsa
Pluryat	1st	yatmayacaksak	yatacaksak	yatmarıksa	yatyarıka
	2nd	yatmayacaksınızsə	yatacaksınızsə	yatmazsınızsa	yatarsınızsa
	3rd	yatmayacaklarsa	yatacaklarsa	yatmazlarsa	yatarlarsa

		Other Moods			
		Imparative		Optative	
		Negative	Positive	Negative	Positive
Singular	1st	yatmayım	yatım	(Kaş) yatmayam	(Kaş) yatam
	2nd	yatma	yat	(Kaş) yatmayasan	(Kaş) yatasan
	3rd	yatmasın	yatsın	(Kaş) yatmaya	(Kaş) yata
Pluryat	1st	yatmayak	yatak	(Kaş) yatmayak	(Kaş) yatak
	2nd	yatmayasınız	yatasınız	(Kaş) yatasınız	(Kaş) yatasınız
	3rd	yatmasınlar	yatsınlar	(Kaş) yatmayyatar	(Kaş) yatyatar

		Other Moods			
		Obligatory		necessary	
		Negative	Positive	Negative	Positive
Singular	1st	yatmamyatıyım	yatmyatıyım	-	-
	2nd	yatmamyatısın	yatmyatısın	-	-
	3rd	yatmamyatı	yatmyatı	-	-
Pluryat	1st	yatmamyatıyık	yatmyatıyık	-	-
	2nd	yatmamyatısınız	yatmyatısınız	-	-
	3rd	yatmamyatılar	yatmyatılar	-	-

To Like (Xoşlamaq)

Present				
		Active		Passive	
		Negative	Positive	Negative	Positive
Singular	1st	xoşlamıram	xoşlayıram	xoşlanmıram	xoşlanıram
	2nd	xoşlamırsan	xoşlayırsan	xoşlanmırsan	xoşlanırsan
	3rd	xoşlamır	xoşlayır	Xoşlanmır	Xoşlanır
Plural	1st	xoşlamırık	xoşlayırık	Xoşlanmırık	Xoşlanırık
	2nd	xoşlamırsınız	xoşlayırsınız	Xoşlanmırsınız	Xoşlanırsınız
	3rd	xoşlamırlar	xoşlayırlar	Xoşlanmırlar	Xoşlanırlar

Present							
		Returning Type		Equivalent-Mutual Type		Causative	
		Negative	Positive	Negative	Positive	Negative	Positive
Singular	1st	xoşlanılmıram	xoşlanılıram	-	-	xoşlatmıram	xoşlatıram
	2nd	xoşlanılmırsan	xoşlanılırsan	-	-	xoşlatmırsan	xoşlatırsan
	3rd	xoşlanılmır	xoşlanılır	-	-	xoşlatmır	xoşlatır
Plural	1st	xoşlanılmırık	xoşlanılırık	-	-	xoşlatmırık	xoşlatırık
	2nd	xoşlanılmırsınız	xoşlanılırsınız	-	-	xoşlatmırsınız	xoşlatırsınız
	3rd	xoşlanılmırlar	xoşlanılırlar	-	-	xoşlatmırlar	xoşlatırlar

Witnessed Past				
		Active		Passive	
		Negative	Positive	Negative	Positive
Singular	1st	xoşlamadım	xoşladım	xoşlanmadım	xoşlandım
	2nd	xoşlamadın	xoşladın	xoşlanmadın	xoşlandın
	3rd	xoşlamadı	xoşladı	xoşlanmadı	xoşlandı
Plural	1st	xoşlamadık	xoşladık	xoşlanmadık	xoşlandık
	2nd	xoşlamadınız	xoşladınız	xoşlanmadınız	xoşlandınız
	3rd	xoşlamadılar	xoşladılar	xoşlanmadılar	xoşlandılar

Narrative Past							
		Returning Type		Equivalent-Mutual Type		Causative	
		Negative	Positive	Negative	Positive	Negative	Positive
Singular	1st	xoşlanılmamışam	xoşlanılmışam	-	-	xoşlatmamışam	xoşlatmışam
	2nd	xoşlanılmamışsan	xoşlanılmışsan	-	-	xoşlatmamışsan	xoşlatmışsan
	3rd	xoşlanılmamış	xoşlanılmış	-	-	xoşlatmamış	xoşlatmış
Plural	1st	xoşlanılmamışık	xoşlanılmışık	-	-	xoşlatmamışık	xoşlatmışık
	2nd	xoşlanılmamışsınız	xoşlanılmışsınız	-	-	xoşlatmamışsınız	xoşlatmışsınız
	3rd	xoşlanılmamışlar	xoşlanılmışlar	-	-	xoşlatmamışlar	xoşlatmışlar

Witnessed Past							
		Returning Type		Equivalent-Mutual Type		Causative	
		Negative	Positive	Negative	Positive	Negative	Positive
Singular	1st	xoşlanılmadım	xoşlanıldım	-	-	xoşlatmadım	xoşlatdım
	2nd	xoşlanılmadın	xoşlanıldın	-	-	xoşlatmadın	xoşlatdın
	3rd	xoşlanılmadı	xoşlanıldı	-	-	xoşlatmadı	xoşlatdı

Plural	1st	xoşlanılmadık	xoşlanıldık	-	-	xoşlatmadık	xoşlatdık
	2nd	xoşlanılmadınız	xoşlanıldınız	-	-	xoşlatmadınız	xoşlatdınız
	3rd	xoşlanılmadılar	xoşlanıldılar	-	-	xoşlatmadılar	xoşlatdılar

Narrative Past					
		Active		Passive	
		Negative	Positive	Negative	Positive
Singular	1st	xoşlamamışam	xoşlamışam	xoşlanmamışam	xoşlanmışam
	2nd	xoşlamamışsan	xoşlamışsan	xoşlanmamışsan	xoşlanmışsan
	3rd	xoşlamamış	xoşlamış	xoşlanmamış	xoşlanmış
Plural	1st	xoşlamamışık	xoşlamışık	xoşlanmamışık	xoşlanmışık
	2nd	xoşlamamışsınız	xoşlamışsınız	xoşlanmamışsınız	xoşlanmuşsınız
	3rd	xoşlamamışlar	xoşlamışlar	xoşlanmamışlar	xoşlanmışlar

Definite Future					
		Active		Passive	
		Negative	Positive	Negative	Positive
Singular	1st	xoşlamayacağım	xoşlayacağım	xoşlanmayacağım	xoşlanacağım
	2nd	xoşlamayacaksan	xoşlayacaksan	xoşlanmayacaksan	xoşlanacaksan
	3rd	xoşlamayacak	xoşlayacak	xoşlanmayacak	xoşlanacak
Plural	1st	xoşlamayacağız	xoşlayacağız	xoşlanmayacağız	xoşlanacağız
	2nd	xoşlamayacaksınız	xoşlayacaksınız	xoşlanmayacaksınız	xoşlanacaksınız
	3rd	xoşlamayacaklar	xoşlayacaklar	xoşlanmayacaklar	xoşlanacaklar

		Definite Future					
		Returning Type		Equivalent-Mutual Type		Causative	
		Negative	Positive	Negative	Positive	Negative	Positive
Singular	1st	xoşlanılmayacağım	xoşlanılacağım	-	-	xoşlatmayacağım	xoşlatacağım
	2nd	xoşlanılmayacaksan	xoşlanılacaksan	-	-	xoşlatmayacaksan	xoşlatacaksan
	3rd	xoşlanılmayacak	xoşlanılacak	-	-	xoşlatmayacak	xoşlatacak
Plural	1st	xoşlanılmayacağız	xoşlanılacağız	-	-	xoşlatmayacağız	xoşlatacağız
	2nd	xoşlanılmayacaksınız	xoşlanılacaksınız	-	-	xoşlatmayacaksınız	xoşlatacaksınız
	3rd	xoşlanılmayacaklar	xoşlanılacaklar	-	-	xoşlatmayacaklar	xoşlatacaklar

		Indefinite Future			
		Active		Passive	
		Negative	Positive	Negative	Positive
Singular	1st	xoşlamaram	xoşlayaram	xoşlanmaram	xoşlanaram
	2nd	xoşlamazsan	xoşlayarsan	xoşlanmazsan	xoşlanarsan
	3rd	xoşlamaz	xoşlar	xoşlanmaz	xoşlanar
Plural	1st	xoşlamarık	xoşlayarık	xoşlanmarık	xoşlanarık
	2nd	xoşlamazsınız	xoşlayarsınız	xoşlanmazsınız	xoşlanarsınız
	3rd	xoşlamazlar	xoşlayarlar	xoşlanmazlar	xoşlanarlar

		Indefinite Future					
		Returning Type		Equivalent-Mutual Type		Causative	
		Negative	Positive	Negative	Positive	Negative	Positive
Singular	1st	xoşlanılmaram	xoşlanılaram	-	-	xoşlatmaram	xoşlataram
	2nd	xoşlanılmazsan	xoşlanılarsan	-	-	xoşlatmazsan	xoşlatarsan
	3rd	xoşlanılmaz	xoşlanılır	-	-	xoşlatmaz	xoşlatır
Plural	1st	xoşlanılmarık	xoşlanılarık	-	-	xoşlatmarık	xoşlatarık
	2nd	xoşlanılmazsınız	xoşlanılarsınız	-	-	xoşlatmazsınız	xoşlatarsınız
	3rd	xoşlanılmazlar	xoşlanılarlar	-	-	xoşlatmazlar	xoşlatarlar

		Conditional Mood			
		Definite Future		Indefinite Future	
		Negative	Positive	Negative	Positive
Singular	1st	xoşlamayacaksam	xoşlayacaksam	xoşlamaramsa	xoşlayaramsa
	2nd	xoşlamayacaksansa	xoşlayacaksansa	xoşlamazsansa	xoşlayarsansa
	3rd	xoşlamayacaksa	xoşlayacaksa	xoşlamazsa	xoşlayarsa
Plural	1st	xoşlamayacaksak	xoşlayacaksak	xoşlamarıksa	xoşlayarıka
	2nd	xoşlamayacaksınızsə	xoşlayacaksınızsə	xoşlamazsınızsa	xoşlayarsınızsa
	3rd	xoşlamayacaklarsa	xoşlayacaklarsa	xoşlamazlarsa	xoşlayarlarsa

		Conditional Mood					
		Present		Witnessed Past		Narrative Past	
		Negative	Positive	Negative	Positive	Negative	Positive
Singular	1st	xoşlamırsam	xoşlayırsam	xoşlamadımsa	xoşladımsa	xoşlamamışsam	xoşlamışsam
	2nd	xoşlamırsansa	xoşlayırsansa	xoşlamadınsa	xoşladınsa	xoşlamamışsansa	xoşlamışsansa

	3rd	xoşlamırsa	xoşlayırsa	xoşlamadısa	xoşladısa	xoşlamamışsa	xoşlamışsa
Plural	1st	xoşlamırıksa	xoşlayırıksa	xoşlamadıksa	xoşladıksa	xoşlamamışıksa	xoşlamışıksa
	2nd	xoşlamırsınızsa	xoşlayırsınızsa	xoşlamadınızsa	xoşladınızsa	xoşlamamışsınızsa	xoşlamışsınızsa
	3rd	xoşlamırlarsa	xoşlayırlarsa	xoşlamadılarsa	xoşladılarsa	xoşlamamışlarsa	xoşlamışlarsa

		Other Moods			
		Imparative		Optative	
		Negative	Positive	Negative	Positive
Singular	1st	xoşlamayım	xoşlayım	(Kaş) xoşlamayam	(Kaş) xoşlayam
	2nd	xoşlama	xoşla	(Kaş) xoşlamayasan	(Kaş) xoşlayasan
	3rd	xoşlamasın	xoşlasın	(Kaş) xoşlamaya	(Kaş) xoşlaya
Plural	1st	xoşlamayak	xoşlayak	(Kaş) xoşlamayak	(Kaş) xoşlayak
	2nd	xoşlamayasınız	xoşlayasınız	(Kaş) xoşlamayasınız	(Kaş) xoşlayasınız
	3rd	xoşlamasınlar	xoşlaysınlar	(Kaş) xoşlamayalar	(Kaş) xoşlayalar

		Other Moods			
		Obligatory		necessary	
		Negative	Positive	Negative	Positive
Singular	1st	xoşlamamalıyım	xoşlamalıyım	-	-
	2nd	xoşlamamalısın	xoşlamalısın	-	-
	3rd	xoşlamamalı	xoşlamalı	-	-
Plural	1st	xoşlamamalıyık	xoşlamalıyık	-	-
	2nd	xoşlamamalısınız	xoşlamalısınız	-	-
	3rd	xoşlamamalılar	xoşlamalılar	-	-

To Listen (Qulaq Asmaq)

Present					
		Active		Passive	
		Negative	Positive	Negative	Positive
Singular	1st	qulaq asmıram	qulaq asıram	-	-
	2nd	qulaq asmırsan	qulaq asırsan	-	-
	3rd	qulaq asmır	qulaq asır	qulaq asılmır	qulaq asılır
Plural	1st	qulaq asmırık	qulaq asırık	-	-
	2nd	qulaq asmırsınız	qulaq asırsınız	-	-
	3rd	qulaq asmırlar	qulaq asrlar	-	-

Present							
		Returning Type		Equvqulvalant Mutal Type		Causative	
		Negative	Positive	Negative	Positive	Negative	Positive
Singular	1st	-	-	-	-	qulaq asdırmıram	qulaq asdırıram
	2nd	-	-	-	-	qulaq asdırmırsan	qulaq asdırırsan
	3rd	qulaq asılmır	qulaq asılır	-	-	qulaq asdırmır	qulaq asdırır
Plural	1st	-	-	-	-	qulaq asdırmırık	qulaq asdırırık
	2nd	-	-	-	-	qulaq asdırmırsınız	qulaq asdırırsınız
	3rd	-	-	-	-	qulaq asdırmırlar	qulaq asdırırlar

Witnessed Past					
		Active		Passive	
		Negative	Positive	Negative	Positive
Singular	1st	qulaq asmadım	qulaq asdım	-	-
	2nd	qulaq asmadın	qulaq asdın	-	-
	3rd	qulaq asmadı	qulaq asdı	qulaq asılmadı	qulaq asıldı
Plural	1st	qulaq asmadık	qulaq asdık	-	-
	2nd	qulaq asmadınız	qulaq asdınız	-	-
	3rd	qulaq asmadılar	qulaq asdılar	-	-

		Narrative Past					
		Returning Type		Equvalant-Mutal Type		Causative	
		Negative	Positive	Negative	Positive	Negative	Positive
Singular	1st	-	-	-	-	qulaq asdırmamışam	qulaq asdırmışam
	2nd	-	-	-	-	qulaq asdırmamışsan	qulaq asdırmışsan
	3rd	-	-	-	-	qulaq asdırmamış	qulaq asdırmış
Plural	1st	-	-	-	-	qulaq asdırmamışıq	qulaq asdırmışıq
	2nd	-	-	-	-	qulaq asdırmamışsınız	qulaq asdırmışsınız
	3rd	-	-	-	-	qulaq asdırmamışlar	qulaq asdırmışlar

Witnessed Past						
		Returning Type		Equvqulvalant Mutal Type		Causative	
		Negative	Positive	Negative	Positive	Negative	Positive
Singular	1st	-	-	-	-	qulaq asdırmadım	qulaq asdırdım
	2nd	-	-	-	-	qulaq asdırmadın	qulaq asdırdın
	3rd	qulaq asılıldı	qulaq asılıldı	-	-	qulaq asdırmadı	qulaq asdırdı
Plural	1st	-	-	-	-	qulaq asdırmadık	qulaq asdırdık
	2nd	-	-	-	-	qulaq asdırmadınız	qulaq asdırdınız
	3rd	-	-	-	-	qulaq asdırmadılar	qulaq asdırdılar

Narrative Past					
		Active		Passive	
		Negative	Positive	Negative	Positive
Singular	1st	qulaq asmamışam	qulaq asmışam	-	-
	2nd	qulaq asmamışsan	qulaq asmışsan	-	-
	3rd	qulaq asmamış	qulaq asmış	qulaq asılmamış	qulaq asılmış
Plural	1st	qulaq asmamışıq	qulaq asmışıq	-	-
	2nd	qulaq asmamışsınız	qulaq asmışsınız	-	-
	3rd	qulaq asmamışlar	qulaq asmışlar	-	-

Definite Future					
		Active		Passive	
		Negative	Positive	Negative	Positive
Singular	1st	qulaq asmayacağım	qulaq asacağım	-	-
	2nd	qulaq asmayacaksan	qulaq asacaksan	-	-
	3rd	qulaq asmayacak	qulaq asacak	qulaq asılmayacak	qulaq asılacak

Plural	1st	qulaq asmayacağız	qulaq asacağız	-	-
	2nd	qulaq asmayacaksınız	qulaq asacaksınız	-	-
	3rd	qulaq asmayacaklar	qulaq asacaklar	-	-

		Definite Future					
		Returning Type		Equvqulaq aslant-Mutqulaq as Type		Causative	
		Negative	Positive	Negative	Positive	Negative	Positive
Singular	1st	-	-	-	-	qulaq asdırmayacağım	qulaq asdıracağım
	2nd	-	-	-	-	qulaq asdırmayacaksan	qulaq asdıracaksan
	3rd	qulaq asınılmayacak	qulaq asınılacak	-	-	qulaq asdırmayacak	qulaq asdıracak
Plural	1st	-	-	-	-	qulaq asdırmayacağız	qulaq asdıracağız
	2nd	-	-	-	-	qulaq asdırmayacaksınız	qulaq asdıracaksınız
	3rd	-	-	-	-	qulaq asdırmayacaklar	qulaq asdıracaklar

		Definite Future			
		Active		Passive	
		Negative	Positive	Negative	Positive
Singular	1st	qulaq asmaram	qulaq asaram	-	-
	2nd	qulaq asmazsan	qulaq asarsan	-	-
	3rd	qulaq asmaz	qulaq asar	qulaq asınmaz	qulaq asınar

Plural	1st	qulaq asmarık	qulaq asarık	-	-
	2nd	qulaq asmazsınız	qulaq asarsınız	-	-
	3rd	qulaq asmazlar	qulaq asarlar	-	-

		Conditional as Mood					
		Present		Witnessed Past		Narrative Past	
		Negative	Positive	Negative	Positive	Negative	Positive
Singular	1st	qulaq asmırsam	qulaq asırsam	qulaq asmadımsa	qulaq asdımsa	qulaq asmamışsam	qulaq asmışsam
	2nd	qulaq asmırsansa	qulaq asırsansa	qulaq asmadınsa	qulaq asdınsa	qulaq asmamışsansa	qulaq asmışsansa
	3rd	qulaq asmırsa	qulaq asırsa	qulaq asmadısa	qulaq asdısa	qulaq asmamışsa	qulaq asmışsa
Plural	1st	qulaq asmırıksa	qulaq asırıksa	qulaq asmadıksa	qulaq asdıksa	qulaq asmamışıksa	qulaq asmışıksa
	2nd	qulaq asmırsınızsa	qulaq asırsınızsa	qulaq asmadınızsa	qulaq asdınızsa	qulaq asmamışsınızsa	qulaq asmışsınızsa
	3rd	qulaq asmırlarsa	qulaq asırlarsa	qulaq asmadılarsa	qulaq asdılarsa	qulaq asmamışlarsa	qulaq asmışlarsa

		Indefinite Future					
		Returning Type		Equvqulant-Mutal Type		Causative	
		Negative	Positive	Negative	Positive	Negative	Positive
Singular	1st	-	-	-	-	qulaq asdırmaram	qulaq asdıraram
	2nd	-	-	-	-	qulaq asdırmazsan	qulaq asdırarsan
	3rd	qulaq asınılmaz	qulaq asınılır	-	-	qulaq asdırmaz	qulaq asdırır

Plural	1st	-	-	-	-	qulaq asdırmarık	qulaq asdırarık
	2nd	-	-	-	-	qulaq asdırmazsınız	qulaq asdırarsınız
	3rd	-	-	-	-	qulaq asdırmazlar	qulaq asdırarlar

Conditional Mood					
		Definite Future		Indefinite Future	
		Negative	Positive	Negative	Positive
Singular	1st	qulaq asmayacaksam	qulaq asacaksam	qulaq asmaramsa	qulaq asaramsa
	2nd	qulaq asmayacaksansa	qulaq asacaksansa	qulaq asmazsansa	qulaq asarsansa
	3rd	qulaq asmayacaksa	qulaq asacaksa	qulaq asmazsa	qulaq asyarsa
Plural	1st	qulaq asmayacaksak	qulaq asacaksak	qulaq asmarıksa	qulaq asyarıka
	2nd	qulaq asmayacaksınızsə	qulaq asacaksınızsə	qulaq asmazsınızsa	qulaq asarsınızsa
	3rd	qulaq asmayacaklarsa	qulaq asacaklarsa	qulaq asmazlarsa	qulaq asarlarsa

Other Moods					
		Imparative		Optative	
		Negative	Positive	Negative	Positive
Singular	1st	qulaq asmayım	qulaq asım	(Kaş) qulaq asmayam	(Kaş) qulaq asam
	2nd	qulaq asma	qulaq as	(Kaş) qulaq asmayasan	(Kaş) qulaq asasan
	3rd	qulaq asmasın	qulaq assın	(Kaş) qulaq asmaya	(Kaş) qulaq asa
Plural	1st	qulaq asmayak	qulaq asak	(Kaş) qulaq asmayak	(Kaş) qulaq asak
	2nd	qulaq asmayasınız	qulaq asasınız	(Kaş) qulaq asasınız	(Kaş) qulaq asasınız
	3rd	qulaq asmasınlar	qulaq assınlar	(Kaş) qulaq asmayqulaq asar	(Kaş) qulaq asqulaq asar

| | | Other Moods | | | |
| | | Obligatory | | necessary | |
		Negative	Positive	Negative	Positive
Singular	1st	qulaq asmamqulaq asıyım	qulaq asmqulaq asıyım	-	-
	2nd	qulaq asmamqulaq asısın	qulaq asmqulaq asısın	-	-
	3rd	qulaq asmamqulaq ası	qulaq asmqulaq ası	-	-
Plural	1st	qulaq asmamqulaq asıyık	qulaq asmqulaq asıyık	-	-
	2nd	qulaq asmamqulaq asısınız	qulaq asmqulaq asısınız	-	-
	3rd	qulaq asmamqulaq asılar	qulaq asmqulaq asılar	-	-

To Live (Yaşamaq)

Present					
		Active		Passive	
		Negative	Positive	Negative	Positive
Singular	1st	yaşamıram	yaşayıram	yaşanmıram	yaşanıram
	2nd	yaşamırsan	yaşayırsan	yaşanmırsan	yaşanırsan
	3rd	yaşamır	yaşayır	Yaşanmır	Yaşanır
Plural	1st	yaşamırık	yaşayırık	Yaşanmırık	Yaşanırık
	2nd	yaşamırsınız	yaşayırsınız	Yaşanmırsınız	Yaşanırsınız
	3rd	yaşamırlar	yaşayırlar	Yaşanmırlar	Yaşanırlar

Present							
		Returning Type		Equivalent-Mutual Type		Causative	
		Negative	Positive	Negative	Positive	Negative	Positive
Singular	1st	yaşanılmıram	yaşanılıram	-	-	yaşatmıram	yaşatıram
	2nd	yaşanılmırsan	yaşanılırsan	-	-	yaşatmırsan	yaşatırsan
	3rd	yaşanılmır	yaşanılır	-	-	yaşatmır	yaşatır
Plural	1st	yaşanılmırık	yaşanılırık	-	-	yaşatmırık	yaşatırık
	2nd	yaşanılmırsınız	yaşanılırsınız	-	-	yaşatmırsınız	yaşatırsınız
	3rd	yaşanılmırlar	yaşanılırlar	-	-	yaşatmırlar	yaşatırlar

Witnessed Past					
		Active		Passive	
		Negative	Positive	Negative	Positive
Singular	1st	yaşamadım	yaşadım	yaşanmadım	yaşandım
	2nd	yaşamadın	yaşadın	yaşanmadın	yaşandın
	3rd	yaşamadı	yaşadı	yaşanmadı	yaşandı
Plural	1st	yaşamadık	yaşadık	yaşanmadık	yaşandık
	2nd	yaşamadınız	yaşadınız	yaşanmadınız	yaşandınız
	3rd	yaşamadılar	yaşadılar	yaşanmadılar	yaşandılar

Narrative Past							
		Returning Type		Equivalent-Mutual Type		Causative	
		Negative	Positive	Negative	Positive	Negative	Positive
Singular	1st	yaşanılmamışam	yaşanılmışam	-	-	yaşatmamışam	yaşatmışam
	2nd	yaşanılmamışsan	yaşanılmışsan	-	-	yaşatmamışsan	yaşatmışsan
	3rd	yaşanılmamış	yaşanılmış	-	-	yaşatmamış	yaşatmış
Plural	1st	yaşanılmamışık	yaşanılmışık	-	-	yaşatmamışık	yaşatmışık
	2nd	yaşanılmamışsınız	yaşanılmışsınız	-	-	yaşatmamışsınız	yaşatmışsınız
	3rd	yaşanılmamışlar	yaşanılmışlar	-	-	yaşatmamışlar	yaşatmışlar

Witnessed Past							
		Returning Type		Equivalent-Mutual Type		Causative	
		Negative	Positive	Negative	Positive	Negative	Positive
Singular	1st	yaşanılmadım	yaşanıldım	-	-	yaşatmadım	yaşatdım
	2nd	yaşanılmadın	yaşanıldın	-	-	yaşatmadın	yaşatdın
	3rd	yaşanılmadı	yaşanıldı	-	-	yaşatmadı	yaşatdı

Plural	1st	yaşanılmadık	yaşanıldık	-	-	yaşatmadık	yaşatdık
	2nd	yaşanılmadınız	yaşanıldınız	-	-	yaşatmadınız	yaşatdınız
	3rd	yaşanılmadılar	yaşanıldılar	-	-	yaşatmadılar	yaşatdılar

Narrative Past				
	Active		Passive	
	Negative	Positive	Negative	Positive
Singular 1st	yaşamamışam	yaşamışam	yaşanmamışam	yaşanmışam
2nd	yaşamamışsan	yaşamışsan	yaşanmamışsan	yaşanmışsan
3rd	yaşamamış	yaşamış	yaşanmamış	yaşanmış
Plural 1st	yaşamamışık	yaşamışık	yaşanmamışık	yaşanmışık
2nd	yaşamamışsınız	yaşamışsınız	yaşanmamışsınız	yaşanmuşsınız
3rd	yaşamamışlar	yaşamışlar	yaşanmamışlar	yaşanmışlar

Definite Future				
	Active		Passive	
	Negative	Positive	Negative	Positive
Singular 1st	yaşamayacağım	yaşayacağım	yaşanmayacağım	yaşanacağım
2nd	yaşamayacaksan	yaşayacaksan	yaşanmayacaksan	yaşanacaksan
3rd	yaşamayacak	yaşayacak	yaşanmayacak	yaşanacak
Plural 1st	yaşamayacağız	yaşayacağız	yaşanmayacağız	yaşanacağız
2nd	yaşamayacaksınız	yaşayacaksınız	yaşanmayacaksınız	yaşanacaksınız
3rd	yaşamayacaklar	yaşayacaklar	yaşanmayacaklar	yaşanacaklar

		Definite Future					
		Returning Type		Equivalent-Mutual Type		Causative	
		Negative	Positive	Negative	Positive	Negative	Positive
Singular	1st	yaşanılmayacağım	yaşanılacağım	-	-	yaşatmayacağım	yaşatacağım
	2nd	yaşanılmayacaksan	yaşanılacaksan	-	-	yaşatmayacaksan	yaşatacaksan
	3rd	yaşanılmayacak	yaşanılacak	-	-	yaşatmayacak	yaşatacak
Plural	1st	yaşanılmayacağız	yaşanılacağız	-	-	yaşatmayacağız	yaşatacağız
	2nd	yaşanılmayacaksınız	yaşanılacaksınız	-	-	yaşatmayacaksınız	yaşatacaksınız
	3rd	yaşanılmayacaklar	yaşanılacaklar	-	-	yaşatmayacaklar	yaşatacaklar

		Indefinite Future			
		Active		Passive	
		Negative	Positive	Negative	Positive
Singular	1st	yaşamaram	yaşayaram	yaşanmaram	yaşanaram
	2nd	yaşamazsan	yaşayarsan	yaşanmazsan	yaşanarsan
	3rd	yaşamaz	yaşar	yaşanmaz	yaşanar
Plural	1st	yaşamarık	yaşayarık	yaşanmarık	yaşanarık
	2nd	yaşamazsınız	yaşayarsınız	yaşanmazsınız	yaşanarsınız
	3rd	yaşamazlar	yaşayarlar	yaşanmazlar	yaşanarlar

		Indefinite Future					
		Returning Type		Equivalent-Mutual Type		Causative	
		Negative	Positive	Negative	Positive	Negative	Positive
Singular	1st	yaşanılmaram	yaşanılaram	-	-	yaşatmaram	yaşataram
	2nd	yaşanılmazsan	yaşanılarsan	-	-	yaşatmazsan	yaşatarsan

	3rd	yaşanılmaz	yaşanılır	-	-	yaşatmaz	yaşatır
Plural	1st	yaşanılmarık	yaşanılarık	-	-	yaşatmarık	yaşatarık
	2nd	yaşanılmazsınız	yaşanılarsınız	-	-	yaşatmazsınız	yaşatarsınız
	3rd	yaşanılmazlar	yaşanılarlar	-	-	yaşatmazlar	yaşatarlar

Conditional Mood					
		Definite Future		Indefinite Future	
		Negative	Positive	Negative	Positive
Singular	1st	yaşamayacaksam	yaşayacaksam	yaşamaramsa	yaşayaramsa
	2nd	yaşamayacaksansa	yaşayacaksansa	yaşamazsansa	yaşayarsansa
	3rd	yaşamayacaksa	yaşayacaksa	yaşamazsa	yaşayarsa
Plural	1st	yaşamayacaksak	yaşayacaksak	yaşamarıksa	yaşayarıka
	2nd	yaşamayacaksınızsə	yaşayacaksınızsə	yaşamazsınızsa	yaşayarsınızsa
	3rd	yaşamayacaklarsa	yaşayacaklarsa	yaşamazlarsa	yaşayarlarsa

Conditional Mood							
		Present		Witnessed Past		Narrative Past	
		Negative	Positive	Negative	Positive	Negative	Positive
Singular	1st	yaşamırsam	yaşayırsam	yaşamadımsa	yaşadımsa	yaşamamışsam	yaşamışsam
	2nd	yaşamırsansa	yaşayırsansa	yaşamadınsa	yaşadınsa	yaşamamışsansa	yaşamışsansa
	3rd	yaşamırsa	yaşayırsa	yaşamadısa	yaşadısa	yaşamamışsa	yaşamışsa
Plural	1st	yaşamırıksa	yaşayırıksa	yaşamadıksa	yaşadıksa	yaşamamışıksa	yaşamışıksa
	2nd	yaşamırsınızsa	yaşayırsınızsa	yaşamadınızsa	yaşadınızsa	yaşamamışsınızsa	yaşamışsınızsa
	3rd	yaşamırlarsa	yaşayırlarsa	yaşamadılarsa	yaşadılarsa	yaşamamışlarsa	yaşamışlarsa

		Other Moods			
		Imparative		Optative	
		Negative	Positive	Negative	Positive
Singular	1st	yaşamayım	yaşayım	(Kaş) yaşamayam	(Kaş) yaşayam
	2nd	yaşama	yaşa	(Kaş) yaşamayasan	(Kaş) yaşayasan
	3rd	yaşamasın	yaşasın	(Kaş) yaşamaya	(Kaş) yaşaya
Plural	1st	yaşamayak	yaşayak	(Kaş) yaşamayak	(Kaş) yaşayak
	2nd	yaşamayasınız	yaşayasınız	(Kaş) yaşamayasınız	(Kaş) yaşayasınız
	3rd	yaşamasınlar	yaşaysınlar	(Kaş) yaşamayalar	(Kaş) yaşayalar

		Other Moods			
		Obligatory		necessary	
		Negative	Positive	Negative	Positive
Singular	1st	yaşamamalıyım	yaşamalıyım	-	-
	2nd	yaşamamalısın	yaşamalısın	-	-
	3rd	yaşamamalı	yaşamalı	-	-
Plural	1st	yaşamamalıyık	yaşamalıyık	-	-
	2nd	yaşamamalısınız	yaşamalısınız	-	-
	3rd	yaşamamalılar	yaşamalılar	-	-

To Love (Sevmək)

Present				
		Active		Passive	
		Negative	Positive	Negative	Positive
Singular	1st	Sevmirəm	Sevirəm	Sevilmirəm	Sevilirəm
	2nd	Sevmirsən	Sevirsən	Sevilmirsən	Seviıirsən
	3rd	Sevmir	Sevir	Sevilmir	Sevilir
Plural	1st	Sevmirik	Sevirik	Sevilmirik	Sevilirik
	2nd	Sevmirsiniz	Sevirsiniz	Sevilmirsiniz	Sevilisiniz
	3rd	Sevmirlər	Sevirlər	Sevilmirlər	Sevilirlər

Present							
		Returning Type		Equivalent-Mutual Type		Causative	
		Negative	Positive	Negative	Positive	Negative	Positive
Singular	1st	Sevinmirəm	Sevinirəm	-	-	Sevdirmirəm	Sevdirirəm
	2nd	Sevinmirsən	Sevinirsən	-	-	Sevdirmirsən	Sevdirirsən
	3rd	Sevinmir	Sevinir	-	-	Sevdirmir	Sevtdirir
Plural	1st	Sevinmirik	Sevinirik	-	-	Sevdirmirik	Sevdiririk
	2nd	Sevinmirsiniz	Sevinisiniz	-	-	Sevdirmirsiniz	Sevdirirsiniz
	3rd	Sevinmirlər	Sevinirlər	-	-	Sevdirmirlər	Sevdirirlər

Witnessed Past				
		Active		Passive	
		Negative	Positive	Negative	Positive
Singular	1st	Sevmədim	Sevdim	Sevilmədim	Sevildim
	2nd	Sevmədin	Sevdin	Sevilmədin	Sevildin
	3rd	Sevmədi	Sevdi	Sevilmədi	Sevildi
Plural	1st	Sevmədik	Sevdik	Sevilmədik	Sevildik
	2nd	Sevmədiniz	Sevdiniz	Sevdilmədiniz	Sevildiniz
	3rd	Sevmədilər	Sevdilər	Sevilmədilər	Sevildilər

Narrative Past						
		Returning Type		Equivalent-Mutual Type		Causative	
		Negative	Positive	Negative	Positive	Negative	Positive
Singular	1st	Sevinməmişim	Sevinmişim	-	-	Sevdirməmişim	Sevdirmişim
	2nd	Sevinməmişsən	Sevinmişsən	-	-	Sevdirməmişsən	Qəbul etdirmişsən
	3rd	Sevinməmiş	Sevinmiş	-	-	Sevdirməmiş	Sevdirmiş
Plural	1st	Sevinməmişik	Sevinmişik	-	-	Sevdirməmişik	Sevdirmişik
	2nd	Sevinməmişsiniz	Sevinmişsiniz	-	-	Sevdirməmişsiniz	Sevdirmişsiniz
	3rd	Sevinməmişlər	Sevinmişlər	-	-	Sevdirməmişlər	Sevdirmişlər

Witnessed Past						
		Returning Type		Equivalent-Mutual Type		Causative	
		Negative	Positive	Negative	Positive	Negative	Positive
Singular	1st	Sevinmədim	Sevindim	-	-	Sevdirmədim	Sevdirdim
	2nd	Sevinmədin	Sevindin	-	-	Sevdirmədin	Sevdirdin
	3rd	Sevinmədi	Sevindi	-	-	Sevdirmədi	Sevdirdi

Plural	1st	Sevinmədik	Sevindik	-	-	Sevdirmədik	Sevdirdik
	2nd	Sevinmədiniz	Sevindiniz	-	-	Sevdirmədiniz	Sevdirdiniz
	3rd	Sevinmədilər	Sevindilər	-	-	Sevdirmədilər	Sevdirdilər

Narrative Past					
		Active		Passive	
		Negative	Positive	Negative	Positive
Singular	1st	Sevməmişim	Sevmişim	Sevilməmişim	Sevilmişim
	2nd	Sevməmişsən	Sevmişsən	Sevilməmişsən	Sevilmişsən
	3rd	Sevməmiş	Sevmiş	Sevilməmiş	Sevdilmiş
Plural	1st	Sevməmişik	Sevmişik	Sevilməmişik	Sevilmişik
	2nd	Sevməmişsiniz	Sevmişsiniz	Sevilməmişsiniz	Sevilmişsiniz
	3rd	Sevməmişlər	Sevmişlər	Sevilməmişlər	Sevilmişlər

Definite Future					
		Active		Passive	
		Negative	Positive	Negative	Positive
Singular	1st	Sevməyəcəm	Sevəcəm	Sevilməyəcəm	Seviləcəm
	2nd	Sevməyəcəksən	Sevəcəksən	Sevilməyəcəksən	Seviləcəksən
	3rd	Sevməyəcək	Sevəcək	Sevilməyəcək	Seviləcək
Plural	1st	Sevməyəcəyik	Sevəcəyik	Sevilməyəcəyik	Seviləcəyik
	2nd	Sevməyəcəksiniz	Sevəcəksiniz	Sevilməyəcəksiniz	Seviləcəksiniz
	3rd	Sevməyəcəklər	Sevəcəklər	Sevilməyəcəklər	Seviləcəklər

		Definite Future					
		Returning Type		Equivalent-Mutual Type		Causative	
		Negative	Positive	Negative	Positive	Negative	Positive
Singular	1st	Sevinməyəcəm	Sevinəcəm	-	-	Sevdirməyəcəm	Sevdirəcəm
	2nd	Sevinməyəcəksən	Sevinəcəksən	-	-	Sevdirməyəcəksən	Sevdirəcəksən
	3rd	Sevinməyəcək	Sevinəcək	-	-	Sevdirməyəcək	Sevdirəcək
Plural	1st	Sevinməyəcəyik	Sevinəcəyik	-	-	Sevdirməyəcəyik	Sevdirəcəyik
	2nd	Sevinməyəcəksiniz	Sevinəcəksiniz	-	-	Sevdirməyəcəksiniz	Sevdirəcəksiniz
	3rd	Sevinməyəcəklər	Sevinəcəklər	-	-	Sevdirməyəcəklər	Sevdirəcəklər

		Indefinite Future					
		Returning Type		Equivalent-Mutual Type		Causative	
		Negative	Positive	Negative	Positive	Negative	Positive
Singular	1st	-	-	-	-	-	-
	2nd	-	-	-	-	-	-
	3rd	-	-	-	-	-	-
Plural	1st	-	-	-	-	-	-
	2nd	-	-	-	-	-	-
	3rd	-	-	-	-	-	-

310

Indefinite Future					
		Active		Passive	
		Negative	Positive	Negative	Positive
Singular	1st	Sevmərim	Sevərim	-	-
	2nd	Sevməzsəm	Sevərsən	-	-
	3rd	Sevməz	Sevər	-	-
Plural	1st	Sevmərik	Sevərik	-	-
	2nd	Sevməzsiniz	Sevərsiniz	-	-
	3rd	Sevməzlər	Sevərlər	-	-

Conditional Mood					
		Definite Future		Indefinite Future	
		Negative	Positive	Negative	Positive
Singular	1st	Sevməyəcəksəm	Sevəcəksm	Sevərimsə	Sevərimsə
	2nd	Sevməyəcəksənsə	Sevəcəksənsə	Sevməzsəmsə	Sevərsənsə
	3rd	Sevməyəcəksə	Sevəcəksə	Sevməzsə	Sevərsə
Plural	1st	Sevməyəcəksək	Sevəcəksək	Sevəriksə	Sevəriksə
	2nd	Sevməyəcəksinizsə	Sevəcəksinizsə	Sevməzsinizsə	Sevərsinizsə
	3rd	Sevməyəcəklərsə	Sevəcəklərsə	Sevməzlərsə	Sevərlərsə

Conditional Mood							
		Present		Witnessed Past		Narrative Past	
		Negative	Positive	Negative	Positive	Negative	Positive
Singular	1st	Sevmirsəm	Sevirsəm	Sevmədiysəm	Sevtiysəm	Sevməmişsəm	Sevmişsəm
	2nd	Sevmirsənsə	Qəbul edirsənsə	Sevmədiysən	Sevtiysən	Sevməmişsənsə	Sevtmişsənsə
	3rd	Sevmirsə	Sevirsə	Sevmədiysə	Sevtiysə	Sevməmişsə	Sevmişsə

Plural	1st	Sevmirsək	Sevirsək	Sevmədiysək	Sevtiysək	Sevməmişsək	Sevmişsək
	2nd	Sevmirsinizsə	Sevirsinizsə	Sevmədinizsə	Sevtinizsə	Sevməmişsinizsə	Sevmişsinizsə
	3rd	Sevmirlərsə	Sevirlərsə	Sevmədilərsə	Sevtilərsə	Sevməmişlərsə	Sevmişlərsə

		Other Moods			
		Imparative		Optative	
		Negative	Positive	Negative	Positive
Singular	1st	Sevməyim	Sevim	(Kaş) Sevməyəm	(Kaş) Sevəm
	2nd	Sevmə	Sev	(Kaş) Sevməyəsən	(Kaş) Sevəsən
	3rd	Sevməsin	Sevsin	(Kaş) Sevməyə	(Kaş) Sevə
Plural	1st	Sevməyək	Sevək	(Kaş) Sevməyək	(Kaş) Sevək
	2nd	Sevməyin	Sevin	(Kaş) Sevməyəsiniz	(Kaş) Sevəsiniz
	3rd	Sevməsinlər	Sevsinlər	(Kaş) Sevməyələr	(Kaş) Sevələr

		Other Moods			
		Obligatory		necessary	
		Negative	Positive	Negative	Positive
Singular	1st	Sevməməliyim	Sevməliyim	Sevəsi deyiləm	Sevəsiyəm
	2nd	Sevməməlisən	Sevməlisən	-	-
	3rd	Sevməməli	Sevməli	-	-
Plural	1st	Sevməməliyik	Sevməliyik	Sevəsi deyilik	Sevəsiyik
	2nd	Sevməməlisiniz	Sevməliyisiniz	-	-
	3rd	Sevməməlilər	Sevməlilər	-	-

312

To Meet (Görüşmək)

		Present			
		Active		Passive	
		Negative	Positive	Negative	Positive
Singular	1st	Görüşmürəm	Görüşürəm	Görüşülmürəm	Görüşülürəm
	2nd	Görüşmürsən	Görüşürsən	Görüşülmürsən	Görüşülürsən
	3rd	Görüşmür	Görüşür	Görüşülmür	Görüşülür
Plural	1st	Görüşmürük	Görüşürük	Görüşülmürük	Görüşülürük
	2nd	Görüşmürsünüz	Görüşürsünüz	Görüşülmürsünüz	Görüşülüsünüz
	3rd	Görüşmürlər	Görüşürlər	Görüşülmürlər	Görüşülürlər

		Present					
		Returning Type		Equivalent-Mutual Type		Causative	
		Negative	Positive	Negative	Positive	Negative	Positive
Singular	1st	Görüşülmürəm	Görüşülürəm	-	-	Görüşdürmürəm	Görüşdürürəm
	2nd	Görüşülmürsən	Görüşülürsən	-	-	Görüşdürmürsən	Görüşdürürsən
	3rd	Görüşülmür	Görüşülür	-	-	Görüşdürmür	Görüşdürür
Plural	1st	Görüşülmürük	Görüşülürük	-	-	Görüşdürmürük	Görüşdürürük
	2nd	Görüşülmürsünüz	Görüşülüsünüz	-	-	Görüşdürmürsünüz	Görüşdürürsünüz
	3rd	Görüşülmürlər	Görüşülürlər	-	-	Görüşdürmürlər	Görüşdürürlər

		Witnessed Past			
		Active		Passive	
		Negative	Positive	Negative	Positive
Singular	1st	Görüşmədim	Görüşdüm	Görüşülmədim	Görüşüldüm
	2nd	Görüşmədin	Görüşdün	Görüşülmədin	Görüşüldün
	3rd	Görüşmədi	Görüşdü	Görüşülmədi	Görüşüldü
Plural	1st	Görüşmədik	Görüşdük	Görüşülmədik	Görüşüldük
	2nd	Görüşmədiniz	Görüşdünüz	Görüşülmədiniz	Görüşüldünüz
	3rd	Görüşmədilər	Görüşdülər	Görüşülmədilər	Görüşüldülər

		Narrative Past					
		Returning Type		Equivalent-Mutual Type		Causative	
		Negative	Positive	Negative	Positive	Negative	Positive
Singular	1st	Görüşülməmişim	Görüşülmüşüm	-	-	Görüşdürməmişim	Görüşdürmüşüm
	2nd	Görüşülməmişsən	Görüşülmüşsən	-	-	Görüşdürməmişsən	Görüşdürmüşsən
	3rd	Görüşülməmiş	Görüşülmüş	-	-	Görüşdürməmiş	Görüşdürmüş
Plural	1st	Görüşülməmişik	Görüşülmüşük	-	-	Görüşdürməmişik	Görüşdürmüşük
	2nd	Görüşülməmişsiniz	Görüşülmüşsünüz	-	-	Görüşdürməmişsiniz	Görüşdürmüşsünüz
	3rd	Görüşülməmişlər	Görüşülmüşlər	-	-	Görüşdürməmişlər	Görüşdürmüşlər

		Witnessed Past					
		Returning Type		Equivalent-Mutual Type		Causative	
		Negative	Positive	Negative	Positive	Negative	Positive
Singular	1st	Görüşülmədim	Görüşüldüm	-	-	Görüşdürmədim	Görüşdürdüm
	2nd	Görüşülmədin	Görüşüldün	-	-	Görüşdürmədin	Görüşdürdün

	3rd	Görüşülmədi	Görüşüldü	-	-	Görüşdürmədi	Görüşdürdü
	1st	Görüşülmədik	Görüşüldük	-	-	Görüşdürmədik	Görüşdürdük
Plural	2nd	Görüşülmədiniz	Görüşüldünüz	-	-	Görüşdürmədiniz	Görüşdürdünüz
	3rd	Görüşülmədilər	Görüşüldülər	-	-	Görüşdürmədilər	Görüşdürdülər

Narrative Past					
		Active		Passive	
		Negative	Positive	Negative	Positive
Singular	1st	Görüşməmişim	Görüşmüşüm	Görüşülməmişim	Görüşülmüşüm
	2nd	Görüşməmişsən	Görüşmüşsən	Görüşülməmişsən	Görüşülmüşsən
	3rd	Görüşməmiş	Görüşmüş	Görüşülməmiş	Görüşdülmüş
Plural	1st	Görüşməmişik	Görüşmüşük	Görüşülməmişik	Görüşülmüşük
	2nd	Görüşməmişsiniz	Görüşmüşsünüz	Görüşülməmişsiniz	Görüşülmüşsünüz
	3rd	Görüşməmişlər	Görüşmüşlər	Görüşülməmişlər	Görüşülmüşlər

Definite Future					
		Active		Passive	
		Negative	Positive	Negative	Positive
Singular	1st	Görüşməyəcəm	Görüşəcəm	Görüşülməyəcəm	Görüşüləcəm
	2nd	Görüşməyəcəksən	Görüşəcəksən	Görüşülməyəcəksən	Görüşüləcəksən
	3rd	Görüşməyəcək	Görüşəcək	Görüşülməyəcək	Görüşüləcək
Plural	1st	Görüşməyəcəyik	Görüşəcəyik	Görüşülməyəcəyik	Görüşüləcəyik
	2nd	Görüşməyəcəksiniz	Görüşəcəksiniz	Görüşülməyəcəksiniz	Görüşüləcəksiniz
	3rd	Görüşməyəcəklər	Görüşəcəklər	Görüşülməyəcəklər	Görüşüləcəklər

315

		Definite Future					
		Returning Type		Equivalent-Mutual Type		Causative	
		Negative	Positive	Negative	Positive	Negative	Positive
Singular	1st	Görüşülməyəcəm	Görüşüləcəm	-	-	Görüşdürməyəcəm	Görüşdürəcəm
	2nd	Görüşülməyəcəksən	Görüşüləcəksən	-	-	Görüşdürməyəcəksən	Görüşdürəcəksən
	3rd	Görüşülməyəcək	Görüşüləcək	-	-	Görüşdürməyəcək	Görüşdürəcək
Plural	1st	Görüşülməyəcəyik	Görüşüləcəyik	-	-	Görüşdürməyəcəyik	Görüşdürəcəyik
	2nd	Görüşülməyəcəksiniz	Görüşüləcəksiniz	-	-	Görüşdürməyəcəksiniz	Görüşdürəcəksiniz
	3rd	Görüşülməyəcəklər	Görüşüləcəklər	-	-	Görüşdürməyəcəklər	Görüşdürəcəklər

		Indefinite Future					
		Returning Type		Equivalent-Mutual Type		Causative	
		Negative	Positive	Negative	Positive	Negative	Positive
Singular	1st	-	-	-	-	-	-
	2nd	-	-	-	-	-	-
	3rd	-	-	-	-	-	-
Plural	1st	-	-	-	-	-	-
	2nd	-	-	-	-	-	-
	3rd	-	-	-	-	-	-

		Indefinite Future			
		Active		Passive	
		Negative	Positive	Negative	Positive
Singular	1st	Görüşmərim	Görüşərim	-	-
	2nd	Görüşməzsəm	Görüşərsən	-	-
	3rd	Görüşməz	Görüşər	-	-
Plural	1st	Görüşmərik	Görüşərik	-	-
	2nd	Görüşməzsiniz	Görüşərsiniz	-	-
	3rd	Görüşməzlər	Görüşərlər	-	-

		Conditional Mood			
		Definite Future		Indefinite Future	
		Negative	Positive	Negative	Positive
Singular	1st	Görüşməyəcəksəm	Görüşəcəksm	Görüşmərimsə	Görüşərimsə
	2nd	Görüşməyəcəksənsə	Görüşəcəksənsə	Görüşməzsəmsə	Görüşərsənsə
	3rd	Görüşməyəcəksə	Görüşəcəksə	Görüşməzsə	Görüşərsə
Plural	1st	Görüşməyəcəksək	Görüşəcəksək	Görüşməriksə	Görüşəriksə
	2nd	Görüşməyəcəksinizsə	Görüşəcəksinizsə	Görüşməzsinizsə	Görüşərsinizsə
	3rd	Görüşməyəcəklərsə	Görüşəcəklərsə	Görüşməzlərsə	Görüşərlərsə

		Conditional Mood					
		Present		Witnessed Past		Narrative Past	
		Negative	Positive	Negative	Positive	Negative	Positive
Singular	1st	Görüşmürsəm	Görüşürsəm	Görüşmədiysəm	Görüşdüysəm	Görüşməmişsəm	Görüşmüşsəm
	2nd	Görüşmürsənsə	Görüşürsənsə	Görüşmədiysən	Görüşdüysən	Görüşməmişsənsə	Görüştmüşsənsə
	3rd	Görüşmürsə	Görüşürsə	Görüşmədiysə	Görüşdüysə	Görüşməmişsə	Görüşmüşsə

317

Plural	1st	Görüşmürsək	Görüşürsək	Görüşmədiysək	Görüşdüysək	Görüşməmişsək	Görüşmüşsək
	2nd	Görüşmürsinizsə	Görüşürsinizsə	Görüşmədinizsə	Görüşdünüzsə	Görüşməmişsinizsə	Görüşmüşsünüzsə
	3rd	Görüşmürlərsə	Görüşürlərsə	Görüşmədilərsə	Görüşdülərsə	Görüşməmişlərsə	Görüşmüşlərsə

To need (Ehtiyac Duymaq)

Present					
		Active		Passive	
		Negative	Positive	Negative	Positive
Singular	1st	ehtiyac duymuram	ehtiyac duyuram	-	-
	2nd	ehtiyac duymursan	ehtiyac duyursan	-	-
	3rd	ehtiyac duymur	ehtiyac duyur	ehtiyac duyulmur	ehtiyac duyulur
Plural	1st	ehtiyac duymuruk	ehtiyac duyuruk	-	-
	2nd	ehtiyac duymursunuz	ehtiyac duyursunuz	-	-
	3rd	ehtiyac duymurlar	ehtiyac duyurlar	-	-

Present						
		Returning Type		Equivalent-Mutual Type		Causative
		Negative	Positive	Negative	Positive	Negative	Positive
Singular	1st	-	-	-	-	ehtiyac duydurmuram	ehtiyac duydururam
	2nd	-	-	-	-	ehtiyac duydurmursan	ehtiyac duydurursan
	3rd	ehtiyac duyulmur	ehtiyac duyulur	-	-	ehtiyac duydurmur	ehtiyac duydurur
Plural	1st	-	-	-	-	ehtiyac duydurmuruk	ehtiyac duydururuk
	2nd	-	-	-	-	ehtiyac duydurmursunuz	ehtiyac duydurursunuz
	3rd	-	-	-	-	ehtiyac duydurmurlar	ehtiyac duydururlar

319

Witnessed Past				
		Active		Passive	
		Negative	Positive	Negative	Positive
Singular	1st	ehtiyac duymadım	ehtiyac duydum	-	-
	2nd	ehtiyac duymadın	ehtiyac duydun	-	-
	3rd	ehtiyac duymadı	ehtiyac duydu	ehtiyac duyulmadı	ehtiyac duyuldu
Plural	1st	ehtiyac duymadık	ehtiyac duyduk	-	-
	2nd	ehtiyac duymadınız	ehtiyac duydunuz	-	-
	3rd	ehtiyac duymadılar	ehtiyac duydular	-	-

Witnessed Past						
		Returning Type		Equivalent-Mutual Type		Causative	
		Negative	Positive	Negative	Positive	Negative	Positive
Singular	1st	-	-	-	-	ehtiyac duydurmadım	Ehtiyac duydurdum
	2nd	-	-	-	-	ehtiyac duydurmadın	ehtiyac duydurdun
	3rd	ehtiyac duyulmadı	ehtiyac duyuldu	-	-	ehtiyac duydurmadı	ehtiyac duydurdu
Plural	1st	-	-	-	-	ehtiyac duydurmadık	ehtiyac duydurduk
	2nd	-	-	-	-	ehtiyac duydurmadınız	ehtiyac duydurdunuz
	3rd	-	-	-	-	ehtiyac duydurmadılar	ehtiyac duydurdular

Narrative Past				
		Active		Passive	
		Negative	Positive	Negative	Positive
Singular	1st	ehtiyac duymamışam	ehtiyac duymuşam	-	-
	2nd	ehtiyac duymamışsan	ehtiyac duymuşsan	-	-
	3rd	ehtiyac duymamış	ehtiyac duymuş	ehtiyac duyulmamış	ehtiyac duyulmuş
Plural	1st	ehtiyac duymamışık	ehtiyac duymışık	-	-
	2nd	Ehtiyac duymamışsınız	Ehtiyac duymuşsunuz	-	-
	3rd	ehtiyac duymamışlar	ehtiyac duymuşlar	-	-

		Narrative Past					
		Returning Type		Equivalent-Mutual Type		Causative	
		Negative	Positive	Negative	Positive	Negative	Positive
Singular	1st	-	-	-	-	ehtiyac duydurmamışam	ehtiyac duydurmuşam
	2nd	-	-	-	-	ehtiyac duydurmamışsan	ehtiyac duydurmuşsan
	3rd	ehtiyac duyulmamış	ehtiyac duyulmuş	-	-	ehtiyac duydurmamış	ehtiyac duydurmuş
Plural	1st	-	-	-	-	ehtiyac duydurmamışık	ehtiyac duydurmuşuk
	2nd	-	-	-	-	Ehtiyac duydurmamışsınız	Ehtiyac duydurmuşsunuz
	3rd	-	-	-	-	ehtiyac duymamışlar	ehtiyac duymuşlar

Definite Future				
		Active		Passive	
		Negative	Positive	Negative	Positive
Singular	1st	ehtiyac duymayacağım	ehtiyac duyacağım	-	-
	2nd	ehtiyac duymayacaksan	ehtiyac duyacaksan	-	-
	3rd	ehtiyac duymayacak	ehtiyac duyacak	ehtiyac duyulmayacak	ehtiyac duyulacak
Plural	1st	ehtiyac duymayacağız	ehtiyac duyacağız	-	-
	2nd	ehtiyac duymayacaksınız	ehtiyac duyacaksınız	-	-
	3rd	ehtiyac duymayacaklar	ehtiyac duyacaklar	-	-

Definite Future							
		Returning Type		Equivalent-Mutual Type		Causative	
		Negative	Positive	Negative	Positive	Negative	Positive
Singular	1st	-	-	-	-	ehtiyac duydurmayacağım	ehtiyac duyduracağım
	2nd	-	-	-	-	ehtiyac duydurmayacaksan	ehtiyac duyduracaksan
	3rd	ehtiyac duyulmayacak	ehtiyac duyulacak	-	-	ehtiyac duydurmayacak	ehtiyac duyduracak
Plural	1st	-	-	-	-	ehtiyac duydurmayacağız	ehtiyac duyduracağız
	2nd	-	-	-	-	ehtiyac duydurmayacaksınız	ehtiyac duyduracaksınız
	3rd	-	-	-	-	ehtiyac duydurmayacaklar	ehtiyac duyduracaklar

Indefinite Future					
		Active		Passive	
		Negative	Positive	Negative	Positive
Singular	1st	ehtiyac duymaram	ehtiyac duyaram	-	-
	2nd	ehtiyac duymazsan	ehtiyac duyarsan	-	-
	3rd	ehtiyac duymaz	ehtiyac duyar	-	-
Plural	1st	ehtiyac duymarık	ehtiyac duyarık	-	-
	2nd	ehtiyac duymazsınız	ehtiyac duyarsınız	-	-
	3rd	ehtiyac duymazlar	ehtiyac duyarlar	-	-

		Indefinite Future					
		Returning Type		Equivalent-Mutual Type		Causative	
		Negative	Positive	Negative	Positive	Negative	Positive
Singular	1st	-	-	-	-	-	-
	2nd	-	-	-	-	-	-
	3rd	-	-	-	-	-	-
Plural	1st	-	-	-	-	-	-
	2nd	-	-	-	-	-	-
	3rd	-	-	-	-	-	-

Conditional Mood				
		Definite Future		Indefinite Future	
		Negative	Positive	Negative	Positive
Singular	1st	ehtiyac duymayacaksam	ehtiyac duyacaksam	ehtiyac duymaramsa	ehtiyac duyaramsa
	2nd	ehtiyac duymayacaksansa	ehtiyac duyacaksansa	ehtiyac duymazsansa	ehtiyac duyarsansa
	3rd	ehtiyac duymayacaksa	ehtiyac duyacaksa	ehtiyac duymazsa	ehtiyac duyarsa
Plural	1st	ehtiyac duymayacaksak	ehtiyac duyacaksak	ehtiyac duymarıksa	ehtiyac duyarıka
	2nd	Ehtiyac duymayacaksınızsə	Ehtiyac duyacaksınızsə	ehtiyac duymazsınızsa	ehtiyac duyarsınızsa
	3rd	ehtiyac duymayacaklarsa	ehtiyac duyacaklarsa	ehtiyac duymazlarsa	ehtiyac duyarlarsa

Conditional Mood							
		Present		Witnessed Past		Narrative Past	
		Negative	Positive	Negative	Positive	Negative	Positive
Singular	1st	ehtiyac duymursam	ehtiyac duyursam	ehtiyac duymadımsa	ehtiyac duydumsa	ehtiyac duymamışsam	ehtiyac duymuşsam
	2nd	ehtiyac duymursansa	ehtiyac duyursansa	ehtiyac duymadınsa	ehtiyac duydun	ehtiyac duymamışsansa	ehtiyac duymuşsansa
	3rd	ehtiyac duymursa	ehtiyac duyursa	ehtiyac duymadısa	ehtiyac duydusa	ehtiyac duymamışsa	ehtiyac duymuşsa
Plural	1st	ehtiyac duymuruksa	ehtiyac duyuruksa	ehtiyac duymadıksa	ehtiyac duyduksa	ehtiyac duymamışıksa	ehtiyac duymışıksa
	2nd	ehtiyac duymursunuzsa	ehtiyac duyursunuzsa	ehtiyac duymadınızsa	ehtiyac duydunuzsa	Ehtiyac duymamışsınızsa	Ehtiyac duymuşsunuzsa
	3rd	ehtiyac duymurlarsa	ehtiyac duyurlarsa	ehtiyac duymadılarsa	ehtiyac duydularsa	ehtiyac duymamışlarsa	ehtiyac duymuşlara

		Other Moods			
		Imparative		Optative	
		Negative	Positive	Negative	Positive
Singular	1st	ehtiyac duymayım	ehtiyac duyum	(Kaş) ehtiyac duymayam	(Kaş) ehtiyac duyam
	2nd	ehtiyac duyma	ehtiyac duy	(Kaş) ehtiyac duymayasan	(Kaş) ehtiyac duyasan
	3rd	ehtiyac duymasın	ehtiyac duysun	(Kaş) ehtiyac duymaya	(Kaş) ehtiyac duya
Plural	1st	ehtiyac duymayak	ehtiyac duyak	(Kaş) ehtiyac duymayak	(Kaş) ehtiyac duyak
	2nd	ehtiyac duymayasınız	ehtiyac duyasınız	(Kaş) ehtiyac duymayasınız	(Kaş) ehtiyac duyasınız
	3rd	ehtiyac duymasınlar	ehtiyac duysunlar	(Kaş) ehtiyac duymayalar	(Kaş) ehtiyac duyalar

		Other Moods			
		Obligatory		necessary	
		Negative	Positive	Negative	Positive
Singular	1st	ehtiyac duymamalıyım	ehtiyac duymalıyım	-	-
	2nd	Ehtiyac duymamalısın	Ehtiyac duymalısın	-	-
	3rd	Ehtiyac duymamalı	Ehtiyac duymalı	-	-
Plural	1st	ehtiyac duymamalıyık	ehtiyac duymalıyık	-	-
	2nd	ehtiyac duymamalısınız	ehtiyac duymalısınız	-	-
	3rd	ehtiyac duymamalılar	ehtiyac duymalılar	-	-

To Notice (Görmək)

Present					
		Active		Passive	
		Negative	Positive	Negative	Positive
Singular	1st	Görmürəm	Görürəm	Görülmürəm	Görülürəm
	2nd	Görmürsən	Görürsən	Görülmürsən	Görülürsən
	3rd	Görmür	Görür	Görülmür	Görülür
Plural	1st	Görmürük	Görürük	Görülmürük	Görülürük
	2nd	Görmürsünüz	Görürsünüz	Görülmürsünüz	Görülüsünüz
	3rd	Görmürlər	Görürlər	Görülmürlər	Görülürlər

Present							
		Returning Type		Equivalent-Mutual Type		Causative	
		Negative	Positive	Negative	Positive	Negative	Positive
Singular	1st	Görülmürəm	Görülürəm	-	-	Gördürmürəm	Gördürürəm
	2nd	Görülmürsən	Görülürsən	-	-	Gördürmürsən	Gördürürsən
	3rd	Görülmür	Görülür	-	-	Gördürmür	Gördürür
Plural	1st	Görülmürük	Görülürük	-	-	Gördürmürük	Gördürürük
	2nd	Görülmürsünüz	Görülüsünüz	-	-	Gördürmürsünüz	Gördürürsünüz
	3rd	Görülmürlər	Görülürlər	-	-	Gördürmürlər	Gördürürlər

Witnessed Past					
		Active		Passive	
		Negative	Positive	Negative	Positive
Singular	1st	Görmədim	Gördüm	Görülmədim	Görüldüm
	2nd	Görmədin	Gördün	Görülmədin	Görüldün
	3rd	Görmədi	Gördü	Görülmədi	Görüldü
Plural	1st	Görmədik	Gördük	Görülmədik	Görüldük
	2nd	Görmədiniz	Gördünüz	Görülmədiniz	Görüldünüz
	3rd	Görmədilər	Gördülər	Görülmədilər	Görüldülər

Narrative Past							
		Returning Type		Equivalent-Mutual Type		Causative	
		Negative	Positive	Negative	Positive	Negative	Positive
Singular	1st	Görülməmişim	Görülmüşüm	-	-	Gördürməmişim	Gördürmüşüm
	2nd	Görülməmişsən	Görülmüşsən	-	-	Gördürməmişsən	Gördürmüşsən
	3rd	Görülməmiş	Görülmüş	-	-	Gördürməmiş	Gördürmüş
Plural	1st	Görülməmişik	Görülmüşük	-	-	Gördürməmişik	Gördürmüşük
	2nd	Görülməmişsiniz	Görülmüşsünüz	-	-	Gördürməmişsiniz	Gördürmüşsünüz
	3rd	Görülməmişlər	Görülmüşlər	-	-	Gördürməmişlər	Gördürmüşlər

Witnessed Past							
		Returning Type		Equivalent-Mutual Type		Causative	
		Negative	Positive	Negative	Positive	Negative	Positive
Singular	1st	Görülmədim	Görüldüm	-	-	Gördürmədim	Gördürdüm
	2nd	Görülmədin	Görüldün	-	-	Gördürmədin	Gördürdün
	3rd	Görülmədi	Görüldü	-	-	Gördürmədi	Gördürdü

Plural	1st	Görülmədik	Görüldük	-	-	Gördürmədik	Gördürdük
	2nd	Görülmədiniz	Görüldünüz	-	-	Gördürmədiniz	Gördürdünüz
	3rd	Görülmədilər	Görüldülər	-	-	Gördürmədilər	Gördürdülər

Narrative Past					
		Active		Passive	
		Negative	Positive	Negative	Positive
Singular	1st	Görməmişim	Görmüşüm	Görülməmişim	Görülmüşüm
	2nd	Görməmişsən	Görmüşsən	Görülməmişsən	Görülmüşsən
	3rd	Görməmiş	Görmüş	Görülməmiş	Gördülmüş
Plural	1st	Görməmişik	Görmüşük	Görülməmişik	Görülmüşük
	2nd	Görməmişsiniz	Görmüşsünüz	Görülməmişsiniz	Görülmüşsünüz
	3rd	Görməmişlər	Görmüşlər	Görülməmişlər	Görülmüşlər

Definite Future					
		Active		Passive	
		Negative	Positive	Negative	Positive
Singular	1st	Görməyəcəm	Görəcəm	Görülməyəcəm	Görüləcəm
	2nd	Görməyəcəksən	Görəcəksən	Görülməyəcəksən	Görüləcəksən
	3rd	Görməyəcək	Görəcək	Görülməyəcək	Görüləcək
Plural	1st	Görməyəcəyik	Görəcəyik	Görülməyəcəyik	Görüləcəyik
	2nd	Görməyəcəksiniz	Görəcəksiniz	Görülməyəcəksiniz	Görüləcəksiniz
	3rd	Görməyəcəklər	Görəcəklər	Görülməyəcəklər	Görüləcəklər

		Definite Future					
		Returning Type		Equivalent-Mutual Type		Causative	
		Negative	Positive	Negative	Positive	Negative	Positive
Singular	1st	Görülməyəcəm	Görüləcəm	-	-	Gördürməyəcəm	Gördürəcəm
	2nd	Görülməyəcəksən	Görüləcəksən	-	-	Gördürməyəcəksən	Gördürəcəksən
	3rd	Görülməyəcək	Görüləcək	-	-	Gördürməyəcək	Gördürəcək
Plural	1st	Görülməyəcəyik	Görüləcəyik	-	-	Gördürməyəcəyik	Gördürəcəyik
	2nd	Görülməyəcəksiniz	Görüləcəksiniz	-	-	Gördürməyəcəksiniz	Gördürəcəksiniz
	3rd	Görülməyəcəklər	Görüləcəklər	-	-	Gördürməyəcəklər	Gördürəcəklər

		Indefinite Future									
		Active		Passive		Returning Type		Equivalent-Mutual Type		Causative	
		Negative	Positive	Negative	Positive	Negative	Positive	Negative	Positive	Negative	Positive
Singular	1st	Görmərim	Görərim	-	-	-	-	-	-	-	-
	2nd	Görməzsəm	Görərsən	-	-	-	-	-	-	-	-
	3rd	Görməz	Görər	-	-	-	-	-	-	-	-
Plural	1st	Görmərik	Görərik	-	-	-	-	-	-	-	-
	2nd	Görməzsiniz	Görərsiniz	-	-	-	-	-	-	-	-
	3rd	Görməzlər	Görərlər	-	-	-	-	-	-	-	-

Conditional Mood					
		Definite Future		Indefinite Future	
		Negative	Positive	Negative	Positive
Singular	1st	Görməyəcəksəm	Görəcəksm	Görmərimsə	Görərimsə
	2nd	Görməyəcəksənsə	Görəcəksənsə	Görməzsəmsə	Görərsənsə
	3rd	Görməyəcəksə	Görəcəksə	Görməzsə	Görərsə
Plural	1st	Görməyəcəksək	Görəcəksək	Görməriksə	Görəriksə
	2nd	Görməyəcəksinizsə	Görəcəksinizsə	Görməzsinizsə	Görərsinizsə
	3rd	Görməyəcəklərsə	Görəcəklərsə	Görməzlərsə	Görərlərsə

Conditional Mood							
		Present		Witnessed Past		Narrative Past	
		Negative	Positive	Negative	Positive	Negative	Positive
Singular	1st	Görmürsəm	Görürsəm	Görmədiysəm	Gördüysəm	Görməmişsəm	Görmüşsəm
	2nd	Görmürsənsə	Görürsənsə	Görmədiysən	Gördüysən	Görməmişsənsə	Görtmüşsənsə
	3rd	Görmürsə	Görürsə	Görmədiysə	Gördüysə	Görməmişsə	Görmüşsə
Plural	1st	Görmürsək	Görürsək	Görmədiysək	Gördüysək	Görməmişsək	Görmüşsək
	2nd	Görmürsinizsə	Görürsinizsə	Görmədinizsə	Gördünüzsə	Görməmişsinizsə	Görmüşsünüzsə
	3rd	Görmürlərsə	Görürlərsə	Görmədilərsə	Gördülərsə	Görməmişlərsə	Görmüşlərsə

To Open (Açmaq)

Present				
		Active		Passive
		Negative	Positive	Negative	Positive

		Negative	Positive	Negative	Positive
Singular	1st	Açmıram	Açıram	-	-
	2nd	Açmırsan	Açırsan	-	-
	3rd	Açmır	Açır	Açılmır	Açılır
Plural	1st	Açmırık	Açırık	-	-
	2nd	Açmırsınız	Açırsınız	-	-
	3rd	Açmırlar	Açrlar	-	-

Present						
		Returning Type		Equvalant-Mutal Type		Causative
		Negative	Positive	Negative	Positive	Negative	Positive

		Negative	Positive	Negative	Positive	Negative	Positive
Singular	1st	-	-	-	-	Açdırmıram	Açdırıram
	2nd	-	-	-	-	Açdırmırsan	Açdırırsan
	3rd	Açılmır	Açılır	-	-	Açdırmır	Açdırır
Plural	1st	-	-	-	-	Açdırmırık	Açdırırık
	2nd	-	-	-	-	Açdırmırsınız	Açdırırsınız
	3rd	-	-	-	-	Açdırmırlar	Açdırırlar

Witnessed Past				
		Active		Passive	
		Negative	Positive	Negative	Positive
Singular	1st	Açmadım	Açdım	-	-
	2nd	Açmadın	Açdın	-	-
	3rd	Açmadı	Açdı	Açılmadı	Açıldı
Plural	1st	Açmadık	Açdık	-	-
	2nd	Açmadınız	Açdınız	-	-
	3rd	Açmadılar	Açdılar	-	-

		Narrative Past					
		Returning Type		Equvalant-Mutal Type		Causative	
		Negative	Positive	Negative	Positive	Negative	Positive
Singular	1st	-	-	-	-	Açdırmamışam	Açdırmışam
	2nd	-	-	-	-	Açdırmamışsan	Açdırmışsan
	3rd	-	-	-	-	Açdırmamış	Açdırmış
Plural	1st	-	-	-	-	Açdırmamışık	Açdırmışık
	2nd	-	-	-	-	Açdırmamışsınız	Açdırmışsınız
	3rd	-	-	-	-	Açdırmamışlar	Açdırmışlar

Witnessed Past							
		Returning Type		Equivalent-Mutual Type		Causative	
		Negative	Positive	Negative	Positive	Negative	Positive
Singular	1st	-	-	-	-	Açdırmadım	Açdırdım
	2nd	-	-	-	-	Açdırmadın	Açdırdın
	3rd	Açılıldı	Açılıldı	-	-	Açdırmadı	Açdırdı

Plural	1st	-	-	-	-	Açdırmadık	Açdırdık
	2nd	-	-	-	-	Açdırmadınız	Açdırdınız
	3rd	-	-	-	-	Açdırmadılar	Açdırdılar

Narrative Past					
		Active		Passive	
		Negative	Positive	Negative	Positive
Singular	1st	Açmamışam	Açmışam	-	-
	2nd	Açmamışsan	Açmışsan	-	-
	3rd	Açmamış	Açmış	Açılmamış	Açılmış
Plural	1st	Açmamışık	Açmışık	-	-
	2nd	Açmamışsınız	Açmışsınız	-	-
	3rd	Açmamışlar	Açmışlar	-	-

Definite Future					
		Active		Passive	
		Negative	Positive	Negative	Positive
Singular	1st	Açmayacağım	Açacağım	-	-
	2nd	Açmayacaksan	Açacaksan	-	-
	3rd	Açmayacak	Açacak	Açılmayacak	Açılacak
Plural	1st	Açmayacağız	Açacağız	-	-
	2nd	Açmayacaksınız	Açacaksınız	-	-
	3rd	Açmayacaklar	Açacaklar	-	-

		Definite Future					
		Returning Type		Equvalant-Mutal Type		Causative	
		Negative	Positive	Negative	Positive	Negative	Positive
Singular	1st	-	-	-	-	Açdırmayacağım	Açdıracağım
	2nd	-	-	-	-	Açdırmayacaksan	Açdıracaksan
	3rd	Açınılmayacak	Açınılacak	-	-	Açdırmayacak	Açdıracak
Plural	1st	-	-	-	-	Açdırmayacağız	Açdıracağız
	2nd	-	-	-	-	Açdırmayacaksınız	Açdıracaksınız
	3rd	-	-	-	-	Açdırmayacaklar	Açdıracaklar

		Indefinite Future			
		Active		Passive	
		Negative	Positive	Negative	Positive
Singular	1st	Açmaram	Açaram	-	-
	2nd	Açmazsan	Açarsan	-	-
	3rd	Açmaz	Açar	Açınmaz	Açınar
Plural	1st	Açmarık	Açarık	-	-
	2nd	Açmazsınız	Açarsınız	-	-
	3rd	Açmazlar	Açarlar	-	-

		Conditional Mood					
		Present		Witnessed Past		Narrative Past	
		Negative	Positive	Negative	Positive	Negative	Positive
Singular	1st	Açmırsam	Açırsam	Açmadımsa	Açdımsa	Açmamışsam	Açmışsam
	2nd	Açmırsansa	Açırsansa	Açmadınsa	Açdınsa	Açmamışsansa	Açmışsansa
	3rd	Açmırsa	Açırsa	Açmadısa	Açdısa	Açmamışsa	Açmışsa

Plural	1st	Açmırıksa	Açırıksa	Açmadıksa	Açdıksa	Açmamışıksa	Açmışıksa
	2nd	Açmırsınızsa	Açırsınızsa	Açmadınızsa	Açdınızsa	Açmamışsınızsa	Açmışsınızsa
	3rd	Açmırlarsa	Açırlarsa	Açmadılarsa	Açdılarsa	Açmamışlarsa	Açmışlarsa

		Indefinite Future					
		Returning Type		Equvalant-Mutal Type		Causative	
		Negative	Positive	Negative	Positive	Negative	Positive
Singular	1st	-	-	-	-	Açdırmaram	Açdıraram
	2nd	-	-	-	-	Açdırmazsan	Açdırarsan
	3rd	Açınılmaz	Açınılır	-	-	Açdırmaz	Açdırır
Plural	1st	-	-	-	-	Açdırmarık	Açdırarık
	2nd	-	-	-	-	Açdırmazsınız	Açdırarsınız
	3rd	-	-	-	-	Açdırmazlar	Açdırarlar

		Conditional Mood			
		Definite Future		Indefinite Future	
		Negative	Positive	Negative	Positive
Singular	1st	Açmayacaksam	Açacaksam	Açmaramsa	Açaramsa
	2nd	Açmayacaksansa	Açacaksansa	Açmazsansa	Açarsansa
	3rd	Açmayacaksa	Açacaksa	Açmazsa	Açyarsa
Plural	1st	Açmayacaksak	Açacaksak	Açmarıksa	Açyarıka
	2nd	Açmayacaksınızsə	Açacaksınızsə	Açmazsınızsa	Açarsınızsa
	3rd	Açmayacaklarsa	Açacaklarsa	Açmazlarsa	Açarlarsa

337

		Other Moods			
		Imparative		Optative	
		Negative	Positive	Negative	Positive
Singular	1st	Açmayım	Açım	(Kaş) Açmayam	(Kaş) Açam
	2nd	Açma	Aç	(Kaş) Açmayasan	(Kaş) Açasan
	3rd	Açmasın	Açsın	(Kaş) Açmaya	(Kaş) Aça
Plural	1st	Açmayak	Açak	(Kaş) Açmayak	(Kaş) Açak
	2nd	Açmayasınız	Açasınız	(Kaş) Açasınız	(Kaş) Açasınız
	3rd	Açmasınlar	Açsınlar	(Kaş) AçmayAçar	(Kaş) AçAçar

		Other Moods			
		Obligatory		necessary	
		Negative	Positive	Negative	Positive
Singular	1st	AçmamAçıyım	AçmAçıyım	-	-
	2nd	AçmamAçısın	AçmAçısın	-	-
	3rd	AçmamAçı	AçmAçı	-	-
Plural	1st	AçmamAçıyık	AçmAçıyık	-	-
	2nd	AçmamAçısınız	AçmAçısınız	-	-
	3rd	AçmamAçılar	AçmAçılar	-	-

To Play (Oynamaq)

Present					
		Active		Passive	
		Negative	Positive	Negative	Positive
Singular	1st	oynamıram	oynayıram	oynanmıram	oynanıram
	2nd	oynamırsan	oynayırsan	oynanmırsan	oynanırsan
	3rd	oynamır	oynayır	Oynanmır	Oynanır
Plural	1st	oynamırık	oynayırık	Oynanmırık	Oynanırık
	2nd	oynamırsınız	oynayırsınız	Oynanmırsınız	Oynanırsınız
	3rd	oynamırlar	oynayırlar	Oynanmırlar	Oynanırlar

Present							
		Returning Type		Equivalent-Mutual Type		Causative	
		Negative	Positive	Negative	Positive	Negative	Positive
Singular	1st	oynanılmıram	oynanılıram	-	-	oynatmıram	oynatıram
	2nd	oynanılmırsan	oynanılırsan	-	-	oynatmırsan	oynatırsan
	3rd	oynanılmır	oynanılır	-	-	oynatmır	oynatır
Plural	1st	oynanılmırık	oynanılırık	-	-	oynatmırık	oynatırık
	2nd	oynanılmırsınız	oynanılırsınız	-	-	oynatmırsınız	oynatırsınız
	3rd	oynanılmırlar	oynanılırlar	-	-	oynatmırlar	oynatırlar

Witnessed Past				
		Active		Passive	
		Negative	Positive	Negative	Positive
Singular	1st	oynamadım	oynadım	oynanmadım	oynandım
	2nd	oynamadın	oynadın	oynanmadın	oynandın
	3rd	oynamadı	oynadı	oynanmadı	oynandı
Plural	1st	oynamadık	oynadık	oynanmadık	oynandık
	2nd	oynamadınız	oynadınız	oynanmadınız	oynandınız
	3rd	oynamadılar	oynadılar	oynanmadılar	oynandılar

Narrative Past						
		Returning Type		Equivalent-Mutual Type		Causative	
		Negative	Positive	Negative	Positive	Negative	Positive
Singular	1st	oynanılmamışam	oynanılmışam	-	-	oynatmamışam	oynatmışam
	2nd	oynanılmamışsan	oynanılmışsan	-	-	oynatmamışsan	oynatmışsan
	3rd	oynanılmamış	oynanılmış	-	-	oynatmamış	oynatmış
Plural	1st	oynanılmamışık	oynanılmışık	-	-	oynatmamışık	oynatmışık
	2nd	oynanılmamışsınız	oynanılmışsınız	-	-	oynatmamışsınız	oynatmışsınız
	3rd	oynanılmamışlar	oynanılmışlar	-	-	oynatmamışlar	oynatmışlar

Witnessed Past						
		Returning Type		Equivalent-Mutual Type		Causative	
		Negative	Positive	Negative	Positive	Negative	Positive
Singular	1st	oynanılmadım	oynanıldım	-	-	oynatmadım	oynatdım
	2nd	oynanılmadın	oynanıldın	-	-	oynatmadın	oynatdın
	3rd	oynanılmadı	oynanıldı	-	-	oynatmadı	oynatdı

Plural	1st	oynanılmadık	oynanıldık	-	-	oynatmadık	oynatdık
	2nd	oynanılmadınız	oynanıldınız	-	-	oynatmadınız	oynatdınız
	3rd	oynanılmadılar	oynanıldılar	-	-	oynatmadılar	oynatdılar

Narrative Past					
		Active		Passive	
		Negative	Positive	Negative	Positive
Singular	1st	oynamamışam	oynamışam	oynanmamışam	oynanmışam
	2nd	oynamamışsan	oynamışsan	oynanmamışsan	oynanmışsan
	3rd	oynamamış	oynamış	oynanmamış	oynanmış
Plural	1st	oynamamışık	oynamışık	oynanmamışık	oynanmışık
	2nd	oynamamışsınız	oynamışsınız	oynanmamışsınız	oynanmuşsınız
	3rd	oynamamışlar	oynamışlar	oynanmamışlar	oynanmışlar

Definite Future					
		Active		Passive	
		Negative	Positive	Negative	Positive
Singular	1st	oynamayacağım	oynayacağım	oynanmayacağım	oynanacağım
	2nd	oynamayacaksan	oynayacaksan	oynanmayacaksan	oynanacaksan
	3rd	oynamayacak	oynayacak	oynanmayacak	oynanacak
Plural	1st	oynamayacağız	oynayacağız	oynanmayacağız	oynanacağız
	2nd	oynamayacaksınız	oynayacaksınız	oynanmayacaksınız	oynanacaksınız
	3rd	oynamayacaklar	oynayacaklar	oynanmayacaklar	oynanacaklar

		Definite Future					
		Returning Type		Equivalent-Mutual Type		Causative	
		Negative	Positive	Negative	Positive	Negative	Positive
Singular	1st	oynanılmayacağım	oynanılacağım	-	-	oynatmayacağım	oynatacağım
	2nd	oynanılmayacaksan	oynanılacaksan	-	-	oynatmayacaksan	oynatacaksan
	3rd	oynanılmayacak	oynanılacak	-	-	oynatmayacak	oynatacak
Plural	1st	oynanılmayacağız	oynanılacağız	-	-	oynatmayacağız	oynatacağız
	2nd	oynanılmayacaksınız	oynanılacaksınız	-	-	oynatmayacaksınız	oynatacaksınız
	3rd	oynanılmayacaklar	oynanılacaklar	-	-	oynatmayacaklar	oynatacaklar

		Indefinite Future			
		Active		Passive	
		Negative	Positive	Negative	Positive
Singular	1st	oynamaram	oynayaram	oynanmaram	oynanaram
	2nd	oynamazsan	oynayarsan	oynanmazsan	oynanarsan
	3rd	oynamaz	oynar	oynanmaz	oynanar
Plural	1st	oynamarık	oynayarık	oynanmarık	oynanarık
	2nd	oynamazsınız	oynayarsınız	oynanmazsınız	oynanarsınız
	3rd	oynamazlar	oynayarlar	oynanmazlar	oynanarlar

		Indefinite Future					
		Returning Type		Equivalent-Mutual Type		Causative	
		Negative	Positive	Negative	Positive	Negative	Positive
Singular	1st	oynanılmaram	oynanılaram	-	-	oynatmaram	oynataram
	2nd	oynanılmazsan	oynanılarsan	-	-	oynatmazsan	oynatarsan
	3rd	oynanılmaz	oynanılır	-	-	oynatmaz	oynatır
Plural	1st	oynanılmarık	oynanılarık	-	-	oynatmarık	oynatarık
	2nd	oynanılmazsınız	oynanılarsınız	-	-	oynatmazsınız	oynatarsınız
	3rd	oynanılmazlar	oynanılarlar	-	-	oynatmazlar	oynatarlar

		Conditional Mood			
		Definite Future		Indefinite Future	
		Negative	Positive	Negative	Positive
Singular	1st	oynamayacaksam	oynayacaksam	oynamaramsa	oynayaramsa
	2nd	oynamayacaksansa	oynayacaksansa	oynamazsansa	oynayarsansa
	3rd	oynamayacaksa	oynayacaksa	oynamazsa	oynayarsa
Plural	1st	oynamayacaksak	oynayacaksak	oynamarıksa	oynayarıka
	2nd	oynamayacaksınızsə	oynayacaksınızsə	oynamazsınızsa	oynayarsınızsa
	3rd	oynamayacaklarsa	oynayacaklarsa	oynamazlarsa	oynayarlarsa

		Conditional Mood					
		Present		Witnessed Past		Narrative Past	
		Negative	Positive	Negative	Positive	Negative	Positive
Singular	1st	oynamırsam	oynayırsam	oynamadımsa	oynadımsa	oynamamışsam	oynamışsam
	2nd	oynamırsansa	oynayırsansa	oynamadınsa	oynadınsa	oynamamışsansa	oynamışsansa

	3rd	oynamırsa	oynayırsa	oynamadısa	oynadısa	oynamamışsa	oynamışsa
Plural	1st	oynamırıksa	oynayırıksa	oynamadıksa	oynadıksa	oynamamışıksa	oynamışıksa
	2nd	oynamırsınızsa	oynayırsınızsa	oynamadınızsa	oynadınızsa	oynamamışsınızsa	oynamışsınızsa
	3rd	oynamırlarsa	oynayırlarsa	oynamadılarsa	oynadılarsa	oynamamışlarsa	oynamışlarsa

		Other Moods			
		Imparative		Optative	
		Negative	Positive	Negative	Positive
Singular	1st	oynamayım	oynayım	(Kaş) oynamayam	(Kaş) oynayam
	2nd	oynama	oyna	(Kaş) oynamayasan	(Kaş) oynayasan
	3rd	oynamasın	oynasın	(Kaş) oynamaya	(Kaş) oynaya
Plural	1st	oynamayak	oynayak	(Kaş) oynamayak	(Kaş) oynayak
	2nd	oynamayasınız	oynayasınız	(Kaş) oynamayasınız	(Kaş) oynayasınız
	3rd	oynamasınlar	oynaysınlar	(Kaş) oynamayalar	(Kaş) oynayalar

		Other Moods			
		Obligatory		necessary	
		Negative	Positive	Negative	Positive
Singular	1st	oynamamalıyım	oynamalıyım	-	-
	2nd	oynamamalısın	oynamalısın	-	-
	3rd	oynamamalı	oynamalı	-	-
Plural	1st	oynamamalıyık	oynamalıyık	-	-
	2nd	oynamamalısınız	oynamalısınız	-	-
	3rd	oynamamalılar	oynamalılar	-	-

To Put (Qoymaq)

Present					
		Active		Passive	
		Negative	Positive	Negative	Positive
Singular	1st	Qoymuram	Qoyuram	-	-
	2nd	Qoymursan	Qoyursan	-	-
	3rd	Qoymur	Qoyur	Qoyulmur	Qoyulur
Plural	1st	Qoymuruk	Qoyuruk	-	-
	2nd	Qoymursunuz	Qoyursunuz	-	-
	3rd	Qoymurlar	Qoyurlar	-	-

Present							
		Returning Type		Equivalent-Mutual Type		Causative	
		Negative	Positive	Negative	Positive	Negative	Positive
Singular	1st	-	-	-	-	-	-
	2nd	-	-	-	-	-	-
	3rd	Qoyulmur	Qoyulur	-	-	Qoydurmur	Qoydurur
Plural	1st	-	-	-	-	-	-
	2nd	-	-	-	-	-	-
	3rd	-	-	-	-	-	-

345

Witnessed Past					
		Active		Passive	
		Negative	Positive	Negative	Positive
Singular	1st	Qoymadım	Qoydum	-	-
	2nd	Qoymadın	Qoydun	-	-
	3rd	Qoymadı	Qoydu	Qoyulmadı	Qoyuldu
Plural	1st	Qoymadık	Qoyduk	-	-
	2nd	Qoymadınız	Qoydunuz	-	-
	3rd	Qoymadılar	Qoydular	-	-

Narrative Past						
		Returning Type		Equivalent-Mutual Type		Causative	
		Negative	Positive	Negative	Positive	Negative	Positive
Singular	1st	-	-	-	-	-	-
	2nd	-	-	-	-	-	-
	3rd	Qoyulmamış	Qoyulmuş	-	-	Qoydurmamış	Qoydurmuş
Plural	1st	-	-	-	-	-	-
	2nd	-	-	-	-	-	-
	3rd	-	-	-	-	-	-

Witnessed Past						
		Returning Type		Equivalent-Mutual Type		Causative	
		Negative	Positive	Negative	Positive	Negative	Positive
Singular	1st	-	-	-	-	-	-
	2nd	-	-	-	-	-	-
	3rd	Qoyulmadı	Qoyuldu	-	-	Qoydurmadı	Qoydurdu

Plural	1st	-	-	-	-	-	-
	2nd	-	-	-	-	-	-
	3rd	-	-	-	-	-	-

Narrative Past					
		Active		Passive	
		Negative	Positive	Negative	Positive
Singular	1st	Qoymamışam	Qoymuşam	-	-
	2nd	Qoymamışsan	Qoymuşsan	-	-
	3rd	Qoymamış	Qoymuş	Qoyulmamış	Qoyulmuş
Plural	1st	Qoymamışıq	Qoymışık	-	-
	2nd	Qoymamışsınız	Qoymuşsunuz	-	-
	3rd	Qoymamışlar	Qoymuşlar	-	-

Definite Future					
		Active		Passive	
		Negative	Positive	Negative	Positive
Singular	1st	Qoymayacağım	Qoyacağım	-	-
	2nd	Qoymayacaksan	Qoyacaksan	-	-
	3rd	Qoymayacak	Qoyacak	Qoyulmayacak	Qoyulacak
Plural	1st	Qoymayacağız	Qoyacağız	-	-
	2nd	Qoymayacaksınız	Qoyacaksınız	-	-
	3rd	Qoymayacaklar	Qoyacaklar	-	-

		Definite Future					
		Returning Type		Equivalent-Mutual Type		Causative	
		Negative	Positive	Negative	Positive	Negative	Positive
Singular	1st	-	-	-	-	Qoydurmayacağım	Qoyduracağım
	2nd	-	-	-	-	Qoydurmayacaksan	Qoyduracaksan
	3rd	Qoyulmayacak	Qoyulacak	-	-	Qoydurmayacak	Qoyduracak
Plural	1st	-	-	-	-	Qoydurmayacağız	Qoyduracağız
	2nd	-	-	-	-	Qoydurmayacaksınız	Qoyduracaksınız
	3rd	-	-	-	-	Qoydurmayacaklar	Qoyduracaklar

		Indefinite Future					
		Returning Type		Equivalent-Mutual Type		Causative	
		Negative	Positive	Negative	Positive	Negative	Positive
Singular	1st	-	-	-	-	-	-
	2nd	-	-	-	-	-	-
	3rd	-	-	-	-	-	-
Plural	1st	-	-	-	-	-	-
	2nd	-	-	-	-	-	-
	3rd	-	-	-	-	-	-

Conditional Mood				
		Active		Passive
		Negative	Positive	Negative	Positive

		Active Negative	Active Positive	Passive Negative	Passive Positive
Singular	1st	Qoymaram	Qoyaram	-	-
	2nd	Qoymazsan	Qoyarsan	-	-
	3rd	Qoymaz	Qoyar	-	-
Plural	1st	Qoymarık	Qoyarık	-	-
	2nd	Qoymazsınız	Qoyarsınız	-	-
	3rd	Qoymazlar	Qoyarlar	-	-

Conditional Mood					
		Definite Future		Indefinite Future	
		Negative	Positive	Negative	Positive
Singular	1st	Qoymayacaksam	Qoyacaksam	Qoymaramsa	Qoyaramsa
	2nd	Qoymayacaksansa	Qoyacaksansa	Qoymazsansa	Qoyarsansa
	3rd	Qoymayacaksa	Qoyacaksa	Qoymazsa	Qoyarsa
Plural	1st	Qoymayacaksak	Qoyacaksak	Qoymarıksa	Qoyarıka
	2nd	Qoymayacaksınızsə	Qoyacaksınızsə	Qoymazsınızsa	Qoyarsınızsa
	3rd	Qoymayacaklarsa	Qoyacaklarsa	Qoymazlarsa	Qoyarlarsa

Conditional Mood							
		Present		Witnessed Past		Narrative Past	
		Negative	Positive	Negative	Positive	Negative	Positive
Singular	1st	Qoymursam	Qoyursam	Qoymadımsa	Qoydumsa	Qoymamışsam	Qoymuşsam
	2nd	Qoymursansa	Qoyursansa	Qoymadınsa	Qoydun	Qoymamışsansa	Qoymuşsansa
	3rd	Qoymursa	Qoyursa	Qoymadısa	Qoydusa	Qoymamışsa	Qoymuşsa

349

Plural	1st	Qoymuruksa	Qoyuruksa	Qoymadıksa	Qoyduksa	Qoymamışıksa	Qoymışıksa
	2nd	Qoymursunuzsa	Qoyursunuzsa	Qoymadınızsa	Qoydunuzsa	Qoymamışsınızsa	Qoymuşsunuzsa
	3rd	Qoymurlarsa	Qoyurlarsa	Qoymadılarsa	Qoydularsa	Qoymamışlarsa	Qoymuşlara

		Other Moods			
		Imparative		Optative	
		Negative	Positive	Negative	Positive
Singular	1st	Qoymayım	Qoyum	(Kaş) Qoymayam	(Kaş) Qoyam
	2nd	Qoyma	Qoy	(Kaş) Qoymayasan	(Kaş) Qoyasan
	3rd	Qoymasın	Qoysun	(Kaş) Qoymaya	(Kaş) Qoya
Plural	1st	Qoymayak	Qoyak	(Kaş) Qoymayak	(Kaş) Qoyak
	2nd	Qoymayasınız	Qoyasınız	(Kaş) Qoymayasınız	(Kaş) Qoyasınız
	3rd	Qoymasınlar	Qoysunlar	(Kaş) Qoymayalar	(Kaş) Qoyalar

		Other Moods			
		Obligatory		necessary	
		Negative	Positive	Negative	Positive
Singular	1st	Qoymamalıyım	Qoymalıyım	-	-
	2nd	Qoymamalısın	Qoymalısın	-	-
	3rd	Qoymamalı	Qoymalı	-	-
Plural	1st	Qoymamalıyık	Qoymalıyık	-	-
	2nd	Qoymamalısınız	Qoymalısınız	-	-
	3rd	Qoymamalılar	Qoymalılar	-	-

To Read (Oxumaq)

Present					
		Active		Passive	
		Negative	Positive	Negative	Positive
Singular	1st	Oxumuram	Oxuyuram	-	-
	2nd	Oxumursan	Oxuyursan	-	-
	3rd	Oxumur	Oxuyur	Oxunmur	Oxunur
Plural	1st	Oxumuruk	Oxuyuruk	-	-
	2nd	Oxumursunuz	Oxuyrsunuz	-	-
	3rd	Oxumurlar	Oxuyurlar	-	-

Present							
		Returning Type		Equivalent-Mutual Type		Causative	
		Negative	Positive	Negative	Positive	Negative	Positive
Singular	1st	-	-	-	-	-	-
	2nd	-	-	-	-	-	-
	3rd	Oxunmur	Oxunur	-	-	Oxudurmur	Oxudurur
Plural	1st	-	-	-	-	-	-
	2nd	-	-	-	-	-	-
	3rd	-	-	-	-	-	-

Witnessed Past				
		Active		Passive	
		Negative	Positive	Negative	Positive
Singular	1st	Oxumadım	Oxudum	-	-
	2nd	Oxumadın	Oxudun	-	-
	3rd	Oxumadı	Oxudu	Oxuunmadı	Oxuundu
Plural	1st	Oxumadık	Oxuduk	-	-
	2nd	Oxumadınız	Oxudunuz	-	-
	3rd	Oxumadılar	Oxudular	-	-

Narrative Past						
		Returning Type		Equivalent-Mutual Type		Causative	
		Negative	Positive	Negative	Positive	Negative	Positive
Singular	1st	-	-	-	-	-	-
	2nd	-	-	-	-	-	-
	3rd	Oxununmamış	Oxununmuş	-	-	Oxudurmamış	Oxudurmuş
Plural	1st	-	-	-	-	-	-
	2nd	-	-	-	-	-	-
	3rd	-	-	-	-	-	-

Witnessed Past						
		Returning Type		Equivalent-Mutual Type		Causative	
		Negative	Positive	Negative	Positive	Negative	Positive
Singular	1st	-	-	-	-	-	-
	2nd	-	-	-	-	-	-
	3rd	Oxuunmadı	Oxuundu	-	-	Oxudurmadı	Oxudurdu

Plural	1st	-	-	-	-	-	-
	2nd	-	-	-	-	-	-
	3rd	-	-	-	-	-	-

Narrative Past					
		Active		Passive	
		Negative	Positive	Negative	Positive
Singular	1st	Oxumamışam	Oxumuşam	-	-
	2nd	Oxumamışsan	Oxumuşsan	-	-
	3rd	Oxumamış	Oxumuş	Oxununmamış	Oxununmuş
Plural	1st	Oxumamışık	Oxumışık	-	-
	2nd	Oxumamışsınız	Oxumuşsunuz	-	-
	3rd	Oxumamışlar	Oxumuşlar	-	-

Definite Future					
		Active		Passive	
		Negative	Positive	Negative	Positive
Singular	1st	Oxumayacağım	Oxuacağım	-	-
	2nd	Oxumayacaksan	Oxuacaksan	-	-
	3rd	Oxumayacak	Oxuacak	Oxununmayacak	Oxununacak
Plural	1st	Oxumayacağız	Oxuacağız	-	-
	2nd	Oxumayacaksınız	Oxuacaksınız	-	-
	3rd	Oxumayacaklar	Oxuacaklar	-	-

		Definite Future					
		Returning Type		Equivalent-Mutual Type		Causative	
		Negative	Positive	Negative	Positive	Negative	Positive
Singular	1st	-	-	-	-	Oxudurmayacağım	Oxuduracağım
	2nd	-	-	-	-	Oxudurmayacaksan	Oxuduracaksan
	3rd	Oxununmayacak	Oxununacak	-	-	Oxudurmayacak	Oxuduracak
Plural	1st	-	-	-	-	Oxudurmayacağız	Oxuduracağız
	2nd	-	-	-	-	Oxudurmayacaksınız	Oxuduracaksınız
	3rd	-	-	-	-	Oxudurmayacaklar	Oxuduracaklar

		Indefinite Future					
		Returning Type		Equivalent-Mutual Type		Causative	
		Negative	Positive	Negative	Positive	Negative	Positive
Singular	1st	-	-	-	-	-	-
	2nd	-	-	-	-	-	-
	3rd	-	-	-	-	-	-
Plural	1st	-	-	-	-	-	-
	2nd	-	-	-	-	-	-
	3rd	-	-	-	-	-	-

Indefinite Future					
		Active		Passive	
		Negative	Positive	Negative	Positive
Singular	1st	Oxumaram	Oxuaram	-	-
	2nd	Oxumazsan	Oxuarsan	-	-
	3rd	Oxumaz	Oxuar	-	-
Plural	1st	Oxumarık	Oxuarık	-	-
	2nd	Oxumazsınız	Oxuarsınız	-	-
	3rd	Oxumazlar	Oxuarlar	-	-

Conditional Mood					
		Definite Future		Indefinite Future	
		Negative	Positive	Negative	Positive
Singular	1st	Oxumayacaksam	Oxuacaksam	Oxumaramsa	Oxuaramsa
	2nd	Oxumayacaksansa	Oxuacaksansa	Oxumazsansa	Oxuarsansa
	3rd	Oxumayacaksa	Oxuacaksa	Oxumazsa	Oxuarsa
Plural	1st	Oxumayacaksak	Oxuacaksak	Oxumarıksa	Oxuarıka
	2nd	Oxumayacaksınızsə	Oxuacaksınızsə	Oxumazsınızsa	Oxuarsınızsa
	3rd	Oxumayacaklarsa	Oxuacaklarsa	Oxumazlarsa	Oxuarlarsa

Conditional Mood							
		Present		Witnessed Past		Narrative Past	
		Negative	Positive	Negative	Positive	Negative	Positive
Singular	1st	Oxumursam	Oxuursam	Oxumadımsa	Oxudumsa	Oxumamışsam	Oxumuşsam
	2nd	Oxumursansa	Oxuursansa	Oxumadınsa	Oxudun	Oxumamışsansa	Oxumuşsansa
	3rd	Oxumursa	Oxuursa	Oxumadısa	Oxudusa	Oxumamışsa	Oxumuşsa

Plural	1st	Oxumuruksa	Oxuuruksa	Oxumadıksa	Oxuduksa	Oxumamışıksa	Oxumışıksa
	2nd	Oxumursunuzsa	Oxuursunuzsa	Oxumadınızsa	Oxudunuzsa	Oxumamışsınızsa	Oxumuşsunuzsa
	3rd	Oxumurlarsa	Oxuurlarsa	Oxumadılarsa	Oxudularsa	Oxumamışlarsa	Oxumuşlara

		Other Moods			
		Imparative		Optative	
		Negative	Positive	Negative	Positive
Singular	1st	Oxumayım	Oxuum	(Kaş) Oxumayam	(Kaş) Oxuam
	2nd	Oxuma	Oxu	(Kaş) Oxumayasan	(Kaş) Oxuasan
	3rd	Oxumasın	Oxusun	(Kaş) Oxumaya	(Kaş) Oxua
Plural	1st	Oxumayak	Oxuak	(Kaş) Oxumayak	(Kaş) Oxuak
	2nd	Oxumayasınız	Oxuasınız	(Kaş) Oxumayasınız	(Kaş) Oxuasınız
	3rd	Oxumasınlar	Oxusunlar	(Kaş) Oxumayalar	(Kaş) Oxualar

		Other Moods			
		Obligatory		necessary	
		Negative	Positive	Negative	Positive
Singular	1st	Oxumamalıyım	Oxumalıyım	-	-
	2nd	Oxumamalısın	Oxumalısın	-	-
	3rd	Oxumamalı	Oxumalı	-	-
Plural	1st	Oxumamalıyık	Oxumalıyık	-	-
	2nd	Oxumamalısınız	Oxumalısınız	-	-
	3rd	Oxumamalılar	Oxumalılar	-	-

To Recieve (Almaq)

Present					
		Active		Passive	
		Negative	Positive	Negative	Positive
Singular	1st	almıram	alıram	-	-
	2nd	almırsan	alırsan	-	-
	3rd	almır	alır	alınmır	alınır
Plural	1st	almırık	alırık	-	-
	2nd	almırsınız	alırsınız	-	-
	3rd	almırlar	alrlar	-	-

Present							
		Returning Type		Equivalent-Mutual Type		Causative	
		Negative	Positive	Negative	Positive	Negative	Positive
Singular	1st	-	-	-	-	aldırmıram	aldırıram
	2nd	-	-	-	-	aldırmırsan	aldırırsan
	3rd	alınılmır	alınılır	-	-	aldırmır	aldırır
Plural	1st	-	-	-	-	aldırmırık	aldırırık
	2nd	-	-	-	-	aldırmırsınız	aldırırsınız
	3rd	-	-	-	-	aldırmırlar	aldırırlar

		Witnessed Past			
		Active		Passive	
		Negative	Positive	Negative	Positive
Singular	1st	almadım	aldım	-	-
	2nd	almadın	aldın	-	-
	3rd	almadı	aldı	alınmadı	alındı
Plural	1st	almadık	aldık	-	-
	2nd	almadınız	aldınız	-	-
	3rd	almadılar	aldılar	-	-

		Narrative Past					
		Returning Type		Equivalent-Mutual Type		Causative	
		Negative	Positive	Negative	Positive	Negative	Positive
Singular	1st	-	-	-	-	aldırmamışam	aldırmışam
	2nd	-	-	-	-	aldırmamışsan	aldırmışsan
	3rd	alınılmamış	alınılmış	-	-	aldırmamış	aldırmış
Plural	1st	-	-	-	-	aldırmamışık	aldırmışık
	2nd	-	-	-	-	aldırmamışsınız	aldırmışsınız
	3rd	-	-	-	-	aldırmamışlar	aldırmışlar

		Witnessed Past					
		Returning Type		Equivalent-Mutual Type		Causative	
		Negative	Positive	Negative	Positive	Negative	Positive
Singular	1st	-	-	-	-	aldırmadım	aldırdım
	2nd	-	-	-	-	aldırmadın	aldırdın
	3rd	alınıldı	alınıldı	-	-	aldırmadı	aldırdı

Plural	1st	-	-	-	-	aldırmadık	aldırdık
	2nd	-	-	-	-	aldırmadınız	aldırdınız
	3rd	-	-	-	-	aldırmadılar	aldırdılar

Narrative Past					
		Active		Passive	
		Negative	Positive	Negative	Positive
Singular	1st	almamışam	almışam	-	-
	2nd	almamışsan	almışsan	-	-
	3rd	almamış	almış	alınmamış	alınmış
Plural	1st	almamışık	almışık	-	-
	2nd	almamışsınız	almışsınız	-	-
	3rd	almamışlar	almışlar	-	-

Definite Future					
		Active		Passive	
		Negative	Positive	Negative	Positive
Singular	1st	almayacağım	alacağım	-	-
	2nd	almayacaksan	alacaksan	-	-
	3rd	almayacak	alacak	alınmayacak	alınacak
Plural	1st	almayacağız	alacağız	-	-
	2nd	almayacaksınız	alacaksınız	-	-
	3rd	almayacaklar	alacaklar	-	-

		Definite Future					
		Returning Type		Equivalent-Mutual Type		Causative	
		Negative	Positive	Negative	Positive	Negative	Positive
Singular	1st	-	-	-	-	aldırmayacağım	aldıracağım
	2nd	-	-	-	-	aldırmayacaksan	aldıracaksan
	3rd	alınılmayacak	alınılacak	-	-	aldırmayacak	aldıracak
Plural	1st	-	-	-	-	aldırmayacağız	aldıracağız
	2nd	-	-	-	-	aldırmayacaksınız	aldıracaksınız
	3rd	-	-	-	-	aldırmayacaklar	aldıracaklar

		Indefinite Future			
		Active		Passive	
		Negative	Positive	Negative	Positive
Singular	1st	almaram	alaram	-	-
	2nd	almazsan	alarsan	-	-
	3rd	almaz	alar	alınmaz	alınar
Plural	1st	almarık	alarık	-	-
	2nd	almazsınız	alarsınız	-	-
	3rd	almazlar	alarlar	-	-

		Indefinite Future					
		Returning Type		Equivalent-Mutual Type		Causative	
		Negative	Positive	Negative	Positive	Negative	Positive
Singular	1st	-	-	-	-	aldırmaram	aldıraram
	2nd	-	-	-	-	aldırmazsan	aldırarsan

	3rd	alınılmaz	alınılır	-	-	aldırmaz	aldırır
Plural	1st	-	-	-	-	aldırmarık	aldırarık
	2nd	-	-	-	-	aldırmazsınız	aldırarsınız
	3rd	-	-	-	-	aldırmazlar	aldırarlar

Conditional Mood					
		Definite Future		Indefinite Future	
		Negative	Positive	Negative	Positive
Singular	1st	almayacaksam	alacaksam	almaramsa	alaramsa
	2nd	almayacaksansa	alacaksansa	almazsansa	alarsansa
	3rd	almayacaksa	alacaksa	almazsa	alyarsa
Plural	1st	almayacaksak	alacaksak	almarıksa	alyarıka
	2nd	almayacaksınızsə	alacaksınızsə	almazsınızsa	alarsınızsa
	3rd	almayacaklarsa	alacaklarsa	almazlarsa	alarlarsa

		Conditional Mood					
		Present		Witnessed Past		Narrative Past	
		Negative	Positive	Negative	Positive	Negative	Positive
Singular	1st	almırsam	alırsam	almadımsa	aldımsa	almamışsam	almışsam
	2nd	almırsansa	alırsansa	almadınsa	aldınsa	almamışsansa	almışsansa
	3rd	almırsa	alırsa	almadısa	aldısa	almamışsa	almışsa
Plural	1st	almırıksa	alırıksa	almadıksa	aldıksa	almamışıksa	almışıksa
	2nd	almırsınızsa	alırsınızsa	almadınızsa	aldınızsa	almamışsınızsa	almışsınızsa
	3rd	almırlarsa	alırlarsa	almadılarsa	aldılarsa	almamışlarsa	almışlarsa

		Other Moods			
		Imparative		Optative	
		Negative	Positive	Negative	Positive
Singular	1st	almayım	alım	(Kaş) almayam	(Kaş) alam
	2nd	alma	al	(Kaş) almayasan	(Kaş) alasan
	3rd	almasın	alsın	(Kaş) almaya	(Kaş) ala
Plural	1st	almayak	alak	(Kaş) almayak	(Kaş) alak
	2nd	almayasınız	alasınız	(Kaş) alasınız	(Kaş) alasınız
	3rd	almasınlar	alsınlar	(Kaş) almayalar	(Kaş) alalar

		Other Moods			
		Obligatory		necessary	
		Negative	Positive	Negative	Positive
Singular	1st	almamalıyım	almalıyım	-	-
	2nd	almamalısın	almalısın	-	-
	3rd	almamalı	almalı	-	-
Plural	1st	almamalıyık	almalıyık	-	-
	2nd	almamalısınız	almalısınız	-	-
	3rd	almamalılar	almalılar	-	-

To Remember (Xatırlamaq)

Present				
		Active		Passive	
		Negative	Positive	Negative	Positive
Singular	1st	xatırlamıram	xatırlayıram	xatırlanmıram	xatırlanıram
	2nd	xatırlamırsan	xatırlayırsan	xatırlanmırsan	xatırlanırsan
	3rd	xatırlamır	xatırlayır	Xatırlanmır	Xatırlanır
Plural	1st	xatırlamırık	xatırlayırık	Xatırlanmırık	Xatırlanırık
	2nd	xatırlamırsınız	xatırlayırsınız	Xatırlanmırsınız	Xatırlanırsınız
	3rd	xatırlamırlar	xatırlayırlar	Xatırlanmırlar	Xatırlanırlar

Present							
		Returning Type		Equivalent-Mutual Type		Causative	
		Negative	Positive	Negative	Positive	Negative	Positive
Singular	1st	xatırlanılmıram	xatırlanılıram	-	-	xatırlatmıram	xatırlatıram
	2nd	xatırlanılmırsan	xatırlanılırsan	-	-	xatırlatmırsan	xatırlatırsan
	3rd	xatırlanılmır	xatırlanılır	-	-	xatırlatmır	xatırlatır
Plural	1st	xatırlanılmırık	xatırlanılırık	-	-	xatırlatmırık	xatırlatırık
	2nd	xatırlanılmırsınız	xatırlanılırsınız	-	-	xatırlatmırsınız	xatırlatırsınız
	3rd	xatırlanılmırlar	xatırlanılırlar	-	-	xatırlatmırlar	xatırlatırlar

Witnessed Past					
		Active		Passive	
		Negative	Positive	Negative	Positive
Singular	1st	xatırlamadım	xatırladım	xatırlanmadım	xatırlandım
	2nd	xatırlamadın	xatırladın	xatırlanmadın	xatırlandın
	3rd	xatırlamadı	xatırladı	xatırlanmadı	xatırlandı
Plural	1st	xatırlamadık	xatırladık	xatırlanmadık	xatırlandık
	2nd	xatırlamadınız	xatırladınız	xatırlanmadınız	xatırlandınız
	3rd	xatırlamadılar	xatırladılar	xatırlanmadılar	xatırlandılar

Narrative Past							
		Returning Type		Equivalent-Mutual Type		Causative	
		Negative	Positive	Negative	Positive	Negative	Positive
Singular	1st	xatırlanılmamışam	xatırlanılmışam	-	-	xatırlatmamışam	xatırlatmışam
	2nd	xatırlanılmamışsan	xatırlanılmışsan	-	-	xatırlatmamışsan	xatırlatmışsan
	3rd	xatırlanılmamış	xatırlanılmış	-	-	xatırlatmamış	xatırlatmış
Plural	1st	xatırlanılmamışık	xatırlanılmışık	-	-	xatırlatmamışık	xatırlatmışık
	2nd	xatırlanılmamışsınız	xatırlanılmışsınız	-	-	xatırlatmamışsınız	xatırlatmışsınız
	3rd	xatırlanılmamışlar	xatırlanılmışlar	-	-	xatırlatmamışlar	xatırlatmışlar

Witnessed Past							
		Returning Type		Equivalent-Mutual Type		Causative	
		Negative	Positive	Negative	Positive	Negative	Positive
Singular	1st	xatırlanılmadım	xatırlanıldım	-	-	xatırlatmadım	xatırlatdım
	2nd	xatırlanılmadın	xatırlanıldın	-	-	xatırlatmadın	xatırlatdın
	3rd	xatırlanılmadı	xatırlanıldı	-	-	xatırlatmadı	xatırlatdı

Plural	1st	xatırlanılmadık	xatırlanıldık	-	-	xatırlatmadık	xatırlatdık
	2nd	xatırlanılmadınız	xatırlanıldınız	-	-	xatırlatmadınız	xatırlatdınız
	3rd	xatırlanılmadılar	xatırlanıldılar	-	-	xatırlatmadılar	xatırlatdılar

Narrative Past					
		Active		Passive	
		Negative	Positive	Negative	Positive
Singular	1st	xatırlamamışam	xatırlamışam	xatırlanmamışam	xatırlanmışam
	2nd	xatırlamamışsan	xatırlamışsan	xatırlanmamışsan	xatırlanmışsan
	3rd	xatırlamamış	xatırlamış	xatırlanmamış	xatırlanmış
Plural	1st	xatırlamamışık	xatırlamışık	xatırlanmamışık	xatırlanmışık
	2nd	xatırlamamışsınız	xatırlamışsınız	xatırlanmamışsınız	xatırlanmuşsınız
	3rd	xatırlamamışlar	xatırlamışlar	xatırlanmamışlar	xatırlanmışlar

Definite Future					
		Active		Passive	
		Negative	Positive	Negative	Positive
Singular	1st	xatırlamayacağım	xatırlayacağım	xatırlanmayacağım	xatırlanacağım
	2nd	xatırlamayacaksan	xatırlayacaksan	xatırlanmayacaksan	xatırlanacaksan
	3rd	xatırlamayacak	xatırlayacak	xatırlanmayacak	xatırlanacak
Plural	1st	xatırlamayacağız	xatırlayacağız	xatırlanmayacağız	xatırlanacağız
	2nd	xatırlamayacaksınız	xatırlayacaksınız	xatırlanmayacaksınız	xatırlanacaksınız
	3rd	xatırlamayacaklar	xatırlayacaklar	xatırlanmayacaklar	xatırlanacaklar

		Definite Future					
		Returning Type		Equivalent-Mutual Type		Causative	
		Negative	Positive	Negative	Positive	Negative	Positive
Singular	1st	xatırlanılmayacağım	xatırlanılacağım	-	-	xatırlatmayacağım	xatırlatacağım
	2nd	xatırlanılmayacaksan	xatırlanılacaksan	-	-	xatırlatmayacaksan	xatırlatacaksan
	3rd	xatırlanılmayacak	xatırlanılacak	-	-	xatırlatmayacak	xatırlatacak
Plural	1st	xatırlanılmayacağız	xatırlanılacağız	-	-	xatırlatmayacağız	xatırlatacağız
	2nd	xatırlanılmayacaksınız	xatırlanılacaksınız	-	-	xatırlatmayacaksınız	xatırlatacaksınız
	3rd	xatırlanılmayacaklar	xatırlanılacaklar	-	-	xatırlatmayacaklar	xatırlatacaklar

		Indefinite Future			
		Active		Passive	
		Negative	Positive	Negative	Positive
Singular	1st	xatırlamaram	xatırlayaram	xatırlanmaram	xatırlanaram
	2nd	xatırlamazsan	xatırlayarsan	xatırlanmazsan	xatırlanarsan
	3rd	xatırlamaz	xatırlar	xatırlanmaz	xatırlanar
Plural	1st	xatırlamarık	xatırlayarık	xatırlanmarık	xatırlanarık
	2nd	xatırlamazsınız	xatırlayarsınız	xatırlanmazsınız	xatırlanarsınız
	3rd	xatırlamazlar	xatırlayarlar	xatırlanmazlar	xatırlanarlar

		Indefinite Future					
		Returning Type		Equivalent-Mutual Type		Causative	
		Negative	Positive	Negative	Positive	Negative	Positive
Singular	1st	xatırlanılmaram	xatırlanılaram	-	-	xatırlatmaram	xatırlataram
	2nd	xatırlanılmazsan	xatırlanılarsan	-	-	xatırlatmazsan	xatırlatarsan

	3rd	xatırlanılmaz	xatırlanılır	-	-	xatırlatmaz	xatırlatır
Plural	1st	xatırlanılmarık	xatırlanılarık	-	-	xatırlatmarık	xatırlatarık
	2nd	xatırlanılmazsınız	xatırlanılarsınız	-	-	xatırlatmazsınız	xatırlatarsınız
	3rd	xatırlanılmazlar	xatırlanılarlar	-	-	xatırlatmazlar	xatırlatarlar

Conditional Mood					
		Definite Future		Indefinite Future	
		Negative	Positive	Negative	Positive
Singular	1st	xatırlamayacaksam	xatırlayacaksam	xatırlamaramsa	xatırlayaramsa
	2nd	xatırlamayacaksansa	xatırlayacaksansa	xatırlamazsansa	xatırlayarsansa
	3rd	xatırlamayacaksa	xatırlayacaksa	xatırlamazsa	xatırlayarsa
Plural	1st	xatırlamayacaksak	xatırlayacaksak	xatırlamarıksa	xatırlayarıka
	2nd	xatırlamayacaksınızsə	xatırlayacaksınızsə	xatırlamazsınızsa	xatırlayarsınızsa
	3rd	xatırlamayacaklarsa	xatırlayacaklarsa	xatırlamazlarsa	xatırlayarlarsa

Conditional Mood						
		Present		Witnessed Past		Narrative Past	
		Negative	Positive	Negative	Positive	Negative	Positive
Singular	1st	xatırlamırsam	xatırlayırsam	xatırlamadımsa	xatırladımsa	xatırlamamışsam	xatırlamışsam
	2nd	xatırlamırsansa	xatırlayırsansa	xatırlamadınsa	xatırladınsa	xatırlamamışsansa	xatırlamışsansa
	3rd	xatırlamırsa	xatırlayırsa	xatırlamadısa	xatırladısa	xatırlamamışsa	xatırlamışsa
Plural	1st	xatırlamırıksa	xatırlayırıksa	xatırlamadıksa	xatırladıksa	xatırlamamışıksa	xatırlamışıksa
	2nd	xatırlamırsınızsa	xatırlayırsınızsa	xatırlamadınızsa	xatırladınızsa	xatırlamamışsınızsa	xatırlamışsınızsa
	3rd	xatırlamırlarsa	xatırlayırlarsa	xatırlamadılarsa	xatırladılarsa	xatırlamamışlarsa	xatırlamışlarsa

		Other Moods			
		Imparative		Optative	
		Negative	Positive	Negative	Positive
Singular	1st	xatırlamayım	xatırlayım	(Kaş) xatırlamayam	(Kaş) xatırlayam
	2nd	xatırlama	xatırla	(Kaş) xatırlamayasan	(Kaş) xatırlayasan
	3rd	xatırlamasın	xatırlasın	(Kaş) xatırlamaya	(Kaş) xatırlaya
Plural	1st	xatırlamayak	xatırlayak	(Kaş) xatırlamayak	(Kaş) xatırlayak
	2nd	xatırlamayasınız	xatırlayasınız	(Kaş) xatırlamayasınız	(Kaş) xatırlayasınız
	3rd	xatırlamasınlar	xatırlaysınlar	(Kaş) xatırlamayalar	(Kaş) xatırlayalar

		Other Moods			
		Obligatory		necessary	
		Negative	Positive	Negative	Positive
Singular	1st	xatırlamamalıyım	xatırlamalıyım	-	-
	2nd	xatırlamamalısın	xatırlamalısın	-	-
	3rd	xatırlamamalı	xatırlamalı	-	-
Plural	1st	xatırlamamalıyık	xatırlamalıyık	-	-
	2nd	xatırlamamalısınız	xatırlamalısınız	-	-
	3rd	xatırlamamalılar	xatırlamalılar	-	-

To Repeat (Təkrarlamaq)

Present				
		Active		Passive
		Negative	Positive	Negative	Positive

Present			Active		Passive	
		Negative	Positive	Negative	Positive
Singular	1st	təkrarlamıram	təkrarlayıram	təkrarlanmıram	təkrarlanıram
	2nd	təkrarlamırsan	təkrarlayırsan	təkrarlanmırsan	təkrarlanırsan
	3rd	təkrarlamır	təkrarlayır	Təkrarlanmır	Təkrarlanır
Plural	1st	təkrarlamırık	təkrarlayırık	Təkrarlanmırık	Təkrarlanırık
	2nd	təkrarlamırsınız	təkrarlayırsınız	Təkrarlanmırsınız	Təkrarlanırsınız
	3rd	təkrarlamırlar	təkrarlayırlar	Təkrarlanmırlar	Təkrarlanırlar

Present								
		Returning Type		Equivalent-Mutual Type		Causative		
		Negative	Positive	Negative	Positive	Negative	Positive
Singular	1st	təkrarlanılmıram	təkrarlanılıram	-	-	təkrarlatmıram	təkrarlatıram
	2nd	təkrarlanılmırsan	təkrarlanılırsan	-	-	təkrarlatmırsan	təkrarlatırsan
	3rd	təkrarlanılmır	təkrarlanılır	-	-	təkrarlatmır	təkrarlatır
Plural	1st	təkrarlanılmırık	təkrarlanılırık	-	-	təkrarlatmırık	təkrarlatırık
	2nd	təkrarlanılmırsınız	təkrarlanılırsınız	-	-	təkrarlatmırsınız	təkrarlatırsınız
	3rd	təkrarlanılmırlar	təkrarlanılırlar	-	-	təkrarlatmırlar	təkrarlatırlar

Witnessed Past					
		Active		Passive	
		Negative	Positive	Negative	Positive
Singular	1st	təkrarlamadım	təkrarladım	təkrarlanmadım	təkrarlandım
	2nd	təkrarlamadın	təkrarladın	təkrarlanmadın	təkrarlandın

	3rd	təkrarlamadı	təkrarladı	təkrarlanmadı	təkrarlandı
Plural	1st	təkrarlamadık	təkrarladık	təkrarlanmadık	təkrarlandık
	2nd	təkrarlamadınız	təkrarladınız	təkrarlanmadınız	təkrarlandınız
	3rd	təkrarlamadılar	təkrarladılar	təkrarlanmadılar	təkrarlandılar

		Narrative Past					
		Returning Type		Equivalent-Mutual Type		Causative	
		Negative	Positive	Negative	Positive	Negative	Positive
Singular	1st	təkrarlanılmamışam	təkrarlanılmışam	-	-	təkrarlatmamışam	təkrarlatmışam
	2nd	təkrarlanılmamışsan	təkrarlanılmışsan	-	-	təkrarlatmamışsan	təkrarlatmışsan
	3rd	təkrarlanılmamış	təkrarlanılmış	-	-	təkrarlatmamış	təkrarlatmış
Plural	1st	təkrarlanılmamışıq	təkrarlanılmışıq	-	-	təkrarlatmamışıq	təkrarlatmışıq
	2nd	təkrarlanılmamışsınız	təkrarlanılmışsınız	-	-	təkrarlatmamışsınız	təkrarlatmışsınız
	3rd	təkrarlanılmamışlar	təkrarlanılmışlar	-	-	təkrarlatmamışlar	təkrarlatmışlar

		Witnessed Past					
		Returning Type		Equivalent-Mutual Type		Causative	
		Negative	Positive	Negative	Positive	Negative	Positive
Singular	1st	təkrarlanılmadım	təkrarlanıldım	-	-	təkrarlatmadım	təkrarlatdım
	2nd	təkrarlanılmadın	təkrarlanıldın	-	-	təkrarlatmadın	təkrarlatdın
	3rd	təkrarlanılmadı	təkrarlanıldı	-	-	təkrarlatmadı	təkrarlatdı
Plural	1st	təkrarlanılmadık	təkrarlanıldık	-	-	təkrarlatmadık	təkrarlatdık
	2nd	təkrarlanılmadınız	təkrarlanıldınız	-	-	təkrarlatmadınız	təkrarlatdınız
	3rd	təkrarlanılmadılar	təkrarlanıldılar	-	-	təkrarlatmadılar	təkrarlatdılar

Narrative Past				
		Active		Passive	
		Negative	Positive	Negative	Positive
Singular	1st	təkrarlamamışam	təkrarlamışam	təkrarlanmamışam	təkrarlanmışam
	2nd	təkrarlamamışsan	təkrarlamışsan	təkrarlanmamışsan	təkrarlanmışsan
	3rd	təkrarlamamış	təkrarlamış	təkrarlanmamış	təkrarlanmış
Plural	1st	təkrarlamamışıq	təkrarlamışıq	təkrarlanmamışıq	təkrarlanmışıq
	2nd	təkrarlamamışsınız	təkrarlamışsınız	təkrarlanmamışsınız	təkrarlanmuşsınız
	3rd	təkrarlamamışlar	təkrarlamışlar	təkrarlanmamışlar	təkrarlanmışlar

Definite Future				
		Active		Passive	
		Negative	Positive	Negative	Positive
Singular	1st	təkrarlamayacağım	təkrarlayacağım	təkrarlanmayacağım	təkrarlanacağım
	2nd	təkrarlamayacaksan	təkrarlayacaksan	təkrarlanmayacaksan	təkrarlanacaksan
	3rd	təkrarlamayacak	təkrarlayacak	təkrarlanmayacak	təkrarlanacak
Plural	1st	təkrarlamayacağız	təkrarlayacağız	təkrarlanmayacağız	təkrarlanacağız
	2nd	təkrarlamayacaksınız	təkrarlayacaksınız	təkrarlanmayacaksınız	təkrarlanacaksınız
	3rd	təkrarlamayacaklar	təkrarlayacaklar	təkrarlanmayacaklar	təkrarlanacaklar

Definite Future						
		Returning Type		Equivalent-Mutual Type		Causative	
		Negative	Positive	Negative	Positive	Negative	Positive
Singular	1st	təkrarlanılmayacağım	təkrarlanılacağım	-	-	təkrarlatmayacağım	təkrarlatacağım
	2nd	təkrarlanılmayacaksan	təkrarlanılacaksan	-	-	təkrarlatmayacaksan	təkrarlatacaksan
	3rd	təkrarlanılmayacak	təkrarlanılacak	-	-	təkrarlatmayacak	təkrarlatacak

371

Plural	1st	təkrarlanılmayacağız	təkrarlanılacağız	-	-	təkrarlatmayacağız	təkrarlatacağız
	2nd	təkrarlanılmayacaksınız	təkrarlanılacaksınız	-	-	təkrarlatmayacaksınız	təkrarlatacaksınız
	3rd	təkrarlanılmayacaklar	təkrarlanılacaklar	-	-	təkrarlatmayacaklar	təkrarlatacaklar

Indefinite Future				
	Active		Passive	
	Negative	Positive	Negative	Positive
Singular 1st	təkrarlamaram	təkrarlayaram	təkrarlanmaram	təkrarlanaram
2nd	təkrarlamazsan	təkrarlayarsan	təkrarlanmazsan	təkrarlanarsan
3rd	təkrarlamaz	təkrarlar	təkrarlanmaz	təkrarlanar
Plural 1st	təkrarlamarık	təkrarlayarık	təkrarlanmarık	təkrarlanarık
2nd	təkrarlamazsınız	təkrarlayarsınız	təkrarlanmazsınız	təkrarlanarsınız
3rd	təkrarlamazlar	təkrarlayarlar	təkrarlanmazlar	təkrarlanarlar

Indefinite Future						
		Returning Type		Equivalent-Mutual Type		Causative	
		Negative	Positive	Negative	Positive	Negative	Positive
Singular	1st	təkrarlanılmaram	təkrarlanılaram	-	-	təkrarlatmaram	təkrarlataram
	2nd	təkrarlanılmazsan	təkrarlanılarsan	-	-	təkrarlatmazsan	təkrarlatarsan
	3rd	təkrarlanılmaz	təkrarlanılır	-	-	təkrarlatmaz	təkrarlatır
Plural	1st	təkrarlanılmarık	təkrarlanılarık	-	-	təkrarlatmarık	təkrarlatarık
	2nd	təkrarlanılmazsınız	təkrarlanılarsınız	-	-	təkrarlatmazsınız	təkrarlatarsınız
	3rd	təkrarlanılmazlar	təkrarlanılarlar	-	-	təkrarlatmazlar	təkrarlatarlar

Conditional Mood

		Definite Future		Indefinite Future	
		Negative	Positive	Negative	Positive
Singular	1st	təkrarlamayacaksam	təkrarlayacaksam	təkrarlamaramsa	təkrarlayaramsa
	2nd	təkrarlamayacaksansa	təkrarlayacaksansa	təkrarlamazsansa	təkrarlayarsansa
	3rd	təkrarlamayacaksa	təkrarlayacaksa	təkrarlamazsa	təkrarlayarsa
Plural	1st	təkrarlamayacaksak	təkrarlayacaksak	təkrarlamarıksa	təkrarlayarıka
	2nd	təkrarlamayacaksınızsə	təkrarlayacaksınızsə	təkrarlamazsınızsa	təkrarlayarsınızsa
	3rd	təkrarlamayacaklarsa	təkrarlayacaklarsa	təkrarlamazlarsa	təkrarlayarlarsa

Conditional Mood

		Present		Witnessed Past	
		Negative	Positive	Negative	Positive
Singular	1st	təkrarlamırsam	təkrarlayırsam	təkrarlamadımsa	təkrarladımsa
	2nd	təkrarlamırsansa	təkrarlayırsansa	təkrarlamadınsa	təkrarladınsa
	3rd	təkrarlamırsa	təkrarlayırsa	təkrarlamadısa	təkrarladısa
Plural	1st	təkrarlamırıksa	təkrarlayırıksa	təkrarlamadıksa	təkrarladıksa
	2nd	təkrarlamırsınızsa	təkrarlayırsınızsa	təkrarlamadınızsa	təkrarladınızsa
	3rd	təkrarlamırlarsa	təkrarlayırlarsa	təkrarlamadılarsa	təkrarladılarsa

Conditional Mood

		Narrative Past	
		Negative	Positive
Singular	1st	təkrarlamamışsam	təkrarlamışsam
	2nd	təkrarlamamışsansa	təkrarlamışsansa
	3rd	təkrarlamamışsa	təkrarlamışsa

Plural	1st	təkrarlamamışıksa	təkrarlamışıksa
	2nd	təkrarlamamışsınızsa	təkrarlamışsınızsa
	3rd	təkrarlamamışlarsa	təkrarlamışlarsa

		Other Moods			
		Imparative		Optative	
		Negative	Positive	Negative	Positive
Singular	1st	təkrarlamayım	təkrarlayım	(Kaş) təkrarlamayam	(Kaş) təkrarlayam
	2nd	təkrarlama	təkrarla	(Kaş) təkrarlamayasan	(Kaş) təkrarlayasan
	3rd	təkrarlamasın	təkrarlasın	(Kaş) təkrarlamaya	(Kaş) təkrarlaya
Plural	1st	təkrarlamayak	təkrarlayak	(Kaş) təkrarlamayak	(Kaş) təkrarlayak
	2nd	təkrarlamayasınız	təkrarlayasınız	(Kaş) təkrarlamayasınız	(Kaş) təkrarlayasınız
	3rd	təkrarlamasınlar	təkrarlaysınlar	(Kaş) təkrarlamayalar	(Kaş) təkrarlayalar

		Other Moods			
		Obligatory		necessary	
		Negative	Positive	Negative	Positive
Singular	1st	təkrarlamamalıyım	təkrarlamalıyım	-	-
	2nd	təkrarlamamalısın	təkrarlamalısın	-	-
	3rd	təkrarlamamalı	təkrarlamalı	-	-
Plural	1st	təkrarlamamalıyık	təkrarlamalıyık	-	-
	2nd	təkrarlamamalısınız	təkrarlamalısınız	-	-
	3rd	təkrarlamamalılar	təkrarlamalılar	-	-

To Return (Dönmək)

Present				
		Active		Passive	
		Negative	Positive	Negative	Positive
Singular	1st	Dönmürəm	Dönürəm	Dönülmürəm	Dönülürəm
	2nd	Dönmürsən	Dönürsən	Dönülmürsən	Dönülürsən
	3rd	Dönmür	Dönür	Dönülmür	Dönülür
Plural	1st	Dönmürük	Dönürük	Dönülmürük	Dönülürük
	2nd	Dönmürsünüz	Dönürsünüz	Dönülmürsünüz	Dönülüsünüz
	3rd	Dönmürlər	Dönürlər	Dönülmürlər	Dönülürlər

Present							
		Returning Type		Equivalent-Mutual Type		Causative	
		Negative	Positive	Negative	Positive	Negative	Positive
Singular	1st	Dönülmürəm	Dönülürəm	Dönüşmürəm	Dönüşürəm	Döndürmürəm	Döndürürəm
	2nd	Dönülmürsən	Dönülürsən	Dönüşmürsən	Dönüşürsən	Döndürmürsən	Döndürürsən
	3rd	Dönülmür	Dönülür	Dönüşmür	Dönüşür	Döndürmür	Döndürür
Plural	1st	Dönülmürük	Dönülürük	Dönüşmürük	Dönüşürük	Döndürmürük	Döndürürük
	2nd	Dönülmürsünüz	Dönülüsünüz	Dönüşmürsünüz	Dönüşüsünüz	Döndürmürsünüz	Döndürürsünüz
	3rd	Dönülmürlər	Dönülürlər	Dönüşmürlər	Dönüşürlər	Döndürmürlər	Döndürürlər

Witnessed Past					
		Active		Passive	
		Negative	Positive	Negative	Positive
Singular	1st	Dönmədim	Döndüm	Dönülmədim	Dönüldüm
	2nd	Dönmədin	Döndün	Dönülmədin	Dönüldün

	3rd	Dönmədi	Döndü	Dönülmədi	Dönüldü
Plural	1st	Dönmədik	Döndük	Dönülmədik	Dönüldük
	2nd	Dönmədiniz	Döndünüz	Dönülmədiniz	Dönüldünüz
	3rd	Dönmədilər	Döndülər	Dönülmədilər	Dönüldülər

Narrative Past					
		Returning Type		Equivalent-Mutual Type	
		Negative	Positive	Negative	Positive
Singular	1st	Dönülməmişim	Dönülmüşüm	Dönüşməmişim	Dönüşmüşüm
	2nd	Dönülməmişsən	Dönülmüşsən	Dönüşməmişsən	Dönüşmüşsən
	3rd	Dönülməmiş	Dönülmüş	Dönüşməmiş	Dönüşmüş
Plural	1st	Dönülməmişik	Dönülmüşük	Dönüşməmişik	Dönüşmüşük
	2nd	Dönülməmişsiniz	Dönülmüşsünüz	Dönüşməmişsiniz	Dönüşmüşsünüz
	3rd	Dönülməmişlər	Dönülmüşlər	Dönüşməmişlər	Dönüşmüşlər

Narrative Past			
		Causative	
		Negative	Positive
Singular	1st	Döndürməmişim	Döndürmüşüm
	2nd	Döndürməmişsən	Döndürmüşsən
	3rd	Döndürməmiş	Döndürmüş
Plural	1st	Döndürməmişik	Döndürmüşük
	2nd	Döndürməmişsiniz	Döndürmüşsünüz
	3rd	Döndürməmişlər	Döndürmüşlər

Definite Future				
		Active		Passive	
		Negative	Positive	Negative	Positive
Singular	1st	Dönməyəcəm	Dönəcəm	Dönülməyəcəm	Dönüləcəm
	2nd	Dönməyəcəksən	Dönəcəksən	Dönülməyəcəksən	Dönüləcəksən
	3rd	Dönməyəcək	Dönəcək	Dönülməyəcək	Dönüləcək
Plural	1st	Dönməyəcəyik	Dönəcəyik	Dönülməyəcəyik	Dönüləcəyik
	2nd	Dönməyəcəksiniz	Dönəcəksiniz	Dönülməyəcəksiniz	Dönüləcəksiniz
	3rd	Dönməyəcəklər	Dönəcəklər	Dönülməyəcəklər	Dönüləcəklər

Definite Future			
		Returning Type	
		Negative	Positive
Singular	1st	Dönülməyəcəm	Dönüləcəm
	2nd	Dönülməyəcəksən	Dönüləcəksən
	3rd	Dönülməyəcək	Dönüləcək
Plural	1st	Dönülməyəcəyik	Dönüləcəyik
	2nd	Dönülməyəcəksiniz	Dönüləcəksiniz
	3rd	Dönülməyəcəklər	Dönüləcəklər

Definite Future				
		Equivalent-Mutual Type		Causative	
		Negative	Positive	Negative	Positive
Singular	1st	Dönüşməyəcəm	Dönüşəcəm	Döndürməyəcəm	Döndürəcəm
	2nd	Dönüşməyəcəksən	Dönüşəcəksən	Döndürməyəcəksən	Döndürəcəksən
	3rd	Dönüşməyəcək	Dönüşəcək	Döndürməyəcək	Döndürəcək

Plural	1st	Dönüşməyəcəyik	Dönüşəcəyik	Döndürməyəcəyik	Döndürəcəyik
	2nd	Dönüşməyəcəksiniz	Dönüşəcəksiniz	Döndürməyəcəksiniz	Döndürəcəksiniz
	3rd	Dönüşməyəcəklər	Dönüşəcəklər	Döndürməyəcəklər	Döndürəcəklər

Witnessed Past						
		Returning Type		Equivalent-Mutual Type		Causative
		Negative	Positive	Negative	Positive	Negative	Positive
Singular	1st	Dönülmədim	Dönüldüm	Dönüşmədim	Dönüşdüm	Döndürmədim	Döndürdüm
	2nd	Dönülmədin	Dönüldün	Dönüşmədin	Dönüşdün	Döndürmədin	Döndürdün
	3rd	Dönülmədi	Dönüldü	Dönüşmədi	Dönüşdü	Döndürmədi	Döndürdü
Plural	1st	Dönülmədik	Dönüldük	Dönüşmədik	Dönüşdük	Döndürmədik	Döndürdük
	2nd	Dönülmədiniz	Dönüldünüz	Dönüşmədiniz	Dönüşdünüz	Döndürmədiniz	Döndürdünüz
	3rd	Dönülmədilər	Dönüldülər	Dönüşmədilər	Dönüşdülər	Döndürmədilər	Döndürdülər

Narrative Past					
		Active		Passive	
		Negative	Positive	Negative	Positive
Singular	1st	Dönməmişim	Dönmüşüm	Dönülməmişim	Dönülmüşüm
	2nd	Dönməmişsən	Dönmüşsən	Dönülməmişsən	Dönülmüşsən
	3rd	Dönməmiş	Dönmüş	Dönülməmiş	Döndülmüş
Plural	1st	Dönməmişik	Dönmüşük	Dönülməmişik	Dönülmüşük
	2nd	Dönməmişsiniz	Dönmüşsünüz	Dönülməmişsiniz	Dönülmüşsünüz
	3rd	Dönməmişlər	Dönmüşlər	Dönülməmişlər	Dönülmüşlər

		Indefinite Future									
		Active		Passive		Returning Type		Equivalent-Mutual Type		Causative	
		Negative	Positive	Negative	Positive	Negative	Positive	Negative	Positive	Negative	Positive
Singular	1st	Dönmərim	Dönərim	-	-	-	-	-	-	-	-
	2nd	Dönməzsəm	Dönərsən	-	-	-	-	-	-	-	-
	3rd	Dönməz	Dönər	-	-	-	-	-	-	-	-
Plural	1st	Dönmərik	Dönərik	-	-	-	-	-	-	-	-
	2nd	Dönməzsiniz	Dönərsiniz	-	-	-	-	-	-	-	-
	3rd	Dönməzlər	Dönərlər	-	-	-	-	-	-	-	-

		Conditional Mood			
		Definite Future		Indefinite Future	
		Negative	Positive	Negative	Positive
Singular	1st	Dönməyəcəksəm	Dönəcəksm	Dönmərimsə	Dönərimsə
	2nd	Dönməyəcəksənsə	Dönəcəksənsə	Dönməzsəmsə	Dönərsənsə
	3rd	Dönməyəcəksə	Dönəcəksə	Dönməzsə	Dönərsə
Plural	1st	Dönməyəcəksək	Dönəcəksək	Dönməriksə	Dönəriksə
	2nd	Dönməyəcəksinizsə	Dönəcəksinizsə	Dönməzsinizsə	Dönərsinizsə
	3rd	Dönməyəcəklərsə	Dönəcəklərsə	Dönməzlərsə	Dönərlərsə

		Conditional Mood					
		Present		Witnessed Past		Narrative Past	
		Negative	Positive	Negative	Positive	Negative	Positive
Singular	1st	Dönmürsəm	Dönürsəm	Dönmədiysəm	Döndüysəm	Dönməmişsəm	Dönmüşsəm
	2nd	Dönmürsənsə	Dönürsənsə	Dönmədiysən	Döndüysən	Dönməmişsənsə	Döntmüşsənsə
	3rd	Dönmürsə	Dönürsə	Dönmədiysə	Döndüysə	Dönməmişsə	Dönmüşsə
Plural	1st	Dönmürsək	Dönürsək	Dönmədiysək	Döndüysək	Dönməmişsək	Dönmüşsək
	2nd	Dönmürsinizsə	Dönürsinizsə	Dönmədinizsə	Döndünüzsə	Dönməmişsinizsə	Dönmüşsünüzsə
	3rd	Dönmürlərsə	Dönürlərsə	Dönmədilərsə	Döndülərsə	Dönməmişlərsə	Dönmüşlərsə

To Run (Qaçmaq)

		Present			
		Active		Passive	
		Negative	Positive	Negative	Positive
Singular	1st	Qaçmıram	Qaçıram	-	-
	2nd	Qaçmırsan	Qaçırsan	-	-
	3rd	Qaçmır	Qaçır	Qaçılmır	Qaçılır
Plural	1st	Qaçmırık	Qaçırık	-	-
	2nd	Qaçmırsınız	Qaçırsınız	-	-
	3rd	Qaçmırlar	Qaçrlar	-	-

		Present					
		Returning Type		Equivalent-Mutual Type		Causative	
		Negative	Positive	Negative	Positive	Negative	Positive
Singular	1st	-	-	-	-	Qaçdırmıram	Qaçdırıram
	2nd	-	-	-	-	Qaçdırmırsan	Qaçdırırsan
	3rd	Qaçılmır	Qaçılır	-	-	Qaçdırmır	Qaçdırır
Plural	1st	-	-	-	-	Qaçdırmırık	Qaçdırırık
	2nd	-	-	-	-	Qaçdırmırsınız	Qaçdırırsınız
	3rd	-	-	-	-	Qaçdırmırlar	Qaçdırırlar

Witnessed Past				
		Active		Passive	
		Negative	Positive	Negative	Positive
Singular	1st	Qaçmadım	Qaçdım	-	-
	2nd	Qaçmadın	Qaçdın	-	-
	3rd	Qaçmadı	Qaçdı	Qaçılmadı	Qaçıldı
Plural	1st	Qaçmadık	Qaçdık	-	-
	2nd	Qaçmadınız	Qaçdınız	-	-
	3rd	Qaçmadılar	Qaçdılar	-	-

Narrative Past						
		Returning Type		Equivalent-Mutual Type		Causative	
		Negative	Positive	Negative	Positive	Negative	Positive
Singular	1st	-	-	-	-	Qaçdırmamışam	Qaçdırmışam
	2nd	-	-	-	-	Qaçdırmamışsan	Qaçdırmışsan
	3rd	-	-	-	-	Qaçdırmamış	Qaçdırmış
Plural	1st	-	-	-	-	Qaçdırmamışık	Qaçdırmışık
	2nd	-	-	-	-	Qaçdırmamışsınız	Qaçdırmışsınız
	3rd	-	-	-	-	Qaçdırmamışlar	Qaçdırmışlar

Witnessed Past						
		Returning Type		Equivalent-Mutual Type		Causative	
		Negative	Positive	Negative	Positive	Negative	Positive
Singular	1st	-	-	-	-	Qaçdırmadım	Qaçdırdım
	2nd	-	-	-	-	Qaçdırmadın	Qaçdırdın
	3rd	Qaçılıldı	Qaçılıldı	-	-	Qaçdırmadı	Qaçdırdı

PlurQaç						Qaçdırmadık	Qaçdırdık
	1st	-	-	-	-	Qaçdırmadık	Qaçdırdık
	2nd	-	-	-	-	Qaçdırmadınız	Qaçdırdınız
	3rd	-	-	-	-	Qaçdırmadılar	Qaçdırdılar

Narrative Past					
		Active		Passive	
		Negative	Positive	Negative	Positive
Singular	1st	Qaçmamışam	Qaçmışam	-	-
	2nd	Qaçmamışsan	Qaçmışsan	-	-
	3rd	Qaçmamış	Qaçmış	Qaçılmamış	Qaçılmış
Plural	1st	Qaçmamışık	Qaçmışık	-	-
	2nd	Qaçmamışsınız	Qaçmışsınız	-	-
	3rd	Qaçmamışlar	Qaçmışlar	-	-

Definite Future					
		Active		Passive	
		Negative	Positive	Negative	Positive
Singular	1st	Qaçmayacağım	Qaçacağım	-	-
	2nd	Qaçmayacaksan	Qaçacaksan	-	-
	3rd	Qaçmayacak	Qaçacak	Qaçılmayacak	Qaçılacak
Plural	1st	Qaçmayacağız	Qaçacağız	-	-
	2nd	Qaçmayacaksınız	Qaçacaksınız	-	-
	3rd	Qaçmayacaklar	Qaçacaklar	-	-

		Definite Future					
		Returning Type		Equivalent-Mutual Type		Causative	
		Negative	Positive	Negative	Positive	Negative	Positive
Singular	1st	-	-	-	-	Qaçdırmayacağım	Qaçdıracağım
	2nd	-	-	-	-	Qaçdırmayacaksan	Qaçdıracaksan
	3rd	Qaçınılmayacak	Qaçınılacak	-	-	Qaçdırmayacak	Qaçdıracak
Plural	1st	-	-	-	-	Qaçdırmayacağız	Qaçdıracağız
	2nd	-	-	-	-	Qaçdırmayacaksınız	Qaçdıracaksınız
	3rd	-	-	-	-	Qaçdırmayacaklar	Qaçdıracaklar

		Indefinite Future			
		Active		Passive	
		Negative	Positive	Negative	Positive
Singular	1st	Qaçmaram	Qaçaram	-	-
	2nd	Qaçmazsan	Qaçarsan	-	-
	3rd	Qaçmaz	Qaçar	Qaçınmaz	Qaçınar
Plural	1st	Qaçmarık	Qaçarık	-	-
	2nd	Qaçmazsınız	Qaçarsınız	-	-
	3rd	Qaçmazlar	Qaçarlar	-	-

		Indefinite Future					
		Returning Type		Equivalent-Mutual Type		Causative	
		Negative	Positive	Negative	Positive	Negative	Positive
Singular	1st	-	-	-	-	Qaçdırmaram	Qaçdıraram
	2nd	-	-	-	-	Qaçdırmazsan	Qaçdırarsan
	3rd	Qaçınılmaz	Qaçınılır	-	-	Qaçdırmaz	Qaçdırır
Plural	1st	-	-	-	-	Qaçdırmarık	Qaçdırarık
	2nd	-	-	-	-	Qaçdırmazsınız	Qaçdırarsınız
	3rd	-	-	-	-	Qaçdırmazlar	Qaçdırarlar

		Conditional Mood			
		Definite Future		Indefinite Future	
		Negative	Positive	Negative	Positive
Singular	1st	Qaçmayacaksam	Qaçacaksam	Qaçmaramsa	Qaçaramsa
	2nd	Qaçmayacaksansa	Qaçacaksansa	Qaçmazsansa	Qaçarsansa
	3rd	Qaçmayacaksa	Qaçacaksa	Qaçmazsa	Qaçyarsa
Plural	1st	Qaçmayacaksak	Qaçacaksak	Qaçmarıksa	Qaçyarıka
	2nd	Qaçmayacaksınızsə	Qaçacaksınızsə	Qaçmazsınızsa	Qaçarsınızsa
	3rd	Qaçmayacaklarsa	Qaçacaklarsa	Qaçmazlarsa	Qaçarlarsa

		Conditional Mood					
		Present		Witnessed Past		Narrative Past	
		Negative	Positive	Negative	Positive	Negative	Positive
Singular	1st	Qaçmırsam	Qaçırsam	Qaçmadımsa	Qaçdımsa	Qaçmamışsam	Qaçmışsam
	2nd	Qaçmırsansa	Qaçırsansa	Qaçmadınsa	Qaçdınsa	Qaçmamışsansa	Qaçmışsansa

	3rd	Qaçmırsa	Qaçırsa	Qaçmadısa	Qaçdısa	Qaçmamışsa	Qaçmışsa
Plural	1st	Qaçmırıksa	Qaçırıksa	Qaçmadıksa	Qaçdıksa	Qaçmamışıksa	Qaçmışıksa
	2nd	Qaçmırsınızsa	Qaçırsınızsa	Qaçmadınızsa	Qaçdınızsa	Qaçmamışsınızsa	Qaçmışsınızsa
	3rd	Qaçmırlarsa	Qaçırlarsa	Qaçmadılarsa	Qaçdılarsa	Qaçmamışlarsa	Qaçmışlarsa

		Other Moods			
		Imparative		Optative	
		Negative	Positive	Negative	Positive
Singular	1st	Qaçmayım	Qaçım	(Kaş) Qaçmayam	(Kaş) Qaçam
	2nd	Qaçma	Qaç	(Kaş) Qaçmayasan	(Kaş) Qaçasan
	3rd	Qaçmasın	Qaçsın	(Kaş) Qaçmaya	(Kaş) Qaça
Plural	1st	Qaçmayak	Qaçak	(Kaş) Qaçmayak	(Kaş) Qaçak
	2nd	Qaçmayasınız	Qaçasınız	(Kaş) Qaçasınız	(Kaş) Qaçasınız
	3rd	Qaçmasınlar	Qaçsınlar	(Kaş) QaçmayQaçar	(Kaş) QaçQaçar

		Other Moods			
		Obligatory		necessary	
		Negative	Positive	Negative	Positive
Singular	1st	QaçmamQaçıyım	QaçmQaçıyım	-	-
	2nd	QaçmamQaçısın	QaçmQaçısın	-	-
	3rd	QaçmamQaçı	QaçmQaçı	-	-
Plural	1st	QaçmamQaçıyık	QaçmQaçıyık	-	-
	2nd	QaçmamQaçısınız	QaçmQaçısınız	-	-
	3rd	QaçmamQaçılar	QaçmQaçılar	-	-

To Say (Demək)

Present				
		Active		Passive
		Negative	Positive	Negative	Positive
Singular	1st	Demirəm	Deyirəm	Deyilmirəm	Deyilirəm
	2nd	Demirsən	Deyirsən	Deyilmirsən	Deyiirsən
	3rd	Demir	Deyir	Deyilmir	Deyilir
Plural	1st	Demirik	Deyirik	Deyilmirik	Deyilirik
	2nd	Demirsiniz	Deyirsiniz	Deyilmirsiniz	Deyilisiniz
	3rd	Demirlər	Deyirlər	Deyilmirlər	Deyilirlər

Present						
		Returning Type		Equivalent-Mutual Type		Causative
		Negative	Positive	Negative	Positive	Negative	Positive
Singular	1st	Deyilmirəm	Deyilirəm	-	-	Dedirtmirəm	Dedirtirəm
	2nd	Deyilmirsən	Deyilirsən	-	-	Dedirtmirsən	Dedirtirsən
	3rd	Deyilmir	Deyilir	-	-	Dedirtmir	Detditrir
Plural	1st	Deyilmirik	Deyilirik	-	-	Dedirtmirik	Dedirtirik
	2nd	Deyilmirsiniz	Deyilisiniz	-	-	Dedirtmirsiniz	Dedirtirsiniz
	3rd	Deyilmirlər	Deyilirlər	-	-	Dedirtmirlər	Dedirtirlər

Witnessed Past					
		Active		Passive	
		Negative	Positive	Negative	Positive
Singular	1st	Demədim	Dedim	Deyilmədim	Deyildim
	2nd	Demədin	Dedin	Deyilmədin	Deyildin
	3rd	Demədi	Dedi	Deyilmədi	Deyildi
Plural	1st	Demədik	Dedik	Deyilmədik	Deyildik
	2nd	Demədiniz	Dediniz	Deyilmədiniz	Deyildiniz
	3rd	Demədilər	Dedilər	Deylmədilər	Deyildilər

Narrative Past						
		Returning Type		Equivalent-Mutual Type		Causative
		Negative	Positive	Negative	Positive	Negative	Positive
Singular	1st	Deyilməmişim	Deyilmişim	-	-	Dedirtməmişim	Dedirtmişim
	2nd	Deyilməmişsən	Deyilmişsən	-	-	Dedirtməmişsən	Dedirtmişsən
	3rd	Deyilməmiş	Deyilmiş	-	-	Dedirtməmiş	Dedirtmiş
Plural	1st	Deyilməmişik	Deyilmişik	-	-	Dedirtməmişik	Dedirtmişik
	2nd	Deyilməmişsiniz	Deyilmişsiniz	-	-	Dedirtməmişsiniz	Dedirtmişsiniz
	3rd	Deyilməmişlər	Deyilmişlər	-	-	Dedirtməmişlər	Dedirtmişlər

Witnessed Past						
		Returning Type		Equivalent-Mutual Type		Causative
		Negative	Positive	Negative	Positive	Negative	Positive
Singular	1st	Deyilmədim	Deyildim	-	-	Dedirtmədim	Dedirtdim
	2nd	Deyilmədin	Deyildin	-	-	Dedirtmədin	Dedirtdin
	3rd	Deyilmədi	Deyildi	-	-	Dedirtmədi	Dedirtdi

Plural							
	1st	Deyilmədik	Deyildik	-	-	Dedirtmədik	Dedirtdik
	2nd	Deyilmədiniz	Deyildiniz	-	-	Dedirtmədiniz	Dedirtdiniz
	3rd	Deyilmədilər	Deyildilər	-	-	Dedirtmədilər	Dedirtdilər

Narrative Past					
		Active		Passive	
		Negative	Positive	Negative	Positive
Singular	1st	Deməmişim	Demişim	Deyilməmişim	Deyilmişim
	2nd	Deməmişsən	Demişsən	Deyilməmişsən	Deyilmişsən
	3rd	Deməmiş	Demiş	Deyilməmiş	Deyilmiş
Plural	1st	Deməmişik	Demişik	Deyilməmişik	Deyilmişik
	2nd	Deməmişsiniz	Demişsiniz	Deyilməmişsiniz	Deyilmişsiniz
	3rd	Deməmişlər	Demişlər	Deyilməmişlər	Deyilmişlər

Definite Future					
		Active		Passive	
		Negative	Positive	Negative	Positive
Singular	1st	Deməyəcəm	Deyəcəm	Deyilməyəcəm	Deyiləcəm
	2nd	Deməyəcəksən	Deyəcəksən	Deylməyəcəksən	Deyiləcəksən
	3rd	Deməyəcək	Deyəcək	Deyilməyəcək	Deyiləcək
Plural	1st	Deməyəcəyik	Deyəcəyik	Deyilməyəcəyik	Deyiləcəyik
	2nd	Deməyəcəksiniz	Deyəcəksiniz	Deyilməyəcəksiniz	Deyiləcəksiniz
	3rd	Deməyəcəklər	Deyəcəklər	Deyilməyəcəklər	Deyiləcəklər

		Definite Future					
		Returning Type		Equivalent-Mutual Type		Causative	
		Negative	Positive	Negative	Positive	Negative	Positive
Singular	1st	Deyilməyəcəm	Deyiləcəm	-	-	Dedirtməyəcəm	Dedirtəcəm
	2nd	Deyilməyəcəksən	Deyiləcəksən	-	-	Dedirtməyəcəksən	Dedirtəcəksən
	3rd	Deyilməyəcək	Deyiləcək	-	-	Dedirtməyəcək	Dedirtəcək
Plural	1st	Deyilməyəcəyik	Deyiləcəyik	-	-	Dedirtməyəcəyik	Dedirtəcəyik
	2nd	Deyilməyəcəksiniz	Deyiləcəksiniz	-	-	Dedirtməyəcəksiniz	Dedirtəcəksiniz
	3rd	Deyilməyəcəklər	Deyiləcəklər	-	-	Dedirtməyəcəklər	Dedirtəcəklər

		Indefinite Future									
		Active		Passive		Returning Type		Equivalent-Mutual Type		Causative	
		Negative	Positive	Negative	Positive	Negative	Positive	Negative	Positive	Negative	Positive
Singular	1st	Demərim	Diyərim	-	-	-	-	-	-	-	-
	2nd	Deməzsəm	Diyərsən	-	-	-	-	-	-	-	-
	3rd	Deməz	Diyər	-	-	-	-	-	-	-	-
Plural	1st	Demərik	Diyərik	-	-	-	-	-	-	-	-
	2nd	Deməzsiniz	Diyərsiniz	-	-	-	-	-	-	-	-
	3rd	Deməzlər	Diyərlər	-	-	-	-	-	-	-	-

Conditional Mood					
		Definite Future		Indefinite Future	
		Negative	Positive	Negative	Positive
Singular	1st	Deməyəcəksəm	Diyəcəksəm	Demərimsə	Diyərimsə
	2nd	Deməyəcəksənsə	Diyəcəksənsə	Deməzsəmsə	Diyərsənsə
	3rd	Deməyəcəksə	Diyəcəksə	Deməzsə	Diyərsə
Plural	1st	Deməyəcəksək	Diyəcəksək	Demәriksә	Diyәriksә
	2nd	Deməyəcəksinizsə	Diyəcəksinizsə	Deməzsinizsə	Diyərsinizsə
	3rd	Deməyəcəklərsə	Diyəcəklərsə	Deməzlərsə	Diyərlərsə

Conditional Mood							
		Present		Witnessed Past		Narrative Past	
		Negative	Positive	Negative	Positive	Negative	Positive
Singular	1st	Demirsəm	Deyirsəm	Demədiysəm	Dediysəm	Deməmişsəm	Demişsəm
	2nd	Demirsənsə	Deyirsənsə	Demədiysən	Dediysən	Deməmişsənsə	Detmişsənsə
	3rd	Demirsə	Deyirsə	Demədiysə	Dediysə	Deməmişsə	Demişsə
Plural	1st	Demirsək	Deyirsək	Demədiysək	Dediysək	Deməmişsək	Demişsək
	2nd	Demirsinizsə	Deyirsinizsə	Demədinizsə	Dedinizsə	Deməmişsinizsə	Demişsinizsə
	3rd	Demirlərsə	Deyirlərsə	Demədilərsə	Dedilərsə	Deməmişlərsə	Demişlərsə

391

To Scream (Fəğan Etmək)

Present					
		Active		Passive	
		Negative	Positive	Negative	Positive
Singular	1st	fəğan etmirəm	fəğan edirəm	fəğan edilmirəm	fəğan edilirəm
	2nd	fəğan etmirsən	fəğan edirsən	fəğan edilmirsən	fəğan ediıirsən
	3rd	fəğan etmir	fəğan edir	fəğan edilmir	fəğan edilir
Plural	1st	fəğan etmirik	fəğan edirik	fəğan edilmirik	fəğan edilirik
	2nd	fəğan etmirsiniz	fəğan edirsiniz	fəğan edilmirsiniz	fəğan edilisiniz
	3rd	fəğan etmirlər	fəğan edirlər	fəğan edilmirlər	fəğan edilirlər

Present							
		Returning Type		Equivalent-Mutual Type		Causative	
		Negative	Positive	Negative	Positive	Negative	Positive
Singular	1st	fəğan edilmirəm	fəğan edilirəm	-	-	fəğan etdirmirəm	fəğan etdirirəm
	2nd	fəğan edilmirsən	fəğan ediıirsən	-	-	fəğan etdirmirsən	fəğan etdirirsən
	3rd	fəğan edilmir	fəğan edilir	-	-	fəğan etdirmir	fəğan etdirir
Plural	1st	fəğan edilmirik	fəğan edilirik	-	-	fəğan etdirmirik	fəğan etdiririk
	2nd	fəğan edilmirsiniz	fəğan edilisiniz	-	-	fəğan etdirmirsiniz	fəğan etdirirsiniz
	3rd	fəğan edilmirlər	fəğan edilirlər	-	-	fəğan etdirmirlər	fəğan etdirirlər

Witnessed Past				
		Active		Passive	
		Negative	Positive	Negative	Positive
Singular	1st	fəğan etmədim	fəğan ettim	fəğan edilmədim	fəğan edildim
	2nd	fəğan etmədin	fəğan ettin	fəğan edilmədin	fəğan edildin
	3rd	fəğan etmədi	fəğan etti	fəğan edilmədi	fəğan edildi
Plural	1st	fəğan etmədik	fəğan ettik	fəğan edilmədik	fəğan edildik
	2nd	fəğan etmədiniz	fəğan ettiniz	fəğan edilmədiniz	fəğan edildiniz
	3rd	fəğan etmədilər	fəğan ettilər	fəğan edilmədilər	fəğan edildilər

Narrative Past						
		Returning Type		Equivalent-Mutual Type		Causative	
		Negative	Positive	Negative	Positive	Negative	Positive
Singular	1st	fəğan edilməmişim	fəğan edilmişim	-	-	fəğan etdirməmişim	fəğan etdirmişim
	2nd	fəğan edilməmişsən	fəğan edilmişsən	-	-	fəğan etdirməmişsən	fəğan etdirmişsən
	3rd	fəğan edilməmiş	fəğan edilmiş	-	-	fəğan etdirməmiş	fəğan etdirmiş
Plural	1st	fəğan edilməmişik	fəğan edilmişik	-	-	fəğan etdirməmişik	fəğan etdirmişik
	2nd	fəğan edilməmişsiniz	fəğan edilmişsiniz	-	-	fəğan etdirməmişsiniz	fəğan etdirmişsiniz
	3rd	fəğan edilməmişlər	fəğan edilmişlər	-	-	fəğan etdirməmişlər	fəğan etdirmişlər

394

Witnessed Past						
		Returning Type		Equivalent-Mutual Type		Causative	
		Negative	Positive	Negative	Positive	Negative	Positive
Singular	1st	fəğan edilmədim	fəğan edildim	-	-	fəğan etdirmədim	fəğan etdirdim
	2nd	fəğan edilmədin	fəğan edildin	-	-	fəğan etdirmədin	fəğan etdirdin
	3rd	fəğan edilmədi	fəğan edildi	-	-	fəğan etdirmədi	fəğan etdirdi
Plural	1st	fəğan edilmədik	fəğan edildik	-	-	fəğan etdirmədik	fəğan etdirdik
	2nd	fəğan edilmədiniz	fəğan edildiniz	-	-	fəğan etdirmədiniz	fəğan etdirdiniz
	3rd	fəğan edilmədilər	fəğan edildilər	-	-	fəğan etdirmədilər	fəğan etdirdilər

Narrative Past					
		Active		Passive	
		Negative	Positive	Negative	Positive
Singular	1st	fəğan etməmişim	fəğan etmişim	fəğan edilməmişim	fəğan edilmişim
	2nd	fəğan etməmişsən	fəğan etmişsən	fəğan edilməmişsən	fəğan edilmişsən
	3rd	fəğan etməmiş	fəğan etmiş	fəğan edilməmiş	fəğan edilmiş
Plural	1st	fəğan etməmişik	fəğan etmişik	fəğan edilməmişik	fəğan edilmişik
	2nd	fəğan etməmişsiniz	fəğan etmişsiniz	fəğan edilməmişsiniz	fəğan edilmişsiniz
	3rd	fəğan etməmişlər	fəğan etmişlər	fəğan edilməmişlər	fəğan edilmişlər

Definite Future					
		Active		Passive	
		Negative	Positive	Negative	Positive
Singular	1st	fəğan etməyəcəm	fəğan edəcəm	fəğan edilməyəcəm	fəğan ediləcəm
	2nd	fəğan etməyəcəksən	fəğan edəcəksən	fəğan edilməyəcəksən	fəğan ediləcəksən
	3rd	fəğan etməyəcək	fəğan edəcək	fəğan edilməyəcək	fəğan ediləcək
Plural	1st	fəğan etməyəcəyik	fəğan edəcəyik	fəğan edilməyəcəyik	fəğan ediləcəyik
	2nd	fəğan etməyəcəksiniz	fəğan edəcəksiniz	fəğan edilməyəcəksiniz	fəğan ediləcəksiniz
	3rd	fəğan etməyəcəklər	fəğan edəcəklər	fəğan edilməyəcəklər	fəğan ediləcəklər

Definite Future							
		Returning Type		Equivalent-Mutual Type		Causative	
		Negative	Positive	Negative	Positive	Negative	Positive
Singular	1st	fəğan edilməyəcəm	fəğan ediləcəm	-	-	fəğan etdirməyəcəm	fəğan etdirəcəm
	2nd	fəğan edilməyəcəksən	fəğan ediləcəksən	-	-	fəğan etdirməyəcəksən	fəğan etdirəcəksən
	3rd	fəğan edilməyəcək	fəğan ediləcək	-	-	fəğan etdirməyəcək	fəğan etdirəcək
Plural	1st	fəğan edilməyəcəyik	fəğan ediləcəyik	-	-	fəğan etdirməyəcəyik	fəğan etdirəcəyik
	2nd	Qə bul fəğan edilməyəcəksiniz	fəğan ediləcəksiniz	-	-	fəğan etdirməyəcəksiniz	fəğan etdirəcəksiniz
	3rd	fəğan edilməyəcəklər	fəğan ediləcəklər	-	-	fəğan etdirməyəcəklər	fəğan etdirəcəklər

		Indefinite Future									
		Active		Passive		Returning Type		Equivalent-Mutual Type		Causative	
		Negative	Positive	Negative	Positive	Negative	Positive	Negative	Positive	Negative	Positive
Singular	1st	fəğan etmərim	fəğan edərim	-	-	-	-	-	-	-	-
	2nd	fəğan etməzsəm	fəğan edərsən	-	-	-	-	-	-	-	-
	3rd	fəğan etməz	fəğan edər	-	-	-	-	-	-	-	-
Plural	1st	fəğan etmərik	fəğan edərik	-	-	-	-	-	-	-	-
	2nd	fəğan etməzsiniz	fəğan edərsiniz	-	-	-	-	-	-	-	-
	3rd	fəğan etməzlər	fəğan edərlər	-	-	-	-	-	-	-	-

		Conditional Mood			
		Definite Future		Indefinite Future	
		Negative	Positive	Negative	Positive
Singular	1st	fəğan etməyəcəksəm	fəğan edəcəksm	fəğan etməzsəmsə	fəğan esəmsə
	2nd	fəğan etməyəcəksənsə	fəğan edəcəksənsə	fəğan etməzsənsə	fəğan edərsənsə
	3rd	fəğan etməyəcəksə	fəğan edəcəksə	fəğan etməzsə	fəğan edərsə
Plural	1st	fəğan etməyəcəksək	fəğan edəcəksək	fəğan etməzsək	fəğan etsək
	2nd	fəğan etməyəcəksinizsə	fəğan edəcəksinizsə	fəğan etməzsinizsə	fəğan edərsinizsə
	3rd	fəğan etməyəcəklərsə	fəğan edəcəklərsə	fəğan etməzlərsə	fəğan edərlərsə

		Conditional Mood					
		Present		Witnessed Past		Narrative Past	
		Negative	Positive	Negative	Positive	Negative	Positive
Singular	1st	fəğan etmirsəm	fəğan edirsəm	fəğan etmədiysəm	fəğan ettiysəm	fəğan etməmişsəm	fəğan etmişsəm
	2nd	fəğan etmirsənsə	fəğan edirsənsə	fəğan etmədiysən	fəğan ettiysən	fəğan etməmişsənsə	fəğan etmişsənsə
	3rd	fəğan etmirsə	fəğan edirsə	fəğan etmədiysə	fəğan ettiysə	fəğan etməmişsə	fəğan etmişsə
Plural	1st	fəğan etmirsək	fəğan edirsək	fəğan etmədiysək	fəğan ettiysək	fəğan etməmişsək	fəğan etmişsək
	2nd	fəğan etmirsinizsə	fəğan edirsinizsə	fəğan etmədinizsə	fəğan ettinizsə	fəğan etməmişsinizsə	fəğan etmişsinizsə
	3rd	fəğan etmirlərsə	fəğan edirlərsə	fəğan etmədilərsə	fəğan ettilərsə	fəğan etməmişlərsə	fəğan etmişlərsə

To See (Görmək)

Present					
		Active		Passive	
		Negative	Positive	Negative	Positive
Singular	1st	Görmürəm	Görürəm	Görülmürəm	Görülürəm
	2nd	Görmürsən	Görürsən	Görülmürsən	Görülürsən
	3rd	Görmür	Görür	Görülmür	Görülür
Plural	1st	Görmürük	Görürük	Görülmürük	Görülürük
	2nd	Görmürsünüz	Görürsünüz	Görülmürsünüz	Görülüsünüz
	3rd	Görmürlər	Görürlər	Görülmürlər	Görülürlər

Present							
		Returning Type		Equivalent-Mutual Type		Causative	
		Negative	Positive	Negative	Positive	Negative	Positive
Singular	1st	Görülmürəm	Görülürəm	-	-	Gördürmürəm	Gördürürəm
	2nd	Görülmürsən	Görülürsən	-	-	Gördürmürsən	Gördürürsən
	3rd	Görülmür	Görülür	-	-	Gördürmür	Gördürür
Plural	1st	Görülmürük	Görülürük	-	-	Gördürmürük	Gördürürük
	2nd	Görülmürsünüz	Görülüsünüz	-	-	Gördürmürsünüz	Gördürürsünüz
	3rd	Görülmürlər	Görülürlər	-	-	Gördürmürlər	Gördürürlər

Witnessed Past					
		Active		Passive	
		Negative	Positive	Negative	Positive
Singular	1st	Görmədim	Gördüm	Görülmədim	Görüldüm
	2nd	Görmədin	Gördün	Görülmədin	Görüldün
	3rd	Görmədi	Gördü	Görülmədi	Görüldü
Plural	1st	Görmədik	Gördük	Görülmədik	Görüldük
	2nd	Görmədiniz	Gördünüz	Görülmədiniz	Görüldünüz
	3rd	Görmədilər	Gördülər	Görülmədilər	Görüldülər

Narrative Past							
		Returning Type		Equivalent-Mutual Type		Causative	
		Negative	Positive	Negative	Positive	Negative	Positive
Singular	1st	Görülməmişim	Görülmüşüm	-	-	Gördürməmişim	Gördürmüşüm
	2nd	Görülməmişsən	Görülmüşsən	-	-	Gördürməmişsən	Gördürmüşsən
	3rd	Görülməmiş	Görülmüş	-	-	Gördürməmiş	Gördürmüş
Plural	1st	Görülməmişik	Görülmüşük	-	-	Gördürməmişik	Gördürmüşük
	2nd	Görülməmişsiniz	Görülmüşsünüz	-	-	Gördürməmişsiniz	Gördürmüşsünüz
	3rd	Görülməmişlər	Görülmüşlər	-	-	Gördürməmişlər	Gördürmüşlər

Witnessed Past							
		Returning Type		Equivalent-Mutual Type		Causative	
		Negative	Positive	Negative	Positive	Negative	Positive
Singular	1st	Görülmədim	Görüldüm	-	-	Gördürmədim	Gördürdüm
	2nd	Görülmədin	Görüldün	-	-	Gördürmədin	Gördürdün
	3rd	Görülmədi	Görüldü	-	-	Gördürmədi	Gördürdü

	1st	Görülmədik	Görüldük	-	-	Gördürmədik	Gördürdük
Plural	2nd	Görülmədiniz	Görüldünüz	-	-	Gördürmədiniz	Gördürdünüz
	3rd	Görülmədilər	Görüldülər	-	-	Gördürmədilər	Gördürdülər

Narrative Past					
		Active		Passive	
		Negative	Positive	Negative	Positive
Singular	1st	Görməmişim	Görmüşüm	Görülməmişim	Görülmüşüm
	2nd	Görməmişsən	Görmüşsən	Görülməmişsən	Görülmüşsən
	3rd	Görməmiş	Görmüş	Görülməmiş	Gördülmüş
Plural	1st	Görməmişik	Görmüşük	Görülməmişik	Görülmüşük
	2nd	Görməmişsiniz	Görmüşsünüz	Görülməmişsiniz	Görülmüşsünüz
	3rd	Görməmişlər	Görmüşlər	Görülməmişlər	Görülmüşlər

Definite Future					
		Active		Passive	
		Negative	Positive	Negative	Positive
Singular	1st	Görməyəcəm	Görəcəm	Görülməyəcəm	Görüləcəm
	2nd	Görməyəcəksən	Görəcəksən	Görülməyəcəksən	Görüləcəksən
	3rd	Görməyəcək	Görəcək	Görülməyəcək	Görüləcək
Plural	1st	Görməyəcəyik	Görəcəyik	Görülməyəcəyik	Görüləcəyik
	2nd	Görməyəcəksiniz	Görəcəksiniz	Görülməyəcəksiniz	Görüləcəksiniz
	3rd	Görməyəcəklər	Görəcəklər	Görülməyəcəklər	Görüləcəklər

		Definite Future					
		Returning Type		Equivalent-Mutual Type		Causative	
		Negative	Positive	Negative	Positive	Negative	Positive
Singular	1st	Görülməyəcəm	Görüləcəm	-	-	Gördürməyəcəm	Gördürəcəm
	2nd	Görülməyəcəksən	Görüləcəksən	-	-	Gördürməyəcəksən	Gördürəcəksən
	3rd	Görülməyəcək	Görüləcək	-	-	Gördürməyəcək	Gördürəcək
Plural	1st	Görülməyəcəyik	Görüləcəyik	-	-	Gördürməyəcəyik	Gördürəcəyik
	2nd	Görülməyəcəksiniz	Görüləcəksiniz	-	-	Gördürməyəcəksiniz	Gördürəcəksiniz
	3rd	Görülməyəcəklər	Görüləcəklər	-	-	Gördürməyəcəklər	Gördürəcəklər

		Indefinite Future									
		Active		Passive		Returning Type		Equivalent-Mutual Type		Causative	
		Negative	Positive	Negative	Positive	Negative	Positive	Negative	Positive	Negative	Positive
Singular	1st	Görmərim	Görərim	-	-	-	-	-	-	-	-
	2nd	Görməzsəm	Görərsən	-	-	-	-	-	-	-	-
	3rd	Görməz	Görər	-	-	-	-	-	-	-	-
Plural	1st	Görmərik	Görərik	-	-	-	-	-	-	-	-
	2nd	Görməzsiniz	Görərsiniz	-	-	-	-	-	-	-	-
	3rd	Görməzlər	Görərlər	-	-	-	-	-	-	-	-

		Conditional Mood			
		Definite Future		Indefinite Future	
		Negative	Positive	Negative	Positive
Singular	1st	Görməyəcəksəm	Görəcəksm	Görmərimsə	Görərimsə
	2nd	Görməyəcəksənsə	Görəcəksənsə	Görməzsəmsə	Görərsənsə
	3rd	Görməyəcəksə	Görəcəksə	Görməzsə	Görərsə
Plural	1st	Görməyəcəksək	Görəcəksək	Görməriksə	Görəriksə
	2nd	Görməyəcəksinizsə	Görəcəksinizsə	Görməzsinizsə	Görərsinizsə
	3rd	Görməyəcəklərsə	Görəcəklərsə	Görməzlərsə	Görərlərsə

		Conditional Mood					
		Present		Witnessed Past		Narrative Past	
		Negative	Positive	Negative	Positive	Negative	Positive
Singular	1st	Görmürsəm	Görürsəm	Görmədiysəm	Gördüysəm	Görməmişsəm	Görmüşsəm
	2nd	Görmürsənsə	Görürsənsə	Görmədiysən	Gördüysən	Görməmişsənsə	Görtmüşsənsə
	3rd	Görmürsə	Görürsə	Görmədiysə	Gördüysə	Görməmişsə	Görmüşsə
Plural	1st	Görmürsək	Görürsək	Görmədiysək	Gördüysək	Görməmişsək	Görmüşsək
	2nd	Görmürsinizsə	Görürsinizsə	Görmədinizsə	Gördünüzsə	Görməmişsinizsə	Görmüşsünüzsə
	3rd	Görmürlərsə	Görürlərsə	Görmədilərsə	Gördülərsə	Görməmişlərsə	Görmüşlərsə

To Seem (Görünmək)

Present		Active		Passive	
		Negative	Positive	Negative	Positive
Singular	1st	Görünmürəm	Görünürəm	Görünülmürəm	Görünülürəm
	2nd	Görünmürsən	Görünürsən	Görünülmürsən	Görünülürsən
	3rd	Görünmür	Görünür	Görünülmür	Görünülür
Plural	1st	Görünmürük	Görünürük	Görünülmürük	Görünülürük
	2nd	Görünmürsünüz	Görünürsünüz	Görünülmürsünüz	Görünülüsünüz
	3rd	Görünmürlər	Görünürlər	Görünülmürlər	Görünülürlər

Present		Returning Type		Equivalent-Mutual Type		Causative	
		Negative	Positive	Negative	Positive	Negative	Positive
Singular	1st	Görünülmürəm	Görünülürəm	-	-	Göründürmürəm	Göründürürəm
	2nd	Görünülmürsən	Görünülürsən	-	-	Göründürmürsən	Göründürürsən
	3rd	Görünülmür	Görünülür	-	-	Göründürmür	Göründürür
Plural	1st	Görünülmürük	Görünülürük	-	-	Göründürmürük	Göründürürük
	2nd	Görünülmürsünüz	Görünülüsünüz	-	-	Göründürmürsünüz	Göründürürsünüz
	3rd	Görünülmürlər	Görünülürlər	-	-	Göründürmürlər	Göründürürlər

		Witnessed Past			
		Active		Passive	
		Negative	Positive	Negative	Positive
Singular	1st	Görünmədim	Göründüm	Görünülmədim	Görünüldüm
	2nd	Görünmədin	Göründün	Görünülmədin	Görünüldün
	3rd	Görünmədi	Göründü	Görünülmədi	Görünüldü
Plural	1st	Görünmədik	Göründük	Görünülmədik	Görünüldük
	2nd	Görünmədiniz	Göründünüz	Görünülmədiniz	Görünüldünüz
	3rd	Görünmədilər	Göründülər	Görünülmədilər	Görünüldülər

		Narrative Past					
		Returning Type		Equivalent-Mutual Type		Causative	
		Negative	Positive	Negative	Positive	Negative	Positive
Singular	1st	Görünülməmişim	Görünülmüşüm	-	-	Göründürməmişim	Göründürmüşüm
	2nd	Görünülməmişsən	Görünülmüşsən	-	-	Göründürməmişsən	Göründürmüşsən
	3rd	Görünülməmiş	Görünülmüş	-	-	Göründürməmiş	Göründürmüş
Plural	1st	Görünülməmişik	Görünülmüşük	-	-	Göründürməmişik	Göründürmüşük
	2nd	Görünülməmişsiniz	Görünülmüşsünüz	-	-	Göründürməmişsiniz	Göründürmüşsünüz
	3rd	Görünülməmişlər	Görünülmüşlər	-	-	Göründürməmişlər	Göründürmüşlər

		Witnessed Past					
		Returning Type		Equivalent-Mutual Type		Causative	
		Negative	Positive	Negative	Positive	Negative	Positive
Singular	1st	Görünülmədim	Görünüldüm	-	-	Göründürmədim	Göründürdüm
	2nd	Görünülmədin	Görünüldün	-	-	Göründürmədin	Göründürdün

	3rd	Görünülmədi	Görünüldü	-	-	Göründürmədi	Göründürdü
Plural	1st	Görünülmədik	Görünüldük	-	-	Göründürmədik	Göründürdük
	2nd	Görünülmədiniz	Görünüldünüz	-	-	Göründürmədiniz	Göründürdünüz
	3rd	Görünülmədilər	Görünüldülər	-	-	Göründürmədilər	Göründürdülər

Narrative Past					
		Active		Passive	
		Negative	Positive	Negative	Positive
Singular	1st	Görünməmişim	Görünmüşüm	Görünülməmişim	Görünülmüşüm
	2nd	Görünməmişsən	Görünmüşsən	Görünülməmişsən	Görünülmüşsən
	3rd	Görünməmiş	Görünmüş	Görünülməmiş	Göründülmüş
Plural	1st	Görünməmişik	Görünmüşük	Görünülməmişik	Görünülmüşük
	2nd	Görünməmişsiniz	Görünmüşsünüz	Görünülməmişsiniz	Görünülmüşsünüz
	3rd	Görünməmişlər	Görünmüşlər	Görünülməmişlər	Görünülmüşlər

Definite Future					
		Active		Passive	
		Negative	Positive	Negative	Positive
Singular	1st	Görünməyəcəm	Görünəcəm	Görünülməyəcəm	Görünüləcəm
	2nd	Görünməyəcəksən	Görünəcəksən	Görünülməyəcəksən	Görünüləcəksən
	3rd	Görünməyəcək	Görünəcək	Görünülməyəcək	Görünüləcək
Plural	1st	Görünməyəcəyik	Görünəcəyik	Görünülməyəcəyik	Görünüləcəyik
	2nd	Görünməyəcəksiniz	Görünəcəksiniz	Görünülməyəcəksiniz	Görünüləcəksiniz
	3rd	Görünməyəcəklər	Görünəcəklər	Görünülməyəcəklər	Görünüləcəklər

		Definite Future					
		Returning Type		Equivalent-Mutual Type		Causative	
		Negative	Positive	Negative	Positive	Negative	Positive
Singular	1st	Görünülməyəcəm	Görünüləcəm	-	-	Göründürməyəcəm	Göründürəcəm
	2nd	Görünülməyəcəksən	Görünüləcəksən	-	-	Göründürməyəcəksən	Göründürəcəksən
	3rd	Görünülməyəcək	Görünüləcək	-	-	Göründürməyəcək	Göründürəcək
Plural	1st	Görünülməyəcəyik	Görünüləcəyik	-	-	Göründürməyəcəyik	Göründürəcəyik
	2nd	Görünülməyəcəksiniz	Görünüləcəksiniz	-	-	Göründürməyəcəksiniz	Göründürəcəksiniz
	3rd	Görünülməyəcəklər	Görünüləcəklər	-	-	Göründürməyəcəklər	Göründürəcəklər

		Indefinite Future			
		Active		Passive	
		Negative	Positive	Negative	Positive
Singular	1st	Görünmərim	Görünərim	-	-
	2nd	Görünməzsəm	Görünərsən	-	-
	3rd	Görünməz	Görünər	-	-
Plural	1st	Görünmərik	Görünərik	-	-
	2nd	Görünməzsiniz	Görünərsiniz	-	-
	3rd	Görünməzlər	Görünərlər	-	-

		Indefinite Future					
		Returning Type		Equivalent-Mutual Type		Causative	
		Negative	Positive	Negative	Positive	Negative	Positive
Singular	1st	-	-	-	-	-	-
	2nd	-	-	-	-	-	-
	3rd	-	-	-	-	-	-
Plural	1st	-	-	-	-	-	-
	2nd	-	-	-	-	-	-
	3rd	-	-	-	-	-	-

Conditional Mood					
		Definite Future		Indefinite Future	
		Negative	Positive	Negative	Positive
Singular	1st	Görünməyəcəksəm	Görünəcəksm	Görünmərimsə	Görünərimsə
	2nd	Görünməyəcəksənsə	Görünəcəksənsə	Görünməzsəmsə	Görünərsənsə
	3rd	Görünməyəcəksə	Görünəcəksə	Görünməzsə	Görünərsə
Plural	1st	Görünməyəcəksək	Görünəcəksək	Görünməriksə	Görünəriksə
	2nd	Görünməyəcəksinizsə	Görünəcəksinizsə	Görünməzsinizsə	Görünərsinizsə
	3rd	Görünməyəcəklərsə	Görünəcəklərsə	Görünməzlərsə	Görünərlərsə

Conditional Mood					
		Present		Witnessed Past	
		Negative	Positive	Negative	Positive
Singular	1st	Görünmürsəm	Görünürsəm	Görünmədiysəm	Göründüysəm
	2nd	Görünmürsənsə	Görünürsənsə	Görünmədiysən	Göründüysən
	3rd	Görünmürsə	Görünürsə	Görünmədiysə	Göründüysə

Plural	1st	Görünmürsək	Görünürsək	Görünmədiysək	Göründüysək
	2nd	Görünmürsinizsə	Görünürsinizsə	Görünmədinizsə	Göründünüzsə
	3rd	Görünmürlərsə	Görünürlərsə	Görünmədilərsə	Göründülərsə

Conditional Mood			
		Narrative Past	
		Negative	Positive
Singular	1st	Görünməmişsəm	Görünmüşsəm
	2nd	Görünməmişsənsə	Görüntmüşsənsə
	3rd	Görünməmişsə	Görünmüşsə
Plural	1st	Görünməmişsək	Görünmüşsək
	2nd	Görünməmişsinizsə	Görünmüşsünüzsə
	3rd	Görünməmişlərsə	Görünmüşlərsə

To Sell (Satmaq)

Present					
		Active		Passive	
		Negative	Positive	Negative	Positive
Singular	1st	Satmıram	Satıram	-	-
	2nd	Satmırsan	Satırsan	-	-
	3rd	Satmır	Satır	Satılmır	Satılır
Plural	1st	Satmırık	Satırık	-	-
	2nd	Satmırsınız	Satırsınız	-	-
	3rd	Satmırlar	Satrlar	-	-

Present					
		Returning Type		Equvallant-Mual Type		Causative	
		Negative	Positive	Negative	Positive	Negative	Positive
Singular	1st	-	-	-	-	Satdırmıram	Satdırıram
	2nd	-	-	-	-	Satdırmırsan	Satdırırsan
	3rd	Satılmır	Satılır	-	-	Satdırmır	Satdırır
Plural	1st	-	-	-	-	Satdırmırık	Satdırırık
	2nd	-	-	-	-	Satdırmırsınız	Satdırırsınız
	3rd	-	-	-	-	Satdırmırlar	Satdırırlar

Witnessed Past					
		Active		Passive	
		Negative	Positive	Negative	Positive
Singular	1st	Satmadım	Satdım	-	-
	2nd	Satmadın	Satdın	-	-

	3rd	Satmadı	Satdı	Satılmadı	Satıldı
Plural	1st	Satmadık	Satdık	-	-
	2nd	Satmadınız	Satdınız	-	-
	3rd	Satmadılar	Satdılar	-	-

		Narrative Past					
		Returning Type		Equvallant-Mual Type		Causative	
		Negative	Positive	Negative	Positive	Negative	Positive
Singular	1st	-	-	-	-	Satdırmamışam	Satdırmışam
	2nd	-	-	-	-	Satdırmamışsan	Satdırmışsan
	3rd	-	-	-	-	Satdırmamış	Satdırmış
Plural	1st	-	-	-	-	Satdırmamışık	Satdırmışık
	2nd	-	-	-	-	Satdırmamışsınız	Satdırmışsınız
	3rd	-	-	-	-	Satdırmamışlar	Satdırmışlar

		Witnessed Past					
		Returning Type		Equvallant-Mual Type		Causative	
		Negative	Positive	Negative	Positive	Negative	Positive
Singular	1st	-	-	-	-	Satdırmadım	Satdırdım
	2nd	-	-	-	-	Satdırmadın	Satdırdın
	3rd	Satılıldı	Satılıldı	-	-	Satdırmadı	Satdırdı
Plural	1st	-	-	-	-	Satdırmadık	Satdırdık
	2nd	-	-	-	-	Satdırmadınız	Satdırdınız
	3rd	-	-	-	-	Satdırmadılar	Satdırdılar

412

Narrative Past					
		Active		Passive	
		Negative	Positive	Negative	Positive
Singular	1st	Satmamışam	Satmışam	-	-
	2nd	Satmamışsan	Satmışsan	-	-
	3rd	Satmamış	Satmış	Satılmamış	Satılmış
Plural	1st	Satmamışık	Satmışık	-	-
	2nd	Satmamışsınız	Satmışsınız	-	-
	3rd	Satmamışlar	Satmışlar	-	-

Definite Future					
		Active		Passive	
		Negative	Positive	Negative	Positive
Singular	1st	Satmayacağım	Satacağım	-	-
	2nd	Satmayacaksan	Satacaksan	-	-
	3rd	Satmayacak	Satacak	Satılmayacak	Satılacak
Plural	1st	Satmayacağız	Satacağız	-	-
	2nd	Satmayacaksınız	Satacaksınız	-	-
	3rd	Satmayacaklar	Satacaklar	-	-

Definite Future							
		Returning Type		Equvallant-Mual Type		Causative	
		Negative	Positive	Negative	Positive	Negative	Positive
Singular	1st	-	-	-	-	Satdırmayacağım	Satdıracağım
	2nd	-	-	-	-	Satdırmayacaksan	Satdıracaksan
	3rd	Satınılmayacak	Satınılacak	-	-	Satdırmayacak	Satdıracak

Plural	1st	-	-	-	-	Satdırmayacağız	Satdıracağız
	2nd	-	-	-	-	Satdırmayacaksınız	Satdıracaksınız
	3rd	-	-	-	-	Satdırmayacaklar	Satdıracaklar

Indefinite Future					
Active				Passive	
Negative		Positive		Negative	Positive
Singular	1st	Satmaram	Sataram	-	-
	2nd	Satmazsan	Satarsan	-	-
	3rd	Satmaz	Satar	Satınmaz	Satınar
Plural	1st	Satmarık	Satarık	-	-
	2nd	Satmazsınız	Satarsınız	-	-
	3rd	Satmazlar	Satarlar	-	-

		Conditional Mood					
		Present		Witnessed Past		Narrative Past	
		Negative	Positive	Negative	Positive	Negative	Positive
Singular	1st	Satmırsam	Satırsam	Satmadımsa	Satdımsa	Satmamışsam	Satmışsam
	2nd	Satmırsansa	Satırsansa	Satmadınsa	Satdınsa	Satmamışsansa	Satmışsansa
	3rd	Satmırsa	Satırsa	Satmadısa	Satdısa	Satmamışsa	Satmışsa
Plural	1st	Satmırıksa	Satırıksa	Satmadıksa	Satdıksa	Satmamışıksa	Satmışıksa
	2nd	Satmırsınızsa	Satırsınızsa	Satmadınızsa	Satdınızsa	Satmamışsınızsa	Satmışsınızsa
	3rd	Satmırlarsa	Satırlarsa	Satmadılarsa	Satdılarsa	Satmamışlarsa	Satmışlarsa

		Indefinite Future					
		Returning Type		EquvSatlant-MutSat Type		Causative	
		Negative	Positive	Negative	Positive	Negative	Positive
Singular	1st	-	-	-	-	Satdırmaram	Satdıraram
	2nd	-	-	-	-	Satdırmazsan	Satdırarsan
	3rd	Satınılmaz	Satınılır	-	-	Satdırmaz	Satdırır
Plural	1st	-	-	-	-	Satdırmarık	Satdırarık
	2nd	-	-	-	-	Satdırmazsınız	Satdırarsınız
	3rd	-	-	-	-	Satdırmazlar	Satdırarlar

		Conditional Mood			
		Definite Future		Indefinite Future	
		Negative	Positive	Negative	Positive
Singular	1st	Satmayacaksam	Satacaksam	Satmaramsa	Sataramsa
	2nd	Satmayacaksansa	Satacaksansa	Satmazsansa	Satarsansa
	3rd	Satmayacaksa	Satacaksa	Satmazsa	Satyarsa
Plural	1st	Satmayacaksak	Satacaksak	Satmarıksa	Satyarıka
	2nd	Satmayacaksınızsə	Satacaksınızsə	Satmazsınızsa	Satarsınızsa
	3rd	Satmayacaklarsa	Satacaklarsa	Satmazlarsa	Satarlarsa

		Other Moods			
		Imparative		Optative	
		Negative	Positive	Negative	Positive
Singular	1st	Satmayım	Satım	(Kaş) Satmayam	(Kaş) Satam
	2nd	Satma	Sat	(Kaş) Satmayasan	(Kaş) Satasan
	3rd	Satmasın	Satsın	(Kaş) Satmaya	(Kaş) Sata

Plural	1st	Satmayak	Satak	(Kaş) Satmayak	(Kaş) Satak
	2nd	Satmayasınız	Satasınız	(Kaş) Satasınız	(Kaş) Satasınız
	3rd	Satmasınlar	Satsınlar	(Kaş) SatmaySatar	(Kaş) SatSatar

		Other Moods			
		Obligatory		necessary	
		Negative	Positive	Negative	Positive
Singular	1st	Satmamslıyım	Satmalıyım	-	-
	2nd	Satmamalısın	Satmalısın	-	-
	3rd	Satmamalı	Satmalı	-	-
Plural	1st	Satmamalıyık	Satmalıyık	-	-
	2nd	Satmamalısınız	Satmalısınız	-	-
	3rd	Satmamalılar	Satmalılar	-	-

To Send (Göndərmək)

		Present			
		Active		Passive	
		Negative	Positive	Negative	Positive
Singular	1st	göndərmirəm	göndərirəm	-	-
	2nd	göndərmirsən	göndərirsən	-	-
	3rd	göndərmir	göndərir	göndərilmir	göndərilir
Plural	1st	göndərmirik	göndəririk	-	-
	2nd	göndərmirsiniz	göndərirsiniz	-	-
	3rd	göndərmirlər	göndərirlər	-	-

		Present					
		Returning Type		Equivalent-Mutual Type		Causative	
		Negative	Positive	Negative	Positive	Negative	Positive
Singular	1st	-	-	-	-	-	-
	2nd	-	-	-	-	-	-
	3rd	göndərilmir	göndərilir	-	-	-	-
Plural	1st	-	-	-	-	-	-
	2nd	-	-	-	-	-	-
	3rd	-	-	-	-	-	-

Witnessed Past					
		Active		Passive	
		Negative	Positive	Negative	Positive
Singular	1st	göndərmədim	göndərdim	-	-
	2nd	göndərmədin	göndərdin	-	-
	3rd	göndərmədi	göndərdi	göndərilmədi	göndərildi
Plural	1st	göndərmədik	göndərdik	-	-
	2nd	göndərmədiniz	göndərdiniz	-	-
	3rd	göndərmədilər	göndərdilər	-	-

Narrative Past						
		Returning Type		Equivalent-Mutual Type		Causative	
		Negative	Positive	Negative	Positive	Negative	Positive
Singular	1st	-	-	-	-	-	-
	2nd	-	-	-	-	-	-
	3rd	göndərilməmiş	göndərilmiş	-	-	-	-
Plural	1st	-	-	-	-	-	-
	2nd	-	-	-	-	-	-
	3rd	-	-	-	-	-	-

Witnessed Past						
		Returning Type		Equivalent-Mutual Type		Causative	
		Negative	Positive	Negative	Positive	Negative	Positive
Singular	1st	-	-	-	-	-	-
	2nd	-	-	-	-	-	-
	3rd	göndərilmədi	göndərildi	-	-	-	-

Plural	1st	-	-	-	-	-	-
	2nd	-	-	-	-	-	-
	3rd	-	-	-	-	-	-

Narrative Past					
		Active		Passive	
		Negative	Positive	Negative	Positive
Singular	1st	göndərməmişim	göndərmişim	-	-
	2nd	göndərməmişsən	göndərmişsən	-	-
	3rd	göndərməmiş	göndərmiş	göndərilməmiş	göndərilmiş
Plural	1st	göndərməmişik	göndərmişik	-	-
	2nd	göndərməmişsiniz	göndərmişsiniz	-	-
	3rd	göndərməmişlər	göndərmişlər	-	-

Definite Future					
		Active		Passive	
		Negative	Positive	Negative	Positive
Singular	1st	göndərməyəcəm	göndərəcəm	-	-
	2nd	göndərməyəcəksən	göndərəcəksən	-	-
	3rd	göndərməyəcək	göndərəcək	göndərilməyəcək	göndəriləcək
Plural	1st	göndərməyəcəyik	göndərəcəyik	-	-
	2nd	göndərməyəcəksiniz	göndərəcəksiniz	-	-
	3rd	göndərməyəcəklər	göndərəcəklər	-	-

419

		Definite Future					
		Returning Type		Equivalent-Mutual Type		Causative	
		Negative	Positive	Negative	Positive	Negative	Positive
Singular	1st	-	-	-	-	-	-
	2nd	-	-	-	-	-	-
	3rd	göndərilməyəcək	göndəriləcək	-	-	-	-
Plural	1st	-	-	-	-	-	-
	2nd	-	-	-	-	-	-
	3rd	-	-	-	-	-	-

		Indefinite Future			
		Active		Passive	
		Negative	Positive	Negative	Positive
Singular	1st	göndərmərim	göndərərim	-	-
	2nd	göndərməzsəm	göndərərsən	-	-
	3rd	göndərməz	göndərər	-	-
Plural	1st	göndərmərik	göndərərik	-	-
	2nd	göndərməzsiniz	göndərərsiniz	-	-
	3rd	göndərməzlər	göndərərlər	-	-

		Indefinite Future					
		Returning Type		Equivalent-Mutual Type		Causative	
		Negative	Positive	Negative	Positive	Negative	Positive
Singular	1st	-	-	-	-	-	-
	2nd	-	-	-	-	-	-

	3rd	-	-	-	-	-	-
Plural	1st	-	-	-	-	-	-
	2nd	-	-	-	-	-	-
	3rd	-	-	-	-	-	-

Conditional Mood				
		Definite Future		**Indefinite Future**	
		Negative	Positive	Negative	Positive
Singular	1st	göndərməyəcəksəm	göndərəcəksm	göndərmərimsə	göndərərimsə
	2nd	göndərməyəcəksənsə	göndərəcəksənsə	göndərməzsəmsə	göndərərsənsə
	3rd	göndərməyəcəksə	göndərəcəksə	göndərməzsə	göndərərsə
Plural	1st	göndərməyəcəksək	göndərəcəksək	göndərməriksə	göndərəriksə
	2nd	göndərməyəcəksinizsə	göndərəcəksinizsə	göndərməzsinizsə	göndərərsinizsə
	3rd	göndərməyəcəklərsə	göndərəcəklərsə	göndərməzlərsə	göndərərlərsə

Conditional Mood						
		Present		**Witnessed Past**		**Narrative Past**	
		Negative	Positive	Negative	Positive	Negative	Positive
Singular	1st	göndərmirsəm	göndərirsəm	göndərmədiysəm	göndərdiysəm	göndərməmişsəm	göndərmişsəm
	2nd	göndərmirsənsə	göndərirsənsə	göndərmədiysən	göndərdiysən	göndərməmişsənsə	göndərmişsənsə
	3rd	göndərmirsə	göndərirsə	göndərmədiysə	göndərdiysə	göndərməmişsə	göndərmişsə
Plural	1st	göndərmirsək	göndərirsək	göndərmədiysək	göndərdiysək	göndərməmişsək	göndərmişsək
	2nd	göndərmirsinizsə	göndərirsinizsə	göndərmədinizsə	göndərdinizsə	göndərməmişsinizsə	göndərmişsinizsə
	3rd	göndərmirlərsə	göndərirlərsə	göndərmədilərsə	göndərdilərsə	göndərməmişlərsə	göndərmişlərsə

		Other Moods			
		Imparative		Optative	
		Negative	Positive	Negative	Positive
Singular	1st	göndərməyim	göndərim	(Kaş) göndərməyəm	(Kaş) göndərəm
	2nd	göndərmə	göndər	(Kaş) göndərməyəsən	(Kaş) göndərəsən
	3rd	göndərməsin	göndərsin	(Kaş) göndərməyə	(Kaş) göndərə
Plural	1st	göndərməyək	göndərək	(Kaş) göndərməyək	(Kaş) göndərək
	2nd	göndərməyin	göndərin	(Kaş) göndərməyəsiniz	(Kaş) göndərəsiniz
	3rd	göndərməsinlər	göndərsinlər	(Kaş) göndərməyələr	(Kaş) göndərələr

		Other Moods			
		Obligatory		necessary	
		Negative	Positive	Negative	Positive
Singular	1st	göndərməməliyim	göndərməliyim	göndərəsi deyiləm	göndərəsiyəm
	2nd	göndərməməlisən	göndərməlisən	-	-
	3rd	göndərməməli	göndərməli	-	-
Plural	1st	göndərməməliyik	göndərməliyik	göndərəsi deyilik	göndərəsiyik
	2nd	göndərməməlisiniz	göndərməliyisiniz	-	-
	3rd	göndərməməlilər	göndərməlilər	-	-

To Show (Büruzə Vermək)

Present					
		Active		Passive	
		Negative	Positive	Negative	Positive
Singular	1st	büruzə vermirəm	büruzə verirəm	-	-
	2nd	büruzə vermirsən	büruzə verirsən	-	-
	3rd	büruzə vermir	büruzə verir	büruzə verilmir	büruzə verilir
Plural	1st	büruzə vermirik	büruzə veririk	-	-
	2nd	büruzə vermirsiniz	büruzə verirsiniz	-	-
	3rd	büruzə vermirlər	büruzə verirlər	-	-

Present							
		Returning Type		Equivalent-Mutual Type		Causative	
		Negative	Positive	Negative	Positive	Negative	Positive
Singular	1st	-	-	-	-	büruzə verdirmirəm	büruzə verdirirəm
	2nd	-	-	-	-	büruzə verdirmirsən	büruzə verdirirsən
	3rd	büruzə verilmir	büruzə verilir	-	-	büruzə verdirmir	büruzə verdirir
Plural	1st	-	-	-	-	büruzə verdirmirik	büruzə verdiririk
	2nd	-	-	-	-	büruzə verdirmirsiniz	büruzə verdirirsiniz
	3rd	-	-	-	-	büruzə verdirmirlər	büruzə verdirirlər

Witnessed Past					
		Active		Passive	
		Negative	Positive	Negative	Positive
Singular	1st	büruzə vermədim	büruzə verdim	-	-
	2nd	büruzə vermədin	büruzə verdin	-	-
	3rd	büruzə vermədi	büruzə verdi	büruzə verilmədi	büruzə verildi
Plural	1st	büruzə vermədik	büruzə verdik	-	-
	2nd	büruzə vermədiniz	büruzə verdiniz	-	-
	3rd	büruzə vermədilər	büruzə verdilər	-	-

Narrative Past						
		Returning Type		Equivalent-Mutual Type		Causative
		Negative	Positive	Negative	Positive	Negative	Positive
Singular	1st	-	-	-	-	büruzə verdirməmişim	Qəbul etdirmişim
	2nd	-	-	-	-	büruzə verdirməmişsən	büruzə verdirmişsən
	3rd	büruzə verilməmiş	büruzə verilmiş	-	-	büruzə verdirməmiş	büruzə verdirmiş
Plural	1st	-	-	-	-	büruzə verdirməmişik	büruzə verdirmişik
	2nd	-	-	-	-	büruzə verdirməmişsiniz	büruzə verdirmişsiniz
	3rd	-	-	-	-	büruzə verdirməmişlər	büruzə verdirmişlər

Witnessed Past						
		Returning Type		Equivalent-Mutual Type		Causative	
		Negative	Positive	Negative	Positive	Negative	Positive
Singular	1st	-	-	-	-	büruzə verdirmədim	büruzə verdirdim
	2nd	-	-	-	-	büruzə verdirmədin	büruzə verdirdin
	3rd	büruzə verilmədi	büruzə verildi	-	-	büruzə verdirmədi	büruzə verdirdi
Plural	1st	-	-	-	-	büruzə verdirmədik	büruzə verdirdik
	2nd	-	-	-	-	büruzə verdirmədiniz	büruzə verdirdiniz
	3rd	-	-	-	-	büruzə verdirmədilər	büruzə verdirdilər

Narrative Past					
		Active		Passive	
		Negative	Positive	Negative	Positive
Singular	1st	büruzə verməmişim	büruzə vermişim	-	-
	2nd	büruzə verməmişsən	büruzə vermişsən	-	-
	3rd	büruzə verməmiş	büruzə vermiş	büruzə verilməmiş	büruzə verilmiş
Plural	1st	büruzə verməmişik	büruzə vermişik	-	-
	2nd	büruzə verməmişsiniz	büruzə vermişsiniz	-	-
	3rd	büruzə verməmişlər	büruzə vermişlər	-	-

Definite Future					
		Active		Passive	
		Negative	Positive	Negative	Positive
Singular	1st	büruzə verməyəcəm	büruzə verəcəm	-	-
	2nd	büruzə verməyəcəksən	büruzə verəcəksən	-	-
	3rd	büruzə verməyəcək	büruzə verəcək	büruzə verilməyəcək	büruzə veriləcək
Plural	1st	büruzə verməyəcəyik	büruzə verəcəyik	-	-
	2nd	büruzə verməyəcəksiniz	büruzə verəcəksiniz	-	-
	3rd	büruzə verməyəcəklər	büruzə verəcəklər	-	-

Definite Future							
		Returning Type		Equivalent-Mutual Type		Causative	
		Negative	Positive	Negative	Positive	Negative	Positive
Singular	1st	-	-	-	-	büruzə verdirməyəcəm	büruzə verdirəcəm
	2nd	-	-	-	-	büruzə verdirməyəcəksən	büruzə verdirəcəksən
	3rd	büruzə verilməyəcək	büruzə veriləcək	-	-	büruzə verdirməyəcək	büruzə verdirəcək
Plural	1st	-	-	-	-	büruzə verdirməyəcəyik	büruzə verdirəcəyik
	2nd	-	-	-	-	büruzə verdirməyəcəksiniz	büruzə verdirəcəksiniz
	3rd	-	-	-	-	büruzə verdirməyəcəklər	büruzə verdirəcəklər

Indefinite Future				
		Active		Passive	
		Negative	Positive	Negative	Positive
Singular	1st	büruzə vermərim	büruzə verərim	-	-
	2nd	büruzə verməzsən	büruzə verərsən	-	-
	3rd	büruzə verməz	büruzə verər	büruzə verilməz	büruzə verilər
Plural	1st	büruzə vermərik	büruzə verərik	-	-
	2nd	büruzə verməzsiniz	büruzə verərsiniz	-	-
	3rd	büruzə verməzlər	büruzə verərlər	-	-

Definite Future						
		Returning Type		Equivalent-Mutual Type		Causative	
		Negative	Positive	Negative	Positive	Negative	Positive
Singular	1st	-	-			büruzə verdirmərim	büruzə verdirərim
	2nd	-	-	-	-	büruzə verdirməzsən	büruzə verdirərsən
	3rd	büruzə verilməz	büruzə verilər	-	-	büruzə verdirməz	büruzə verdirər
Plural	1st	-	-	-	-	büruzə verdirmərik	büruzə verdirərik
	2nd	-	-	-	-	büruzə verdirməzsiniz	büruzə verdirərsiniz
	3rd	-	-	-	-	büruzə verdirməzlər	büruzə verdirərlər

427

Conditional Mood					
		Definite Future		Indefinite Future	
		Negative	Positive	Negative	Positive
Singular	1st	büruzə verməyəcəksəm	büruzə verəcəksm	büruzə vermərimsə	büruzə verərimsə
	2nd	büruzə verməyəcəksənsə	büruzə verəcəksənsə	büruzə verməzsəmsə	büruzə verərsənsə
	3rd	büruzə verməyəcəksə	büruzə verəcəksə	büruzə verməzsə	büruzə verərsə
Plural	1st	büruzə verməyəcəksək	büruzə verəcəksək	büruzə verməriksə	büruzə verəriksə
	2nd	büruzə verməyəcəksinizsə	büruzə verəcəksinizsə	büruzə verməzsinizsə	büruzə verərsinizsə
	3rd	büruzə verməyəcəklərsə	büruzə verəcəklərsə	büruzə verməzlərsə	büruzə verərlərsə

Conditional Mood						
		Present		Witnessed Past		Narrative Past	
		Negative	Positive	Negative	Positive	Negative	Positive
Singular	1st	büruzə vermirsəm	büruzə verirsəm	büruzə vermədiysəm	büruzə verdiysəm	büruzə verməmişsəm	büruzə vermişsəm
	2nd	büruzə vermirsənsə	büruzə verirsənsə	büruzə vermədiysən	büruzə verdiysən	büruzə verməmişsənsə	büruzə vermişsənsə
	3rd	büruzə vermirsə	büruzə verirsə	büruzə vermədiysə	büruzə verdiysə	büruzə verməmişsə	büruzə vermişsə
Plural	1st	büruzə vermirsək	büruzə verirsək	büruzə vermədiysək	büruzə verdiysək	büruzə verməmişsək	büruzə vermişsək
	2nd	büruzə vermirsinizsə	büruzə verirsinizsə	büruzə vermədinizsə	büruzə verdinizsə	büruzə verməmişsinizsə	büruzə vermişsinizsə
	3rd	büruzə vermirlərsə	büruzə verirlərsə	büruzə vermədilərsə	büruzə verdilərsə	büruzə verməmişlərsə	büruzə vermişlərsə

		Other Moods			
		Imparative		Optative	
		Negative	Positive	Negative	Positive
Singular	1st	büruzə verməyim	büruzə verim	(Kaş) büruzə verməyəm	(Kaş) büruzə verəm
	2nd	büruzə vermə	büruzə ver	(Kaş) büruzə verməyəsən	(Kaş) büruzə verəsən
	3rd	büruzə verməsin	büruzə versin	(Kaş) büruzə verməyə	(Kaş) büruzə verə
Plural	1st	büruzə verməyək	büruzə verək	(Kaş) büruzə verməyək	(Kaş) büruzə verək
	2nd	büruzə verməyin	büruzə verin	(Kaş) büruzə verməyəsiniz	(Kaş) büruzə verəsiniz
	3rd	büruzə verməsinlər	büruzə versinlər	(Kaş) büruzə verməyələr	(Kaş) büruzə verələr

		Other Moods			
		Obligatory		necessary	
		Negative	Positive	Negative	Positive
Singular	1st	büruzə verməməliyim	büruzə verməliyim	büruzə verəsi deyiləm	büruzə verəsiyəm
	2nd	büruzə verməməlisən	büruzə verməlisən	-	-
	3rd	büruzə verməməli	büruzə verməli	-	-
Plural	1st	büruzə verməməliyik	büruzə verməliyik	büruzə verəsi deyilik	büruzə verəsiyik
	2nd	büruzə verməməlisiniz	büruzə verməliyisiniz	-	-
	3rd	büruzə verməməlilər	büruzə verməlilər	-	-

To Sing (Oxumaq)

Present				
		Active		Passive	
		Negative	Positive	Negative	Positive
Singular	1st	Oxumuram	Oxuyuram	-	-
	2nd	Oxumursan	Oxuyursan	-	-
	3rd	Oxumur	Oxuyur	Oxunmur	Oxunur
Plural	1st	Oxumuruk	Oxuyuruk	-	-
	2nd	Oxumursunuz	Oxuyrsunuz	-	-
	3rd	Oxumurlar	Oxuyurlar	-	-

Present							
		Returning Type		Equivalent-Mutual Type		Causative	
		Negative	Positive	Negative	Positive	Negative	Positive
Singular	1st	-	-	-	-	-	-
	2nd	-	-	-	-	-	-
	3rd	Oxunmur	Oxunur	-	-	Oxudurmur	Oxudurur
Plural	1st	-	-	-	-	-	-
	2nd	-	-	-	-	-	-
	3rd	-	-	-	-	-	-

Witnessed Past				
		Active		Passive	
		Negative	Positive	Negative	Positive
Singular	1st	Oxumadım	Oxudum	-	-
	2nd	Oxumadın	Oxudun	-	-
	3rd	Oxumadı	Oxudu	Oxuunmadı	Oxuundu
Plural	1st	Oxumadık	Oxuduk	-	-
	2nd	Oxumadınız	Oxudunuz	-	-
	3rd	Oxumadılar	Oxudular	-	-

Narrative Past						
		Returning Type		Equivalent-Mutual Type		Causative	
		Negative	Positive	Negative	Positive	Negative	Positive
Singular	1st	-	-	-	-	-	-
	2nd	-	-	-	-	-	-
	3rd	Oxununmamış	Oxununmuş	-	-	Oxudurmamış	Oxudurmuş
Plural	1st	-	-	-	-	-	-
	2nd	-	-	-	-	-	-
	3rd	-	-	-	-	-	-

Witnessed Past						
		Returning Type		Equivalent-Mutual Type		Causative	
		Negative	Positive	Negative	Positive	Negative	Positive
Singular	1st	-	-	-	-	-	-
	2nd	-	-	-	-	-	-
	3rd	Oxuunmadı	Oxuundu	-	-	Oxudurmadı	Oxudurdu

Plural	1st	-	-	-	-	-	-
	2nd	-	-	-	-	-	-
	3rd	-	-	-	-	-	-

Narrative Past					
		Active		Passive	
		Negative	Positive	Negative	Positive
Singular	1st	Oxumamışam	Oxumuşam	-	-
	2nd	Oxumamışsan	Oxumuşsan	-	-
	3rd	Oxumamış	Oxumuş	Oxununmamış	Oxununmuş
Plural	1st	Oxumamışıq	Oxumışıq	-	-
	2nd	Oxumamışsınız	Oxumuşsunuz	-	-
	3rd	Oxumamışlar	Oxumuşlar	-	-

Definite Future					
		Active		Passive	
		Negative	Positive	Negative	Positive
Singular	1st	Oxumayacağım	Oxuacağım	-	-
	2nd	Oxumayacaksan	Oxuacaksan	-	-
	3rd	Oxumayacak	Oxuacak	Oxununmayacak	Oxununacak
Plural	1st	Oxumayacağız	Oxuacağız	-	-
	2nd	Oxumayacaksınız	Oxuacaksınız	-	-
	3rd	Oxumayacaklar	Oxuacaklar	-	-

		Definite Future					
		Returning Type		Equivalent-Mutual Type		Causative	
		Negative	Positive	Negative	Positive	Negative	Positive
Singular	1st	-	-	-	-	Oxudurmayacağım	Oxuduracağım
	2nd	-	-	-	-	Oxudurmayacaksan	Oxuduracaksan
	3rd	Oxununmayacak	Oxununacak	-	-	Oxudurmayacak	Oxuduracak
Plural	1st	-	-	-	-	Oxudurmayacağız	Oxuduracağız
	2nd	-	-	-	-	Oxudurmayacaksınız	Oxuduracaksınız
	3rd	-	-	-	-	Oxudurmayacaklar	Oxuduracaklar

		Indefinite Future									
		Active		Passive		Returning Type		Equivalent-Mutual Type		Causative	
		Negative	Positive	Negative	Positive	Negative	Positive	Negative	Positive	Negative	Positive
Singular	1st	Oxumaram	Oxuaram	-	-	-	-	-	-	-	-
	2nd	Oxumazsan	Oxuarsan	-	-	-	-	-	-	-	-
	3rd	Oxumaz	Oxuar	-	-	-	-	-	-	-	-
Plural	1st	Oxumarık	Oxuarık	-	-	-	-	-	-	-	-
	2nd	Oxumazsınız	Oxuarsınız	-	-	-	-	-	-	-	-
	3rd	Oxumazlar	Oxuarlar	-	-	-	-	-	-	-	-

Conditional Mood				
		Definite Future		Indefinite Future	
		Negative	Positive	Negative	Positive
Singular	1st	Oxumayacaksam	Oxuacaksam	Oxumaramsa	Oxuaramsa
	2nd	Oxumayacaksansa	Oxuacaksansa	Oxumazsansa	Oxuarsansa
	3rd	Oxumayacaksa	Oxuacaksa	Oxumazsa	Oxuarsa
Plural	1st	Oxumayacaksak	Oxuacaksak	Oxumarıksa	Oxuarıka
	2nd	Oxumayacaksınızsə	Oxuacaksınızsə	Oxumazsınızsa	Oxuarsınızsa
	3rd	Oxumayacaklarsa	Oxuacaklarsa	Oxumazlarsa	Oxuarlarsa

Conditional Mood							
		Present		Witnessed Past		Narrative Past	
		Negative	Positive	Negative	Positive	Negative	Positive
Singular	1st	Oxumursam	Oxuursam	Oxumadımsa	Oxudumsa	Oxumamışsam	Oxumuşsam
	2nd	Oxumursansa	Oxuursansa	Oxumadınsa	Oxudun	Oxumamışsansa	Oxumuşsansa
	3rd	Oxumursa	Oxuursa	Oxumadısa	Oxudusa	Oxumamışsa	Oxumuşsa
Plural	1st	Oxumuruksa	Oxuuruksa	Oxumadıksa	Oxuduksa	Oxumamışıksa	Oxumışıksa
	2nd	Oxumursunuzsa	Oxuursunuzsa	Oxumadınızsa	Oxudunuzsa	Oxumamışsınızsa	Oxumuşsunuzsa
	3rd	Oxumurlarsa	Oxuurlarsa	Oxumadılarsa	Oxudularsa	Oxumamışlarsa	Oxumuşlara

Other Moods				
		Imparative		Optative	
		Negative	Positive	Negative	Positive
Singular	1st	Oxumayım	Oxuum	(Kaş) Oxumayam	(Kaş) Oxuam
	2nd	Oxuma	Oxu	(Kaş) Oxumayasan	(Kaş) Oxuasan
	3rd	Oxumasın	Oxusun	(Kaş) Oxumaya	(Kaş) Oxua

Plural	1st	Oxumayak	Oxuak	(Kaş) Oxumayak	(Kaş) Oxuak
	2nd	Oxumayasınız	Oxuasınız	(Kaş) Oxumayasınız	(Kaş) Oxuasınız
	3rd	Oxumasınlar	Oxusunlar	(Kaş) Oxumayalar	(Kaş) Oxualar

		Other Moods			
		Obligatory		necessary	
		Negative	Positive	Negative	Positive
Singular	1st	Oxumamalıyım	Oxumalıyım	-	-
	2nd	Oxumamalısın	Oxumalısın	-	-
	3rd	Oxumamalı	Oxumalı	-	-
Plural	1st	Oxumamalıyık	Oxumalıyık	-	-
	2nd	Oxumamalısınız	Oxumalısınız	-	-
	3rd	Oxumamalılar	Oxumalılar	-	-

To Sit Down (Oturmaq)

Present					
		Active		Passive	
		Negative	Positive	Negative	Positive
Singular	1st	Oturmuram	Otururam	-	-
	2nd	Oturmursan	Oturursan	-	-
	3rd	Oturmur	Oturur	Oturulmur	Oturulur
Plural	1st	Oturmuruk	Otururuk	-	-
	2nd	Oturmursunuz	Oturursunuz	-	-
	3rd	Oturmurlar	Otururlar	-	-

Present						
		Returning Type		Equivalent-Mutual Type		Causative	
		Negative	Positive	Negative	Positive	Negative	Positive
Singular	1st	-	-	-	-	-	-
	2nd	-	-	-	-	-	-
	3rd	Oturulmur	Oturulur	-	-	Oturdurmur	Oturdurur
Plural	1st	-	-	-	-	-	-
	2nd	-	-	-	-	-	-
	3rd	-	-	-	-	-	-

Witnessed Past					
		Active		Passive	
		Negative	Positive	Negative	Positive
Singular	1st	Oturmadım	Oturdum	-	-
	2nd	Oturmadın	Oturdun	-	-

	3rd	Oturmadı	Oturdu	Oturulmadı	Oturuldu
Plural	1st	Oturmadık	Oturduk	-	-
	2nd	Oturmadınız	Oturdunuz	-	-
	3rd	Oturmadılar	Oturdular	-	-

		Narrative Past					
		Returning Type		Equivalent-Mutual Type		Causative	
		Negative	Positive	Negative	Positive	Negative	Positive
Singular	1st	-	-	-	-	-	-
	2nd	-	-	-	-	-	-
	3rd	Oturulmamış	Oturulmuş	-	-	Oturdurmamış	Oturdurmuş
Plural	1st	-	-	-	-	-	-
	2nd	-	-	-	-	-	-
	3rd	-	-	-	-	-	-

		Witnessed Past					
		Returning Type		Equivalent-Mutual Type		Causative	
		Negative	Positive	Negative	Positive	Negative	Positive
Singular	1st	-	-	-	-	-	-
	2nd	-	-	-	-	-	-
	3rd	Oturulmadı	Oturuldu	-	-	Oturdurmadı	Oturdurdu
Plural	1st	-	-	-	-	-	-
	2nd	-	-	-	-	-	-
	3rd	-	-	-	-	-	-

Narrative Past				
		Active		Passive	
		Negative	Positive	Negative	Positive
Singular	1st	Oturmamışam	Oturmuşam	-	-
	2nd	Oturmamışsan	Oturmuşsan	-	-
	3rd	Oturmamış	Oturmuş	Oturulmamış	Oturulmuş
Plural	1st	Oturmamışık	Oturmışık	-	-
	2nd	Oturmamışsınız	Oturmuşsunuz	-	-
	3rd	Oturmamışlar	Oturmuşlar	-	-

Definite Future				
		Active		Passive	
		Negative	Positive	Negative	Positive
Singular	1st	Oturmayacağım	Oturacağım	-	-
	2nd	Oturmayacaksan	Oturacaksan	-	-
	3rd	Oturmayacak	Oturacak	Oturulmayacak	Oturulacak
Plural	1st	Oturmayacağız	Oturacağız	-	-
	2nd	Oturmayacaksınız	Oturacaksınız	-	-
	3rd	Oturmayacaklar	Oturacaklar	-	-

Definite Future					
	Returning Type		Equivalent-Mutual Type		Causative	
	Negative	Positive	Negative	Positive	Negative	Positive
Singular 1st	-	-	-	-	Oturdurmayacağım	Oturduracağım
2nd	-	-	-	-	Oturdurmayacaksan	Oturduracaksan
3rd	Oturulmayacak	Oturulacak	-	-	Oturdurmayacak	Oturduracak

439

		-	-	-	-	Oturdurmayacağız	Oturduracağız
Plural	1st	-	-	-	-	Oturdurmayacağız	Oturduracağız
	2nd	-	-	-	-	Oturdurmayacaksınız	Oturduracaksınız
	3rd	-	-	-	-	Oturdurmayacaklar	Oturduracaklar

		Indefinite Future									
		Active		Passive		Returning Type		Equivalent-Mutual Type		Causative	
		Negative	Positive	Negative	Positive	Negative	Positive	Negative	Positive	Negative	Positive
Singular	1st	Oturmaram	Oturaram	-	-	-	-	-	-	-	-
	2nd	Oturmazsan	Oturarsan	-	-	-	-	-	-	-	-
	3rd	Oturmaz	Oturar	-	-	-	-	-	-	-	-
Plural	1st	Oturmarık	Oturarık	-	-	-	-	-	-	-	-
	2nd	Oturmazsınız	Oturarsınız	-	-	-	-	-	-	-	-
	3rd	Oturmazlar	Oturarlar	-	-	-	-	-	-	-	-

		Conditional Mood			
		Definite Future		Indefinite Future	
		Negative	Positive	Negative	Positive
Singular	1st	Oturmayacaksam	Oturacaksam	Oturmaramsa	Oturaramsa
	2nd	Oturmayacaksansa	Oturacaksansa	Oturmazsansa	Oturarsansa
	3rd	Oturmayacaksa	Oturacaksa	Oturmazsa	Oturarsa
Plural	1st	Oturmayacaksak	Oturacaksak	Oturmarıksa	Oturarıka
	2nd	Oturmayacaksınızsə	Oturacaksınızsə	Oturmazsınızsa	Oturarsınızsa
	3rd	Oturmayacaklarsa	Oturacaklarsa	Oturmazlarsa	Oturarlarsa

		Conditional Mood					
		Present		Witnessed Past		Narrative Past	
		Negative	Positive	Negative	Positive	Negative	Positive
Singular	1st	Oturmursam	Oturursam	Oturmadımsa	Oturdumsa	Oturmamışsam	Oturmuşsam
	2nd	Oturmursansa	Oturursansa	Oturmadınsa	Oturdun	Oturmamışsansa	Oturmuşsansa
	3rd	Oturmursa	Oturursa	Oturmadısa	Oturdusa	Oturmamışsa	Oturmuşsa
Plural	1st	Oturmuruksa	Oturuluksa	Oturmadıksa	Oturduksa	Oturmamışıksa	Oturmışıksa
	2nd	Oturmursunuzsa	Oturursunuzsa	Oturmadınızsa	Oturdunuzsa	Oturmamışsınızsa	Oturmuşsunuzsa
	3rd	Oturmurlarsa	Oturularsa	Oturmadılarsa	Oturdularsa	Oturmamışlarsa	Oturmuşlara

		Other Moods			
		Imparative		Optative	
		Negative	Positive	Negative	Positive
Singular	1st	Oturmayım	Oturum	(Kaş) Oturmayam	(Kaş) Oturam
	2nd	Oturma	Otur	(Kaş) Oturmayasan	(Kaş) Oturasan
	3rd	Oturmasın	Otursun	(Kaş) Oturmaya	(Kaş) Otura
Plural	1st	Oturmayak	Oturak	(Kaş) Oturmayak	(Kaş) Oturak
	2nd	Oturmayasınız	Oturasınız	(Kaş) Oturmayasınız	(Kaş) Oturasınız
	3rd	Oturmasınlar	Otursunlar	(Kaş) Oturmayalar	(Kaş) Oturalar

		Other Moods			
		Obligatory		necessary	
		Negative	Positive	Negative	Positive
Singular	1st	Oturmamalıyım	Oturmalıyım	-	-
	2nd	Oturmamalısın	Oturmalısın	-	-
	3rd	Oturmamalı	Oturmalı	-	-

Plural	1st	Oturmamalıyıq	Oturmalıyıq	-	-
	2nd	Oturmamalısınız	Oturmalısınız	-	-
	3rd	Oturmamalılar	Oturmalılar	-	-

To Sleep (Yatmaq)

Present					
		Active		Passive	
		Negative	Positive	Negative	Positive
Singular	1st	yatmıram	yatıram	-	-
	2nd	yatmırsan	yatırsan	-	-
	3rd	yatmır	yatır	yatılmır	yatılır
Pluryat	1st	yatmırık	yatırık	-	-
	2nd	yatmırsınız	yatırsınız	-	-
	3rd	yatmırlar	yatrlar	-	-

Present							
		Returning Type		Equvyatlant-Mutyat Type		Causative	
		Negative	Positive	Negative	Positive	Negative	Positive
Singular	1st	-	-	-	-	yatdırmıram	yatdırıram
	2nd	-	-	-	-	yatdırmırsan	yatdırırsan
	3rd	yatılmır	yatılır	-	-	yatdırmır	yatdırır
Pluryat	1st	-	-	-	-	yatdırmırık	yatdırırık
	2nd	-	-	-	-	yatdırmırsınız	yatdırırsınız
	3rd	-	-	-	-	yatdırmırlar	yatdırırlar

Witnessed Past					
		Active		Passive	
		Negative	Positive	Negative	Positive
Singular	1st	yatmadım	yatdım	-	-
	2nd	yatmadın	yatdın	-	-

		yatmadı	yatdı	yatılmadı	yatıldı
	3rd	yatmadı	yatdı	yatılmadı	yatıldı
Plural	1st	yatmadık	yatdık	-	-
	2nd	yatmadınız	yatdınız	-	-
	3rd	yatmadılar	yatdılar	-	-

		Narrative Past					
		Returning Type		Equvyallant-Mutal Type		Causative	
		Negative	Positive	Negative	Positive	Negative	Positive
Singular	1st	-	-	-	-	yatdırmamışam	yatdırmışam
	2nd	-	-	-	-	yatdırmamışsan	yatdırmışsan
	3rd	-	-	-	-	yatdırmamış	yatdırmış
Plural	1st	-	-	-	-	yatdırmamışık	yatdırmışık
	2nd	-	-	-	-	yatdırmamışsınız	yatdırmışsınız
	3rd	-	-	-	-	yatdırmamışlar	yatdırmışlar

		Witnessed Past					
		Returning Type		Equvyallant-Mutal Type		Causative	
		Negative	Positive	Negative	Positive	Negative	Positive
Singular	1st	-	-	-	-	yatdırmadım	yatdırdım
	2nd	-	-	-	-	yatdırmadın	yatdırdın
	3rd	yatılıldı	yatılıldı	-	-	yatdırmadı	yatdırdı
Plural	1st	-	-	-	-	yatdırmadık	yatdırdık
	2nd	-	-	-	-	yatdırmadınız	yatdırdınız
	3rd	-	-	-	-	yatdırmadılar	yatdırdılar

Narrative Past				
		Active		Passive	
		Negative	Positive	Negative	Positive
Singular	1st	yatmamışam	yatmışam	-	-
	2nd	yatmamışsan	yatmışsan	-	-
	3rd	yatmamış	yatmış	yatılmamış	yatılmış
Plural	1st	yatmamışık	yatmışık	-	-
	2nd	yatmamışsınız	yatmışsınız	-	-
	3rd	yatmamışlar	yatmışlar	-	-

Definite Future				
		Active		Passive	
		Negative	Positive	Negative	Positive
Singular	1st	yatmayacağım	yatacağım	-	-
	2nd	yatmayacaksan	yatacaksan	-	-
	3rd	yatmayacak	yatacak	yatılmayacak	yatılacak
Plural	1st	yatmayacağız	yatacağız	-	-
	2nd	yatmayacaksınız	yatacaksınız	-	-
	3rd	yatmayacaklar	yatacaklar	-	-

Definite Future					
		Returning Type		Equvyallant-Mutal Type		Causative	
		Negative	Positive	Negative	Positive	Negative	Positive
Singular	1st	-	-	-	-	yatdırmayacağım	yatdıracağım
	2nd	-	-	-	-	yatdırmayacaksan	yatdıracaksan
	3rd	yatınılmayacak	yatınılacak	-	-	yatdırmayacak	yatdıracak

Plural	1st	-	-	-	-	yatdırmayacağız	yatdıracağız
	2nd	-	-	-	-	yatdırmayacaksınız	yatdıracaksınız
	3rd	-	-	-	-	yatdırmayacaklar	yatdıracaklar

Indefinite Future					
Active				**Passive**	
Negative		**Positive**		**Negative**	**Positive**
Singular	1st	yatmaram	yataram	-	-
	2nd	yatmazsan	yatarsan	-	-
	3rd	yatmaz	yatar	yatınmaz	yatınar
Plual	1st	yatmarık	yatarık	-	-
	2nd	yatmazsınız	yatarsınız	-	-
	3rd	yatmazlar	yatarlar	-	-

Conditional Mood							
		Present		**Witnessed Past**		**Narrative Past**	
		Negative	Positive	Negative	Positive	Negative	Positive
Singular	1st	yatmırsam	yatırsam	yatmadımsa	yatdımsa	yatmamışsam	yatmışsam
	2nd	yatmırsansa	yatırsansa	yatmadınsa	yatdınsa	yatmamışsansa	yatmışsansa
	3rd	yatmırsa	yatırsa	yatmadısa	yatdısa	yatmamışsa	yatmışsa
Plural	1st	yatmırıksa	yatırıksa	yatmadıksa	yatdıksa	yatmamışıksa	yatmışıksa
	2nd	yatmırsınızsa	yatırsınızsa	yatmadınızsa	yatdınızsa	yatmamışsınızsa	yatmışsınızsa
	3rd	yatmırlarsa	yatırlarsa	yatmadılarsa	yatdılarsa	yatmamışlarsa	yatmışlarsa

		Indefinite Future					
		Returning Type		Equvyallant-Mutal Type		Causative	
		Negative	Positive	Negative	Positive	Negative	Positive
Singular	1st	-	-	-	-	yatdırmaram	yatdıraram
	2nd	-	-	-	-	yatdırmazsan	yatdırarsan
	3rd	yatınılmaz	yatınılır	-	-	yatdırmaz	yatdırır
Plural	1st	-	-	-	-	yatdırmarık	yatdırarık
	2nd	-	-	-	-	yatdırmazsınız	yatdırarsınız
	3rd	-	-	-	-	yatdırmazlar	yatdırarlar

		Conditional Mood			
		Definite Future		Indefinite Future	
		Negative	Positive	Negative	Positive
Singular	1st	yatmayacaksam	yatacaksam	yatmaramsa	yataramsa
	2nd	yatmayacaksansa	yatacaksansa	yatmazsansa	yatarsansa
	3rd	yatmayacaksa	yatacaksa	yatmazsa	yatyarsa
Plural	1st	yatmayacaksak	yatacaksak	yatmarıksa	yatyarıka
	2nd	yatmayacaksınızsə	yatacaksınızsə	yatmazsınızsa	yatarsınızsa
	3rd	yatmayacaklarsa	yatacaklarsa	yatmazlarsa	yatarlarsa

		Other Moods			
		Imparative		Optative	
		Negative	Positive	Negative	Positive
Singular	1st	yatmayım	yatım	(Kaş) yatmayam	(Kaş) yatam
	2nd	yatma	yat	(Kaş) yatmayasan	(Kaş) yatasan
	3rd	yatmasın	yatsın	(Kaş) yatmaya	(Kaş) yata

Plural	1st	yatmayak	yatak	(Kaş) yatmayak	(Kaş) yatak
	2nd	yatmayasınız	yatasınız	(Kaş) yatasınız	(Kaş) yatasınız
	3rd	yatmasınlar	yatsınlar	(Kaş) yatmayyatar	(Kaş) yatyatar

		Other Moods			
		Obligatory		necessary	
		Negative	Positive	Negative	Positive
Singular	1st	yatmamalıyım	yatmalıyım	-	-
	2nd	yatmamalısın	yatmalısın	-	-
	3rd	yatmamalı	yatmalı	-	-
Pluryat	1st	yatmamalıyık	yatmalıyık	-	-
	2nd	yatmamalısınız	yatmalısınız	-	-
	3rd	yatmamalılar	yatmalılar	-	-

To Smile (Gülmək)

Present				
		Active		Passive	
		Negative	Positive	Negative	Positive
Singular	1st	Gülmürəm	Gülürəm	-	-
	2nd	Gülmürsən	Gülürsən	-	-
	3rd	Gülmür	Gülür	Gülünmür	Gülünür
Plural	1st	Gülmürük	Gülürük	-	-
	2nd	Gülmürsünüz	Gülürsünüz	-	-
	3rd	Gülmürlər	Gülürlər	-	-

Present							
		Returning Type		Equivalent-Mutual Type		Causative	
		Negative	Positive	Negative	Positive	Negative	Positive
Singular	1st	-	-	-	-	Güldürmürəm	Güldürürəm
	2nd	-	-	-	-	Güldürmürsən	Güldürürsən
	3rd	Gülünmür	Gülünür	-	-	Güldürmür	Güldürür
Plural	1st	-	-	-	-	Güldürmürük	Güldürürük
	2nd	-	-	-	-	Güldürmürsünüz	Güldürürsünüz
	3rd	-	-	-	-	Güldürmürlər	Güldürürlər

449

Witnessed Past				
		Active		Passive	
		Negative	Positive	Negative	Positive
Singular	1st	Gülmədim	Güldüm	-	-
	2nd	Gülmədin	Güldün	-	-
	3rd	Gülmədi	Güldü	Gülünmədi	Güləndü
Plural	1st	Gülmədik	Güldük	-	-
	2nd	Gülmədiniz	Güldünüz	-	-
	3rd	Gülmədilər	Güldülər	-	-

Narrative Past						
		Returning Type		Equivalent-Mutual Type		Causative	
		Negative	Positive	Negative	Positive	Negative	Positive
Singular	1st	-	-	-	-	Güldürməmişim	Güldürmüşüm
	2nd	-	-	-	-	Güldürməmişsən	Güldürmüşsən
	3rd	Gülünməmiş	Gülünmüş	-	-	Güldürməmiş	Güldürmüş
Plural	1st	-	-	-	-	Güldürməmişik	Güldürmüşük
	2nd	-	-	-	-	Güldürməmişsiniz	Güldürmüşsünüz
	3rd	-	-	-	-	Güldürməmişlər	Güldürmüşlər

Witnessed Past						
		Returning Type		Equivalent-Mutual Type		Causative	
		Negative	Positive	Negative	Positive	Negative	Positive
Singular	1st	-	-	-	-	Güldürmədim	Güldürdüm
	2nd	-	-	-	-	Güldürmədin	Güldürdün
	3rd	Gülünmədi	Gülündü	-	-	Güldürmədi	Güldürdü

Plural	1st	-	-	-	-	Güldürmədik	Güldürdük
	2nd	-	-	-	-	Güldürmədiniz	Güldürdünüz
	3rd	-	-	-	-	Güldürmədilər	Güldürdülər

Narrative Past					
		Active		Passive	
		Negative	Positive	Negative	Positive
Singular	1st	Gülməmişim	Gülmüşüm	-	-
	2nd	Gülməmişsən	Gülmüşsən	-	-
	3rd	Gülməmiş	Gülmüş	Gülünməmiş	Gülünmüş
Plural	1st	Gülməmişik	Gülmüşük	-	-
	2nd	Gülməmişsiniz	Gülmüşsünüz	-	-
	3rd	Gülməmişlər	Gülmüşlər	-	-

Definite Future					
		Active		Passive	
		Negative	Positive	Negative	Positive
Singular	1st	Gülməyəcəm	Güləcəm	-	-
	2nd	Gülməyəcəksən	Güləcəksən	-	-
	3rd	Gülməyəcək	Güləcək	Gülünməyəcək	Gülünəcək
Plural	1st	Gülməyəcəyik	Güləcəyik	-	-
	2nd	Gülməyəcəksiniz	Güləcəksiniz	-	-
	3rd	Gülməyəcəklər	Güləcəklər	-	-

451

		Definite Future					
		Returning Type		Equivalent-Mutual Type		Causative	
		Negative	Positive	Negative	Positive	Negative	Positive
Singular	1st	-	-	-	-	Güldürməyəcəm	Güldürəcəm
	2nd	-	-	-	-	Güldürməyəcəksən	Güldürəcəksən
	3rd	Gülünməyəcək	Gülünəcək	-	-	Güldürməyəcək	Güldürəcək
Plural	1st	-	-	-	-	Güldürməyəcəyik	Güldürəcəyik
	2nd	-	-	-	-	Güldürməyəcəksiniz	Güldürəcəksiniz
	3rd	-	-	-	-	Güldürməyəcəklər	Güldürəcəklər

		Indefinite Future									
		Active		Passive		Returning Type		Equivalent-Mutual Type		Causative	
		Negative	Positive	Negative	Positive	Negative	Positive	Negative	Positive	Negative	Positive
Singular	1st	Gülmərim	Gülərim	-	-	-	-	-	-	-	-
	2nd	Gülməzsəm	Gülərsən	-	-	-	-	-	-	-	-
	3rd	Gülməz	Gülər	-	-	-	-	-	-	-	-
Plural	1st	Gülmərik	Gülərik	-	-	-	-	-	-	-	-
	2nd	Gülməzsiniz	Gülərsiniz	-	-	-	-	-	-	-	-
	3rd	Gülməzlər	Gülərlər	-	-	-	-	-	-	-	-

		Conditional Mood			
		Definite Future		Indefinite Future	
		Negative	Positive	Negative	Positive
Singular	1st	Gülməyəcəksəm	Güləcəksm	Gülmərimsə	Gülərimsə
	2nd	Gülməyəcəksənsə	Güləcəksənsə	Gülməzsəmsə	Gülərsənsə
	3rd	Gülməyəcəksə	Güləcəksə	Gülməzsə	Gülərsə
Plural	1st	Gülməyəcəksək	Güləcəksək	Gülməriksə	Güləriksə
	2nd	Gülməyəcəksinizsə	Güləcəksinizsə	Gülməzsinizsə	Gülərsinizsə
	3rd	Gülməyəcəklərsə	Güləcəklərsə	Gülməzlərsə	Gülərlərsə

		Conditional Mood					
		Present		Witnessed Past		Narrative Past	
		Negative	Positive	Negative	Positive	Negative	Positive
Singular	1st	Gülmürsəm	Gülürsəm	Gülmədiysəm	Güldüysəm	Gülməmişsəm	Gülmüşsəm
	2nd	Gülmürsənsə	Gülürsənsə	Gülmədiysən	Güldüysən	Gülməmişsənsə	Gültmüşsənsə
	3rd	Gülmürsə	Gülürsə	Gülmədiysə	Güldüysə	Gülməmişsə	Gülmüşsə
Plural	1st	Gülmürsək	Gülürsək	Gülmədiysək	Güldüysək	Gülməmişsək	Gülmüşsək
	2nd	Gülmürsünüzsə	Gülürsünüzsə	Gülmədinizsə	Güldünüzsə	Gülməmişsinizsə	Gülmüşsünüzsə
	3rd	Gülmürlərsə	Gülürlərsə	Gülmədilərsə	Güldülərsə	Gülməmişlərsə	Gülmüşlərsə

To Stand (Durmaq)

Present				
		Active		Passive	
		Negative	Positive	Negative	Positive
Singular	1st	Durmuram	Dururam	-	-
	2nd	Durmursan	Durursan	-	-
	3rd	Durmur	Durur	Durulmur	Durulur
Plural	1st	Durmuruk	Dururuk	-	-
	2nd	Durmursunuz	Durursunuz	-	-
	3rd	Durmurlar	Dururlar	-	-

Present						
		Returning Type		Equivalent-Mutual Type		Causative	
		Negative	Positive	Negative	Positive	Negative	Positive
Singular	1st	-	-	-	-	-	-
	2nd	-	-	-	-	-	-
	3rd	Durulmur	Durulur	-	-	Durdurmur	Durdurur
Plural	1st	-	-	-	-	-	-
	2nd	-	-	-	-	-	-
	3rd	-	-	-	-	-	-

Witnessed Past				
		Active		Passive	
		Negative	Positive	Negative	Positive
Singular	1st	Durmadım	Durdum	-	-
	2nd	Durmadın	Durdun	-	-
	3rd	Durmadı	Durdu	Durulmadı	Duruldu
Plural	1st	Durmadık	Durduk	-	-
	2nd	Durmadınız	Durdunuz	-	-
	3rd	Durmadılar	Durdular	-	-

Narrative Past						
		Returning Type		Equivalent-Mutual Type		Causative	
		Negative	Positive	Negative	Positive	Negative	Positive
Singular	1st	-	-	-	-	-	-
	2nd	-	-	-	-	-	-
	3rd	Durulmamış	Durulmuş	-	-	Durdurmamış	Durdurmuş
Plural	1st	-	-	-	-	-	-
	2nd	-	-	-	-	-	-
	3rd	-	-	-	-	-	-

Witnessed Past						
		Returning Type		Equivalent-Mutual Type		Causative	
		Negative	Positive	Negative	Positive	Negative	Positive
Singular	1st	-	-	-	-	-	-
	2nd	-	-	-	-	-	-
	3rd	Durulmadı	Duruldu	-	-	Durdurmadı	Durdurdu

Plural	1st	-	-	-	-	-	-
	2nd	-	-	-	-	-	-
	3rd	-	-	-	-	-	-

Narrative Past					
		Active		Passive	
		Negative	Positive	Negative	Positive
Singular	1st	Durmamışam	Durmuşam	-	-
	2nd	Durmamışsan	Durmuşsan	-	-
	3rd	Durmamış	Durmuş	Durulmamış	Durulmuş
Plural	1st	Durmamışıq	Durmışıq	-	-
	2nd	Durmamışsınız	Durmuşsunuz	-	-
	3rd	Durmamışlar	Durmuşlar	-	-

Definite Future					
		Active		Passive	
		Negative	Positive	Negative	Positive
Singular	1st	Durmayacağım	Duracağım	-	-
	2nd	Durmayacaksan	Duracaksan	-	-
	3rd	Durmayacak	Duracak	Durulmayacak	Durulacak
Plural	1st	Durmayacağız	Duracağız	-	-
	2nd	Durmayacaksınız	Duracaksınız	-	-
	3rd	Durmayacaklar	Duracaklar	-	-

		Definite Future					
		Returning Type		Equivalent-Mutual Type		Causative	
		Negative	Positive	Negative	Positive	Negative	Positive
Singular	1st	-	-	-	-	Durdurmayacağım	Durduracağım
	2nd	-	-	-	-	Durdurmayacaksan	Durduracaksan
	3rd	Durulmayacak	Durulacak	-	-	Durdurmayacak	Durduracak
Plural	1st	-	-	-	-	Durdurmayacağız	Durduracağız
	2nd	-	-	-	-	Durdurmayacaksınız	Durduracaksınız
	3rd	-	-	-	-	Durdurmayacaklar	Durduracaklar

		Indefinite Future									
		Active		Passive		Returning Type		Equivalent-Mutual Type		Causative	
		Negative	Positive	Negative	Positive	Negative	Positive	Negative	Positive	Negative	Positive
Singular	1st	Durmaram	Duraram	-	-	-	-	-	-	-	-
	2nd	Durmazsan	Durarsan	-	-	-	-	-	-	-	-
	3rd	Durmaz	Durar	-	-	-	-	-	-	-	-
Plural	1st	Durmarık	Durarık	-	-	-	-	-	-	-	-
	2nd	Durmazsınız	Durarsınız	-	-	-	-	-	-	-	-
	3rd	Durmazlar	Durarlar	-	-	-	-	-	-	-	-

Conditional Mood				
		Definite Future		Indefinite Future	
		Negative	Positive	Negative	Positive
Singular	1st	Durmayacaksam	Duracaksam	Durmaramsa	Duraramsa
	2nd	Durmayacaksansa	Duracaksansa	Durmazsansa	Durarsansa
	3rd	Durmayacaksa	Duracaksa	Durmazsa	Durarsa
Plural	1st	Durmayacaksak	Duracaksak	Durmarıksa	Durarıka
	2nd	Durmayacaksınızsə	Duracaksınızsə	Durmazsınızsa	Durarsınızsa
	3rd	Durmayacaklarsa	Duracaklarsa	Durmazlarsa	Durarlarsa

Conditional Mood							
		Present		Witnessed Past		Narrative Past	
		Negative	Positive	Negative	Positive	Negative	Positive
Singular	1st	Durmursam	Durursam	Durmadımsa	Durdumsa	Durmamışsam	Durmuşsam
	2nd	Durmursansa	Durursansa	Durmadınsa	Durdun	Durmamışsansa	Durmuşsansa
	3rd	Durmursa	Durursa	Durmadısa	Durdusa	Durmamışsa	Durmuşsa
Plural	1st	Durmuruksa	Dururuksa	Durmadıksa	Durduksa	Durmamışıksa	Durmışıksa
	2nd	Durmursunuzsa	Durursunuzsa	Durmadınızsa	Durdunuzsa	Durmamışsınızsa	Durmuşsunuzsa
	3rd	Durmurlarsa	Dururlarsa	Durmadılarsa	Durdularsa	Durmamışlarsa	Durmuşlara

Other Moods					
		Imparative		Optative	
		Negative	Positive	Negative	Positive
Singular	1st	Durmayım	Durum	(Kaş) Durmayam	(Kaş) Duram
	2nd	Durma	Dur	(Kaş) Durmayasan	(Kaş) Durasan
	3rd	Durmasın	Dursun	(Kaş) Durmaya	(Kaş) Dura

Plural	1st	Durmayak	Durak	(Kaş) Durmayak	(Kaş) Durak
	2nd	Durmayasınız	Durasınız	(Kaş) Durmayasınız	(Kaş) Durasınız
	3rd	Durmasınlar	Dursunlar	(Kaş) Durmayalar	(Kaş) Duralar

		Other Moods			
		Obligatory		necessary	
		Negative	Positive	Negative	Positive
Singular	1st	Durmamalıyım	Durmalıyım	-	-
	2nd	Durmamalısın	Durmalısın	-	-
	3rd	Durmamalı	Durmalı	-	-
Plural	1st	Durmamalıyık	Durmalıyık	-	-
	2nd	Durmamalısınız	Durmalısınız	-	-
	3rd	Durmamalılar	Durmalılar	-	-

To Start (Başlamaq)

		Present			
		Active		Passive	
		Negative	Positive	Negative	Positive
Singular	1st	başlamıram	başlayıram	başlanmıram	başlanıram
	2nd	başlamırsan	başlayırsan	başlanmırsan	başlanırsan
	3rd	başlamır	başlayır	Başlanmır	Başlanır
Plural	1st	başlamırık	başlayırık	Başlanmırık	Başlanırık
	2nd	başlamırsınız	başlayırsınız	Başlanmırsınız	Başlanırsınız
	3rd	başlamırlar	başlayırlar	Başlanmırlar	Başlanırlar

		Present					
		Returning Type		Equivalent-Mutual Type		Causative	
		Negative	Positive	Negative	Positive	Negative	Positive
Singular	1st	başlanılmıram	başlanılıram	-	-	başlatmıram	başlatıram
	2nd	başlanılmırsan	başlanılırsan	-	-	başlatmırsan	başlatırsan
	3rd	başlanılmır	başlanılır	-	-	başlatmır	başlatır
Plural	1st	başlanılmırık	başlanılırık	-	-	başlatmırık	başlatırık
	2nd	başlanılmırsınız	başlanılırsınız	-	-	başlatmırsınız	başlatırsınız
	3rd	başlanılmırlar	başlanılırlar	-	-	başlatmırlar	başlatırlar

Witnessed Past				
		Active		Passive	
		Negative	Positive	Negative	Positive
Singular	1st	başlamadım	başladım	başlanmadım	başlandım
	2nd	başlamadın	başladın	başlanmadın	başlandın
	3rd	başlamadı	başladı	başlanmadı	başlandı
Plural	1st	başlamadık	başladık	başlanmadık	başlandık
	2nd	başlamadınız	başladınız	başlanmadınız	başlandınız
	3rd	başlamadılar	başladılar	başlanmadılar	başlandılar

Narrative Past						
		Returning Type		Equivalent-Mutual Type		Causative	
		Negative	Positive	Negative	Positive	Negative	Positive
Singular	1st	başlanılmamışam	başlanılmışam	-	-	başlatmamışam	başlatmışam
	2nd	başlanılmamışsan	başlanılmışsan	-	-	başlatmamışsan	başlatmışsan
	3rd	başlanılmamış	başlanılmış	-	-	başlatmamış	başlatmış
Plural	1st	başlanılmamışık	başlanılmışık	-	-	başlatmamışık	başlatmışık
	2nd	başlanılmamışsınız	başlanılmışsınız	-	-	başlatmamışsınız	başlatmışsınız
	3rd	başlanılmamışlar	başlanılmışlar	-	-	başlatmamışlar	başlatmışlar

Witnessed Past						
		Returning Type		Equivalent-Mutual Type		Causative	
		Negative	Positive	Negative	Positive	Negative	Positive
Singular	1st	başlanılmadım	başlanıldım	-	-	başlatmadım	başlatdım
	2nd	başlanılmadın	başlanıldın	-	-	başlatmadın	başlatdın
	3rd	başlanılmadı	başlanıldı	-	-	başlatmadı	başlatdı

Plural	1st	başlanılmadık	başlanıldık	-	-	başlatmadık	başlatdık
	2nd	başlanılmadınız	başlanıldınız	-	-	başlatmadınız	başlatdınız
	3rd	başlanılmadılar	başlanıldılar	-	-	başlatmadılar	başlatdılar

Narrative Past

		Active		Passive	
		Negative	Positive	Negative	Positive
Singular	1st	başlamamışam	başlamışam	başlanmamışam	başlanmışam
	2nd	başlamamışsan	başlamışsan	başlanmamışsan	başlanmışsan
	3rd	başlamamış	başlamış	başlanmamış	başlanmış
Plural	1st	başlamamışık	başlamışık	başlanmamışık	başlanmışık
	2nd	başlamamışsınız	başlamışsınız	başlanmamışsınız	başlanmuşsınız
	3rd	başlamamışlar	başlamışlar	başlanmamışlar	başlanmışlar

Definite Future

		Active		Passive	
		Negative	Positive	Negative	Positive
Singular	1st	başlamayacağım	başlayacağım	başlanmayacağım	başlanacağım
	2nd	başlamayacaksan	başlayacaksan	başlanmayacaksan	başlanacaksan
	3rd	başlamayacak	başlayacak	başlanmayacak	başlanacak
Plural	1st	başlamayacağız	başlayacağız	başlanmayacağız	başlanacağız
	2nd	başlamayacaksınız	başlayacaksınız	başlanmayacaksınız	başlanacaksınız
	3rd	başlamayacaklar	başlayacaklar	başlanmayacaklar	başlanacaklar

		Definite Future					
		Returning Type		Equivalent-Mutual Type		Causative	
		Negative	Positive	Negative	Positive	Negative	Positive
Singular	1st	başlanılmayacağım	başlanılacağım	-	-	başlatmayacağım	başlatacağım
	2nd	başlanılmayacaksan	başlanılacaksan	-	-	başlatmayacaksan	başlatacaksan
	3rd	başlanılmayacak	başlanılacak	-	-	başlatmayacak	başlatacak
Plural	1st	başlanılmayacağız	başlanılacağız	-	-	başlatmayacağız	başlatacağız
	2nd	başlanılmayacaksınız	başlanılacaksınız	-	-	başlatmayacaksınız	başlatacaksınız
	3rd	başlanılmayacaklar	başlanılacaklar	-	-	başlatmayacaklar	başlatacaklar

		Indefinite Future			
		Active		Passive	
		Negative	Positive	Negative	Positive
Singular	1st	başlamaram	başlayaram	başlanmaram	başlanaram
	2nd	başlamazsan	başlayarsan	başlanmazsan	başlanarsan
	3rd	başlamaz	başlar	başlanmaz	başlanar
Plural	1st	başlamarık	başlayarık	başlanmarık	başlanarık
	2nd	başlamazsınız	başlayarsınız	başlanmazsınız	başlanarsınız
	3rd	başlamazlar	başlayarlar	başlanmazlar	başlanarlar

		Indefinite Future					
		Returning Type		Equivalent-Mutual Type		Causative	
		Negative	Positive	Negative	Positive	Negative	Positive
Singular	1st	başlanılmaram	başlanılaram	-	-	başlatmaram	başlataram
	2nd	başlanılmazsan	başlanılarsan	-	-	başlatmazsan	başlatarsan
	3rd	başlanılmaz	başlanılır	-	-	başlatmaz	başlatır
Plural	1st	başlanılmarık	başlanılarık	-	-	başlatmarık	başlatarık
	2nd	başlanılmazsınız	başlanılarsınız	-	-	başlatmazsınız	başlatarsınız
	3rd	başlanılmazlar	başlanılarlar	-	-	başlatmazlar	başlatarlar

		Conditional Mood			
		Definite Future		Indefinite Future	
		Negative	Positive	Negative	Positive
Singular	1st	başlamayacaksam	başlayacaksam	başlamaramsa	başlayaramsa
	2nd	başlamayacaksansa	başlayacaksansa	başlamazsansa	başlayarsansa
	3rd	başlamayacaksa	başlayacaksa	başlamazsa	başlayarsa
Plural	1st	başlamayacaksak	başlayacaksak	başlamarıksa	başlayarıka
	2nd	başlamayacaksınızsə	başlayacaksınızsə	başlamazsınızsa	başlayarsınızsa
	3rd	başlamayacaklarsa	başlayacaklarsa	başlamazlarsa	başlayarlarsa

		Conditional Mood					
		Present		Witnessed Past		Narrative Past	
		Negative	Positive	Negative	Positive	Negative	Positive
Singular	1st	başlamırsam	başlayırsam	başlamadımsa	başladımsa	başlamamışsam	başlamışsam
	2nd	başlamırsansa	başlayırsansa	başlamadınsa	başladınsa	başlamamışsansa	başlamışsansa

	3rd	başlamırsa	başlayırsa	başlamadısa	başladısa	başlamamışsa	başlamışsa
Plural	1st	başlamırıksa	başlayırıksa	başlamadıksa	başladıksa	başlamamışıksa	başlamışıksa
	2nd	başlamırsınızsa	başlayırsınızsa	başlamadınızsa	başladınızsa	başlamamışsınızsa	başlamışsınızsa
	3rd	başlamırlarsa	başlayırlarsa	başlamadılarsa	başladılarsa	başlamamışlarsa	başlamışlarsa

		Other Moods			
		Imparative		Optative	
		Negative	Positive	Negative	Positive
Singular	1st	başlamayım	başlayım	(Kaş) başlamayam	(Kaş) başlayam
	2nd	başlama	başla	(Kaş) başlamayasan	(Kaş) başlayasan
	3rd	başlamasın	başlasın	(Kaş) başlamaya	(Kaş) başlaya
Plural	1st	başlamayak	başlayak	(Kaş) başlamayak	(Kaş) başlayak
	2nd	başlamayasınız	başlayasınız	(Kaş) başlamayasınız	(Kaş) başlayasınız
	3rd	başlamasınlar	başlaysınlar	(Kaş) başlamayalar	(Kaş) başlayalar

		Other Moods			
		Obligatory		necessary	
		Negative	Positive	Negative	Positive
Singular	1st	başlamamalıyım	başlamalıyım	-	-
	2nd	başlamamalısın	başlamalısın	-	-
	3rd	başlamamalı	başlamalı	-	-
Plural	1st	başlamamalıyık	başlamalıyık	-	-
	2nd	başlamamalısınız	başlamalısınız	-	-
	3rd	başlamamalılar	başlamalılar	-	-

To Stay (Qalmaq)

Present				
		Active		Passive	
		Negative	Positive	Negative	Positive
Singular	1st	qalmıram	qalıram	-	-
	2nd	qalmırsan	qalırsan	-	-
	3rd	qalmır	qalır	qalınmır	qalınır
Plural	1st	qalmırık	qalırık	-	-
	2nd	qalmırsınız	qalırsınız	-	-
	3rd	qalmırlar	qalrlar	-	-

Present							
		Returning Type		Equivalent-Mutual Type		Causative	
		Negative	Positive	Negative	Positive	Negative	Positive
Singular	1st	-	-	-	-	qaldırmıram	qaldırıram
	2nd	-	-	-	-	qaldırmırsan	qaldırırsan
	3rd	qalınılmır	qalınılır	-	-	qaldırmır	qaldırır
Plural	1st	-	-	-	-	qaldırmırık	qaldırırık
	2nd	-	-	-	-	qaldırmırsınız	qaldırırsınız
	3rd	-	-	-	-	qaldırmırlar	qaldırırlar

Witnessed Past					
		Active		Passive	
		Negative	Positive	Negative	Positive
Singular	1st	qalmadım	qaldım	-	-
	2nd	qalmadın	qaldın	-	-

467

	3rd	qalmadı	qaldı	qalınmadı	qalındı
Plural	1st	qalmadık	qaldık	-	-
	2nd	qalmadınız	qaldınız	-	-
	3rd	qalmadılar	qaldılar	-	-

		Narrative Past					
		Returning Type		Equivalent-Mutual Type		Causative	
		Negative	Positive	Negative	Positive	Negative	Positive
Singular	1st	-	-	-	-	qaldırmamışam	qaldırmışam
	2nd	-	-	-	-	qaldırmamışsan	qaldırmışsan
	3rd	qalınılmamış	qalınılmış	-	-	qaldırmamış	qaldırmış
Plural	1st	-	-	-	-	qaldırmamışık	qaldırmışık
	2nd	-	-	-	-	qaldırmamışsınız	qaldırmışsınız
	3rd	-	-	-	-	qaldırmamışlar	qaldırmışlar

		Witnessed Past					
		Returning Type		Equivalent-Mutual Type		Causative	
		Negative	Positive	Negative	Positive	Negative	Positive
Singular	1st	-	-	-	-	qaldırmadım	qaldırdım
	2nd	-	-	-	-	qaldırmadın	qaldırdın
	3rd	qalınıldı	qalınıldı	-	-	qaldırmadı	qaldırdı
Plural	1st	-	-	-	-	qaldırmadık	qaldırdık
	2nd	-	-	-	-	qaldırmadınız	qaldırdınız
	3rd	-	-	-	-	qaldırmadılar	qaldırdılar

Narrative Past					
		Active		Passive	
		Negative	Positive	Negative	Positive
Singular	1st	qalmamışam	qalmışam	-	-
	2nd	qalmamışsan	qalmışsan	-	-
	3rd	qalmamış	qalmış	qalınmamış	qalınmış
Plural	1st	qalmamışık	qalmışık	-	-
	2nd	qalmamışsınız	qalmışsınız	-	-
	3rd	qalmamışlar	qalmışlar	-	-

Definite Future					
		Active		Passive	
		Negative	Positive	Negative	Positive
Singular	1st	qalmayacağım	qalacağım	-	-
	2nd	qalmayacaksan	qalacaksan	-	-
	3rd	qalmayacak	qalacak	qalınmayacak	qalınacak
Plural	1st	qalmayacağız	qalacağız	-	-
	2nd	qalmayacaksınız	qalacaksınız	-	-
	3rd	qalmayacaklar	qalacaklar	-	-

Definite Future						
		Returning Type		Equivalent-Mutual Type		Causative	
		Negative	Positive	Negative	Positive	Negative	Positive
Singular	1st	-	-	-	-	qaldırmayacağım	qaldıracağım
	2nd	-	-	-	-	qaldırmayacaksan	qaldıracaksan
	3rd	qalınılmayacak	qalınılacak	-	-	qaldırmayacak	qaldıracak

Plural	1st	-	-	-	-	qaldırmayacağız	qaldıracağız
	2nd	-	-	-	-	qaldırmayacaksınız	qaldıracaksınız
	3rd	-	-	-	-	qaldırmayacaklar	qaldıracaklar

Indefinite Future					
Active				Passive	
Negative		Positive		Negative	Positive
Singular	1st	qalmaram	qalaram	-	-
	2nd	qalmazsan	qalarsan	-	-
	3rd	qalmaz	qalar	qalınmaz	qalınar
Plural	1st	qalmarık	qalarık	-	-
	2nd	qalmazsınız	qalarsınız	-	-
	3rd	qalmazlar	qalarlar	-	-

		Indefinite Future					
		Returning Type		Equivalent-Mutual Type		Causative	
		Negative	Positive	Negative	Positive	Negative	Positive
Singular	1st	-	-	-	-	qaldırmaram	qaldıraram
	2nd	-	-	-	-	qaldırmazsan	qaldırarsan
	3rd	qalınılmaz	qalınılır	-	-	qaldırmaz	qaldırır
Plural	1st	-	-	-	-	qaldırmarık	qaldırarık
	2nd	-	-	-	-	qaldırmazsınız	qaldırarsınız
	3rd	-	-	-	-	qaldırmazlar	qaldırarlar

Conditional Mood				
		Definite Future		Indefinite Future	
		Negative	Positive	Negative	Positive
Singular	1st	qalmayacaksam	qalacaksam	qalmaramsa	qalaramsa
	2nd	qalmayacaksansa	qalacaksansa	qalmazsansa	qalarsansa
	3rd	qalmayacaksa	qalacaksa	qalmazsa	qalyarsa
Plural	1st	qalmayacaksak	qalacaksak	qalmarıksa	qalyarıka
	2nd	qalmayacaksınızsə	qalacaksınızsə	qalmazsınızsa	qalarsınızsa
	3rd	qalmayacaklarsa	qalacaklarsa	qalmazlarsa	qalarlarsa

Conditional Mood						
		Present		Witnessed Past		Narrative Past	
		Negative	Positive	Negative	Positive	Negative	Positive
Singular	1st	qalmırsam	qalırsam	qalmadımsa	qaldımsa	qalmamışsam	qalmışsam
	2nd	qalmırsansa	qalırsansa	qalmadınsa	qaldınsa	qalmamışsansa	qalmışsansa
	3rd	qalmırsa	qalırsa	qalmadısa	qaldısa	qalmamışsa	qalmışsa
Plural	1st	qalmırıksa	qalırıksa	qalmadıksa	qaldıksa	qalmamışıksa	qalmışıksa
	2nd	qalmırsınızsa	qalırsınızsa	qalmadınızsa	qaldınızsa	qalmamışsınızsa	qalmışsınızsa
	3rd	qalmırlarsa	qalırlarsa	qalmadılarsa	qaldılarsa	qalmamışlarsa	qalmışlarsa

Other Moods					
		Imparative		Optative	
		Negative	Positive	Negative	Positive
Singular	1st	qalmayım	qalım	(Kaş) qalmayam	(Kaş) qalam
	2nd	qalma	qal	(Kaş) qalmayasan	(Kaş) qalasan
	3rd	qalmasın	qalsın	(Kaş) qalmaya	(Kaş) qala

471

Plural	1st	qalmayak	qalak	(Kaş) qalmayak	(Kaş) qalak
	2nd	qalmayasınız	qalasınız	(Kaş) qalasınız	(Kaş) qalasınız
	3rd	qalmasınlar	qalsınlar	(Kaş) qalmayalar	(Kaş) qalalar

		Other Moods			
		Obligatory		necessary	
		Negative	Positive	Negative	Positive
Singular	1st	qalmamalıyım	qalmalıyım	-	-
	2nd	qalmamalısın	qalmalısın	-	-
	3rd	qalmamalı	qalmalı	-	-
Plural	1st	qalmamalıyık	qalmalıyık	-	-
	2nd	qalmamalısınız	qalmalısınız	-	-
	3rd	qalmamalılar	qalmalılar	-	-

To Take (Almaq)

Present					
		Active		Passive	
		Negative	Positive	Negative	Positive
Singular	1st	almıram	alıram	-	-
	2nd	almırsan	alırsan	-	-
	3rd	almır	alır	alınmır	alınır
Plural	1st	almırık	alırık	-	-
	2nd	almırsınız	alırsınız	-	-
	3rd	almırlar	alrlar	-	-

Present							
		Returning Type		Equivalent-Mutual Type		Causative	
		Negative	Positive	Negative	Positive	Negative	Positive
Singular	1st	-	-	-	-	aldırmıram	aldırıram
	2nd	-	-	-	-	aldırmırsan	aldırırsan
	3rd	alınılmır	alınılır	-	-	aldırmır	aldırır
Plural	1st	-	-	-	-	aldırmırık	aldırırık
	2nd	-	-	-	-	aldırmırsınız	aldırırsınız
	3rd	-	-	-	-	aldırmırlar	aldırırlar

Witnessed Past					
		Active		Passive	
		Negative	Positive	Negative	Positive
Singular	1st	almadım	aldım	-	-
	2nd	almadın	aldın	-	-

	3rd	almadı	aldı	alınmadı	alındı
Plural	1st	almadık	aldık	-	-
	2nd	almadınız	aldınız	-	-
	3rd	almadılar	aldılar	-	-

		Narrative Past					
		Returning Type		Equivalent-Mutual Type		Causative	
		Negative	Positive	Negative	Positive	Negative	Positive
Singular	1st	-	-	-	-	aldırmamışam	aldırmışam
	2nd	-	-	-	-	aldırmamışsan	aldırmışsan
	3rd	alınılmamış	alınılmış	-	-	aldırmamış	aldırmış
Plural	1st	-	-	-	-	aldırmamışık	aldırmışık
	2nd	-	-	-	-	aldırmamışsınız	aldırmışsınız
	3rd	-	-	-	-	aldırmamışlar	aldırmışlar

		Witnessed Past					
		Returning Type		Equivalent-Mutual Type		Causative	
		Negative	Positive	Negative	Positive	Negative	Positive
Singular	1st	-	-	-	-	aldırmadım	aldırdım
	2nd	-	-	-	-	aldırmadın	aldırdın
	3rd	alınıldı	alınıldı	-	-	aldırmadı	aldırdı
Plural	1st	-	-	-	-	aldırmadık	aldırdık
	2nd	-	-	-	-	aldırmadınız	aldırdınız
	3rd	-	-	-	-	aldırmadılar	aldırdılar

Narrative Past				
		Active		Passive	
		Negative	Positive	Negative	Positive
Singular	1st	almamışam	almışam	-	-
	2nd	almamışsan	almışsan	-	-
	3rd	almamış	almış	alınmamış	alınmış
Plural	1st	almamışık	almışık	-	-
	2nd	almamışsınız	almışsınız	-	-
	3rd	almamışlar	almışlar	-	-

Definite Future				
		Active		Passive	
		Negative	Positive	Negative	Positive
Singular	1st	almayacağım	alacağım	-	-
	2nd	almayacaksan	alacaksan	-	-
	3rd	almayacak	alacak	alınmayacak	alınacak
Plural	1st	almayacağız	alacağız	-	-
	2nd	almayacaksınız	alacaksınız	-	-
	3rd	almayacaklar	alacaklar	-	-

Definite Future						
		Returning Type		Equivalent-Mutual Type		Causative	
		Negative	Positive	Negative	Positive	Negative	Positive
Singular	1st	-	-	-	-	aldırmayacağım	aldıracağım
	2nd	-	-	-	-	aldırmayacaksan	aldıracaksan
	3rd	alınılmayacak	alınılacak	-	-	aldırmayacak	aldıracak

Plural						aldırmayacağız	aldıracağız
	1st	-	-	-	-	aldırmayacağız	aldıracağız
	2nd	-	-	-	-	aldırmayacaksınız	aldıracaksınız
	3rd	-	-	-	-	aldırmayacaklar	aldıracaklar

Indefinite Future					
	Active			Passive	
	Negative	Positive		Negative	Positive
Singular	1st	almaram	alaram	-	-
	2nd	almazsan	alarsan	-	-
	3rd	almaz	alar	alınmaz	alınar
Plural	1st	almarık	alarık	-	-
	2nd	almazsınız	alarsınız	-	-
	3rd	almazlar	alarlar	-	-

		Indefinite Future					
		Returning Type		Equivalent-Mutual Type		Causative	
		Negative	Positive	Negative	Positive	Negative	Positive
Singular	1st	-	-	-	-	aldırmaram	aldıraram
	2nd	-	-	-	-	aldırmazsan	aldırarsan
	3rd	alınılmaz	alınılır	-	-	aldırmaz	aldırır
Plural	1st	-	-	-	-	aldırmarık	aldırarık
	2nd	-	-	-	-	aldırmazsınız	aldırarsınız
	3rd	-	-	-	-	aldırmazlar	aldırarlar

Conditional Mood				
		Definite Future		Indefinite Future	
		Negative	Positive	Negative	Positive
Singular	1st	almayacaksam	alacaksam	almaramsa	alaramsa
	2nd	almayacaksansa	alacaksansa	almazsansa	alarsansa
	3rd	almayacaksa	alacaksa	almazsa	alyarsa
Plural	1st	almayacaksak	alacaksak	almarıksa	alyarıka
	2nd	almayacaksınızsə	alacaksınızsə	almazsınızsa	alarsınızsa
	3rd	almayacaklarsa	alacaklarsa	almazlarsa	alarlarsa

Conditional Mood							
		Present		Witnessed Past		Narrative Past	
		Negative	Positive	Negative	Positive	Negative	Positive
Singular	1st	almırsam	alırsam	almadımsa	aldımsa	almamışsam	almışsam
	2nd	almırsansa	alırsansa	almadınsa	aldınsa	almamışsansa	almışsansa
	3rd	almırsa	alırsa	almadısa	aldısa	almamışa	almışsa
Plural	1st	almırıksa	alırıksa	almadıksa	aldıksa	almamışıksa	almışıksa
	2nd	almırsınızsa	alırsınızsa	almadınızsa	aldınızsa	almamışsınızsa	almışsınızsa
	3rd	almırlarsa	alırlarsa	almadılarsa	aldılarsa	almamışlarsa	almışlarsa

Other Moods					
		Imparative		Optative	
		Negative	Positive	Negative	Positive
Singular	1st	almayım	alım	(Kaş) almayam	(Kaş) alam
	2nd	alma	al	(Kaş) almayasan	(Kaş) alasan
	3rd	almasın	alsın	(Kaş) almaya	(Kaş) ala

Plural	1st	almayak	alak	(Kaş) almayak	(Kaş) alak
	2nd	almayasınız	alasınız	(Kaş) alasınız	(Kaş) alasınız
	3rd	almasınlar	alsınlar	(Kaş) almayalar	(Kaş) alalar

		Other Moods			
		Obligatory		necessary	
		Negative	Positive	Negative	Positive
Singular	1st	almamalıyım	almalıyım	-	-
	2nd	almamalısın	almalısın	-	-
	3rd	almamalı	almalı	-	-
Plural	1st	almamalıyık	almalıyık	-	-
	2nd	almamalısınız	almalısınız	-	-
	3rd	almamalılar	almalılar	-	-

To Talk (Söhbət Etmək)

Present					
		Active		Passive	
		Negative	Positive	Negative	Positive
Singular	1st	söhbət etmirəm	söhbət edirəm	söhbət edilmirəm	söhbət edilirəm
	2nd	söhbət etmirsən	söhbət edirsən	söhbət edilmirsən	söhbət ediıirsən
	3rd	söhbət etmir	söhbət edir	söhbət edilmir	söhbət edilir
Plural	1st	söhbət etmirik	söhbət edirik	söhbət edilmirik	söhbət edilirik
	2nd	söhbət etmirsiniz	söhbət edirsiniz	söhbət edilmirsiniz	söhbət edilisiniz
	3rd	söhbət etmirlər	söhbət edirlər	söhbət edilmirlər	söhbət edilirlər

Present							
		Rseturning type		Equivalent-Mutual Type		Causative	
		Negative	Positive	Negative	Positive	Negative	Positive
Singular	1st	söhbət edilmirəm	söhbət edilirəm	-	-	söhbət etdirmirəm	söhbət etdirirəm
	2nd	söhbət edilmirsən	söhbət ediıirsən	-	-	söhbət etdirmirsən	söhbət etdirirsən
	3rd	söhbət edilmir	söhbət edilir	-	-	söhbət etdirmir	söhbət etdirir
Plural	1st	söhbət edilmirik	söhbət edilirik	-	-	söhbət etdirmirik	söhbət etdiririk
	2nd	söhbət edilmirsiniz	söhbət edilisiniz	-	-	söhbət etdirmirsiniz	söhbət etdirirsiniz
	3rd	söhbət edilmirlər	söhbət edilirlər	-	-	söhbət etdirmirlər	söhbət etdirirlər

Witnessed Past				
		Active		Passive	
		Negative	Positive	Negative	Positive
Singular	1st	söhbət etmədim	söhbət ettim	söhbət edilmədim	söhbət edildim
	2nd	söhbət etmədin	söhbət ettin	söhbət edilmədin	söhbət edildin
	3rd	söhbət etmədi	söhbət etti	söhbət edilmədi	söhbət edildi
Plural	1st	söhbət etmədik	söhbət ettik	söhbət edilmədik	söhbət edildik
	2nd	söhbət etmədiniz	söhbət ettiniz	söhbət edilmədiniz	söhbət edildiniz
	3rd	söhbət etmədilər	söhbət ettilər	söhbət edilmədilər	söhbət edildilər

Narrative Past							
		Returning Type		Equivalent-Mutual Type		Causative	
		Negative	Positive	Negative	Positive	Negative	Positive
Singular	1st	söhbət edilməmişim	söhbət edilmişim	-	-	söhbət etdirməmişim	söhbət etdirmişim
	2nd	söhbət edilməmişsən	söhbət edilmişsən	-	-	söhbət etdirməmişsən	söhbət etdirmişsən
	3rd	söhbət edilməmiş	söhbət edilmiş	-	-	söhbət etdirməmiş	söhbət etdirmiş
Plural	1st	söhbət edilməmişik	söhbət edilmişik	-	-	söhbət etdirməmişik	söhbət etdirmişik
	2nd	söhbət edilməmişsiniz	söhbət edilmişsiniz	-	-	söhbət etdirməmişsiniz	söhbət etdirmişsiniz
	3rd	söhbət edilməmişlər	söhbət edilmişlər	-	-	söhbət etdirməmişlər	söhbət etdirmişlər

Witnessed Past						
		Returning Type		Equivalent-Mutual Type		Causative	
		Negative	Positive	Negative	Positive	Negative	Positive
Singular	1st	söhbət edilmədim	söhbət edildim	-	-	söhbət etdirmədim	söhbət etdirdim
	2nd	söhbət edilmədin	söhbət edildin	-	-	söhbət etdirmədin	söhbət etdirdin
	3rd	söhbət edilmədi	söhbət edildi	-	-	söhbət etdirmədi	söhbət etdirdi
Plural	1st	söhbət edilmədik	söhbət edildik	-	-	söhbət etdirmədik	söhbət etdirdik
	2nd	söhbət edilmədiniz	söhbət edildiniz	-	-	söhbət etdirmədiniz	söhbət etdirdiniz
	3rd	söhbət edilmədilər	söhbət edildilər	-	-	söhbət etdirmədilər	söhbət etdirdilər

Narrative Past					
		Active		Passive	
		Negative	Positive	Negative	Positive
Singular	1st	söhbət etməmişim	söhbət etmişim	söhbət edilməmişim	söhbət edilmişim
	2nd	söhbət etməmişsən	söhbət etmişsən	söhbət edilməmişsən	söhbət edilmişsən
	3rd	söhbət etməmiş	söhbət etmiş	söhbət edilməmiş	söhbət edilmiş
Plural	1st	söhbət etməmişik	söhbət etmişik	söhbət edilməmişik	söhbət edilmişik
	2nd	söhbət etməmişsiniz	söhbət etmişsiniz	söhbət edilməmişsiniz	söhbət edilmişsiniz
	3rd	söhbət etməmişlər	söhbət etmişlər	söhbət edilməmişlər	söhbət edilmişlər

481

Definite Future				
		Active		Passive	
		Negative	Positive	Negative	Positive
Singular	1st	söhbət etməyəcəm	söhbət edəcəm	söhbət edilməyəcəm	söhbət ediləcəm
	2nd	söhbət etməyəcəksən	söhbət edəcəksən	söhbət edilməyəcəksən	söhbət ediləcəksən
	3rd	söhbət etməyəcək	söhbət edəcək	söhbət edilməyəcək	söhbət ediləcək
Plural	1st	söhbət etməyəcəyik	söhbət edəcəyik	söhbət edilməyəcəyik	söhbət ediləcəyik
	2nd	söhbət etməyəcəksiniz	söhbət edəcəksiniz	söhbət edilməyəcəksiniz	söhbət ediləcəksiniz
	3rd	söhbət etməyəcəklər	söhbət edəcəklər	söhbət edilməyəcəklər	söhbət ediləcəklər

Definite Future							
		Returning Type		Equivalent-Mutual Type		Causative	
		Negative	Positive	Negative	Positive	Negative	Positive
Singular	1st	söhbət edilməyəcəm	söhbət ediləcəm	-	-	söhbət etdirməyəcəm	söhbət etdirəcəm
	2nd	söhbət edilməyəcəksən	söhbət ediləcəksən	-	-	söhbət etdirməyəcəksən	söhbət etdirəcəksən
	3rd	söhbət edilməyəcək	söhbət ediləcək	-	-	söhbət etdirməyəcək	söhbət etdirəcək
Plural	1st	söhbət edilməyəcəyik	söhbət ediləcəyik	-	-	söhbət etdirməyəcəyik	söhbət etdirəcəyik
	2nd	Qə bul söhbət edilməyəcəksiniz	söhbət ediləcəksiniz	-	-	söhbət etdirməyəcəksiniz	söhbət etdirəcəksiniz
	3rd	söhbət edilməyəcəklər	söhbət ediləcəklər	-	-	söhbət etdirməyəcəklər	söhbət etdirəcəklər

		Indefinite Future									
		Active		Passive		Returning Type		Equivalent-Mutual Type		Causative	
		Negative	Positive	Negative	Positive	Negative	Positive	Negative	Positive	Negative	Positive
Singular	1st	söhbət etmərim	söhbət edərim	-	-	-	-	-	-	-	-
	2nd	söhbət etməzsəm	söhbət edərsən	-	-	-	-	-	-	-	-
	3rd	söhbət etməz	söhbət edər	-	-	-	-	-	-	-	-
Plural	1st	söhbət etmərik	söhbət edərik	-	-	-	-	-	-	-	-
	2nd	söhbət etməzsiniz	söhbət edərsiniz	-	-	-	-	-	-	-	-
	3rd	söhbət etməzlər	söhbət edərlər	-	-	-	-	-	-	-	-

		Conditional Mood			
		Definite Future		Indefinite Future	
		Negative	Positive	Negative	Positive
Singular	1st	söhbət etməyəcəksəm	söhbət edəcəksm	söhbət etmərimsə	söhbət edərimsə
	2nd	söhbət etməyəcəksənsə	söhbət edəcəksənsə	söhbət etməzsəmsə	söhbət edərsənsə
	3rd	söhbət etməyəcəksə	söhbət edəcəksə	söhbət etməzsə	söhbət edərsə
Plural	1st	söhbət etməyəcəksək	söhbət edəcəksək	söhbət etməriksə	söhbət edəriksə
	2nd	söhbət etməyəcəksinizsə	söhbət edəcəksinizsə	söhbət etməzsinizsə	söhbət edərsinizsə
	3rd	söhbət etməyəcəklərsə	söhbət edəcəklərsə	söhbət etməzlərsə	söhbət edərlərsə

		Conditional Mood					
		Present		Witnessed Past		Narrative Past	
		Negative	Positive	Negative	Positive	Negative	Positive
Singular	1st	söhbət etmirsəm	söhbət edirsəm	söhbət etmədiysəm	söhbət ettiysəm	söhbət etməmişsəm	söhbət etmişsəm
	2nd	söhbət etmirsənsə	söhbət edirsənsə	söhbət etmədiysən	söhbət ettiysən	söhbət etməmişsənsə	söhbət etmişsənsə
	3rd	söhbət etmirsə	söhbət edirsə	söhbət etmədiysə	söhbət ettiysə	söhbət etməmişsə	söhbət etmişsə
Plural	1st	söhbət etmirsək	söhbət edirsək	söhbət etmədiysək	söhbət ettiysək	söhbət etməmişsək	söhbət etmişsək
	2nd	söhbət etmirsinizsə	söhbət edirsinizsə	söhbət etmədinizsə	söhbət ettinizsə	söhbət etməmişsinizsə	söhbət etmişsinizsə
	3rd	söhbət etmirlərsə	söhbət edirlərsə	söhbət etmədilərsə	söhbət ettilərsə	söhbət etməmişlərsə	söhbət etmişlərsə

484

To Teach (Ders Vermək)

Present					
		Active		Passive	
		Negative	Positive	Negative	Positive
Singular	1st	dərs vermirəm	dərs verirəm	-	-
	2nd	dərs vermirsən	dərs verirsən	-	-
	3rd	dərs vermir	dərs verir	dərs verilmir	dərs verilir
Plural	1st	dərs vermirik	dərs veririk	-	-
	2nd	dərs vermirsiniz	dərs verirsiniz	-	-
	3rd	dərs vermirlər	dərs verirlər	-	-

Present						
		Returning Type		Equivalent-Mutual Type		Causative
		Negative	Positive	Negative	Positive	Negative	Positive
Singular	1st	-	-	-	-	dərs verdirmirəm	dərs verdirirəm
	2nd	-	-	-	-	dərs verdirmirsən	dərs verdirirsən
	3rd	dərs verilmir	dərs verilir	-	-	dərs verdirmir	dərs verdirir
Plural	1st	-	-	-	-	dərs verdirmirik	dərs verdiririk
	2nd	-	-	-	-	dərs verdirmirsiniz	dərs verdirirsiniz
	3rd	-	-	-	-	dərs verdirmirlər	dərs verdirirlər

Witnessed Past					
		Active		Passive	
		Negative	Positive	Negative	Positive
Singular	1st	dərs vermədim	dərs verdim	-	-
	2nd	dərs vermədin	dərs verdin	-	-
	3rd	dərs vermədi	dərs verdi	dərs verilmədi	dərs verildi
Plural	1st	dərs vermədik	dərs verdik	-	-
	2nd	dərs vermədiniz	dərs verdiniz	-	-
	3rd	dərs vermədilər	dərs verdilər	-	-

		Narrative Past					
		Returning Type		Equivalent-Mutual Type		Causative	
		Negative	Positive	Negative	Positive	Negative	Positive
Singular	1st	-	-	-	-	dərs verdirməmişim	Qəbul etdirmişim
	2nd	-	-	-	-	dərs verdirməmişsən	dərs verdirmişsən
	3rd	dərs verilməmiş	dərs verilmiş	-	-	dərs verdirməmiş	dərs verdirmiş
Plural	1st	-	-	-	-	dərs verdirməmişik	dərs verdirmişik
	2nd	-	-	-	-	dərs verdirməmişsiniz	dərs verdirmişsiniz
	3rd	-	-	-	-	dərs verdirməmişlər	dərs verdirmişlər

486

Witnessed Past						
		Returning Type		Equivalent-Mutual Type		Causative	
		Negative	Positive	Negative	Positive	Negative	Positive
Singular	1st	-	-	-	-	dərs verdirmədim	dərs verdirdim
	2nd	-	-	-	-	dərs verdirmədin	dərs verdirdin
	3rd	dərs verilmədi	dərs verildi	-	-	dərs verdirmədi	dərs verdirdi
Plural	1st	-	-	-	-	dərs verdirmədik	dərs verdirdik
	2nd	-	-	-	-	dərs verdirmədiniz	dərs verdirdiniz
	3rd	-	-	-	-	dərs verdirmədilər	dərs verdirdilər

Narrative Past					
		Active		Passive	
		Negative	Positive	Negative	Positive
Singular	1st	dərs verməmişim	dərs vermişim	-	-
	2nd	dərs verməmişsən	dərs vermişsən	-	-
	3rd	dərs verməmiş	dərs vermiş	dərs verilməmiş	dərs verilmiş
Plural	1st	dərs verməmişik	dərs vermişik	-	-
	2nd	dərs verməmişsiniz	dərs vermişsiniz	-	-
	3rd	dərs verməmişlər	dərs vermişlər	-	-

Definite Future					
		Active		Passive	
		Negative	Positive	Negative	Positive
Singular	1st	dərs verməyəcəm	dərs verəcəm	-	-
	2nd	dərs verməyəcəksən	dərs verəcəksən	-	-
	3rd	dərs verməyəcək	dərs verəcək	dərs verilməyəcək	dərs veriləcək

Plural	1st	dərs verməyəcəyik	dərs verəcəyik	-	-
	2nd	dərs verməyəcəksiniz	dərs verəcəksiniz	-	-
	3rd	dərs verməyəcəklər	dərs verəcəklər	-	-

		Definite Future					
		Returning Type		Equivalent-Mutual Type		Causative	
		Negative	Positive	Negative	Positive	Negative	Positive
Singular	1st	-	-	-	-	dərs verdirməyəcəm	dərs verdirəcəm
	2nd	-	-	-	-	dərs verdirməyəcəksən	dərs verdirəcəksən
	3rd	dərs verilməyəcək	dərs veriləcək	-	-	dərs verdirməyəcək	dərs verdirəcək
Plural	1st	-	-	-	-	dərs verdirməyəcəyik	dərs verdirəcəyik
	2nd	-	-	-	-	dərs verdirməyəcəksiniz	dərs verdirəcəksiniz
	3rd	-	-	-	-	dərs verdirməyəcəklər	dərs verdirəcəklər

		Indefinite Future			
		Active		Passive	
		Negative	Positive	Negative	Positive
Singular	1st	dərs vermərim	dərs verərim	-	-
	2nd	dərs verməzsən	dərs verərsən	-	-
	3rd	dərs verməz	dərs verər	dərs verilməz	dərs verilər
Plural	1st	dərs vermərik	dərs verərik	-	-
	2nd	dərs verməzsiniz	dərs verərsiniz	-	-
	3rd	dərs verməzlər	dərs verərlər	-	-

		Indefinite Future					
		Returning Type		Equivalent-Mutual Type		Causative	
		Negative	Positive	Negative	Positive	Negative	Positive
Singular	1st	-	-			dərs verdirmərim	dərs verdirərim
	2nd	-	-	-	-	dərs verdirməzsən	dərs verdirərsən
	3rd	dərs verilməz	dərs verilər	-	-	dərs verdirməz	dərs verdirər
Plural	1st	-	-	-	-	dərs verdirmərik	dərs verdirərik
	2nd	-	-	-	-	dərs verdirməzsiniz	dərs verdirərsiniz
	3rd	-	-	-	-	dərs verdirməzlər	dərs verdirərlər

		Conditional Mood			
		Definite Future		Indefinite Future	
		Negative	Positive	Negative	Positive
Singular	1st	dərs verməyəcəksəm	dərs verəcəksm	dərs vermərimsə	dərs verərimsə
	2nd	dərs verməyəcəksənsə	dərs verəcəksənsə	dərs verməzsəmsə	dərs verərsənsə
	3rd	dərs verməyəcəksə	dərs verəcəksə	dərs verməzsə	dərs verərsə
Plural	1st	dərs verməyəcəksək	dərs verəcəksək	dərs verməriksə	dərs verəriksə
	2nd	dərs verməyəcəksinizsə	dərs verəcəksinizsə	dərs verməzsinizsə	dərs verərsinizsə
	3rd	dərs verməyəcəklərsə	dərs verəcəklərsə	dərs verməzlərsə	dərs verərlərsə

489

		Conditional Mood					
		Present		Witnessed Past		Narrative Past	
		Negative	Positive	Negative	Positive	Negative	Positive
Singular	1st	dərs vermirsəm	dərs verirsəm	dərs vermədiysəm	dərs verdiysəm	dərs verməmişsəm	dərs vermişsəm
	2nd	dərs vermirsənsə	dərs verirsənsə	dərs vermədiysən	dərs verdiysən	dərs verməmişsənsə	dərs vermişsənsə
	3rd	dərs vermirsə	dərs verirsə	dərs vermədiysə	dərs verdiysə	dərs verməmişsə	dərs vermişsə
Plural	1st	dərs vermirsək	dərs verirsək	dərs vermədiysək	dərs verdiysək	dərs verməmişsək	dərs vermişsək
	2nd	dərs vermirsinizsə	dərs verirsinizsə	dərs vermədinizsə	dərs verdinizsə	dərs verməmişsinizsə	dərs vermişsinizsə
	3rd	dərs vermirlərsə	dərs verirlərsə	dərs vermədilərsə	dərs verdilərsə	dərs verməmişlərsə	dərs vermişlərsə

		Other Moods			
		Imparative		Optative	
		Negative	Positive	Negative	Positive
Singular	1st	dərs verməyim	dərs verim	(Kaş) dərs verməyəm	(Kaş) dərs verəm
	2nd	dərs vermə	dərs ver	(Kaş) dərs verməyəsən	(Kaş) dərs verəsən
	3rd	dərs verməsin	dərs versin	(Kaş) dərs verməyə	(Kaş) dərs verə
Plural	1st	dərs verməyək	dərs verək	(Kaş) dərs verməyək	(Kaş) dərs verək
	2nd	dərs verməyin	dərs verin	(Kaş) dərs verməyəsiniz	(Kaş) dərs verəsiniz
	3rd	dərs verməsinlər	dərs versinlər	(Kaş) dərs verməyələr	(Kaş) dərs verələr

		Other Moods			
		Obligatory		necessary	
		Negative	Positive	Negative	Positive
Singular	1st	dərs verməməliyim	dərs verməliyim	dərs verəsi deyiləm	dərs verəsiyəm
	2nd	dərs verməməlisən	dərs verməlisən	-	-
	3rd	dərs verməməli	dərs verməli	-	-
Plural	1st	dərs verməməliyik	dərs verməliyik	dərs verəsi deyilik	dərs verəsiyik
	2nd	dərs verməməlisiniz	dərs verməliyisiniz	-	-
	3rd	dərs verməməlilər	dərs verməlilər	-	-

To Think (Fikir Etmək)

Present				
		Active		Passive	
		Negative	Positive	Negative	Positive
Singular	1st	fikir etmirəm	fikir edirəm	fikir edilmirəm	fikir edilirəm
	2nd	fikir etmirsən	fikir edirsən	fikir edilmirsən	fikir ediirsən
	3rd	fikir etmir	fikir edir	fikir edilmir	fikir edilir
Plural	1st	fikir etmirik	fikir edirik	fikir edilmirik	fikir edilirik
	2nd	fikir etmirsiniz	fikir edirsiniz	fikir edilmirsiniz	fikir edilisiniz
	3rd	fikir etmirlər	fikir edirlər	fikir edilmirlər	fikir edilirlər

Present							
		Returning Type		Equivalent-Mutual Type		Causative	
		Negative	Positive	Negative	Positive	Negative	Positive
Singular	1st	fikir edilmirəm	fikir edilirəm	-	-	fikir etdirmirəm	fikir etdirirəm
	2nd	fikir edilmirsən	fikir ediirsən	-	-	fikir etdirmirsən	fikir etdirirsən
	3rd	fikir edilmir	fikir edilir	-	-	fikir etdirmir	fikir etdirir
Plural	1st	fikir edilmirik	fikir edilirik	-	-	fikir etdirmirik	fikir etdiririk
	2nd	fikir edilmirsiniz	fikir edilisiniz	-	-	fikir etdirmirsiniz	fikir etdirirsiniz
	3rd	fikir edilmirlər	fikir edilirlər	-	-	fikir etdirmirlər	fikir etdirirlər

Witnessed Past				
		Active		Passive	
		Negative	Positive	Negative	Positive
Singular	1st	fikir etmədim	fikir ettim	fikir edilmədim	fikir edildim
	2nd	fikir etmədin	fikir ettin	fikir edilmədin	fikir edildin
	3rd	fikir etmədi	fikir etti	fikir edilmədi	fikir edildi
Plural	1st	fikir etmədik	fikir ettik	fikir edilmədik	fikir edildik
	2nd	fikir etmədiniz	fikir ettiniz	fikir edilmədiniz	fikir edildiniz
	3rd	fikir etmədilər	fikir ettilər	fikir edilmədilər	fikir edildilər

Narrative Past							
		Returning Type		Equivalent-Mutual Type		Causative	
		Negative	Positive	Negative	Positive	Negative	Positive
Singular	1st	fikir edilməmişim	fikir edilmişim	-	-	fikir etdirməmişim	fikir etdirmişim
	2nd	fikir edilməmişsən	fikir edilmişsən	-	-	fikir etdirməmişsən	fikir etdirmişsən
	3rd	fikir edilməmiş	fikir edilmiş	-	-	fikir etdirməmiş	fikir etdirmiş
Plural	1st	fikir edilməmişik	fikir edilmişik	-	-	fikir etdirməmişik	fikir etdirmişik
	2nd	fikir edilməmişsiniz	fikir edilmişsiniz	-	-	fikir etdirməmişsiniz	fikir etdirmişsiniz
	3rd	fikir edilməmişlər	fikir edilmişlər	-	-	fikir etdirməmişlər	fikir etdirmişlər

Witnessed Past						
		Returning Type		Equivalent-Mutual Type		Causative	
		Negative	Positive	Negative	Positive	Negative	Positive
Singular	1st	fikir edilmədim	fikir edildim	-	-	fikir etdirmədim	fikir etdirdim
	2nd	fikir edilmədin	fikir edildin	-	-	fikir etdirmədin	fikir etdirdin
	3rd	fikir edilmədi	fikir edildi	-	-	fikir etdirmədi	fikir etdirdi
Plural	1st	fikir edilmədik	fikir edildik	-	-	fikir etdirmədik	fikir etdirdik
	2nd	fikir edilmədiniz	fikir edildiniz	-	-	fikir etdirmədiniz	fikir etdirdiniz
	3rd	fikir edilmədilər	fikir edildilər	-	-	fikir etdirmədilər	fikir etdirdilər

Narrative Past					
		Active		Passive	
		Negative	Positive	Negative	Positive
Singular	1st	fikir etməmişim	fikir etmişim	fikir edilməmişim	fikir edilmişim
	2nd	fikir etməmişsən	fikir etmişsən	fikir edilməmişsən	fikir edilmişsən
	3rd	fikir etməmiş	fikir etmiş	fikir edilməmiş	fikir edilmiş
Plural	1st	fikir etməmişik	fikir etmişik	fikir edilməmişik	fikir edilmişik
	2nd	fikir etməmişsiniz	fikir etmişsiniz	fikir edilməmişsiniz	fikir edilmişsiniz
	3rd	fikir etməmişlər	fikir etmişlər	fikir edilməmişlər	fikir edilmişlər

Definite Future				
		Active		Passive	
		Negative	Positive	Negative	Positive
Singular	1st	fikir etməyəcəm	fikir edəcəm	fikir edilməyəcəm	fikir ediləcəm
	2nd	fikir etməyəcəksən	fikir edəcəksən	fikir edilməyəcəksən	fikir ediləcəksən
	3rd	fikir etməyəcək	fikir edəcək	fikir edilməyəcək	fikir ediləcək
Plural	1st	fikir etməyəcəyik	fikir edəcəyik	fikir edilməyəcəyik	fikir ediləcəyik
	2nd	fikir etməyəcəksiniz	fikir edəcəksiniz	fikir edilməyəcəksiniz	fikir ediləcəksiniz
	3rd	fikir etməyəcəklər	fikir edəcəklər	fikir edilməyəcəklər	fikir ediləcəklər

Definite Future							
		Returning Type		Equivalent-Mutual Type		Causative	
		Negative	Positive	Negative	Positive	Negative	Positive
Singular	1st	fikir edilməyəcəm	fikir ediləcəm	-	-	fikir etdirməyəcəm	fikir etdirəcəm
	2nd	fikir edilməyəcəksən	fikir ediləcəksən	-	-	fikir etdirməyəcəksən	fikir etdirəcəksən
	3rd	fikir edilməyəcək	fikir ediləcək	-	-	fikir etdirməyəcək	fikir etdirəcək
Plural	1st	fikir edilməyəcəyik	fikir ediləcəyik	-	-	fikir etdirməyəcəyik	fikir etdirəcəyik
	2nd	fikir edilməyəcəksiniz	fikir ediləcəksiniz	-	-	fikir etdirməyəcəksiniz	fikir etdirəcəksiniz
	3rd	fikir edilməyəcəklər	fikir ediləcəklər	-	-	fikir etdirməyəcəklər	fikir etdirəcəklər

		Indefinite Future									
		Active		Passive		Returning Type		Equivalent-Mutual Type		Causative	
		Negative	Positive	Negative	Positive	Negative	Positive	Negative	Positive	Negative	Positive
Singular	1st	fikir etmərim	fikir edərim	-	-	-	-	-	-	-	-
	2nd	fikir etməzsəm	fikir edərsən	-	-	-	-	-	-	-	-
	3rd	fikir etməz	fikir edər	-	-	-	-	-	-	-	-
Plural	1st	fikir etmərik	fikir edərik	-	-	-	-	-	-	-	-
	2nd	fikir etməzsiniz	fikir edərsiniz	-	-	-	-	-	-	-	-
	3rd	fikir etməzlər	fikir edərlər	-	-	-	-	-	-	-	-

		Conditional Mood			
		Definite Future		Indefinite Future	
		Negative	Positive	Negative	Positive
Singular	1st	fikir etməyəcəksəm	fikir edəcəksm	fikir etmərimsə	fikir edərimsə
	2nd	fikir etməyəcəksənsə	fikir edəcəksənsə	fikir etməzsəmsə	fikir edərsənsə
	3rd	fikir etməyəcəksə	fikir edəcəksə	fikir etməzsə	fikir edərsə
Plural	1st	fikir etməyəcəksək	fikir edəcəksək	fikir etməriksə	fikir edəriksə
	2nd	fikir etməyəcəksinizsə	fikir edəcəksinizsə	fikir etməzsinizsə	fikir edərsinizsə
	3rd	fikir etməyəcəklərsə	fikir edəcəklərsə	fikir etməzlərsə	fikir edərlərsə

		Conditional Mood					
		Present		Witnessed Past		Narrative Past	
		Negative	Positive	Negative	Positive	Negative	Positive
Singular	1st	fikir etmirsəm	fikir edirsəm	fikir etmədiysəm	fikir ettiysəm	fikir etməmişsəm	fikir etmişsəm
	2nd	fikir etmirsənsə	fikir edirsənsə	fikir etmədiysən	fikir ettiysən	fikir etməmişsənsə	fikir etmişsənsə
	3rd	fikir etmirsə	fikir edirsə	fikir etmədiysə	fikir ettiysə	fikir etməmişsə	fikir etmişsə
Plural	1st	fikir etmirsək	fikir edirsək	fikir etmədiysək	fikir ettiysək	fikir etməmişsək	fikir etmişsək
	2nd	fikir etmirsinizsə	fikir edirsinizsə	fikir etmədinizsə	fikir ettinizsə	fikir etməmişsinizsə	fikir etmişsinizsə
	3rd	fikir etmirlərsə	fikir edirlərsə	fikir etmədilərsə	fikir ettilərsə	fikir etməmişlərsə	fikir etmişlərsə

To Touch (Toxunmaq)

Present					
		Active		Passive	
		Negative	Positive	Negative	Positive
Singular	1st	Toxunmuram	Toxunuram	-	-
	2nd	Toxunmursan	Toxunursan	-	-
	3rd	Toxunmur	Toxunur	Toxunulmur	Toxunulur
Plural	1st	Toxunmuruk	Toxunuruk	-	-
	2nd	Toxunmursunuz	Toxunursunuz	-	-
	3rd	Toxunmurlar	Toxunurlar	-	-

Present							
		Returning Type		Equivalent-Mutual Type		Causative	
		Negative	Positive	Negative	Positive	Negative	Positive
Singular	1st	-	-	-	-	-	-
	2nd	-	-	-	-	-	-
	3rd	Toxunulmur	Toxunulur	-	-	Toxundurmur	Toxundurur
Plural	1st	-	-	-	-	-	-
	2nd	-	-	-	-	-	-
	3rd	-	-	-	-	-	-

Witnessed Past					
		Active		Passive	
		Negative	Positive	Negative	Positive
Singular	1st	Toxunmadım	Toxundum	-	-
	2nd	Toxunmadın	Toxundun	-	-

	3rd	Toxunmadı	Toxundu	Toxunulmadı	Toxunuldu
Plural	1st	Toxunmadık	Toxunduk	-	-
	2nd	Toxunmadınız	Toxundunuz	-	-
	3rd	Toxunmadılar	Toxundular	-	-

		Narrative Past					
		Returning Type		Equivalent-Mutual Type		Causative	
		Negative	Positive	Negative	Positive	Negative	Positive
Singular	1st	-	-	-	-	-	-
	2nd	-	-	-	-	-	-
	3rd	Toxunulmamış	Toxunulmuş	-	-	Toxundurmamış	Toxundurmuş
Plural	1st	-	-	-	-	-	-
	2nd	-	-	-	-	-	-
	3rd	-	-	-	-	-	-

		Witnessed Past					
		Returning Type		Equivalent-Mutual Type		Causative	
		Negative	Positive	Negative	Positive	Negative	Positive
Singular	1st	-	-	-	-	-	-
	2nd	-	-	-	-	-	-
	3rd	Toxunulmadı	Toxunuldu	-	-	Toxundurmadı	Toxundurdu
Plural	1st	-	-	-	-	-	-
	2nd	-	-	-	-	-	-
	3rd	-	-	-	-	-	-

Narrative Past				
		Active		Passive	
		Negative	Positive	Negative	Positive
Singular	1st	Toxunmamışam	Toxunmuşam	-	-
	2nd	Toxunmamışsan	Toxunmuşsan	-	-
	3rd	Toxunmamış	Toxunmuş	Toxunulmamış	Toxunulmuş
Plural	1st	Toxunmamışıq	Toxunmışıq	-	-
	2nd	Toxunmamışsınız	Toxunmuşsunuz	-	-
	3rd	Toxunmamışlar	Toxunmuşlar	-	-

Definite Future				
		Active		Passive	
		Negative	Positive	Negative	Positive
Singular	1st	Toxunmayacağım	Toxunacağım	-	-
	2nd	Toxunmayacaksan	Toxunacaksan	-	-
	3rd	Toxunmayacak	Toxunacak	Toxunulmayacak	Toxunulacak
Plural	1st	Toxunmayacağız	Toxunacağız	-	-
	2nd	Toxunmayacaksınız	Toxunacaksınız	-	-
	3rd	Toxunmayacaklar	Toxunacaklar	-	-

Definite Future						
		Returning Type		Equivalent-Mutual Type		Causative	
		Negative	Positive	Negative	Positive	Negative	Positive
Singular	1st	-	-	-	-	Toxundurmayacağım	Toxunduracağım
	2nd	-	-	-	-	Toxundurmayacaksan	Toxunduracaksan
	3rd	Toxunulmayacak	Toxunulacak	-	-	Toxundurmayacak	Toxunduracak

Plural	1st	-	-	-	-	Toxundurmayacağız	Toxunduracağız
	2nd	-	-	-	-	Toxundurmayacaksınız	Toxunduracaksınız
	3rd	-	-	-	-	Toxundurmayacaklar	Toxunduracaklar

Indefinite Future				
		Active		Passive
		Negative	Positive	Negative	Positive
Singular	1st	Toxunmaram	Toxunaram	-	-
	2nd	Toxunmazsan	Toxunarsan	-	-
	3rd	Toxunmaz	Toxunar	-	-
Plural	1st	Toxunmarık	Toxunarık	-	-
	2nd	Toxunmazsınız	Toxunarsınız	-	-
	3rd	Toxunmazlar	Toxunarlar	-	-

		Indefinite Future					
		Returning Type		Equivalent-Mutual Type		Causative	
		Negative	Positive	Negative	Positive	Negative	Positive
Singular	1st	-	-	-	-	-	-
	2nd	-	-	-	-	-	-
	3rd	-	-	-	-	-	-
Plural	1st	-	-	-	-	-	-
	2nd	-	-	-	-	-	-
	3rd	-	-	-	-	-	-

Conditional Mood				
		Definite Future		Indefinite Future	
		Negative	Positive	Negative	Positive
Singular	1st	Toxunmayacaksam	Toxunacaksam	Toxunmaramsa	Toxunaramsa
	2nd	Toxunmayacaksansa	Toxunacaksansa	Toxunmazsansa	Toxunarsansa
	3rd	Toxunmayacaksa	Toxunacaksa	Toxunmazsa	Toxunarsa
Plural	1st	Toxunmayacaksak	Toxunacaksak	Toxunmarıksa	Toxunarıka
	2nd	Toxunmayacaksınızsə	Toxunacaksınızsə	Toxunmazsınızsa	Toxunarsınızsa
	3rd	Toxunmayacaklarsa	Toxunacaklarsa	Toxunmazlarsa	Toxunarlarsa

Conditional Mood				
		Present		Witnessed Past	
		Negative	Positive	Negative	Positive
Singular	1st	Toxunmursam	Toxunursam	Toxunmadımsa	Toxundumsa
	2nd	Toxunmursansa	Toxunursansa	Toxunmadınsa	Toxundun
	3rd	Toxunmursa	Toxunursa	Toxunmadısa	Toxundusa
Plural	1st	Toxunmuruksa	Toxunuruksa	Toxunmadıksa	Toxunduksa
	2nd	Toxunmursunuzsa	Toxunursunuzsa	Toxunmadınızsa	Toxundunuzsa
	3rd	Toxunmurlarsa	Toxunurlarsa	Toxunmadılarsa	Toxundularsa

Conditional Mood			
		Narrative Past	
		Negative	Positive
Singular	1st	Toxunmamışsam	Toxunmuşsam
	2nd	Toxunmamışsansa	Toxunmuşsansa
	3rd	Toxunmamışsa	Toxunmuşsa

Plural	1st	Toxunmamışıksa	Toxunmışıksa
	2nd	Toxunmamışsınızsa	Toxunmuşsunuzsa
	3rd	Toxunmamışlarsa	Toxunmuşlara

		Other Moods			
		Imparative		Optative	
		Negative	Positive	Negative	Positive
Singular	1st	Toxunmayım	Toxunum	(Kaş) Toxunmayam	(Kaş) Toxunam
	2nd	Toxunma	Toxun	(Kaş) Toxunmayasan	(Kaş) Toxunasan
	3rd	Toxunmasın	Toxunsun	(Kaş) Toxunmaya	(Kaş) Toxuna
Plural	1st	Toxunmayak	Toxunak	(Kaş) Toxunmayak	(Kaş) Toxunak
	2nd	Toxunmayasınız	Toxunasınız	(Kaş) Toxunmayasınız	(Kaş) Toxunasınız
	3rd	Toxunmasınlar	Toxunsunlar	(Kaş) Toxunmayalar	(Kaş) Toxunalar

		Other Moods			
		Obligatory		necessary	
		Negative	Positive	Negative	Positive
Singular	1st	Toxunmamalıyım	Toxunmalıyım	-	-
	2nd	Toxunmamalısın	Toxunmalısın	-	-
	3rd	Toxunmamalı	Toxunmalı	-	-
Plural	1st	Toxunmamalıyık	Toxunmalıyık	-	-
	2nd	Toxunmamalısınız	Toxunmalısınız	-	-
	3rd	Toxunmamalılar	Toxunmalılar	-	-

To Travel (Səyahət Etmək)

Present				
		Active		Passive
		Negative	Positive	Negative	Positive

		Negative	Positive	Negative	Positive
Singular	1st	səyahət etmirəm	səyahət edirəm	səyahət edilmirəm	səyahət edilirəm
	2nd	səyahət etmirsən	səyahət edirsən	səyahət edilmirsən	səyahət ediirsən
	3rd	səyahət etmir	səyahət edir	səyahət edilmir	səyahət edilir
Plural	1st	səyahət etmirik	səyahət edirik	səyahət edilmirik	səyahət edilirik
	2nd	səyahət etmirsiniz	səyahət edirsiniz	səyahət edilmirsiniz	səyahət edilisiniz
	3rd	səyahət etmirlər	səyahət edirlər	səyahət edilmirlər	səyahət edilirlər

		Present					
		Returning Type		Equivalent-Mutual Type		Causative	
		Negative	Positive	Negative	Positive	Negative	Positive
Singular	1st	səyahət edilmirəm	səyahət edilirəm	-	-	səyahət etdirmirəm	səyahət etdirirəm
	2nd	səyahət edilmirsən	səyahət ediirsən	-	-	səyahət etdirmirsən	səyahət etdirirsən
	3rd	səyahət edilmir	səyahət edilir	-	-	səyahət etdirmir	səyahət etdirir
Plural	1st	səyahət edilmirik	səyahət edilirik	-	-	səyahət etdirmirik	səyahət etdiririk
	2nd	səyahət edilmirsiniz	səyahət edilisiniz	-	-	səyahət etdirmirsiniz	səyahət etdirirsiniz
	3rd	səyahət edilmirlər	səyahət edilirlər	-	-	səyahət etdirmirlər	səyahət etdirirlər

Witnessed Past				
		Active		Passive	
		Negative	Positive	Negative	Positive
Singular	1st	səyahət etmədim	səyahət ettim	səyahət edilmədim	səyahət edildim
	2nd	səyahət etmədin	səyahət ettin	səyahət edilmədin	səyahət edildin
	3rd	səyahət etmədi	səyahət etti	səyahət edilmədi	səyahət edildi
Plural	1st	səyahət etmədik	səyahət ettik	səyahət edilmədik	səyahət edildik
	2nd	səyahət etmədiniz	səyahət ettiniz	səyahət edilmədiniz	səyahət edildiniz
	3rd	səyahət etmədilər	səyahət ettilər	səyahət edilmədilər	səyahət edildilər

		Witnessed Past					
		Returning Type		Equivalent-Mutual Type		Causative	
		Negative	Positive	Negative	Positive	Negative	Positive
Singular	1st	səyahət edilmədim	səyahət edildim	-	-	səyahət etdirmədim	səyahət etdirdim
	2nd	səyahət edilmədin	səyahət edildin	-	-	səyahət etdirmədin	səyahət etdirdin
	3rd	səyahət edilmədi	səyahət edildi	-	-	səyahət etdirmədi	səyahət etdirdi
Plural	1st	səyahət edilmədik	səyahət edildik	-	-	səyahət etdirmədik	səyahət etdirdik
	2nd	səyahət edilmədiniz	səyahət edildiniz	-	-	səyahət etdirmədiniz	səyahət etdirdiniz
	3rd	səyahət edilmədilər	səyahət edildilər	-	-	səyahət etdirmədilər	səyahət etdirdilər

Narrative Past				
		Active		Passive	
		Negative	Positive	Negative	Positive
Singular	1st	səyahət etməmişim	səyahət etmişim	səyahət edilməmişim	səyahət edilmişim
	2nd	səyahət etməmişsən	səyahət etmişsən	səyahət edilməmişsən	səyahət edilmişsən
	3rd	səyahət etməmiş	səyahət etmiş	səyahət edilməmiş	səyahət edilmiş
Plural	1st	səyahət etməmişik	səyahət etmişik	səyahət edilməmişik	səyahət edilmişik
	2nd	səyahət etməmişsiniz	səyahət etmişsiniz	səyahət edilməmişsiniz	səyahət edilmişsiniz
	3rd	səyahət etməmişlər	səyahət etmişlər	səyahət edilməmişlər	səyahət edilmişlər

		Narrative Past					
		Returning Type		Equivalent-Mutual Type		Causative	
		Negative	Positive	Negative	Positive	Negative	Positive
Singular	1st	səyahət edilməmişim	səyahət edilmişim	-	-	səyahət etdirməmişim	səyahət etdirmişim
	2nd	səyahət edilməmişsən	səyahət edilmişsən	-	-	səyahət etdirməmişsən	səyahət etdirmişsən
	3rd	səyahət edilməmiş	səyahət edilmiş	-	-	səyahət etdirməmiş	səyahət etdirmiş
Plural	1st	səyahət edilməmişik	səyahət edilmişik	-	-	səyahət etdirməmişik	səyahət etdirmişik
	2nd	səyahət edilməmişsiniz	səyahət edilmişsiniz	-	-	səyahət etdirməmişsiniz	səyahət etdirmişsiniz
	3rd	səyahət edilməmişlər	səyahət edilmişlər	-	-	səyahət etdirməmişlər	səyahət etdirmişlər

		Definite Future					
		Returning Type		Equivalent-Mutual Type		Causative	
		Negative	Positive	Negative	Positive	Negative	Positive
Singular	1st	səyahət edilməyəcəm	səyahət ediləcəm	-	-	səyahət etdirməyəcəm	səyahət etdirəcəm
	2nd	səyahət edilməyəcəksən	səyahət ediləcəksən	-	-	səyahət etdirməyəcəksən	səyahət etdirəcəksən
	3rd	səyahət edilməyəcək	səyahət ediləcək	-	-	səyahət etdirməyəcək	səyahət etdirəcək
Plural	1st	səyahət edilməyəcəyik	səyahət ediləcəyik	-	-	səyahət etdirməyəcəyik	səyahət etdirəcəyik
	2nd	Qə bul səyahət edilməyəcəksiniz	səyahət ediləcəksiniz	-	-	səyahət etdirməyəcəksiniz	səyahət etdirəcəksiniz
	3rd	səyahət edilməyəcəklər	səyahət ediləcəklər	-	-	səyahət etdirməyəcəklər	səyahət etdirəcəklər

		Indefinite Future									
		Active		Passive		Returning Type		Equivalent-Mutual Type		Causative	
		Negative	Positive	Negative	Positive	Negative	Positive	Negative	Positive	Negative	Positive
Singular	1st	səyahət etmərim	səyahət edərim	-	-	-	-	-	-	-	-
	2nd	səyahət etməzsəm	səyahət edərsən	-	-	-	-	-	-	-	-
	3rd	səyahət etməz	səyahət edər	-	-	-	-	-	-	-	-
Plural	1st	səyahət etmərik	səyahət edərik	-	-	-	-	-	-	-	-
	2nd	səyahət etməzsiniz	səyahət edərsiniz	-	-	-	-	-	-	-	-
	3rd	səyahət etməzlər	səyahət edərlər	-	-	-	-	-	-	-	-

508

Conditional Mood				
		Definite Future		Indefinite Future	
		Negative	Positive	Negative	Positive
Singular	1st	səyahət etməyəcəksəm	səyahət edəcəksm	səyahət etmərimsə	səyahət edərimsə
	2nd	səyahət etməyəcəksənsə	səyahət edəcəksənsə	səyahət etməzsəmsə	səyahət edərsənsə
	3rd	səyahət etməyəcəksə	səyahət edəcəksə	səyahət etməzsə	səyahət edərsə
Plural	1st	səyahət etməyəcəksək	səyahət edəcəksək	səyahət etməriksə	səyahət edəriksə
	2nd	səyahət etməyəcəksinizsə	səyahət edəcəksinizsə	səyahət etməzsinizsə	səyahət edərsinizsə
	3rd	səyahət etməyəcəklərsə	səyahət edəcəklərsə	səyahət etməzlərsə	səyahət edərlərsə

Conditional Mood							
		Present		Witnessed Past		Narrative Past	
		Negative	Positive	Negative	Positive	Negative	Positive
Singular	1st	səyahət etmirsəm	səyahət edirsəm	səyahət etmədiysəm	səyahət ettiysəm	səyahət etməmişsəm	səyahət etmişsəm
	2nd	səyahət etmirsənsə	səyahət edirsənsə	səyahət etmədiysən	səyahət ettiysən	səyahət etməmişsənsə	səyahət etmişsənsə
	3rd	səyahət etmirsə	səyahət edirsə	səyahət etmədiysə	səyahət ettiysə	səyahət etməmişsə	səyahət etmişsə
Plural	1st	səyahət etmirsək	səyahət edirsək	səyahət etmədiysək	səyahət ettiysək	səyahət etməmişsək	səyahət etmişsək
	2nd	səyahət etmirsinizsə	səyahət edirsinizsə	səyahət etmədinizsə	səyahət ettinizsə	səyahət etməmişsinizsə	səyahət etmişsinizsə
	3rd	səyahət etmirlərsə	səyahət edirlərsə	səyahət etmədilərsə	səyahət ettilərsə	səyahət etməmişlərsə	səyahət etmişlərsə

Definite Future					
		Active		Passive	
		Negative	Positive	Negative	Positive
Singular	1st	səyahət etməyəcəm	səyahət edəcəm	səyahət edilməyəcəm	səyahət ediləcəm
	2nd	səyahət etməyəcəksən	səyahət edəcəksən	səyahət edilməyəcəksən	səyahət ediləcəksən
	3rd	səyahət etməyəcək	səyahət edəcək	səyahət edilməyəcək	səyahət ediləcək
Plural	1st	səyahət etməyəcəyik	səyahət edəcəyik	səyahət edilməyəcəyik	səyahət ediləcəyik
	2nd	səyahət etməyəcəksiniz	səyahət edəcəksiniz	səyahət edilməyəcəksiniz	səyahət ediləcəksiniz
	3rd	səyahət etməyəcəklər	səyahət edəcəklər	səyahət edilməyəcəklər	səyahət ediləcəklər

To Understand (Anlamaq)

Present					
		Active		Passive	
		Negative	Positive	Negative	Positive
Singular	1st	anlamıram	anlayıram	anlanmıram	anlanıram
	2nd	anlamırsan	anlayırsan	anlanmırsan	anlanırsan
	3rd	anlamır	anlayır	Anlanmır	Anlanır
Plural	1st	anlamırık	anlayırık	Anlanmırık	Anlanırık
	2nd	anlamırsınız	anlayırsınız	Anlanmırsınız	Anlanırsınız
	3rd	anlamırlar	anlayırlar	Anlanmırlar	Anlanırlar

Present							
		Returning Type		Equivalent-Mutual Type		Causative	
		Negative	Positive	Negative	Positive	Negative	Positive
Singular	1st	anlanılmıram	anlanılıram	-	-	anlatmıram	anlatıram
	2nd	anlanılmırsan	anlanılırsan	-	-	anlatmırsan	anlatırsan
	3rd	anlanılmır	anlanılır	-	-	anlatmır	anlatır
Plural	1st	anlanılmırık	anlanılırık	-	-	anlatmırık	anlatırık
	2nd	anlanılmırsınız	anlanılırsınız	-	-	anlatmırsınız	anlatırsınız
	3rd	anlanılmırlar	anlanılırlar	-	-	anlatmırlar	anlatırlar

511

Witnessed Past				
		Active		Passive	
		Negative	Positive	Negative	Positive
Singular	1st	anlamadım	anladım	anlanmadım	anlandım
	2nd	anlamadın	anladın	anlanmadın	anlandın
	3rd	anlamadı	anladı	anlanmadı	anlandı
Plural	1st	anlamadık	anladık	anlanmadık	anlandık
	2nd	anlamadınız	anladınız	anlanmadınız	anlandınız
	3rd	anlamadılar	anladılar	anlanmadılar	anlandılar

Narrative Past							
		Returning Type		Equivalent-Mutual Type		Causative	
		Negative	Positive	Negative	Positive	Negative	Positive
Singular	1st	anlanılmamışam	anlanılmışam	-	-	anlatmamışam	anlatmışam
	2nd	anlanılmamışsan	anlanılmışsan	-	-	anlatmamışsan	anlatmışsan
	3rd	anlanılmamış	anlanılmış	-	-	anlatmamış	anlatmış
Plural	1st	anlanılmamışık	anlanılmışık	-	-	anlatmamışık	anlatmışık
	2nd	anlanılmamışsınız	anlanılmışsınız	-	-	anlatmamışsınız	anlatmışsınız
	3rd	anlanılmamışlar	anlanılmışlar	-	-	anlatmamışlar	anlatmışlar

Witnessed Past							
		Returning Type		Equivalent-Mutual Type		Causative	
		Negative	Positive	Negative	Positive	Negative	Positive
Singular	1st	anlanılmadım	anlanıldım	-	-	anlatmadım	anlatdım
	2nd	anlanılmadın	anlanıldın	-	-	anlatmadın	anlatdın
	3rd	anlanılmadı	anlanıldı	-	-	anlatmadı	anlatdı

Plural	1st	anlanılmadık	anlanıldık	-	-	anlatmadık	anlatdık
	2nd	anlanılmadınız	anlanıldınız	-	-	anlatmadınız	anlatdınız
	3rd	anlanılmadılar	anlanıldılar	-	-	anlatmadılar	anlatdılar

Narrative Past					
		Active		Passive	
		Negative	Positive	Negative	Positive
Singular	1st	anlamamışam	anlamışam	anlanmamışam	anlanmışam
	2nd	anlamamışsan	anlamışsan	anlanmamışsan	anlanmışsan
	3rd	anlamamış	anlamış	anlanmamış	anlanmış
Plural	1st	anlamamışık	anlamışık	anlanmamışık	anlanmışık
	2nd	anlamamışsınız	anlamışsınız	anlanmamışsınız	anlanmuşsınız
	3rd	anlamamışlar	anlamışlar	anlanmamışlar	anlanmışlar

Definite Future					
		Active		Passive	
		Negative	Positive	Negative	Positive
Singular	1st	anlamayacağım	anlayacağım	anlanmayacağım	anlanacağım
	2nd	anlamayacaksan	anlayacaksan	anlanmayacaksan	anlanacaksan
	3rd	anlamayacak	anlayacak	anlanmayacak	anlanacak
Plural	1st	anlamayacağız	anlayacağız	anlanmayacağız	anlanacağız
	2nd	anlamayacaksınız	anlayacaksınız	anlanmayacaksınız	anlanacaksınız
	3rd	anlamayacaklar	anlayacaklar	anlanmayacaklar	anlanacaklar

		Definite Future					
		Returning Type		Equivalent-Mutual Type		Causative	
		Negative	Positive	Negative	Positive	Negative	Positive
Singular	1st	anlanılmayacağım	anlanılacağım	-	-	anlatmayacağım	anlatacağım
	2nd	anlanılmayacaksan	anlanılacaksan	-	-	anlatmayacaksan	anlatacaksan
	3rd	anlanılmayacak	anlanılacak	-	-	anlatmayacak	anlatacak
Plural	1st	anlanılmayacağız	anlanılacağız	-	-	anlatmayacağız	anlatacağız
	2nd	anlanılmayacaksınız	anlanılacaksınız	-	-	anlatmayacaksınız	anlatacaksınız
	3rd	anlanılmayacaklar	anlanılacaklar	-	-	anlatmayacaklar	anlatacaklar

		Indefinite Future			
		Active		Passive	
		Negative	Positive	Negative	Positive
Singular	1st	anlamaram	anlayaram	anlanmaram	anlanaram
	2nd	anlamazsan	anlayarsan	anlanmazsan	anlanarsan
	3rd	anlamaz	anlar	anlanmaz	anlanar
Plural	1st	anlamarık	anlayarık	anlanmarık	anlanarık
	2nd	anlamazsınız	anlayarsınız	anlanmazsınız	anlanarsınız
	3rd	anlamazlar	anlayarlar	anlanmazlar	anlanarlar

		Indefinite Future					
		Returning Type		Equivalent-Mutual Type		Causative	
		Negative	Positive	Negative	Positive	Negative	Positive
Singular	1st	anlanılmaram	anlanılaram	-	-	anlatmaram	anlataram
	2nd	anlanılmazsan	anlanılarsan	-	-	anlatmazsan	anlatarsan

	3rd	anlanılmaz	anlanılır	-	-	anlatmaz	anlatır
Plural	1st	anlanılmarık	anlanılarık	-	-	anlatmarık	anlatarık
	2nd	anlanılmazsınız	anlanılarsınız	-	-	anlatmazsınız	anlatarsınız
	3rd	anlanılmazlar	anlanılarlar	-	-	anlatmazlar	anlatarlar

Conditional Mood					
		Definite Future		Indefinite Future	
		Negative	Positive	Negative	Positive
Singular	1st	anlamayacaksam	anlayacaksam	anlamaramsa	anlayaramsa
	2nd	anlamayacaksansa	anlayacaksansa	anlamazsansa	anlayarsansa
	3rd	anlamayacaksa	anlayacaksa	anlamazsa	anlayarsa
Plural	1st	anlamayacaksak	anlayacaksak	anlamarıksa	anlayarıka
	2nd	anlamayacaksınızsə	anlayacaksınızsə	anlamazsınızsa	anlayarsınızsa
	3rd	anlamayacaklarsa	anlayacaklarsa	anlamazlarsa	anlayarlarsa

Conditional Mood						
		Present		Witnessed Past		Narrative Past	
		Negative	Positive	Negative	Positive	Negative	Positive
Singular	1st	anlamırsam	anlayırsam	anlamadımsa	anladımsa	anlamamışsam	anlamışsam
	2nd	anlamırsansa	anlayırsansa	anlamadınsa	anladınsa	anlamamışsansa	anlamışsansa
	3rd	anlamırsa	anlayırsa	anlamadısa	anladısa	anlamamışsa	anlamışsa
Plural	1st	anlamırıksa	anlayırıksa	anlamadıksa	anladıksa	anlamamışıksa	anlamışıksa
	2nd	anlamırsınızsa	anlayırsınızsa	anlamadınızsa	anladınızsa	anlamamışsınızsa	anlamışsınızsa
	3rd	anlamırlarsa	anlayırlarsa	anlamadılarsa	anladılarsa	anlamamışlarsa	anlamışlarsa

		Other Moods			
		Imparative		Optative	
		Negative	Positive	Negative	Positive
Singular	1st	anlamayım	anlayım	(Kaş) anlamayam	(Kaş) anlayam
	2nd	anlama	anla	(Kaş) anlamayasan	(Kaş) anlayasan
	3rd	anlamasın	anlasın	(Kaş) anlamaya	(Kaş) anlaya
Plural	1st	anlamayak	anlayak	(Kaş) anlamayak	(Kaş) anlayak
	2nd	anlamayasınız	anlayasınız	(Kaş) anlamayasınız	(Kaş) anlayasınız
	3rd	anlamasınlar	anlaysınlar	(Kaş) anlamayalar	(Kaş) anlayalar

		Other Moods			
		Obligatory		necessary	
		Negative	Positive	Negative	Positive
Singular	1st	anlamamalıyım	anlamalıyım	-	-
	2nd	anlamamalısın	anlamalısın	-	-
	3rd	anlamamalı	anlamalı	-	-
Plural	1st	anlamamalıyık	anlamalıyık	-	-
	2nd	anlamamalısınız	anlamalısınız	-	-
	3rd	anlamamalılar	anlamalılar	-	-

To Use (İstifadə Etmək)

Present					
		Active		Passive	
		Negative	Positive	Negative	Positive
Singular	1st	istifadə etmirəm	istifadə edirəm	istifadə edilmirəm	istifadə edilirəm
	2nd	istifadə etmirsən	istifadə edirsən	istifadə edilmirsən	istifadə ediirsən
	3rd	istifadə etmir	istifadə edir	istifadə edilmir	istifadə edilir
Plural	1st	istifadə etmirik	istifadə edirik	istifadə edilmirik	istifadə edilirik
	2nd	istifadə etmirsiniz	istifadə edirsiniz	istifadə edilmirsiniz	istifadə edilisiniz
	3rd	istifadə etmirlər	istifadə edirlər	istifadə edilmirlər	istifadə edilirlər

Present							
		Returning Type		Equivalent-Mutual Type		Causative	
		Negative	Positive	Negative	Positive	Negative	Positive
Singular	1st	istifadə edilmirəm	istifadə edilirəm	-	-	istifadə etdirmirəm	istifadə etdirirəm
	2nd	istifadə edilmirsən	istifadə ediirsən	-	-	istifadə etdirmirsən	istifadə etdirirsən
	3rd	istifadə edilmir	istifadə edilir	-	-	istifadə etdirmir	istifadə etdirir
Plural	1st	istifadə edilmirik	istifadə edilirik	-	-	istifadə etdirmirik	istifadə etdiririk
	2nd	istifadə edilmirsiniz	istifadə edilisiniz	-	-	istifadə etdirmirsiniz	istifadə etdirirsiniz
	3rd	istifadə edilmirlər	istifadə edilirlər	-	-	istifadə etdirmirlər	istifadə etdirirlər

Witnessed Past					
		Active		Passive	
		Negative	Positive	Negative	Positive
Singular	1st	istifadə etmədim	istifadə ettim	istifadə edilmədim	istifadə edildim
	2nd	istifadə etmədin	istifadə ettin	istifadə edilmədin	istifadə edildin
	3rd	istifadə etmədi	istifadə etti	istifadə edilmədi	istifadə edildi
Plural	1st	istifadə etmədik	istifadə ettik	istifadə edilmədik	istifadə edildik
	2nd	istifadə etmədiniz	istifadə ettiniz	istifadə edilmədiniz	istifadə edildiniz
	3rd	istifadə etmədilər	istifadə ettilər	istifadə edilmədilər	istifadə edildilər

Narrative Past							
		Returning Type		Equivalent-Mutual Type		Causative	
		Negative	Positive	Negative	Positive	Negative	Positive
Singular	1st	istifadə edilməmişim	istifadə edilmişim	-	-	istifadə etdirməmişim	istifadə etdirmişim
	2nd	istifadə edilməmişsən	istifadə edilmişsən	-	-	istifadə etdirməmişsən	istifadə etdirmişsən
	3rd	istifadə edilməmiş	istifadə edilmiş	-	-	istifadə etdirməmiş	istifadə etdirmiş
Plural	1st	istifadə edilməmişik	istifadə edilmişik	-	-	istifadə etdirməmişik	istifadə etdirmişik
	2nd	istifadə edilməmişsiniz	istifadə edilmişsiniz	-	-	istifadə etdirməmişsiniz	istifadə etdirmişsiniz
	3rd	istifadə edilməmişlər	istifadə edilmişlər	-	-	istifadə etdirməmişlər	istifadə etdirmişlər

Witnessed Past						
		Returning Type		Equivalent-Mutual Type		Causative	
		Negative	Positive	Negative	Positive	Negative	Positive
Singular	1st	istifadə edilmədim	istifadə edildim	-	-	istifadə etdirmədim	istifadə etdirdim
	2nd	istifadə edilmədin	istifadə edildin	-	-	istifadə etdirmədin	istifadə etdirdin
	3rd	istifadə edilmədi	istifadə edildi	-	-	istifadə etdirmədi	istifadə etdirdi
Plural	1st	istifadə edilmədik	istifadə edildik	-	-	istifadə etdirmədik	istifadə etdirdik
	2nd	istifadə edilmədiniz	istifadə edildiniz	-	-	istifadə etdirmədiniz	istifadə etdirdiniz
	3rd	istifadə edilmədilər	istifadə edildilər	-	-	istifadə etdirmədilər	istifadə etdirdilər

Narrative Past					
		Active		Passive	
		Negative	Positive	Negative	Positive
Singular	1st	istifadə etməmişim	istifadə etmişim	istifadə edilməmişim	istifadə edilmişim
	2nd	istifadə etməmişsən	istifadə etmişsən	istifadə edilməmişsən	istifadə edilmişsən
	3rd	istifadə etməmiş	istifadə etmiş	istifadə edilməmiş	istifadə edilmiş
Plural	1st	istifadə etməmişik	istifadə etmişik	istifadə edilməmişik	istifadə edilmişik
	2nd	istifadə etməmişsiniz	istifadə etmişsiniz	istifadə edilməmişsiniz	istifadə edilmişsiniz
	3rd	istifadə etməmişlər	istifadə etmişlər	istifadə edilməmişlər	istifadə edilmişlər

Definite Future					
		Active		Passive	
		Negative	Positive	Negative	Positive
Singular	1st	istifadə etməyəcəm	istifadə edəcəm	istifadə edilməyəcəm	istifadə ediləcəm
	2nd	istifadə etməyəcəksən	istifadə edəcəksən	istifadə edilməyəcəksən	istifadə ediləcəksən
	3rd	istifadə etməyəcək	istifadə edəcək	istifadə edilməyəcək	istifadə ediləcək
Plural	1st	istifadə etməyəcəyik	istifadə edəcəyik	istifadə edilməyəcəyik	istifadə ediləcəyik
	2nd	istifadə etməyəcəksiniz	istifadə edəcəksiniz	istifadə edilməyəcəksiniz	istifadə ediləcəksiniz
	3rd	istifadə etməyəcəklər	istifadə edəcəklər	istifadə edilməyəcəklər	istifadə ediləcəklər

Definite Future							
		Returning Type		Equivalent-Mutual Type		Causative	
		Negative	Positive	Negative	Positive	Negative	Positive
Singular	1st	istifadə edilməyəcəm	istifadə ediləcəm	-	-	istifadə etdirməyəcəm	istifadə etdirəcəm
	2nd	istifadə edilməyəcəksən	istifadə ediləcəksən	-	-	istifadə etdirməyəcəksən	istifadə etdirəcəksən
	3rd	istifadə edilməyəcək	istifadə ediləcək	-	-	istifadə etdirməyəcək	istifadə etdirəcək
Plural	1st	istifadə edilməyəcəyik	istifadə ediləcəyik	-	-	istifadə etdirməyəcəyik	istifadə etdirəcəyik
	2nd	Qə bul istifadə edilməyəcəksiniz	istifadə ediləcəksiniz	-	-	istifadə etdirməyəcəksiniz	istifadə etdirəcəksiniz
	3rd	istifadə edilməyəcəklər	istifadə ediləcəklər	-	-	istifadə etdirməyəcəklər	istifadə etdirəcəklər

		Indefinite Future									
		Active		Passive		Returning Type		Equivalent-Mutual Type		Causative	
		Negative	Positive	Negative	Positive	Negative	Positive	Negative	Positive	Negative	Positive
Singular	1st	istifadə etmərim	istifadə edərim	-	-	-	-	-	-	-	-
	2nd	istifadə etməzsəm	istifadə edərsən	-	-	-	-	-	-	-	-
	3rd	istifadə etməz	istifadə edər	-	-	-	-	-	-	-	-
Plural	1st	istifadə etmərik	istifadə edərik	-	-	-	-	-	-	-	-
	2nd	istifadə etməzsiniz	istifadə edərsiniz	-	-	-	-	-	-	-	-
	3rd	istifadə etməzlər	istifadə edərlər	-	-	-	-	-	-	-	-

		Conditional Mood			
		Definite Future		Indefinite Future	
		Negative	Positive	Negative	Positive
Singular	1st	istifadə etməyəcəksəm	istifadə edəcəksm	istifadə etmərimsə	istifadə edərimsə
	2nd	istifadə etməyəcəksənsə	istifadə edəcəksənsə	istifadə etməzsəmsə	istifadə edərsənsə
	3rd	istifadə etməyəcəksə	istifadə edəcəksə	istifadə etməzsə	istifadə edərsə
Plural	1st	istifadə etməyəcəksək	istifadə edəcəksək	istifadə etməriksə	istifadə edəriksə
	2nd	istifadə etməyəcəksinizsə	istifadə edəcəksinizsə	istifadə etməzsinizsə	istifadə edərsinizsə
	3rd	istifadə etməyəcəklərsə	istifadə edəcəklərsə	istifadə etməzlərsə	istifadə edərlərsə

| | | Conditional Mood | | | | | |
| | | Present | | Witnessed Past | | Narrative Past | |
		Negative	Positive	Negative	Positive	Negative	Positive
Singular	1st	istifadə etmirsəm	istifadə edirsəm	istifadə etmədiysəm	istifadə ettiysəm	istifadə etməmişsəm	istifadə etmişsəm
	2nd	istifadə etmirsənsə	istifadə edirsənsə	istifadə etmədiysən	istifadə ettiysən	istifadə etməmişsənsə	istifadə etmişsənsə
	3rd	istifadə etmirsə	istifadə edirsə	istifadə etmədiysə	istifadə ettiysə	istifadə etməmişsə	istifadə etmişsə
Plural	1st	istifadə etmirsək	istifadə edirsək	istifadə etmədiysək	istifadə ettiysək	istifadə etməmişsək	istifadə etmişsək
	2nd	istifadə etmirsinizsə	istifadə edirsinizsə	istifadə etmədinizsə	istifadə ettinizsə	istifadə etməmişsinizsə	istifadə etmişsinizsə
	3rd	istifadə etmirlərsə	istifadə edirlərsə	istifadə etmədilərsə	istifadə ettilərsə	istifadə etməmişlərsə	istifadə etmişlərsə

To Wait (Müntəzir Olmaq)

Present					
		Active		Passive	
		Negative	Positive	Negative	Positive
Singular	1st	müntəzir olmuram	müntəzir oluram	-	-
	2nd	müntəzir olmursan	müntəzir olursan	-	-
	3rd	müntəzir olmur	müntəzir olur	-	-
Plural	1st	müntəzir olmuruk	müntəzir oluruk	-	-
	2nd	müntəzir olmursunuz	müntəzir olursunuz	-	-
	3rd	müntəzir olmurlar	müntəzir olurlar	-	-

Present							
		Returning Type		Equivalent-Mutual Type		Causative	
		Negative	Positive	Negative	Positive	Negative	Positive
Singular	1st	-	-	-	-	müntəzir oldurmuram	müntəzir oldururam
	2nd	-	-	-	-	müntəzir oldurmursan	müntəzir oldurursan
	3rd	-	-	-	-	müntəzir oldurmur	müntəzir oldurur
Plural	1st	-	-	-	-	müntəzir oldurmuruk	müntəzir oldururuk
	2nd	-	-	-	-	müntəzir oldurmursunuz	müntəzir oldurursunuz
	3rd	-	-	-	-	müntəzir oldurmurlar	müntəzir oldururlar

523

Witnessed Past					
		Active		Passive	
		Negative	Positive	Negative	Positive
Singular	1st	müntəzir olmadım	müntəzir oldum	-	-
	2nd	müntəzir olmadın	müntəzir oldun	-	-
	3rd	müntəzir olmadı	müntəzir oldu	-	-
Plural	1st	müntəzir olmadık	müntəzir olduk	-	-
	2nd	müntəzir olmadınız	müntəzir oldunuz	-	-
	3rd	müntəzir olmadılar	müntəzir oldular	-	-

		Narrative Past					
		Returning Type		Equivalent-Mutual Type		Causative	
		Negative	Positive	Negative	Positive	Negative	Positive
Singular	1st	-	-	-	-	-	-
	2nd	-	-	-	-	-	-
	3rd	-	-	-	-	-	-
Plural	1st	-	-	-	-	-	-
	2nd	-	-	-	-	-	-
	3rd	-	-	-	-	-	-

Witnessed Past						
		Returning Type		Equivalent-Mutual Type		Causative	
		Negative	Positive	Negative	Positive	Negative	Positive
Singular	1st	-	-	-	-	müntəzir oldurmadım	Müntəzir oldurdum
	2nd	-	-	-	-	müntəzir oldurmadın	müntəzir oldurdun
	3rd	-	-	-	-	müntəzir oldurmadı	müntəzir oldurdu
Plural	1st	-	-	-	-	müntəzir oldurmadık	müntəzir oldurduk
	2nd	-	-	-	-	müntəzir oldurmadınız	müntəzir oldurdunuz
	3rd	-	-	-	-	müntəzir oldurmadılar	müntəzir oldurdular

Narrative Past					
		Active		Passive	
		Negative	Positive	Negative	Positive
Singular	1st	müntəzir olmamışam	müntəzir olmuşam	-	-
	2nd	müntəzir olmamışsan	müntəzir olmuşsan	-	-
	3rd	müntəzir olmamış	müntəzir olmuş	-	-
Plural	1st	müntəzir olmamışık	müntəzir olmışık	-	-
	2nd	Müntəzir olmamışsınız	Müntəzir olmuşsunuz	-	-
	3rd	müntəzir olmamışlar	müntəzir olmuşlar	-	-

Definite Future				
		Active		Passive	
		Negative	Positive	Negative	Positive
Singular	1st	müntəzir olmayacağım	müntəzir olacağım	müntəzir oldurmayacağım	müntəzir olduracağım
	2nd	müntəzir olmayacaksan	müntəzir olacaksan	müntəzir oldurmayacaksan	müntəzir olduracaksan
	3rd	müntəzir olmayacak	müntəzir olacak	müntəzir oldurmayacak	müntəzir olduracak
Plural	1st	müntəzir olmayacağız	müntəzir olacağız	müntəzir oldurmayacağız	müntəzir olduracağız
	2nd	müntəzir olmayacaksınız	müntəzir olacaksınız	müntəzir oldurmayacaksınız	müntəzir olduracaksınız
	3rd	müntəzir olmayacaklar	müntəzir olacaklar	müntəzir oldurmayacaklar	müntəzir olduracaklar

		Definite Future					
		Returning Type		Equivalent-Mutual Type		Causative	
		Negative	Positive	Negative	Positive	Negative	Positive
Singular	1st	-	-	-	-	-	-
	2nd	-	-	-	-	-	-
	3rd	-	-	-	-	-	-
Plural	1st	-	-	-	-	-	-
	2nd	-	-	-	-	-	-
	3rd	-	-	-	-	-	-

		Indefinite Future									
		Active		Passive		Returning Type		Equivalent-Mutual Type		Causative	
		Negative	Positive	Negative	Positive	Negative	Positive	Negative	Positive	Negative	Positive
Singular	1st	müntəzir olmaram	müntəzir olaram	-	-	-	-	-	-	-	-
	2nd	müntəzir olmazsan	müntəzir olarsan	-	-	-	-	-	-	-	-
	3rd	müntəzir olmaz	müntəzir olar	-	-	-	-	-	-	-	-
Plural	1st	müntəzir olmarık	müntəzir olarık	-	-	-	-	-	-	-	-
	2nd	müntəzir olmazsınız	müntəzir olarsınız	-	-	-	-	-	-	-	-
	3rd	müntəzir olmazlar	müntəzir olarlar	-	-	-	-	-	-	-	-

		Conditional Mood			
		Definite Future		Indefinite Future	
		Negative	Positive	Negative	Positive
Singular	1st	müntəzir olmayacaksam	müntəzir olacaksam	müntəzir olmaramsa	müntəzir olaramsa
	2nd	müntəzir olmayacaksansa	müntəzir olacaksansa	müntəzir olmazsansa	müntəzir olarsansa
	3rd	müntəzir olmayacaksa	müntəzir olacaksa	müntəzir olmazsa	müntəzir olarsa
Plural	1st	müntəzir olmayacaksak	müntəzir olacaksak	müntəzir olmarıksa	müntəzir olarıka
	2nd	Müntəzir olmayacaksınızsə	Müntəzir olacaksınızsə	müntəzir olmazsınızsa	müntəzir olarsınızsa
	3rd	müntəzir olmayacaklarsa	müntəzir olacaklarsa	müntəzir olmazlarsa	müntəzir olarlarsa

		Conditional Mood					
		Present		Witnessed Past		Narrative Past	
		Negative	Positive	Negative	Positive	Negative	Positive
Singular	1st	müntəzir olmursam	müntəzir olursam	müntəzir olmadımsa	müntəzir oldumsa	müntəzir olmamışsam	müntəzir olmuşsam
	2nd	müntəzir olmursansa	müntəzir olursansa	müntəzir olmadınsa	müntəzir oldun	müntəzir olmamışsansa	müntəzir olmuşsansa
	3rd	müntəzir olmursa	müntəzir olursa	müntəzir olmadısa	müntəzir oldusa	müntəzir olmamışsa	müntəzir olmuşsa
Plural	1st	müntəzir olmuruksa	müntəzir oluruksa	müntəzir olmadıksa	müntəzir olduksa	müntəzir olmamışıksa	müntəzir olmışıksa
	2nd	müntəzir olmursunuzsa	müntəzir olursunuzsa	müntəzir olmadınızsa	müntəzir oldunuzsa	Müntəzir olmamışsınızsa	Müntəzir olmuşsunuzsa
	3rd	müntəzir olmurlarsa	müntəzir olurlarsa	müntəzir olmadılarsa	müntəzir oldularsa	müntəzir olmamışlarsa	müntəzir olmuşlara

		Other Moods			
		Imparative		Optative	
		Negative	Positive	Negative	Positive
Singular	1st	müntəzir olmayım	müntəzir olum	(Kaş) müntəzir olmayam	(Kaş) müntəzir olam
	2nd	müntəzir olma	müntəzir ol	(Kaş) müntəzir olmayasan	(Kaş) müntəzir olasan
	3rd	müntəzir olmasın	müntəzir olsun	(Kaş) müntəzir olmaya	(Kaş) müntəzir ola
Plural	1st	müntəzir olmayak	müntəzir olak	(Kaş) müntəzir olmayak	(Kaş) müntəzir olak
	2nd	müntəzir olmayasınız	müntəzir olasınız	(Kaş) müntəzir olmayasınız	(Kaş) müntəzir olasınız
	3rd	müntəzir olmasınlar	müntəzir olsunlar	(Kaş) müntəzir olmayalar	(Kaş) müntəzir olalar

		Other Moods			
		Obligatory		necessary	
		Negative	Positive	Negative	Positive
Singular	1st	müntəzir olmamalıyım	müntəzir olmalıyım	-	-
	2nd	Müntəzir olmamalısın	Müntəzir olmalısın	-	-
	3rd	Müntəzir olmamalı	Müntəzir olmalı	-	-
Plural	1st	müntəzir olmamalıyık	müntəzir olmalıyık	-	-
	2nd	müntəzir olmamalısınız	müntəzir olmalısınız	-	-
	3rd	müntəzir olmamalılar	müntəzir olmalılar	-	-

To Walk (Piyada Gəzmək)

Present				
		Active		Passive
		Negative	Positive	Negative	Positive

		Active Negative	Active Positive	Passive Negative	Passive Positive
Singular	1st	Piyada gəzmirəm	Piyada gəzirəm	-	-
	2nd	Piyada gəzmirsən	Piyada gəzirsən	-	-
	3rd	Piyada gəzmir	Piyada gəzir	-	-
Plural	1st	Piyada gəzmirik	Piyada gəzirik	-	-
	2nd	Piyada gəzmirsiniz	Piyada gəzirsiniz	-	-
	3rd	Piyada gəzmirlər	Piyada gəzirlər	-	-

Present						
		Returning Type		Equivalent-Mutual Type		Causative
		Negative	Positive	Negative	Positive	Negative	Positive

		Returning Negative	Returning Positive	Equivalent-Mutual Negative	Equivalent-Mutual Positive	Causative Negative	Causative Positive
Singular	1st	-	-	-	-	Piyada gəzdirmirəm	Piyada gəzdirirəm
	2nd	-	-	-	-	Piyada gəzdirmirsən	Piyada gəzldirirsən
	3rd	-	-	-	-	Piyada gəzdirmir	Piyada gəzdirir
Plural	1st	-	-	-	-	Piyada gəzdirmirik	Piyada gəzdiririk
	2nd	-	-	-	-	Piyada gəzdirmirsiniz	Piyada gəzdirisiniz
	3rd	-	-	-	-	Piyada gəzdirmirlər	Piyada gəzdirirlər

Witnessed Past				
		Active		Passive	
		Negative	Positive	Negative	Positive
Singular	1st	Piyada gəzmədim	Piyada gəzdim	-	-
	2nd	Piyada gəzmədin	Piyada gəzdin	-	-
	3rd	Piyada gəzmədi	Piyada gəzdi	-	-
Plural	1st	Piyada gəzmədik	Piyada gəzdik	-	-
	2nd	Piyada gəzmədiniz	Piyada gəzdiniz	-	-
	3rd	Piyada gəzmədilər	Piyada gəzdilər	-	-

Narrative Past						
		Returning Type		Equivalent-Mutual Type		Causative	
		Negative	Positive	Negative	Positive	Negative	Positive
Singular	1st	-	-	-	-	Piyada gəzdirməmişim	Piyada gəzdirmişim
	2nd	-	-	-	-	Piyada gəzdirməmişsən	Piyada gəzdirmişsən
	3rd	-	-	-	-	Piyada gəzdirməmiş	Piyada gəzdirmiş
Plural	1st	-	-	-	-	Piyada gəzdirməmişik	Piyada gəzdirmişik
	2nd	-	-	-	-	Piyada gəzdirməmişsiniz	Piyada gəzdirmişsiniz
	3rd	-	-	-	-	Piyada gəzdirməmişlər	Piyada gəzdirmişlər

Witnessed Past						
		Returning Type		Equivalent-Mutual Type		Causative	
		Negative	Positive	Negative	Positive	Negative	Positive
Singular	1st	-	-	-	-	Piyada gəzdirmədim	Piyada gəzdirdim
	2nd	-	-	-	-	Piyada gəzdirmədin	Piyada gəzdirdin
	3rd	-	-	-	-	Piyada gəzdirmədi	Piyada gəzdirdi
Plural	1st	-	-	-	-	Piyada gəzdirmədik	Piyada gəzdirdik
	2nd	-	-	-	-	Piyada gəzdirmədiniz	Piyada gəzdirdiniz
	3rd	-	-	-	-	Piyada gəzdirmədilər	Piyada gəzdirdilər

Narrative Past					
		Active		Passive	
		Negative	Positive	Negative	Positive
Singular	1st	Piyada gəzməmişim	Piyada gəzmişim	-	-
	2nd	Piyada gəzməmişsən	Piyada gəzmişsən	-	-
	3rd	Piyada gəzməmiş	Piyada gəzmiş	-	-
Plural	1st	Piyada gəzməmişik	Piyada gəzmişik	-	-
	2nd	Piyada gəzməmişsiniz	Piyada gəzmişsiniz	-	-
	3rd	Piyada gəzməmişlər	Piyada gəzmişlər	-	-

Definite Future				
		Active		Passive	
		Negative	Positive	Negative	Positive
Singular	1st	Piyada gəzməyəcəm	Piyada gəzəcəm	-	-
	2nd	Piyada gəzməyəcəksən	Piyada gəzəcəksən	-	-
	3rd	Piyada gəzməyəcək	Piyada gəzəcək	-	-
Plural	1st	Piyada gəzməyəcəyik	Piyada gəzəcəyik	-	-
	2nd	Piyada gəzməyəcəksiniz	Piyada gəzəcəksiniz	-	-
	3rd	Piyada gəzməyəcəklər	Piyada gəzəcəklər	-	-

Definite Future						
		Returning Type		Equivalent-Mutual Type		Causative	
		Negative	Positive	Negative	Positive	Negative	Positive
Singular	1st	-	-	-	-	Piyada gəzdirməyəcəm	Piyada gəzdirəcəm
	2nd	-	-	-	-	Piyada gəzdirməyəcəksən	Piyada gəzdirəcəksən
	3rd	-	-	-	-	Piyada gəzdirməyəcək	Piyada gəzdirəcək
Plural	1st	-	-	-	-	Piyada gəzdirməyəcəyik	Piyada gəzdirəcəyik
	2nd	-	-	-	-	Piyada gəzdirməyəcəksiniz	Piyada gəztdirəcəksiniz
	3rd	-	-	-	-	Piyada gəzdirməyəcəklər	Piyada gəzdirəcəklər

534

		Indefinite Future									
		Active		Passive		Returning Type		Equivalent-Mutual Type		Causative	
		Negative	Positive	Negative	Positive	Negative	Positive	Negative	Positive	Negative	Positive
Singular	1st	Piyada gəzmərim	Piyada gəzərim	-	-	-	-	-	-	-	-
	2nd	Piyada gəzməzsəm	Piyada gəzərsən	-	-	-	-	-	-	-	-
	3rd	Piyada gəzməz	Piyada gəzər	-	-	-	-	-	-	-	-
Plural	1st	Piyada gəzmərik	Piyada gəzərik	-	-	-	-	-	-	-	-
	2nd	Piyada gəzməzsiniz	Piyada gəzərsiniz	-	-	-	-	-	-	-	-
	3rd	Piyada gəzməzlər	Piyada gəzərlər	-	-	-	-	-	-	-	-

		Conditional Mood			
		Definite Future		Indefinite Future	
		Negative	Positive	Negative	Positive
Singular	1st	Piyada gəzməyəcəksəm	Piyada gəzəcəksm	Piyada gəzmərimsə	Piyada gəzərimsə
	2nd	Piyada gəzməyəcəksənsə	Piyada gəzəcəksənsə	Piyada gəzməzsəmsə	Piyada gəzərsənsə
	3rd	Piyada gəzməyəcəksə	Piyada gəzəcəksə	Piyada gəzməzsə	Piyada gəzərsə
Plural	1st	Piyada gəzməyəcəksək	Piyada gəzəcəksək	Piyada gəzməriksə	Piyada gəzəriksə
	2nd	Piyada gəzməyəcəksinizsə	Piyada gəzəcəksinizsə	Piyada gəzməzsinizsə	Piyada gəzərsinizsə
	3rd	Piyada gəzməyəcəklərsə	Piyada gəzəcəklərsə	Piyada gəzməzlərsə	Piyada gəzərlərsə

		Conditional Mood					
		Present		Witnessed Past		Narrative Past	
		Negative	Positive	Negative	Positive	Negative	Positive
Singular	1st	Piyada gəzmirsəm	Piyada gəzirsəm	Piyada gəzmədiysəm	Piyada gəzldiysəm	Piyada gəzməmişsəm	Piyada gəzmişsəm
	2nd	Piyada gəzmirsənsə	Piyada gəzirsənsə	Piyada gəzmədiysən	Piyada gəzdiysən	Piyada gəzməmişsənsə	Piyada gəzmişsənsə
	3rd	Piyada gəzmirsə	Piyada gəzirsə	Piyada gəzmədiysə	Piyada gəzdiysə	Piyada gəzməmişsə	Piyada gəzmişsə
Plural	1st	Piyada gəzmirsək	Piyada gəzirsək	Piyada gəzmədiysək	Piyada gəzdiysək	Piyada gəzməmişsək	Piyada gəzmişsək
	2nd	Piyada gəzmirsinizsə	Piyada gəzirsinizsə	Piyada gəzmədinizsə	Piyada gəzdinizsə	Piyada gəzməmişsinizsə	Piyada gəzmişsinizsə
	3rd	Piyada gəzmirlərsə	Piyada gəzirlərsə	Piyada gəzmədilərsə	Piyada gəzdilərsə	Piyada gəzməmişlərsə	Piyada gəzmişlərsə

		Other Moods			
		Imparative		Optative	
		Negative	Positive	Negative	Positive
Singular	1st	Piyada gəzməyim	Piyada gəzim	(KaşPiyada gəzməyəm	(Kaş) Piyada gəzəm
	2nd	Piyada gəzmə	Piyada gəz	(Kaş) Piyada gəzməyəsən	(KaşPiyada gəzəsən
	3rd	Piyada gəzməsin	Piyada gəzsin	(KaşPiyada gəzməyə	(Kaş) Piyada gəzə
Plural	1st	Piyada gəzməyək	Piyada gəzək	(Kaş) Piyada gəzməyək	(Kaş) Piyada gəzək
	2nd	Piyada gəzməyin	Piyada gəzin	(Kaş) Piyada gəzməyəsiniz	(Kaş) Piyada gəzəsiniz
	3rd	Piyada gəzməsinlər	Piyada gəzsinlər	(Kaş) Piyada gəzməyələr	(Kaş) Piyada gəzələr

		Other Moods			
		Obligatory		necessary	
		Negative	Positive	Negative	Positive
Singular	1st	Piyada gəzməməliyim	Piyada gəzməliyim	Piyada gəzəsi deyiləm	Piyada gəzəsiyəm
	2nd	Piyada gəzməməlisən	Piyada gəzməlisən	-	-
	3rd	Piyada gəzməməli	Piyada gəzməli	-	-
Plural	1st	Piyada gəzməməliyik	Piyada gəzməliyik	Piyada gəzəsi deyilik	Piyada gəzəsiyik
	2nd	Piyada gəzməməlisiniz	Piyada gəzməliyisiniz	-	-
	3rd	Piyada gəzməməlilər	Piyada gəzməlilər	-	-

To Watch (Seyr Etmək)

Present					
		Active		Passive	
		Negative	Positive	Negative	Positive
Singular	1st	seyr etmirəm	seyr edirəm	seyr edilmirəm	seyr edilirəm
	2nd	seyr etmirsən	seyr edirsən	seyr edilmirsən	seyr ediıirsən
	3rd	seyr etmir	seyr edir	seyr edilmir	seyr edilir
Plural	1st	seyr etmirik	seyr edirik	seyr edilmirik	seyr edilirik
	2nd	seyr etmirsiniz	seyr edirsiniz	seyr edilmirsiniz	seyr edilisiniz
	3rd	seyr etmirlər	seyr edirlər	seyr edilmirlər	seyr edilirlər

Present							
		Returning Type		Equivalent-Mutual Type		Causative	
		Negative	Positive	Negative	Positive	Negative	Positive
Singular	1st	seyr edilmirəm	seyr edilirəm	-	-	seyr etdirmirəm	seyr etdirirəm
	2nd	seyr edilmirsən	seyr ediıirsən	-	-	seyr etdirmirsən	seyr etdirirsən
	3rd	seyr edilmir	seyr edilir	-	-	seyr etdirmir	seyr etdirir
Plural	1st	seyr edilmirik	seyr edilirik	-	-	seyr etdirmirik	seyr etdiririk
	2nd	seyr edilmirsiniz	seyr edilisiniz	-	-	seyr etdirmirsiniz	seyr etdirirsiniz
	3rd	seyr edilmirlər	seyr edilirlər	-	-	seyr etdirmirlər	seyr etdirirlər

539

Witnessed Past				
		Active		Passive	
		Negative	Positive	Negative	Positive
Singular	1st	seyr etmədim	seyr ettim	seyr edilmədim	seyr edildim
	2nd	seyr etmədin	seyr ettin	seyr edilmədin	seyr edildin
	3rd	seyr etmədi	seyr etti	seyr edilmədi	seyr edildi
Plural	1st	seyr etmədik	seyr ettik	seyr edilmədik	seyr edildik
	2nd	seyr etmədiniz	seyr ettiniz	seyr edilmədiniz	seyr edildiniz
	3rd	seyr etmədilər	seyr ettilər	seyr edilmədilər	seyr edildilər

		Narrative Past					
		Returning Type		Equivalent-Mutual Type		Causative	
		Negative	Positive	Negative	Positive	Negative	Positive
Singular	1st	seyr edilməmişim	seyr edilmişim	-	-	seyr etdirməmişim	seyr etdirmişim
	2nd	seyr edilməmişsən	seyr edilmişsən	-	-	seyr etdirməmişsən	seyr etdirmişsən
	3rd	seyr edilməmiş	seyr edilmiş	-	-	seyr etdirməmiş	seyr etdirmiş
Plural	1st	seyr edilməmişik	seyr edilmişik	-	-	seyr etdirməmişik	seyr etdirmişik
	2nd	seyr edilməmişsiniz	seyr edilmişsiniz	-	-	seyr etdirməmişsiniz	seyr etdirmişsiniz
	3rd	seyr edilməmişlər	seyr edilmişlər	-	-	seyr etdirməmişlər	seyr etdirmişlər

Witnessed Past							
		Returning Type		Equivalent-Mutual Type		Causative	
		Negative	Positive	Negative	Positive	Negative	Positive
Singular	1st	seyr edilmədim	seyr edildim	-	-	seyr etdirmədim	seyr etdirdim
	2nd	seyr edilmədin	seyr edildin	-	-	seyr etdirmədin	seyr etdirdin
	3rd	seyr edilmədi	seyr edildi	-	-	seyr etdirmədi	seyr etdirdi
Plural	1st	seyr edilmədik	seyr edildik	-	-	seyr etdirmədik	seyr etdirdik
	2nd	seyr edilmədiniz	seyr edildiniz	-	-	seyr etdirmədiniz	seyr etdirdiniz
	3rd	seyr edilmədilər	seyr edildilər	-	-	seyr etdirmədilər	seyr etdirdilər

Narrative Past					
		Active		Passive	
		Negative	Positive	Negative	Positive
Singular	1st	seyr etməmişim	seyr etmişim	seyr edilməmişim	seyr edilmişim
	2nd	seyr etməmişsən	seyr etmişsən	seyr edilməmişsən	seyr edilmişsən
	3rd	seyr etməmiş	seyr etmiş	seyr edilməmiş	seyr edilmiş
Plural	1st	seyr etməmişik	seyr etmişik	seyr edilməmişik	seyr edilmişik
	2nd	seyr etməmişsiniz	seyr etmişsiniz	seyr edilməmişsiniz	seyr edilmişsiniz
	3rd	seyr etməmişlər	seyr etmişlər	seyr edilməmişlər	seyr edilmişlər

Definite Future					
		Active		Passive	
		Negative	Positive	Negative	Positive
Singular	1st	seyr etməyəcəm	seyr edəcəm	seyr edilməyəcəm	seyr ediləcəm
	2nd	seyr etməyəcəksən	seyr edəcəksən	seyr edilməyəcəksən	seyr ediləcəksən

541

	3rd	seyr etməyəcək	seyr edəcək	seyr edilməyəcək	seyr ediləcək
Plural	1st	seyr etməyəcəyik	seyr edəcəyik	seyr edilməyəcəyik	seyr ediləcəyik
	2nd	seyr etməyəcəksiniz	seyr edəcəksiniz	seyr edilməyəcəksiniz	seyr ediləcəksiniz
	3rd	seyr etməyəcəklər	seyr edəcəklər	seyr edilməyəcəklər	seyr ediləcəklər

Conditional Mood						
		Definite Future		Indefinite Future	
		Negative	Positive	Negative	Positive
Singular	1st	seyr etməyəcəksəm	seyr edəcəksm	seyr etmərimsə	seyr edərimsə
	2nd	seyr etməyəcəksənsə	seyr edəcəksənsə	seyr etməzsəmsə	seyr edərsənsə
	3rd	seyr etməyəcəksə	seyr edəcəksə	seyr etməzsə	seyr edərsə
Plural	1st	seyr etməyəcəksək	seyr edəcəksək	seyr etməriksə	seyr edəriksə
	2nd	seyr etməyəcəksinizsə	seyr edəcəksinizsə	seyr etməzsinizsə	seyr edərsinizsə
	3rd	seyr etməyəcəklərsə	seyr edəcəklərsə	seyr etməzlərsə	seyr edərlərsə

		Definite Future					
		Returning Type		Equivalent-Mutual Type		Causative	
		Negative	Positive	Negative	Positive	Negative	Positive
Singular	1st	seyr edilməyəcəm	seyr ediləcəm	-	-	seyr etdirməyəcəm	seyr etdirəcəm
	2nd	seyr edilməyəcəksən	seyr ediləcəksən	-	-	seyr etdirməyəcəksən	seyr etdirəcəksən
	3rd	seyr edilməyəcək	seyr ediləcək	-	-	seyr etdirməyəcək	seyr etdirəcək
Plural	1st	seyr edilməyəcəyik	seyr ediləcəyik	-	-	seyr etdirməyəcəyik	seyr etdirəcəyik
	2nd	Qə bul seyr edilməyəcəksiniz	seyr ediləcəksiniz	-	-	seyr etdirməyəcəksiniz	seyr etdirəcəksiniz
	3rd	seyr edilməyəcəklər	seyr ediləcəklər	-	-	seyr etdirməyəcəklər	seyr etdirəcəklər

		Indefinite Future									
		Active		Passive		Returning Type		Equivalent-Mutual Type		Causative	
		Negative	Positive	Negative	Positive	Negative	Positive	Negative	Positive	Negative	Positive
Singular	1st	seyr etmərim	seyr edərim	-	-	-	-	-	-	-	-
	2nd	seyr etməzsəm	seyr edərsən	-	-	-	-	-	-	-	-
	3rd	seyr etməz	seyr edər	-	-	-	-	-	-	-	-
Plural	1st	seyr etmərik	seyr edərik	-	-	-	-	-	-	-	-
	2nd	seyr etməzsiniz	seyr edərsiniz	-	-	-	-	-	-	-	-
	3rd	seyr etməzlər	seyr edərlər	-	-	-	-	-	-	-	-

		Conditional Mood					
		Present		Witnessed Past		Narrative Past	
		Negative	Positive	Negative	Positive	Negative	Positive
Singular	1st	seyr etmirsəm	seyr edirsəm	seyr etmədiysəm	seyr ettiysəm	seyr etməmişsəm	seyr etmişsəm
	2nd	seyr etmirsənsə	seyr edirsənsə	seyr etmədiysən	seyr ettiysən	seyr etməmişsənsə	seyr etmişsənsə
	3rd	seyr etmirsə	seyr edirsə	seyr etmədiysə	seyr ettiysə	seyr etməmişsə	seyr etmişsə
Plural	1st	seyr etmirsək	seyr edirsək	seyr etmədiysək	seyr ettiysək	seyr etməmişsək	seyr etmişsək
	2nd	seyr etmirsinizsə	seyr edirsinizsə	seyr etmədinizsə	seyr ettinizsə	seyr etməmişsinizsə	seyr etmişsinizsə
	3rd	seyr etmirlərsə	seyr edirlərsə	seyr etmədilərsə	seyr ettilərsə	seyr etməmişlərsə	seyr etmişlərsə

To Work (İşləmək)

Present				
		Active		**Passive**
		Negative	Positive	Negative	Positive
Singular	1st	İşləmirəm	İşləirəm	İşlənilmirəm	İşlənilirəm
	2nd	İşləmirsən	İşləirsən	İşlənilmirsən	İşləniiirsən
	3rd	İşləmir	İşləir	İşlənilmir	İşlənilir
Plural	1st	İşləmirik	İşləirik	İşlənilmirik	İşlənilirik
	2nd	İşləmirsiniz	İşləirsiniz	İşlənilmirsiniz	İşlənilisiniz
	3rd	İşləmirlər	İşləirlər	İşlənilmirlər	İşlənilirlər

Present							
		Returning Type		**Equivalent-Mutual Type**		**Causative**	
		Negative	Positive	Negative	Positive	Negative	Positive
Singular	1st	İşlənilmirəm	İşlənilirəm	-	-	İşləttirmirəm	İşləttirirəm
	2nd	İşlənilmirsən	İşləniiirsən	-	-	İşləttirmirsən	İşləttirirsən
	3rd	İşlənilmir	İşlənilir	-	-	İşləttirmir	İşləttirir
Plural	1st	İşlənilmirik	İşlənilirik	-	-	İşləttirmirik	İşləttiririk
	2nd	İşlənilmirsiniz	İşlənilisiniz	-	-	İşləttirmirsiniz	İşləttirirsiniz
	3rd	İşlənilmirlər	İşlənilirlər	-	-	İşləttirmirlər	İşləttirirlər

Witnessed Past				
		Active		**Passive**
		Negative	Positive	Negative	Positive
Singular	1st	İşləmədim	İşlətim	İşlənilmədim	İşlənildim
	2nd	İşləmədin	İşlətin	İşlənilmədin	İşlənildin

	3rd	İşləmədi	İşləti	İşlənilmədi	İşlənildi
Plural	1st	İşləmədik	İşlətik	İşlənilmədik	İşlənildik
	2nd	İşləmədiniz	İşlətiniz	İşlənilmədiniz	İşlənildiniz
	3rd	İşləmədilər	İşlətilər	İşlənilmədilər	İşlənildilər

		Narrative Past					
		Returning Type		Equivalent-Mutual Type		Causative	
		Negative	Positive	Negative	Positive	Negative	Positive
Singular	1st	İşlənilməmişim	İşlənilmişim	-	-	İşləttirməmişim	İşləttirmişim
	2nd	İşlənilməmişsən	İşlənilmişsən	-	-	İşləttirməmişsən	Qəbul etttirmişsən
	3rd	İşlənilməmiş	İşlənilmiş	-	-	İşləttirməmiş	İşləttirmiş
Plural	1st	İşlənilməmişik	İşlənilmişik	-	-	İşləttirməmişik	İşləttirmişik
	2nd	İşlənilməmişsiniz	İşlənilmişsiniz	-	-	İşləttirməmişsiniz	İşləttirmişsiniz
	3rd	İşlənilməmişlər	İşlənilmişlər	-	-	İşləttirməmişlər	İşləttirmişlər

		Witnessed Past					
		Returning Type		Equivalent-Mutual Type		Causative	
		Negative	Positive	Negative	Positive	Negative	Positive
Singular	1st	İşlənilmədim	İşlənildim	-	-	İşləttirmədim	İşləttirdim
	2nd	İşlənilmədin	İşlənildin	-	-	İşləttirmədin	İşləttirdin
	3rd	İşlənilmədi	İşlənildi	-	-	İşləttirmədi	İşləttirdi
Plural	1st	İşlənilmədik	İşlənildik	-	-	İşləttirmədik	İşləttirdik
	2nd	İşlənilmədiniz	İşlənildiniz	-	-	İşləttirmədiniz	İşləttirdiniz
	3rd	İşlənilmədilər	İşlənildilər	-	-	İşləttirmədilər	İşləttirdilər

Narrative Past				
		Active		Passive	
		Negative	Positive	Negative	Positive
Singular	1st	İşləməmişim	İşləmişim	İşlənilməmişim	İşlənilmişim
	2nd	İşləməmişsən	İşləmişsən	İşlənilməmişsən	İşlənilmişsən
	3rd	İşləməmiş	İşləmiş	İşlənilməmiş	İşlənilmiş
Plural	1st	İşləməmişik	İşləmişik	İşlənilməmişik	İşlənilmişik
	2nd	İşləməmişsiniz	İşləmişsiniz	İşlənilməmişsiniz	İşlənilmişsiniz
	3rd	İşləməmişlər	İşləmişlər	İşlənilməmişlər	İşlənilmişlər

Definite Future				
		Active		Passive	
		Negative	Positive	Negative	Positive
Singular	1st	İşləməyəcəm	İşləəcəm	İşlənilməyəcəm	İşləniləcəm
	2nd	İşləməyəcəksən	İşləəcəksən	İşlənilməyəcəksən	İşləniləcəksən
	3rd	İşləməyəcək	İşləəcək	İşlənilməyəcək	İşləniləcək
Plural	1st	İşləməyəcəyik	İşləəcəyik	İşlənilməyəcəyik	İşləniləcəyik
	2nd	İşləməyəcəksiniz	İşləəcəksiniz	İşlənilməyəcəksiniz	İşləniləcəksiniz
	3rd	İşləməyəcəklər	İşləəcəklər	İşlənilməyəcəklər	İşləniləcəklər

Definite Future						
		Returning Type		Equivalent-Mutual Type		Causative	
		Negative	Positive	Negative	Positive	Negative	Positive
Singular	1st	İşlənilməyəcəm	İşləniləcəm	-	-	İşləttirməyəcəm	İşləttirəcəm
	2nd	İşlənilməyəcəksən	İşləniləcəksən	-	-	İşləttirməyəcəksən	İşləttirəcəksən
	3rd	İşlənilməyəcək	İşləniləcək	-	-	İşləttirməyəcək	İşləttirəcək

Plural	1st	İşlənilməyəcəyik	İşləniləcəyik	-	-	İşləttirməyəcəyik	İşləttirəcəyik
	2nd	İşlənilməyəcəksiniz	İşləniləcəksiniz	-	-	İşləttirməyəcəksiniz	İşləttirəcəksiniz
	3rd	İşlənilməyəcəklər	İşləniləcəklər	-	-	İşləttirməyəcəklər	İşləttirəcəklər

		Indefinite Future								
		Active		Passive		Returning Type		Equivalent-Mutual Type		Causative	
		Negative	Positive	Negative	Positive	Negative	Positive	Negative	Positive	Negative	Positive
Singular	1st	İşləmərim	İşlənərim	-	-	-	-	-	-	-	-
	2nd	İşləməzsəm	İşlənərsən	-	-	-	-	-	-	-	-
	3rd	İşləməz	İşlənər	-	-	-	-	-	-	-	-
Plural	1st	İşləmərik	İşlənərik	-	-	-	-	-	-	-	-
	2nd	İşləməzsiniz	İşlənərsiniz	-	-	-	-	-	-	-	-
	3rd	İşləməzlər	İşlənərlər	-	-	-	-	-	-	-	-

		Conditional Mood			
		Definite Future		Indefinite Future	
		Negative	Positive	Negative	Positive
Singular	1st	İşləməyəcəksəm	İşlənəcəksəm	İşləmərimsə	İşlənərimsə
	2nd	İşləməyəcəksənsə	İşlənəcəksənsə	İşləməzsəmsə	İşlənərsənsə
	3rd	İşləməyəcəksə	İşlənəcəksə	İşləməzsə	İşlənərsə
Plural	1st	İşləməyəcəksək	İşlənəcəksək	İşləməriksə	İşlənəriksə
	2nd	İşləməyəcəksinizsə	İşlənəcəksinizsə	İşləməzsinizsə	İşlənərsinizsə
	3rd	İşləməyəcəklərsə	İşlənəcəklərsə	İşləməzlərsə	İşlənərlərsə

		Conditional Mood					
		Present		Witnessed Past		Narrative Past	
		Negative	Positive	Negative	Positive	Negative	Positive
Singular	1st	İşləmirsəm	İşləirsəm	İşləmədiysəm	İşlətiysəm	İşləməmişsəm	İşləmişsəm
	2nd	İşləmirsənsə	Qəbul edirsənsə	İşləmədiysən	İşlətiysən	İşləməmişsənsə	İşlətmişsənsə
	3rd	İşləmirsə	İşləirsə	İşləmədiysə	İşlətiysə	İşləməmişsə	İşləmişsə
Plural	1st	İşləmirsək	İşləirsək	İşləmədiysək	İşlətiysək	İşləməmişsək	İşləmişsək
	2nd	İşləmirsinizsə	İşləirsinizsə	İşləmədinizsə	İşlətinizsə	İşləməmişsinizsə	İşləmişsinizsə
	3rd	İşləmirlərsə	İşləirlərsə	İşləmədilərsə	İşlətilərsə	İşləməmişlərsə	İşləmişlərsə

To Win (Qalib Gəlmək)

Present				
		Active		Passive
		Negative	Positive	Negative	Positive

		Negative	Positive	Negative	Positive
Singular	1st	Qalib gəlmirəm	Qalib gəlirəm	-	-
	2nd	Qalib gəlmirsən	Qalib gəlirsən	-	-
	3rd	Qalib gəlmir	Qalib gəlir	-	-
Plural	1st	Qalib gəlmirik	Qalib gəlirik	-	-
	2nd	Qalib gəlmirsiniz	Qalib gəlirsiniz	-	-
	3rd	Qalib gəlmirlər	Qalib gəlirlər	-	-

Present						
		Returning Type		Equivalent-Mutual Type		Causative	
		Negative	Positive	Negative	Positive	Negative	Positive
Singular	1st	-	-	-	-	Qalib gəldirmirəm	Qalib gəldirirəm
	2nd	-	-	-	-	Qalib gəldirmirsən	Qalib gəlldirirsən
	3rd	-	-	-	-	Qalib gəldirmir	Qalib gəldirir
Plural	1st	-	-	-	-	Qalib gəldirmirik	Qalib gəldiririk
	2nd	-	-	-	-	Qalib gəldirmirsiniz	Qalib gəldirisiniz
	3rd	-	-	-	-	Qalib gəldirmirlər	Qalib gəldirirlər

551

Witnessed Past				
		Active		Passive	
		Negative	Positive	Negative	Positive
Singular	1st	Qalib gəlmədim	Qalib gəldim	-	-
	2nd	Qalib gəlmədin	Qalib gəldin	-	-
	3rd	Qalib gəlmədi	Qalib gəldi	-	-
Plural	1st	Qalib gəlmədik	Qalib gəldik	-	-
	2nd	Qalib gəlmədiniz	Qalib gəldiniz	-	-
	3rd	Qalib gəlmədilər	Qalib gəldilər	-	-

		Other Moods			
		Imparative		Optative	
		Negative	Positive	Negative	Positive
Singular	1st	Qalib gəlməyim	Qalib gəlim	(KaşQalib gəlməyəm	(Kaş) Qalib gələm
	2nd	Qalib gəlmə	Qalib gəl	(Kaş) Qalib gəlməyəsən	(KaşQalib gələsən
	3rd	Qalib gəlməsin	Qalib gəlsin	(KaşQalib gəlməyə	(Kaş) Qalib gələ
Plural	1st	Qalib gəlməyək	Qalib gələk	(Kaş) Qalib gəlməyək	(Kaş) Qalib gələk
	2nd	Qalib gəlməyin	Qalib gəlin	(Kaş) Qalib gəlməyəsiniz	(Kaş) Qalib gələsiniz
	3rd	Qalib gəlməsinlər	Qalib gəlsinlər	(Kaş) Qalib gəlməyələr	(Kaş) Qalib gələlər

Witnessed Past							
		Returning Type		Equivalent-Mutual Type		Causative	
		Negative	Positive	Negative	Positive	Negative	Positive
Singular	1st	-	-	-	-	Qalib gəldirmədim	Qalib gəldirdim
	2nd	-	-	-	-	Qalib gəldirmədin	Qalib gəldirdin
	3rd	-	-	-	-	Qalib gəldirmədi	Qalib gəldirdi

Plural						Qalib gəldirmədik	Qalib gəldirdik
	1st	-	-	-	-	Qalib gəldirmədik	Qalib gəldirdik
	2nd	-	-	-	-	Qalib gəldirmədiniz	Qalib gəldirdiniz
	3rd	-	-	-	-	Qalib gəldirmədilər	Qalib gəldirdilər

Narrative Past						
		Active		Passive		
		Negative	Positive	Negative	Positive	
Singular	1st	Qalib gəlməmişim	Qalib gəlmişim	-	-	
	2nd	Qalib gəlməmişsən	Qalib gəlmişsən	-	-	
	3rd	Qalib gəlməmiş	Qalib gəlmiş	-	-	
Plural	1st	Qalib gəlməmişik	Qalib gəlmişik	-	-	
	2nd	Qalib gəlməmişsiniz	Qalib gəlmişsiniz	-	-	
	3rd	Qalib gəlməmişlər	Qalib gəlmişlər	-	-	

Definite Future						
		Returning Type		Equivalent-Mutual Type		Causative
		Negative	Positive	Negative	Positive	Negative	Positive
Singular	1st	-	-	-	-	Qalib gəldirməyəcəm	Qalib gəldirəcəm
	2nd	-	-	-	-	Qalib gəldirməyəcəksən	Qalib gəldirəcəksən
	3rd	-	-	-	-	Qalib gəldirməyəcək	Qalib gəldirəcək
Plural	1st	-	-	-	-	Qalib gəldirməyəcəyik	Qalib gəldirəcəyik
	2nd	-	-	-	-	Qalib gəldirməyəcəksiniz	Qalib gəltdirəcəksiniz
	3rd	-	-	-	-	Qalib gəldirməyəcəklər	Qalib gəldirəcəklər

		Indefinite Future									
		Active		Passive		Returning Type		Equivalent-Mutual Type		Causative	
		Negative	Positive	Negative	Positive	Negative	Positive	Negative	Positive	Negative	Positive
Singular	1st	Qalib gəlmərim	Qalib gələrim	-	-	-	-	-	-	-	-
	2nd	Qalib gəlməzsəm	Qalib gələrsən	-	-	-	-	-	-	-	-
	3rd	Qalib gəlməz	Qalib gələr	-	-	-	-	-	-	-	-
Plural	1st	Qalib gəlmərik	Qalib gələrik	-	-	-	-	-	-	-	-
	2nd	Qalib gəlməzsiniz	Qalib gələrsiniz	-	-	-	-	-	-	-	-
	3rd	Qalib gəlməzlər	Qalib gələrlər	-	-	-	-	-	-	-	-

Conditional Mood					
		Definite Future		Indefinite Future	
		Negative	Positive	Negative	Positive
Singular	1st	Qalib gəlməyəcəksəm	Qalib gələcəksm	Qalib gəlmərimsə	Qalib gələrimsə
	2nd	Qalib gəlməyəcəksənsə	Qalib gələcəksənsə	Qalib gəlməzsəmsə	Qalib gələrsənsə
	3rd	Qalib gəlməyəcəksə	Qalib gələcəksə	Qalib gəlməzsə	Qalib gələrsə
Plural	1st	Qalib gəlməyəcəksək	Qalib gələcəksək	Qalib gəlməriksə	Qalib gələriksə
	2nd	Qalib gəlməyəcəksinizsə	Qalib gələcəksinizsə	Qalib gəlməzsinizsə	Qalib gələrsinizsə
	3rd	Qalib gəlməyəcəklərsə	Qalib gələcəklərsə	Qalib gəlməzlərsə	Qalib gələrlərsə

		Conditional Mood					
		Present		Witnessed Past		Narrative Past	
		Negative	Positive	Negative	Positive	Negative	Positive
Singular	1st	Qalib gəlmirsəm	Qalib gəlirsəm	Qalib gəlmədiysəm	Qalib gəlldiysəm	Qalib gəlməmişsəm	Qalib gəlmişsəm
	2nd	Qalib gəlmirsənsə	Qalib gəlirsənsə	Qalib gəlmədiysən	Qalib gəldiysən	Qalib gəlməmişsənsə	Qalib gəlmişsənsə
	3rd	Qalib gəlmirsə	Qalib gəlirsə	Qalib gəlmədiysə	Qalib gəldiysə	Qalib gəlməmişsə	Qalib gəlmişsə
Plural	1st	Qalib gəlmirsək	Qalib gəlirsək	Qalib gəlmədiysək	Qalib gəldiysək	Qalib gəlməmişsək	Qalib gəlmişsək
	2nd	Qalib gəlmirsinizsə	Qalib gəlirsinizsə	Qalib gəlmədinizsə	Qalib gəldinizsə	Qalib gəlməmişsinizsə	Qalib gəlmişsinizsə
	3rd	Qalib gəlmirlərsə	Qalib gəlirlərsə	Qalib gəlmədilərsə	Qalib gəldilərsə	Qalib gəlməmişlərsə	Qalib gəlmişlərsə

		Other Moods			
		Obligatory		necessary	
		Negative	Positive	Negative	Positive
Singular	1st	Qalib gəlməməliyim	Qalib gəlməliyim	Qalib gələsi deyiləm	Qalib gələsiyəm
	2nd	Qalib gəlməməlisən	Qalib gəlməlisən	-	-
	3rd	Qalib gəlməməli	Qalib gəlməli	-	-
Plural	1st	Qalib gəlməməliyik	Qalib gəlməliyik	Qalib gələsi deyilik	Qalib gələsiyik
	2nd	Qalib gəlməməlisiniz	Qalib gəlməliyisiniz	-	-
	3rd	Qalib gəlməməlilər	Qalib gəlməlilər	-	-

To Want (İstəmək)

Present				
		Active		Passive
		Negative	Positive	Negative	Positive

Present		Active		Passive	
		Negative	Positive	Negative	Positive
Singular	1st	İstəmirəm	İstəirəm	İstənilmirəm	İstənilirəm
	2nd	İstəmirsən	İstəirsən	İstənilmirsən	İstəniıirsən
	3rd	İstəmir	İstəir	İstənilmir	İstənilir
Plural	1st	İstəmirik	İstəirik	İstənilmirik	İstənilirik
	2nd	İstəmirsiniz	İstəirsiniz	İstənilmirsiniz	İstənilisiniz
	3rd	İstəmirlər	İstəirlər	İstənilmirlər	İstənilirlər

Present		Returning Type		Equivalent-Mutual Type		Causative	
		Negative	Positive	Negative	Positive	Negative	Positive
Singular	1st	İstənilmirəm	İstənilirəm	-	-	İstəttirmirəm	İstəttirirəm
	2nd	İstənilmirsən	İstəniıirsən	-	-	İstətirmirsən	İstəttirirsən
	3rd	İstənilmir	İstənilir	-	-	İstəttirmir	İstətttirir
Plural	1st	İstənilmirik	İstənilirik	-	-	İstəttirmirik	İstəttiririk
	2nd	İstənilmirsiniz	İstənilisiniz	-	-	İstəttirmirsiniz	İstəttirirsiniz
	3rd	İstənilmirlər	İstənilirlər	-	-	İstəttirmirlər	İstəttirirlər

Witnessed Past		Active		Passive	
		Negative	Positive	Negative	Positive
Singular	1st	İstəmədim	İstətim	İstənilmədim	İstənildim
	2nd	İstəmədin	İstətin	İstənilmədin	İstənildin

	3rd	İstəmədi	İstəti	İstənilmədi	İstənildi
Plural	1st	İstəmədik	İstətik	İstənilmədik	İstənildik
	2nd	İstəmədiniz	İstətiniz	İstənilmədiniz	İstənildiniz
	3rd	İstəmədilər	İstətilər	İstənilmədilər	İstənildilər

		Narrative Past					
		Returning Type		Equivalent-Mutual Type		Causative	
		Negative	Positive	Negative	Positive	Negative	Positive
Singular	1st	İstənilməmişim	İstənilmişim	-	-	İstəttirməmişim	İstəttirmişim
	2nd	İstənilməmişsən	İstənilmişsən	-	-	İstəttirməmişsən	Qəbul etttirmişsən
	3rd	İstənilməmiş	İstənilmiş	-	-	İstəttirməmiş	İstəttirmiş
Plural	1st	İstənilməmişik	İstənilmişik	-	-	İstəttirməmişik	İstəttirmişik
	2nd	İstənilməmişsiniz	İstənilmişsiniz	-	-	İstəttirməmişsiniz	İstəttirmişsiniz
	3rd	İstənilməmİstər	İstənilmİstər	-	-	İstəttirməmİstər	İstəttirmİstər

		Witnessed Past					
		Returning Type		Equivalent-Mutual Type		Causative	
		Negative	Positive	Negative	Positive	Negative	Positive
Singular	1st	İstənilmədim	İstənildim	-	-	İstəttirmədim	İstəttirdim
	2nd	İstənilmədin	İstənildin	-	-	İstəttirmədin	İstəttirdin
	3rd	İstənilmədi	İstənildi	-	-	İstəttirmədi	İstəttirdi
Plural	1st	İstənilmədik	İstənildik	-	-	İstəttirmədik	İstəttirdik
	2nd	İstənilmədiniz	İstənildiniz	-	-	İstəttirmədiniz	İstəttirdiniz
	3rd	İstənilmədilər	İstənildilər	-	-	İstəttirmədilər	İstəttirdilər

Narrative Past				
		Active		Passive	
		Negative	Positive	Negative	Positive
Singular	1st	İstəməmişim	İstəmişim	İstənilməmişim	İstənilmişim
	2nd	İstəməmişsən	İstəmişsən	İstənilməmişsən	İstənilmişsən
	3rd	İstəməmiş	İstəmiş	İstənilməmiş	İstənilmiş
Plural	1st	İstəməmişik	İstəmişik	İstənilməmişik	İstənilmişik
	2nd	İstəməmişsiniz	İstəmişsiniz	İstənilməmişsiniz	İstənilmişsiniz
	3rd	İstəməmİstər	İstəmİstər	İstənilməmİstər	İstənilmİstər

Definite Future				
		Active		Passive	
		Negative	Positive	Negative	Positive
Singular	1st	İstəməyəcəm	İstəəcəm	İstənilməyəcəm	İstəniləcəm
	2nd	İstəməyəcəksən	İstəəcəksən	İstənilməyəcəksən	İstəniləcəksən
	3rd	İstəməyəcək	İstəəcək	İstənilməyəcək	İstəniləcək
Plural	1st	İstəməyəcəyik	İstəəcəyik	İstənilməyəcəyik	İstəniləcəyik
	2nd	İstəməyəcəksiniz	İstəəcəksiniz	İstənilməyəcəksiniz	İstəniləcəksiniz
	3rd	İstəməyəcəklər	İstəəcəklər	İstənilməyəcəklər	İstəniləcəklər

Definite Future						
		Returning Type		Equivalent-Mutual Type		Causative	
		Negative	Positive	Negative	Positive	Negative	Positive
Singular	1st	İstənilməyəcəm	İstəniləcəm	-	-	İstəttirməyəcəm	İstəttirəcəm
	2nd	İstənilməyəcəksən	İstəniləcəksən	-	-	İstəttirməyəcəksən	İstəttirəcəksən
	3rd	İstənilməyəcək	İstəniləcək	-	-	İstəttirməyəcək	İstəttirəcək

Plural	1st	İstənilməyəcəyik	İstəniləcəyik	-	-	İstəttirməyəcəyik	İstəttirəcəyik
	2nd	İstənilməyəcəksiniz	İstəniləcəksiniz	-	-	İstəttirməyəcəksiniz	İstəttirəcəksiniz
	3rd	İstənilməyəcəklər	İstəniləcəklər	-	-	İstəttirməyəcəklər	İstəttirəcəklər

		Indefinite Future									
		Active		Passive		Returning Type		Equivalent-Mutual Type		Causative	
		Negative	Positive	Negative	Positive	Negative	Positive	Negative	Positive	Negative	Positive
Singular	1st	İstəmərim	İstənərim	-	-	-	-	-	-	-	-
	2nd	İstəməzsəm	İstənərsən	-	-	-	-	-	-	-	-
	3rd	İstəməz	İstənər	-	-	-	-	-	-	-	-
Plural	1st	İstəmərik	İstənərik	-	-	-	-	-	-	-	-
	2nd	İstəməzsiniz	İstənərsiniz	-	-	-	-	-	-	-	-
	3rd	İstəməzlər	İstənərlər	-	-	-	-	-	-	-	-

		Conditional Mood			
		Definite Future		Indefinite Future	
		Negative	Positive	Negative	Positive
Singular	1st	İstəməyəcəksəm	İstənəcəksəm	İstəmərimsə	İstənərimsə
	2nd	İstəməyəcəksənsə	İstənəcəksənsə	İstəməzsəmsə	İstənərsənsə
	3rd	İstəməyəcəksə	İstənəcəksə	İstəməzsə	İstənərsə
Plural	1st	İstəməyəcəksək	İstənəcəksək	İstəməriksə	İstənəriksə
	2nd	İstəməyəcəksinizsə	İstənəcəksinizsə	İstəməzsinizsə	İstənərsinizsə
	3rd	İstəməyəcəklərsə	İstənəcəklərsə	İstəməzlərsə	İstənərlərsə

		Conditional Mood					
		Present		Witnessed Past		Narrative Past	
		Negative	Positive	Negative	Positive	Negative	Positive
Singular	1st	İstəmirsəm	İstəirsəm	İstəmədiysəm	İstətiysəm	İstəməmişsəm	İstəmişsəm
	2nd	İstəmirsənsə	Qəbul edirsənsə	İstəmədiysən	İstətiysən	İstəməmişsənsə	İstətmişsənsə
	3rd	İstəmirsə	İstəirsə	İstəmədiysə	İstətiysə	İstəməmişsə	İstəmişsə
Plural	1st	İstəmirsək	İstəirsək	İstəmədiysək	İstətiysək	İstəməmişsək	İstəmişsək
	2nd	İstəmirsinizsə	İstəirsinizsə	İstəmədinizsə	İstətinizsə	İstəməmişsinizsə	İstəmişsinizsə
	3rd	İstəmirlərsə	İstəirlərsə	İstəmədilərsə	İstətilərsə	İstəməmİstərsə	İstəmİstərsə

To Speak (Söhbət Etmək)

Present				
		Active		Passive
		Negative	Positive	Negative	Positive
Singular	1st	söhbət etmirəm	söhbət edirəm	söhbət edilmirəm	söhbət edilirəm
	2nd	söhbət etmirsən	söhbət edirsən	söhbət edilmirsən	söhbət ediirsən
	3rd	söhbət etmir	söhbət edir	söhbət edilmir	söhbət edilir
Plural	1st	söhbət etmirik	söhbət edirik	söhbət edilmirik	söhbət edilirik
	2nd	söhbət etmirsiniz	söhbət edirsiniz	söhbət edilmirsiniz	söhbət edilisiniz
	3rd	söhbət etmirlər	söhbət edirlər	söhbət edilmirlər	söhbət edilirlər

Present							
		Returning Type		Equivalent-Mutual Type		Causative	
		Negative	Positive	Negative	Positive	Negative	Positive
Singular	1st	söhbət edilmirəm	söhbət edilirəm	-	-	söhbət etdirmirəm	söhbət etdirirəm
	2nd	söhbət edilmirsən	söhbət ediirsən	-	-	söhbət etdirmirsən	söhbət etdirirsən
	3rd	söhbət edilmir	söhbət edilir	-	-	söhbət etdirmir	söhbət etdirir
Plural	1st	söhbət edilmirik	söhbət edilirik	-	-	söhbət etdirmirik	söhbət etdiririk
	2nd	söhbət edilmirsiniz	söhbət edilisiniz	-	-	söhbət etdirmirsiniz	söhbət etdirirsiniz
	3rd	söhbət edilmirlər	söhbət edilirlər	-	-	söhbət etdirmirlər	söhbət etdirirlər

Witnessed Past					
		Active		Passive	
		Negative	Positive	Negative	Positive
Singular	1st	söhbət etmədim	söhbət ettim	söhbət edilmədim	söhbət edildim
	2nd	söhbət etmədin	söhbət ettin	söhbət edilmədin	söhbət edildin
	3rd	söhbət etmədi	söhbət etti	söhbət edilmədi	söhbət edildi
Plural	1st	söhbət etmədik	söhbət ettik	söhbət edilmədik	söhbət edildik
	2nd	söhbət etmədiniz	söhbət ettiniz	söhbət edilmədiniz	söhbət edildiniz
	3rd	söhbət etmədilər	söhbət ettilər	söhbət edilmədilər	söhbət edildilər

Narrative Past							
		Returning Type		Equivalent-Mutual Type		Causative	
		Negative	Positive	Negative	Positive	Negative	Positive
Singular	1st	söhbət edilməmişim	söhbət edilmişim	-	-	söhbət etdirməmişim	söhbət etdirmişim
	2nd	söhbət edilməmişsən	söhbət edilmişsən	-	-	söhbət etdirməmişsən	söhbət etdirmişsən
	3rd	söhbət edilməmiş	söhbət edilmiş	-	-	söhbət etdirməmiş	söhbət etdirmiş
Plural	1st	söhbət edilməmişik	söhbət edilmişik	-	-	söhbət etdirməmişik	söhbət etdirmişik
	2nd	söhbət edilməmişsiniz	söhbət edilmişsiniz	-	-	söhbət etdirməmişsiniz	söhbət etdirmişsiniz
	3rd	söhbət edilməmişlər	söhbət edilmişlər	-	-	söhbət etdirməmişlər	söhbət etdirmişlər

Witnessed Past

		Returning Type		Equivalent-Mutual Type		Causative	
		Negative	Positive	Negative	Positive	Negative	Positive
Singular	1st	söhbət edilmədim	söhbət edildim	-	-	söhbət etdirmədim	söhbət etdirdim
	2nd	söhbət edilmədin	söhbət edildin	-	-	söhbət etdirmədin	söhbət etdirdin
	3rd	söhbət edilmədi	söhbət edildi	-	-	söhbət etdirmədi	söhbət etdirdi
Plural	1st	söhbət edilmədik	söhbət edildik	-	-	söhbət etdirmədik	söhbət etdirdik
	2nd	söhbət edilmədiniz	söhbət edildiniz	-	-	söhbət etdirmədiniz	söhbət etdirdiniz
	3rd	söhbət edilmədilər	söhbət edildilər	-	-	söhbət etdirmədilər	söhbət etdirdilər

Narrative Past

		Active		Passive	
		Negative	Positive	Negative	Positive
Singular	1st	söhbət etməmişim	söhbət etmişim	söhbət edilməmişim	söhbət edilmişim
	2nd	söhbət etməmişsən	söhbət etmişsən	söhbət edilməmişsən	söhbət edilmişsən
	3rd	söhbət etməmiş	söhbət etmiş	söhbət edilməmiş	söhbət edilmiş
Plural	1st	söhbət etməmişik	söhbət etmişik	söhbət edilməmişik	söhbət edilmişik
	2nd	söhbət etməmişsiniz	söhbət etmişsiniz	söhbət edilməmişsiniz	söhbət edilmişsiniz
	3rd	söhbət etməmişlər	söhbət etmişlər	söhbət edilməmişlər	söhbət edilmişlər

Definite Future				
		Active		Passive	
		Negative	Positive	Negative	Positive
Singular	1st	söhbət etməyəcəm	söhbət edəcəm	söhbət edilməyəcəm	söhbət ediləcəm
	2nd	söhbət etməyəcəksən	söhbət edəcəksən	söhbət edilməyəcəksən	söhbət ediləcəksən
	3rd	söhbət etməyəcək	söhbət edəcək	söhbət edilməyəcək	söhbət ediləcək
Plural	1st	söhbət etməyəcəyik	söhbət edəcəyik	söhbət edilməyəcəyik	söhbət ediləcəyik
	2nd	söhbət etməyəcəksiniz	söhbət edəcəksiniz	söhbət edilməyəcəksiniz	söhbət ediləcəksiniz
	3rd	söhbət etməyəcəklər	söhbət edəcəklər	söhbət edilməyəcəklər	söhbət ediləcəklər

Definite Future							
		Returning Type		Equivalent-Mutual Type		Causative	
		Negative	Positive	Negative	Positive	Negative	Positive
Singular	1st	söhbət edilməyəcəm	söhbət ediləcəm	-	-	söhbət etdirməyəcəm	söhbət etdirəcəm
	2nd	söhbət edilməyəcəksən	söhbət ediləcəksən	-	-	söhbət etdirməyəcəksən	söhbət etdirəcəksən
	3rd	söhbət edilməyəcək	söhbət ediləcək	-	-	söhbət etdirməyəcək	söhbət etdirəcək
Plural	1st	söhbət edilməyəcəyik	söhbət ediləcəyik	-	-	söhbət etdirməyəcəyik	söhbət etdirəcəyik
	2nd	Qə bul söhbət edilməyəcəksiniz	söhbət ediləcəksiniz	-	-	söhbət etdirməyəcəksiniz	söhbət etdirəcəksiniz
	3rd	söhbət edilməyəcəklər	söhbət ediləcəklər	-	-	söhbət etdirməyəcəklər	söhbət etdirəcəklər

		Indefinite Future									
		Active		Passive		Returning Type		Equivalent-Mutual Type		Causative	
		Negative	Positive	Negative	Positive	Negative	Positive	Negative	Positive	Negative	Positive
Singular	1st	söhbət etmərim	söhbət edərim	-	-	-	-	-	-	-	-
	2nd	söhbət etməzsəm	söhbət edərsən	-	-	-	-	-	-	-	-
	3rd	söhbət etməz	söhbət edər	-	-	-	-	-	-	-	-
Plural	1st	söhbət etmərik	söhbət edərik	-	-	-	-	-	-	-	-
	2nd	söhbət etməzsiniz	söhbət edərsiniz	-	-	-	-	-	-	-	-
	3rd	söhbət etməzlər	söhbət edərlər	-	-	-	-	-	-	-	-

		Conditional Mood			
		Definite Future		Indefinite Future	
		Negative	Positive	Negative	Positive
Singular	1st	söhbət etməyəcəksəm	söhbət edəcəksm	söhbət etmərimsə	söhbət edərimsə
	2nd	söhbət etməyəcəksənsə	söhbət edəcəksənsə	söhbət etməzsəmsə	söhbət edərsənsə
	3rd	söhbət etməyəcəksə	söhbət edəcəksə	söhbət etməzsə	söhbət edərsə
Plural	1st	söhbət etməyəcəksək	söhbət edəcəksək	söhbət etməriksə	söhbət edəriksə
	2nd	söhbət etməyəcəksinizsə	söhbət edəcəksinizsə	söhbət etməzsinizsə	söhbət edərsinizsə
	3rd	söhbət etməyəcəklərsə	söhbət edəcəklərsə	söhbət etməzlərsə	söhbət edərlərsə

		Conditional Mood					
		Present		Witnessed Past		Narrative Past	
		Negative	Positive	Negative	Positive	Negative	Positive
Singular	1st	söhbət etmirsəm	söhbət edirsəm	söhbət etmədiysəm	söhbət ettiysəm	söhbət etməmişsəm	söhbət etmişsəm
	2nd	söhbət etmirsənsə	söhbət edirsənsə	söhbət etmədiysən	söhbət ettiysən	söhbət etməmişsənsə	söhbət etmişsənsə
	3rd	söhbət etmirsə	söhbət edirsə	söhbət etmədiysə	söhbət ettiysə	söhbət etməmişsə	söhbət etmişsə
Plural	1st	söhbət etmirsək	söhbət edirsək	söhbət etmədiysək	söhbət ettiysək	söhbət etməmişsək	söhbət etmişsək
	2nd	söhbət etmirsinizsə	söhbət edirsinizsə	söhbət etmədinizsə	söhbət ettinizsə	söhbət etməmişsinizsə	söhbət etmişsinizsə
	3rd	söhbət etmirlərsə	söhbət edirlərsə	söhbət etmədilərsə	söhbət ettilərsə	söhbət etməmişlərsə	söhbət etmişlərsə